경제사회
지표 변화로 본
대한민국

경제사회
지표 변화로 본
대한민국

한국개발연구원(KDI) 주관
경제 · 인문사회연구회 엮음

21세기북스

우리나라는 지난 5년 동안 글로벌 금융위기, 유럽 재정위기 등 외부 환경의 악화로 인해 많은 경제적 어려움과 사회적 변화를 경험해왔습니다. 특히 무역의존도가 높고 내수 비중이 낮은 우리 경제는 구조적으로 외부 충격에 취약할 수밖에 없어 경제가 침체되고 성장세가 둔화되는 등 어려움을 겪고 있으며 이는 상당 기간 지속될 것으로 우려됩니다.

경제·인문사회연구회는 주관기관인 한국개발연구원(KDI)을 비롯한 24개 연구기관과 함께 2008년 이후 5년 동안 추진되었던 각종 경제사회 정책들을 350여 개의 통계지표들을 토대로 살펴본 내용을 담은 보고서『경제사회 지표 변화로 본 대한민국』을 펴내게 되었습니다.

『경제사회 지표 변화로 본 대한민국』은 전 세계적 경제위기 상황 아래에서 당면한 경제위기 극복을 위해 정부가 어떻게 대응해왔으며, 추진한 정책수단은 무엇인지, 그리고 그 성과는 어떻게 나타나고 있는지를 객관적으로 살펴보고 있습니다. 이러한 작업은 우리 경제의 지속적 발전을 이루고 미래에 발생할 수 있는 또 다른 경제적 충격에 대비한다는 차원에서 매우 중요하고 의미 있는 일이라 하겠습니다.

또한 같은 맥락에서 사회발전을 위해 정부에 의해 추진되었던 다양한 정책들도 검토해봄으로써 향후 진정한 선진국 진입을 위한 소중한 기초자료로 삼고자 하였습니다.

보고서는 1부에서 전반적인 정책성과를 종합하고, 2부에서는 개별 경제사회 지표들의 실제 내용과 변화 추이를 다양한 그래프와 통계표 등을 통해 알기 쉽게 설명해 독자들의 이해를 돕고자 하였습니다. 마지막으로 3부에서는 24개 연구기관들이 관련 분야에 대해 정책성과를 평가하고 해결과제를 제시하고 있습니다.

아무쪼록 이 자료가 향후 정부의 각종 정책 수립은 물론 기업경영과 학계의 연구활동에 도움이 되기를 바랍니다.

아울러 이번 프로젝트를 완성하기 위해 노고를 아끼지 않으신 참여 연구기관 연구책임자들과 관계자 여러분께 진심으로 감사하다는 말씀을 드립니다.

2012년 11월
경제·인문사회연구회 이사장 **박진근**

CONTENTS

3부 정책분야별 정책성과 평가

정책성과 종합:
지난 5년간의 정책성과와 과제

1부 '정책성과 종합'에서는 이명박 정부 출범 이후 추진된 정책들을 주요 영역으로 나누어 관련 지표들의 변화를 바탕으로 한 정책성과 및 향후 과제를 요약해 담고 있다. 긍정적인 성과를 낸 분야는 물론 향후에도 지속적인 관심을 가지고 정책적 판단과 노력을 기울여야 할 과제들에 대해서도 함께 기술했다.

글로벌 금융위기 극복

2008년에 시작된 글로벌 금융위기는 미국의 금융시장뿐 아니라 국제금융시장으로까지 확산되어 전 세계 실물경기를 위축시켰다. 특히 무역의존도가 높은 우리나라는 금융위기의 여파에서 벗어날 수 없었기 때문에 이명박 정부의 거시경제정책의 상당 부분은 국제금융위기를 극복하기 위한 노력에 초점이 맞춰져 있었다고 볼 수 있다.

실제로 우리 경제는 대외부문이 악화되고 국내 실물경기가 부진한 모습을 보인 가운데 저조한 성장세를 보였다. 당시 우리나라에서도 환율과 환율 변동성 모두 급등했으며, 외환보유액이 감소하는 등 외환건전성이 악화되는 모습을 보였다. 이와 함께 국내 종합주가지수가 급락하고 부동산가격이 하락하는 등 자산시장 또한 급속히 위축되었다. 이와 함께 전 세계적인 경기 위축은 우리나라를 둘러싼 대외수요 위축을 야기했고, 이는 우리 경제의 중요한 축인 수출 실적을 악화시켰다. 당시 국제통화기금(IMF) 등 주요 해외전망기관들은 우리 경제의 불확실성을 반영하여 경제성장률을 하향조정했다.

이에 정부는 과감한 재정확대 정책을 폈다. 재정투입 규모는 글로벌 금융위기로 인한 경제충격의 크기를 고려할 때 적절했으며, 위기대응의 적시성 측면에서도 적절했던 것으로 평가할 수 있다. 확장적 재정지출의 규모는 2008~10년 기간 중 30.5조 원으로 파악된다. 재정지출의 확대와 더불어 재정조기집행을 독려하여 경기반등을 시도했다. 재정조기집행은 당시 경기침체의 정도와 속도를 고려할 때 긍정적이라고 평가할 수 있다.

정부의 지출확대 외에도 다양한 세제개편을 통한 감세정책도 동시에 이루어졌다. 2008년에는 투자를 촉진하기 위해 법인세율을 인하하고, 에너지 관련 투자세액 공제율을 확대했다. 또한 유가환급금 지급을 비롯하여 소득세율 인하와 공제체계 개편을 추진했으며, 종합부동산세율과 양도소득세율을 하향조정했다.

이로 인해 우리 경제는 예상보다 빠른 회복세를 보였다. 이는 정부의 적극적인 경기안정화정책과 조기에 회복된 수출이 경제성장률의 하락세를 반전시킨 것으로 볼 수 있다. 우리 경제는 2008년 1/4분기를 정점으로 경기순환주기상의 하강국면으로 진입했는데, 2008년 하반기부터 시행된 정부의 적극적인 재정지출확대 효과에 기인하여 2009년 주변 신흥국들이 경험한 마이너스 성장을 피할 수 있었다. 결과적으로도 지출효과와 감세효과의 적절한 배분은 우리 경제가 예상보다 빠르게 회복하는데 기여했다고 평가할 수 있다.

이와 더불어 정부가 위기극복을 위해 추진한 확장적 통화정책은 상당한 규모의 경기부양 효과를 나타내면서 급속한 경기침체를 상쇄시키는 데 기여를 한 것으로 평가된다.

금리인하를 시작한 2008년 3/4분기 이후 1년간 통화정책의 GDP 성장률에 대한 확장효과는 약 0.36%p 정도로 나타났다. 2009년 2/4분기 이후에는 금리가 2% 수준으로 급속히 인하되었는데, 이는 이후 1년간 약 1.77%p 정도의 GDP 성장률 효과를 나타냈다. 2010년 3/4분기 이후에는 기준금리가 서서히 인상되었는데 이것이 이후 최근까지 GDP 성장률에 미친 확대 효과는 약 1.29%p로 소폭 축소되는 것으로 나타났다. 결과적으로 통화당국의 확장적 통화정책은 금융위기의 충격을 완화하는데 일정수준 기여한 것으로 평가할 수 있다.

국격 및 글로벌 리더십 제고

G20 정상회담 성공적 개최

우리나라는 비(非) G8 아시아 국가 최초로 G20 정상회의를 유치해 성공적으로 개최했다. 2010년 11월 11~12일 이틀간 개최된 서울정상회의에서 우리나라는 기존 정상회의 합의사항을 성공적으로 이행했을 뿐 아니라 주도적으로 신규의제를 제시해 향후 논의의 기반을 마련했다. 우선 G20의 정책공조 방안과 개별국가별 정책약속들을 종합한 '서울액션플랜(Seoul Action Plan)'을 마련해 세계경제의 최대 현안으로 부각된 환율정책 공조방향에 합의하고, 글로벌 불균형 완화를 위한 새로운 모멘텀을 제공했다.

또한 우리나라는 외부 충격으로 인한 급격한 자본유출입 변동성에 대응하는 글로벌 금융안전망을 구축할 필요성을 제기하고, 최초로 개도국의 빈곤 및 개발격차 해소를 G20의 주요 어젠다로 논의하는 등 G20 정상회의 의장국으로서 신규의제를 제시하는 실질적 성과를 냄으로써 국제적 위상을 높였다고 평가할 수 있다.

녹색기후기금(GCF) 사무국 유치 성공

2012년 10월 20일 녹색기후기금(Green Climate Fund: GCF)은 인천 송도를 사무국 유치도시로 선정했다. GCF는 개발도상국의 온실가스 감축과 기후변화 적응을 지원하는 기후변화 관련 국제금융기구로, 지난 2010년 말 멕시코 칸쿤에서 열린 제16차 당사국 총회(COP)에서 이 기금의 설립이 승인됐다. GCF 유치로 우리나라는 중량감 있는 국제기구를 처음 유치하는 성과를 올리게 됐다. 정부는 이번 GCF 유치로 우리나라가 얻는 유·무형의 효과가 상당히 클 것으로 예상했다.

우선 GCF는 190여 개 회원국에 기금 규모만 수천억 달러가 넘을 것으로 보인다. 여기에 1,900여 명의 고용유발 등 연간 3,800억 원 규모의 경제적 파급효과가 있을 것으로 분석되고 있다. 아울러 글로벌 녹색성장 논의에서 우리나라의 소프트 파워와 리더십이 강화되고, 글로벌 리더십도 크게 강화될 것으로 전망된다.

개발원조국에서 공여국으로 전환

우리나라는 2009년 OECD 개발원조위원회(DAC)에 가입함으로써 선진 원조 공여국임을 국제사회로부터 인정을 받았다. 우리의 경제발전 경험을 토대로 개도국의 경제정책 전반에 걸쳐 정책자문을 실시하는 경제발전경험 공유사업(KSP)을 통해 국가 브랜드를 제고하려는 노력도 기울이고 있다.

OECD 개발원조위원회(DAC)에 따르면, 2010년 우리나라의 ODA 규모는 11.7억 달러로 23개 DAC 회원국 중 18위로 나타났다. 이는 2009년 대비 25.7% 증가한 수치로, DAC 회원국 중 포르투갈에 이어 두 번째로 높은 증가율을 기록한 것이다. 경제규모 대비 ODA 수준을 나타내는 ODA/GNI 비율은 여전히 DAC 회원국 중 최하위를 기록했으나 우리나라가 신규 DAC 회원국으로서 여타 회원국들에 비해 빠른 ODA 증가세를 보였으며, 향후 정부의 ODA 확대 계획에 따라 ODA 규모 및 ODA/GNI 비율 순위도 지속적으로 개선될 전망이다.

무역 1조 달러 달성

이명박 정부 출범 후 글로벌 금융위기로 추출여건이 좋지 않음에도 불구하고 수출시장 다변화, 제품 경쟁력 제고를 위해 지속적인 노력을 기울였다. 특히 수출시장 다변화를 위해 자유무역협정(FTA)을 통한 경제영토 확장을 지속적으로 추진해 한·ASEAN FTA 완료(2009년), 한·인도 CEPA 발효(2010년), 한·EU FTA 발효(2011년), 한·페루 FTA 발효(2011년), 한·미 FTA 비준(2011년) 등을 통해 유럽-아시아-미국을 연결하는 글로벌 네트워크를 구축했다. 세계경제(GDP 기준)의 61%, 45개국과 FTA를 체결함으로써 우리의 경제영토는 세계 3위(1위 칠레 87%, 2위 멕시코 72%) 수준까지 확대됐다.

이러한 노력으로 2010년에는 세계 7대 수출국으로 도약했으며, 2년 연속 400억 달러 이상의 흑자를 달성했다. 그리고 2011년 12월 5일에 세계에서 9번째로 연간 무역액 1조 달러를 달성했다. 이는 1962년 1차 경제개발 5개년 계획 수립 후 50년 만의 기록으로 기존 1조 달러 달성 국가들보다 빠른 속도다.

우리나라는 1,000억 달러 이후 23년, 5,000억 달러 후 6년 만에 1조 달러를 달성한 반면, 기존 국가들은 1,000억 달러 이후 평균 26.4년, 5,000억 달러 이후 8.4년이 소요됐다. 특히 무역은 그동안 우리나라 경제성장을 견인해 오면서 외환위기 등 경제위기 시마다 위기극복의 선도적 역할을 수행해왔다고 평가할 수 있다.

국가신용등급 상승

글로벌 금융위기 이후 미국과 일본 등 주요국의 신용등급이 하향 조정되는 추세에서 국제 신용평가사들이 우리나라에 대해서는 긍정적인 평가를 내렸다. 무디스(Moody's)는 2012년 8월에 우리나라 신용등급을 Aa3로 상향조정 했다. 이는 우리나라의 역대 최고 수준으로 일본과 같은 수준이 되었다. 피치(Fitch)도 2012년 9월에 한국의 신용등급을 1997년 외환위기 이전 수준인 AA-로 상향 조정했으며, S&P 역시 2012년 9월에 한국의 신용등급을 A+로 상향조정한다고 발표했다.

세계적인 경기둔화세가 지속되고 있는 가운데 신용평가사들이 이 같은 결정을 내린 것은 우리의 대외신인도가 높아졌음을 의미하며, 이로써 우리나라는 2008년 글로벌 금융위기 당시에 비해 경제 체질이 강화됐음을 국제사회로부터 인정을 받았다.

문화콘텐츠 수출 급증

최근 문화콘텐츠 수출은 연평균 25% 이상 증가하고 있다. 또한 글로벌 금융위기 등으로 일자리 창출이 쉽지 않은 상황에서 콘텐츠산업의 고용은 2008년 49만 명에서 2011년 59만 명으로 증가하며, 10만여 개의 일자리를 창출했다. 이처럼 문화콘텐츠 분야가 꾸준히 성장할 수 있었던 것은 문화기술(CT) R&D 투자규모를 확대해나가고 있는 데다 한류가 확산되고 있기 때문이다.

특히 K-POP과 창작 뮤지컬, 애니메이션 등 관련 산업의 해외 진출이 활발해지면서 2011년 콘텐츠산업 수출액은 전년비 29% 증가한 약 41.6억 달러로 예상된다. 콘텐츠산업별 전년비 수출 증가율은 음악(113%), 만화(88%), 영화(65%), 캐릭터(36%) 산업 순서로 높았으며, 지역별로는 일본(26%), 중국(25%), 동남아(22%), 북미(13%) 순서로 높았다.

공정사회와 공생발전

공정과세와 성실납세

공정과세·성실납세는 공생사회와 공생발전 기반 구축의 핵심 사안이다. 이명박 정부 기간 동안 고액·상습 체납자 추적 강화 및 특별관리, 변칙상속·증여 및 역외탈세 방지 등 공정과세에 역점을 뒀으며, 성실 납세자 우대·지원 및 성실신고확인제도 도입을 통해 성실납세의 사회적 분위기 확산에 주력해왔다. 고액·상습 체납자에 대한 특별관리 차원에서 2011년 2월 지방국세청에 '체납정리특별전담반'을 설치하고 인력을 대폭 확충했다. 또한 '은닉재산 추적지원 프로그램'을 개발하여 지능적인 체납처분 회피자에 대해 과학적이고 치밀한 감시체계를 마련했으며, 이를 통해 체납처분 회피 혐의자들에 대한 체납 처분과 추적조사를 실시했다.

또한 정부는 2차 '공정사회추진회의'(2011. 3. 31)에서 '일감몰아주기'에 대한 과세 방침을 확정하여 변칙적 상속·증여를 차단토록 했으며, '성실신고확인제'를 도입(2011. 5. 2)하여 자영업자·고소득 전문직의 세원 투명성을 제고했다. 아울러 역외탈세 방지를 위해 연중 해외 금융계좌의 잔액이 10억 원을 초과한 거주자·내국법인에 대해 해외금융계좌 신고제도를 도입하고(2010. 12), 세부신고서식을 마련하고, 역외탈세에 대한 세무조사를 강화해 2011년의 경우 10월까지 9,300억 원을 추징했다. 또한 2011년 1~7월 중에는 조세정보교환을 위한 협상을 추진하여 6개 국가 및 지역과 조세정보교환에 합의했다. 이러한 공정과세·성실납세를 위한 제도적 여건 마련과 정책적인 노력을 통해 많은 숨은 세원을 양성화시키는 성과를 거두었다.

고교 졸업자 일자리 확대

학력 인플레이션의 홍수 속에서 전문계 고교조차도 취업률이 매우 낮다. 고학력 실업자가 양산되는 상황에서 학력 인플레이션은 우리 사회를 멍들게 한다는 점에서 전문계 특성화고를 비롯한 고졸 청년의 일자리 확대는 공생발전을 위한 중요한 과제라고 할 수 있다.

이에 정부는 고교 졸업자의 일자리 확대를 위해 직업 재훈련 예산을 늘리고, 고용 창출 중소기업을 위한 급여 보조와 세금 우대 등의 정책을 펼쳐왔다. 또한 대기업·공공기관을 중심으로 특성화·마이스터고 졸업자의 채용을 확대하도록 장려해왔다. 그 결과 특성화고 졸업자의 취업률이 2009년 16.7%에서 2010년 19.2%, 2011년 25.9%로 늘어나고 있으며, 2013년에는 60% 이상을 목표로 하고 있다. 정부의 고졸 취업자 확대 노력으로 기업들의 고졸 채용에 대한 인식도 점차 변화하고 있는 것으로 파악되고 있다.

대·중소기업 동반성장 촉진

대기업과 중소기업이 진정한 파트너관계를 구축할 때 우리 경제의 지속적인 성장과 일자리 창출이 가능하다. 이에 정부는 대·중소기업 간 공정거래질서 확립과 동반성장 점검체계 구축을 위한 4대 전략 15개 정책과제로 구성된 '동반성장 종합대책'을 발표했다(2010. 9). 또한 민간의 자발적인 동반성장 추진을 위해 '동반성장위원회'를 출범(2010. 12)시킴으로써 기업들이 상호 신뢰 속에서 협력성과를 창출해 낼 수 있는 기반을 마련했다.

대·중소기업 간 동반성장을 위한 토대 마련과 더불어 하도급법 개정(2011. 3), 「대규모 유통업에서의 거래공정화에 관한 법률」 제정 및 시행(2012. 1 시행) 등 법·제도적 인프라 개선 작업과 함께 법집행력 강화를 위한 각종 조사를 병행 추진했다. 대·중소기업 간 동반성장은 이와 같은 정부 차원의 정책적 노력과 함께 관련 기업들의 자발적인 동참이 있어야 가능하다. 이러한 점에서 대기업과 중소협력사 간 '공정거래 및 동반성장 협약' 체결 사례가 2010년 이후 크게 늘어난 것은 긍정적으로 평가할 수 있다.

공정거래질서 확립

정부는 서민생활과 밀접한 분야의 담합행위 등 불공정행위 시정 노력과 함께 소비자주권 실현을 위한 시장환경 조성 등 사회 전반의 공정거래질서 확립에 주력해왔다.

서민생활과 밀접한 먹거리, 생필품 등 다양한 분야에 대해 157건의 담합행위를 적발해 약 1조 2,000억 원 규모의 과징금을 부과했으며(2008년 2월~2011년 11월), 국내외 제약사의 대규모 의약품 리베이트를 지속적으로 적발·시정 조치해왔다. 또한 외국 사업자의 불공정행위에 대해서도 엄중히 제재하여 국내 소비자 및 사업자들이 피해를 보지 않도록 저지 노력을 펼쳐왔다(4년간 국제 카르텔에 가담한 20개국 46개 글로벌 사업자 제재).

소비자주권 실현을 위한 시장환경 조성을 위해 정부는 소비자들의 합리적 선택을 위한 정보제공 확대, 다단계·상조업 시장의 건전한 거래질서 확립을 통한 서민 피해 경감, 국민생활 밀접 분야의 불공정약관 시정 및 표준약관 보급 등의 정책적 노력을 기울였다.

사회안전망 구축 강화

복지예산 대폭 증가

복지예산 규모는 지난 5년간 꾸준히 증가했으며, 총지출 대비 복지지출 비중 또한 2007년 이후 지속적으로 증가하고 있다. 복지예산 규모는 2007년 61.4조 원에서 2012년 92.6조 원으로 증가했고, 총지출 대비 복지지출 비중은 2007년 25.9%에서 2012년 28.5%로 증가했다.

그 결과 2012년 복지예산 규모 및 복지지출 비중은 역대 최고 수준으로 나타났다. 이와 같은 복지예산 규모 증가의 주요 원인은 국민연금급여 지출 본격화, 건강보험 급여지원 증가, 실업급여를 포함한 고용보험과 산재보험 확대 등에서 찾을 수 있다.

또한 글로벌 금융위기 등으로 재정여건이 어려운 가운데에도 사회안전망 확충 등의 복지 우선 정책이 상당 부분 반영된 것으로 판단된다.

서민주거안정 지원: 보금자리주택

보금자리주택은 2008년 9월 '국민 주거안정을 위한 도심공급 활성화 및 보금자리 주택 건설방안'의 발표에 따른 것으로 중소형 공공분양의 공급을 늘려 서민의 주거안정을 도모하고 다양한 유형의 주택을 공급하는 등 수요자 중심 주택정책의 일환으로 추진되었다. 무엇보다 보금자리주택은 공급자 위주의 일방적인 공급에서 벗어나 소득계층별 차별적 수요에 부응하는 다양한 주택을 공공 주도하에 신속하게 공급하는 수요자 맞춤형 주택공급정책을 표방하고 있다.

보금자리주택 총공급물량은 150만 호로 수도권에는 100만 호를 공급하고 나머지 50만 가구는 지방에 짓는다. 유형별로는 분양주택 70만 가구와 임대주택 80만 가구를 공급한다. 정부는 저렴한 보금자리주택을 신속하게 공급하기 위해 2009년 8월 수도권 보금자리주택의 공급기간을 2009~2012년으로 단축하는 조기건설안을 발표했고, 2011년에는 다시 임대주택과 소형주택의 비중 확대, 주거단지의 소규모화 등 공급물량 및 공급방식이 변화된 정책을 추진했다.

이러한 노력으로 인해 2009년 보금자리주택 14만 6,000호를 공급하여 계획물량 14만 호를 초과 달성했고, 2010년에도 보금자리주택 18만 호를 공급하여 3차 지구까지 총 23만 6,000호가 공급되었다. 2011년엔 11만 가구를 공급했으며, 2012년까지 전국 60만 가구, 수도권 32만 가구를 공급할 계획이다. 보금자리주택은 기존 공공주택 내 분양가 상한제 가격보다 15% 이상 싸게 공급될 뿐만 아니라 중소형 분양주택과 다양한 임대주택을 맞춤형으로 제공되기 때문에

서민주거안정에 기여하는 바가 크다고 하겠다.

서민금융 확대

정부는 금융의 사각지대에 있던 서민들의 경제적 재기를 지원하고 신용회복 지원을 통해 금융 소외자를 축소하고자 다각적인 서민금융 지원 시책을 추진했다. 2008년 신용회복기금을 설립, 서민의 신용회복 지원 보강 및 고금리 채무의 저금리 전환을 지원하는 것을 시작으로 현재 '미소금융', '햇살론' 및 '새희망홀씨' 등 3대 서민금융을 통해 서민과의 나눔 금융을 시행하고 있다.

이러한 성과를 바탕으로 향후 미소금융 대출의 안정적 확대를 추진하는 한편, 내실 있는 운영을 통해 미소금융 사업의 토대를 견고히 구축할 예정이다. 아울러 2012년부터는 실수요자에 대한 자금공급이 위축되지 않도록 하고 서민층에 대한 금융지원을 더 강화할 예정이다. 저소득층 대상 미소금융 지원을 확대하고, 햇살론의 대출 보증지원 비율을 85%에서 95%로 확대하고 새희망홀씨 공급을 늘리는(2011년 1조 2,000억 원 → 2012년 1조 5,000억 원) 등 서민우대금융을 내실화할 계획이며, 주로 저신용층에만 공급되던 미소금융 공통상품을 저소득층까지 확대될 수 있도록 상품을 개발할 계획이다.

보육시설 확충

현재 우리나라의 보육시설은 전반적으로 공급이 부족하지 않으나 지역별, 시설 유형 등에 따라 일부 불균형이 존재한다. 이에 정부는 저소득층 밀집지역, 농산어촌 등 보육시설 공급률이 낮은 지역 등 취약지역에 국공립 보육시설을 우선 설치해왔다.

특히 보육수요가 있으나 아동 수가 적어 민간시설이 진입을 기피하는 농산어촌 지역의 보육 사각지대 해소를 위해 기존의 공공·복지 시설을 활용한 보육시설 설치와 이동 놀이버스, 이동 어린이집 등 소규모 복지시설 확충정책을 추진해왔다. 이와 같은 농어촌 보육여건 개선을 위한 소규모 보육시설 확충 및 농어촌 근무교사의 특별근무 수당 지급 등의 사업을 위해 2012년에도 246억 원의 예산을 배정했다.

노인장기요양보험 시행 등 노인복지 강화

건강한 노후생활과 관련한 대표적 정책인 노인장기요양보험제도는 2008년 7월부터 시행되어 노인복지 강화의 새로운 장을 열었다. 노인장기요양보험은 고령이나 노인성 질병 등의 사유로 일상생활을 혼자서 수행하기 어려운 노인 등에게 신체활동 또는 가사활동 지원 등의 장기요양급여를 제공하여 노후의 건강증진 및 생활안정을 도모하고, 그 가족의 부담을 덜어줌으로써 국민의 삶의 질을 향상하도록 함을 목적으로 시행하는 사회보험제도이다.

이와 함께 보건소, 노인복지시설과 연계 협조하여 저소득노인에서 일반노인으로 치매 무료검진을 단계적으로 확대함으로써 치매 초기 진단사업의 내실화 및 예방을 도모하고 있다. 더불어 노년기 주요 질환 관리체계 구축, 노령기 기초건강 증진을 위한 운동사업 활성화 등 건강한 노후생활을 위한 정책들이 지속적으로 추진 중이다. 한편 전체 노인의 21.5%(2010년 기준)를 차지하고 있는 독거노인들의 경제, 건강 등 전반적인 생활 및 복지수준의 열악성을 해소하기 위한 정책도 추진되어 왔다. 특히 2011년에는 국가 차원의 돌봄서비스 마련을 위해 독거노인과 민관기구를 연결하여 독거노인들이 돌봄서비스를 받을 수 있도록 하는 '독거노인 사랑 잇기 사업'이 시작되었다.

정부는 노년층의 경제활동기회를 제공하기 위해 '시니어 인턴십 제도(Senior Internship Project)'를 도입하고 '고령자 친화형 전문기업'도 설립했으며, 퇴직자 중심의 민간단체인 시니어클럽을 활성화해 모기업 연계형 노인 일자리 창출을 추진하고 있다. 더불어 노인 복지시설 확충, 문화바우처 지원 등 고령자의 여가문화 향유기반 확대와 고령자 자원봉사 활성화 및 인프라 구축을 통한 노인의 사회참여 확대를 통한 노인복지 강화에도 정책적 지원을 다하고 있다.

사회적기업 활성화

지속가능한 양질의 일자리 창출과 사회서비스 공급확대를 목적으로 하는 사회적기업은 2003년 노동부의 사회적 일자리 창출 사업으로 시작된 이래, 이명박 정부 출범 이후 사업규모가 지속적으로 확대되고 있다. 2011년 6월 기준 사회적기업은 532개(예비 사회적기업은 1,005개)로 파악되고 있으며, 이는 2007년 50개(예비 사회적기업 396개)와 비교할 때 큰 폭으로 증가한 것이다.

이러한 사회적기업의 증가는 현 정부의 사회적기업에 대한 정책적 지원 강화와 연관돼 있다. 특히 2010년 7월부터 중소기업에 준하는 정책자금 융자를 실시해오고 있으며, 2011년부터는 법인세 감면이라는 세제혜택을 부여하고 있다. 뿐만 아니라 자치단체 중심의 지역 풀뿌리형 사회적기업을 발굴·육성하도록 '지역형 예비 사회적기업 지정제도'를 시행해오고 있으며, 이를 위해 자치단체에 약 510억 원(2011년 3월 기준)의 예산을 지원하는 등 지원 규모도 꾸준히 늘리고 있다.

사회적기업 활성화를 위한 현 정부의 지원으로 사회 전반에 사회적기업에 대한 관심이 증대되고 있으며, 이러한 분위기 속에서 사회적기업의 자립 능력도 크게 향상되어 지속가능한 일자리 창출과 사회서비스 공급확대라는 정책 목표를 실현하고 있다.

신성장동력 발굴

이명박 정부 출범 후 글로벌 금융위기로 인한 세계적인 저성장 추세 속에서 우리 경제의 성장 여력이 감소했다. 2019년경 고령사회가 도래할 것이라는 전망도 우리 경제를 어둡게 만들었다. 우리 경제가 선진경제권으로 진입하기 위해서는 기존의 주력산업에서 탈피, 새로운 패러다임으로 전환하는 것이 불가피했다. 이는 금융위기 극복을 위한 단기적인 경제활성화를 꾀하는 것과 동시에 장기적인 '신성장동력 산업'을 확충해야만 했다. 더욱이 해외 주요국들 역시 신성장동력 분야를 발굴, 새로운 시장에 뛰어들고 있어 신성장동력 육성의 속도전쟁에서 뒤질 경우 시장을 선점당할 수 있기에 발 빠른 대응이 필요했다.

현 정부는 출범과 동시에 향후 10년 이상을 내다보면서 산업융합과 녹색성장의 기반을 닦아나간다는 목표를 수립하고, 2009년 1월 국가과학기술위원회, 미래기획위원회 합동회의를 열어 3대 분야, 17개 신성장동력 산업을 확정·발표했다. 이는 중장기적인 시각에서 우리 경제의 미래 대표선수, 미래 먹을거리를 선발한 것이라고 할 수 있다.

신성장동력 비전 발표 이후 현 정부는 범부처 차원의 신성장동력 육성을 위한 후속조치를 시행했다. 2009년 5월 '신성장동력 종합추진계획'을 수립했고, 7월엔 '스마트 프로젝트'를 실시해 단기상용화 가능성이 높은 10대 분야를 지원했으며, 8월엔 '장비산업 육성방안', 2010년 1월에는 '투자활성화 방안'을 제시하는 등 신성장동력 전반에 관한 육성 인프라 정책을 마련했다. 또 2010년에는 소프트웨어, 3D산업, U-health, 2차전지, 시스템반도체, 전기차, 신재생에너지, 바이오시밀러 등 개별 품목별 육성방안도 수립·추진했다.

이에 따라 2011년까지 총 8조 8,000억 원의 예산이 투입됐으며 「저탄소 녹색성장기본법」, 「산업융합촉진법」등 39개의 핵심법령이 제정됐다. 그 결과 전기차 100% 국산화, 스마트십(Smart Ship) 개발, 감시로봇 시스템과 바이오시밀러 해외 수출 등 가시적인 성과가 조금씩 나타나고 있다.

정부는 신성장동력 산업의 성장을 위해 원천기술 확보, 초기시장 창출에 힘쓴 것은 물론 2011년 신성장동력 강화전략을 내놨다. 이에 따라 우수한 인력양성을 위한 '신성장동력 인력

양성 플랫폼'을 구축해 2018년까지 70만 명의 신성장동력 인력을 키우기로 했다. 뿐만 아니라 '신성장동력 육성을 위한 금융활성화 방안'을 마련해 체계적인 금융공급이 가능하도록 보완했다. 사업 초기엔 정책자금을 투자하고 시장이 성장·성숙기에 접어들면 민간투자가 활성화될 수 있도록 제도적 장치를 만든 것이다. 정부는 신성장동력 산업이 대표적인 성과를 도출해 민간투자 유발 등의 파급효과를 기대하고 있다.

노사문화 선진화

2009년 2월 '경제위기 극복을 위한 노사민정 합의문' 체결을 발표하는 등 이명박 출범 초기부터 노사상생의 길을 모색했다. 이후에도 새로운 노사문화를 만드는 노력을 통해 타임오프제 도입, 복수노조 시행, 노사분규 감소라는 세 가지 성과를 이뤘다.

근로시간면제제도(타임오프제) 도입

1997년 노조법에 노조전임자 급여지급 금지 규정을 도입한 이후 노사자율로 전임자를 축소토록 했으나 오히려 전임자 수가 계속 증가해왔다. 일각에서는 노조전임자 급여지급 금지 규정 시행 시 중소 규모의 노동조합을 중심으로 노동운동이 위축될 것이라는 우려도 제기됐다. 이에 따라 노사공동의 건전한 노조활동을 보장하면서 불합리한 노조전임 관행을 개선하기 위해 2009년 12월 4일 노사정 합의를 통해 근로시간면제제도를 도입했다.

근로시간면제제도는 기본적으로 노사공동의 이해관계에 속하는 노동조합활동에 대해 유급처리를 인정하는 제도다. 산업현장의 노사는 근로시간면제심의위원회가 심의·의결한 바에 따라 고용노동부 장관이 고시한 근로시간면제 한도의 범위 내에서 근로시간면제 수준을 자율적으로 정하게 됐다. 이것은 우리나라 노사관계의 패러다임이 전환될 수 있는 제도적 틀이 완비된 것으로 노동운동의 자주성과 민주성이 높아지고 경영관리의 합리성과 투명성이 증대돼 우리 노사관계의 선진화를 앞당기는 효과가 있을 것으로 판단된다.

사업(사업장) 단위 복수노조 설립

2010년 1월 1일부로 「노동조합 및 노동관계조정법」이 개정됨에 따라 2011년 7월 1일부터 근로자들은 사업(장) 단위에서 2개 이상의 노동조합을 자유롭게 설립하거나 가입할 수 있게 됐다.

또한 교섭창구 단일화제도를 도입, 하나의 사업(장)에 하나의 단체 협약이 적용되도록 함으로써 복수노조 허용에 따른 중복교섭 등 교섭 질서의 혼란, 근로조건의 통일성 훼손과 노동조합 간 과도한 세력 다툼 및 분열과 같은 산업현장의 혼란을 방지할 수 있게 됐다.

정부는 복수노조 제도의 시행으로 오랜 노동계의 최대 현안이 해결되는 한편, 근로자들의 단결권이 제한 없이 보장되고 '1사 1교섭 원칙'이 확립됨으로써 우리 노사관계가 원칙을 지키면서 균형과 조화 속에 안정적으로 발전할 수 있는 디딤돌이 마련된 것으로 보고 있다. 이와 함께 ILO와 OECD 등 국제기구로부터 지속적인 개선 요구를 받았던 노동현안이 해소됨으로써 국제기준에 부합하는 선진적인 노사관계 제도를 갖추게 됐다고 할 수 있다. 노동조합 간의 건전한 경쟁을 바탕으로 조합원이 중심이 되는 민주적 노조활동이 활성화되고 기업의 경영 투명성과 효율성도 한층 높아지는 등 성숙된 노사관계가 될 것으로 판단된다.

노사분규 감소

이명박 정부가 출범한 2008년 이후 노사분규 발생은 연평균 83건으로 이전 정부에 비해 크게 줄어든 것이고, 근로손실일수도 연평균 52만 2,000일로 과거 정부에 비해 큰 폭으로 줄어들었다.

교육 선진화를 통한 인재양성

지난 5년간 정부는 양질의 교육을 제공하기 위하여 교육여건을 개선하기 위한 투자를 지속해 왔다. 그 결과 학생 1인당 공교육비가 지속적으로 증가하고 있고, 취학의 기회가 지속적으로 높아지고 있다.

공교육 강화를 통한 사교육비 절감

정부는 초·중등 교육 분야에서 사교육비 절감 및 공교육 내실화를 정책 방향으로 설정하고 다양한 정책을 추진했다. 고교다양화, 사교육비 절감(EBS-수능 연계), 국가수준 학업성취도 평가의 전수시행, 기초학력 향상지원, 교원능력개발평가, 영어공교육 강화, 창의·인성교육, 교육과정 선진화, 수업평가제도 개선(서술형 평가, 절대평가), 방과후학교 활성화, 학부모 학교참여 확대 정책 등을 추진했다. 교원의 질을 향상시키고자 교원능력개발평가를 실시하여 학부모들의 교육만족도를 제고했고, 수석교사제와 교장공모제를 도입하여 교단의 선진화를 도모하고 있다.

예술체육 활동을 장려하여 창의적 체험활동이 활발히 이루어지는 성과를 가져왔다.

한편 교육복지 분야에서 취약계층 및 유아교육 지원을 정책 방향으로 설정하고 저소득층 자녀 교육비 지원, 장애학생 및 소외계층을 위한 교육 지원, 학업중단 및 위기학생 지원(Wee 프로젝트), 초등 돌봄교실 운영, 유아 무상교육(5세 누리과정), 학교급식비 지원, 방과후학교 자유수강권 지원 등의 정책을 추진하여 취약계층에게 균등한 기회를 제공하는 성과를 거두었다.

또한 직업교육 강화를 정책 방향으로 설정하고 특성화고 지원 강화, 마이스터고제도 도입, 선취업 후진학(고졸자 취업 지원) 정책 등을 추진하여 국민들로부터 높은 호응과 지지를 얻었다. 특히 고졸자 취업 지원정책은 학력으로 인한 차별을 철폐하고 공정한 사회를 만드는 데 큰 기여를 한 것으로 평가받고 있다. 또한 계속 증가하던 대학진학률이 처음으로 줄어들고 대신 취업률이 증가하는 큰 성과를 낳았다. 정부는 또한 사교육비 절감을 핵심 과제로 설정하고 사교육비를 줄이기 위하여 다양한 정책을 펼쳤다. EBS와 수능강의를 연계하여 수험 부담을 경감하고 사교육비를 줄인 것이 대표적인 사례이다. 이를 통하여 지금까지 지속적으로 증가하던 사교육비가 현 정부에서 줄어드는 효과를 가져왔다.

고등교육 경쟁력 지속 상승

정부는 지난 5년간 인재대국을 목표로 고등교육의 경쟁력을 향상시키기 위하여 많은 노력을 기울였다. 그 결과 우리나라 고등교육의 경쟁력은 지속적으로 강화되고 있다. IMD 교육경쟁력 순위가 지속적으로 상승하고 있고, SCI 논문 국가순위 및 피인용 횟수 역시 지속적으로 상승하고 있다. 한국으로 유학을 오는 학생 수가 증가하면서 글로벌 경쟁력 역시 향상되고 있는 것으로 나타나고 있다.

지난 5년간 정부는 고등교육 분야에서 경쟁력 강화를 정책 방향으로 설정하고 입시제도 개혁 정책(대학입학사정관정책), 국가장학금 지원체계 개편, 대학경쟁력지원사업(교육역량강화사업, World Class University 사업 등), 대학 구조조정 정책(국립대 법인화, 사립대 구조조정) 등을 추진했다. 대학입학사정관제를 통하여 교과성적 중심이 아니라, 다양한 재능과 소질을 갖춘 인재를 발굴하여 선발하는 기회가 확대되고 있다. 앞으로 입학사정관제도가 정착되고 확산되면 공교육의 정상화 및 사교육비 절감에 크게 기여할 것으로 예측되고 있다. 또한 사회적 배려 대상자를 선발하는 데에도 도움이 될 것으로 기대되고 있다.

지역균형발전

공공기관 지방이전·혁신도시 건설

지역균형발전을 위해 공공기관의 지방이전 및 혁신도시 건설을 위한 147개 공공기관 지방이전계획이 모두 승인됨에 따라 정부는 2012년부터 이전지역에 16.8조 원을 투자하고, 사업추진을 더욱 가속화하기로 했다.

정부는 2012년 내 혁신도시 부지조성과 진입도로 등 기반시설 건설을 완료하고 모든 이전기관의 청사를 착공하며, 지자체별로 아파트와 학교 등 정주여건을 적기에 조성하기로 했다. 또한 이전청사 건축에는 지역업체가 40% 이상 참여하여 지역경제 활성화에도 기여할 것으로 기대되고 있다.

2011년 말까지 이미 63개 기관이 사실상 착공식을 개최하면서 이전지역에서도 공공기관 지방이전을 실제로 체감할 수 있게 되는 등 지방이전이 가시화되고 있다. 정부는 이전기관 청사를 '에너지절약형 녹색건물'로 건축하도록 하고, 이전기관이 지역발전에 기여하고 지역과 원활히 소통할 수 있도록 '이전기관장협의체'를 구성·운영하며, 지역 젊은 세대에 비전을 제시하기 위한 '지역 2040세대와의 대화' 등을 활성화해 나갈 계획이다.

세종시 이전

세종시는 국가균형발전을 선도하고 세계적으로 모범이 되는 품격 높은 도시를 기치로 조성되고 있다. 총리실이 세종시로의 이전을 시작했고, 기획재정부를 비롯한 중앙정부들이 2012년 12월부터 본격적인 이전을 시작한다.

세종시는 원안의 행정중심복합도시가 갖는 문제점을 극복하기 위해 2010년 1월 교육과학중심 경제도시로 전환하는 발전방안을 발표하고 다섯 가지 원칙을 제시했다. 첫째 원안보다 알차고 실천 가능한 방안 제시, 둘째 사업기간 단축을 통한 도시 조기 활성화, 셋째 실효성 있는 국가균형발전 초석 마련, 넷째 국가자원의 효율적 활용, 다섯째 신속하고 확실한 실행 담보가 그것이다.

또한 세종시 발전을 위한 7대 추진전략으로, 첫째 시너지 창출형 토지이용 구상, 둘째 교육·과학·산업 등 5대 자족기능 유치, 셋째 투자유치를 위한 인센티브 마련, 넷째 우수한 정주여건 조성, 다섯째 빠르고 편리한 도시·광역교통체계 구축, 여섯째 주민지원대책 보강, 일곱째 주변

지역과의 연계를 통한 지역균형발전 효과 확산 등을 제시했다. 발전방안은 원안에 비해 평균 10배의 경제적 편익이 있을 것으로 분석돼 세종시가 2020년까지 인구 50만의 자족도시로 성장할 수 있는 기반을 갖출 수 있을 것으로 보인다.

국가철도망 구축

2010년 4월, 정부는 철도망을 통해 국토를 통합·다핵·개방형 구조로 재편한다는 비전 아래, 전국 주요거점을 일상 통근시간대인 1시간 30분대로 연결하여 하나의 도시권으로 통합한다는 목표를 가지고 전국 주요거점을 고속 KTX망으로 연결, 대도시권 30분대 광역·급행 철도망 구축, 녹색 철도물류체계 구축 등을 중점 추진과제로 설정하는 제2차 국가철도망 구축계획을 확정했다.

첫째 추진 중인 고속철도 사업 적기 완공 및 일반철도 고속화를 통해 KTX 서비스를 전국으로 확대하고, 둘째 대도시 교통난 해소를 위한 광역철도망을 지속적으로 확충해나가고, 셋째 산업단지·물류거점을 연결하는 대량수송 철도물류 네트워크를 구축해 나갈 계획이다.

2011~2020년까지 총 88조 원이 소요될 것으로 전망되는 철도망 확충 계획이 차질 없이 이루어질 경우 국가 교통체계가 철도중심 교통·물류체계로 전환되어 저탄소 녹색성장의 기반이 구축될 것으로 기대되고 있다.

향후 정책과제: 정책대응이 필요한 과제와 제언

이명박 정부는 출범 직후 글로벌 금융위기를 겪으면서 대부분의 정책들을 위기극복에 집중시켰다. 그 결과 금융위기의 여파가 심했던 우리나라는 예상을 넘는 빠른 속도로 위기를 극복해냈다. 그러나 정책은 긍정적 효과뿐만 아니라 부정적 효과들도 수반하는 경우가 많아 이에 대한 적절한 대응이 필요하다. 이는 우리 경제·사회의 안정성을 높이고 지속적인 발전을 하기 위한 선결조건이기 때문이다.

거시경제 안정성 확보 필요

우리나라 잠재성장률은 금융위기 이전에 이미 4%대 초반으로 낮아진 상태이며, 위기 이후 대외여건의 악화가 지속되는 상황에서 우리 경제의 중장기 성장률 전망은 더욱 악화될 가능성이 높다. 이처럼 잠재성장률에 대한 불확실성이 높은 경우, 거시경제적 안정성을 추구하는 것은 단기적으로 경기변동의 손실을 감소시키고 장기적인 경제성장에 긍정적인 영향을 미친다. 따라서 산출 수준의 변동성을 관리하는 정책 외에도 물가, 재정, 환율 등의 변동성을 완화하여 경기안정에 기여할 수 있는 거시경제정책을 모색할 필요가 있다.

아울러 우리 경제 전반의 안정성을 높이는 가운데 장기 성장을 추구하기 위해서는 현재 제조업 중심의 교역재 부문이 지나치게 특화되어있는 산업구조 전반을 개선할 필요가 있다. 상대적으로 낙후되어 있는 서비스 산업의 경쟁력을 향상시킨다면 대외충격에 따른 내적 변동성을 줄이고, 경제 전반의 생산성을 높임으로써 우리 경제의 성장과 안정을 동시에 도모할 수 있을 것으로 판단된다.

물가 및 가계부채에 대한 정책대응 필요

글로벌 금융위기 이후 단행한 재정 및 통화 확대정책은 우리 경제의 안정성을 제고하고 추가적인 경기위축을 막는 데 크게 기여했다고 평가할 수 있다. 그러나 이러한 재정·통화 확대정책은 몇 가지 비용을 수반했는데, 그중 하나가 바로 2010년 2/4분기 이후 나타난 물가상승 압력의 확대이다. 경제 내 성장세가 유지됨에 따라 총수요 압력이 빠르게 증대되면서 물가불안이 지속되는 현상이 발생한 것이다. 이러한 점은 물가안정목표제를 채택하고 있는 통화정책이 본연의 목적을 충실하게 수행하지 못하고 있음을 의미한다.

또 다른 비용은 가계부채 증가이다. 가계 부문의 가처분소득대비 부채비율이 여타 선진국들과는 달리 2008년 위기 이후 지속적으로 증가하는 모습을 보였다. 이는 거시경제 안정성을 저해할 수 있음을 시사하고 있다. 따라서 물가불안과 가계부채 증가에 대한 적절한 대응이 필요하다. 이는 서민생활과 밀접하게 연관돼 있어 사회적 안정을 위해서도 반드시 필요한 사항이다.

재정건전성 확보 노력 배가 필요

글로벌 금융위기 이후 추진된 확장적 재정정책으로 재정건전성이 다소 훼손되면서 우리나라의 국가채무가 증가하는 모습을 보였다(2007년 299.2조 원에서 2010년 392.8조 원으로 증가). 따라서 향후에는 한시적으로 도입되었던 지출확대정책을 축소하는 등 재정정책의 정상화 노력을 통해 국가채무 관리를 강화하여 재정건전성을 개선하기 위한 노력이 필요하다. 이는 향후 나타날 수 있는 새로운 경제위기에 대응하기 위한 선제적 노력이기도 하다.

주거안정에 중점을 두는 주택정책 펴야

2008~2010년에 연간 주택건설호수가 37~38만 호 수준을 유지해오고 있다. 이와 같은 지속적인 주택공급 확대로 주택보급률은 2002년에 이미 100%를 초과했으며 그 후에도 매년 증가하고 있다. 우리의 주택정책은 공급확대 측면에서는 그 목적을 달성해온 것으로 판단된다.

그러나 자가점유 확대 측면에서의 주거안정에는 크게 기여하지 못한 것으로 판단된다. 그간 자가점유비율은 1995년, 2000년, 2005년, 2010년에 55% 내외의 수준을 유지해왔고, 자가소유비율은 2005년 60.3%, 2010년 61.3%로 60%를 약간 넘는 수준에 머물고 있다. 주택보급률이 매년 증가해온 것과 비교하면, 자가점유비율과 자가소유비율은 상대적으로 저조한 수준을 유지해왔다고 볼 수 있다. 또한 가격(매입 및 임대가격) 측면에서의 주거안정에도 크게 기여하지 못한 것으로 사료된다. 최근 수도권의 매매가격지수는 상승과 하락을 반복하고 있지만, 전세가격지수는 지속적으로 상승했다. 따라서 주택공급량 확대를 견지하더라도 주택정책이 자가점유와 주택매입·임대가격 측면에서의 주거안정에 보다 많은 정책적인 고려가 필요하다고 하겠다.

복지비·의료비·공적연금 등 지출 급증에 대비해야

향후 저출산·고령화가 가속화되고 경기침체로 인한 취약계층의 복지수요가 증가할 것으로 예상되면서, 복지지출 역시 급증할 것으로 예상된다. 또한 의료비는 향후 복지재정을 위협하는 주요 요인 중의 하나이다. GDP 대비 국민의료비 비율은 2000년 4.5%에서 2010년 7.1%까지 지속적으로 증가했음에도 불구하고 여전히 OECD 평균치 9.5%보다 낮은 수준이다. 그러나 2000~2010년간 우리나라 의료비 실질증가율은 9.0%로 OECD 평균 4.5%의 두 배에 달하는 것으로 나타났다.

건강보험은 2005년부터 보장성 확대 로드맵을 마련하여 중증질환자 및 저소득계층의 의료비 부담을 경감하는 보장성 강화계획을 두 차례에 걸쳐 추진해왔다. 이와 같은 보장성 확대정책과 더불어 인구고령화, 소득증가 등에 따른 의료이용량 급증으로 인하여 건강보험 재정은 2009~2010년 당기적자를 기록하여 위기상황에 직면한 바 있다.

2011년 기준으로 65세 이상 인구의 31.7%가 공적연금(국민연금, 공무원연금, 사학연금)을 받고 있다. 향후 예상되는 평균수명 연장을 반영할 경우 국민연금 수급자 수가 큰 폭으로 증가하여 제도부양비가 급격하게 증가할 것으로 예상된다. 또한 연금수급기간이 늘어나 기존 가정에 비해 연금수지적자 및 기금소진시점이 앞당겨질 것으로 전망된다.

따라서 복지비 등의 지출 효율화와 수입확대 노력을 통하여 적정수지를 관리해나가는 가운데, 중고령자의 고용 가능성 제고, 임금 피크제 도입 등을 고려해볼 필요가 있다.

전인적 성장과 발달 촉진하는 교육이 돼야

우리나라 교육의 경쟁력 측면에서 볼 때, 한국 초·중등 학생들의 지적인 성취는 세계 최고 수준이나, 교육시스템과 대학교육의 경쟁력은 개선이 필요한 것으로 평가할 수 있다. 각종 국제 학업성취도 조사, 올림피아드 등 국제대회에서 한국 학생들의 성적은 최상위권으로 평가받고 있다. 그러나 한국 학생들의 공부에 대한 흥미와 열정과 태도는 OECD 국가 중 최하위권에 머물고 있다. 학업성적을 높이는 것만이 참된 교육적 성취이고, 참된 경쟁력인지에 대한 의문이 제기되고 있다.

학생들의 민주시민 역량과 공동체 역량이 OECD 국가 가운데 최하위권이고, 성인들의 민주교육, 시민 역량과 사회성 수준도 OECD 국가 중 하위권이다. 사회적 신뢰, 개방성, 투명성, 관용성 등 사회의 질 수준도 선진국과 비교하여 매우 낮은 수준이다. 한국 교육이 인재개발과 경제성장에는 기여했지만, 참된 교육적 성취와 사회발전에는 제대로 기여하지 못하고 있다는 것을 데이터가 증명하고 있다. 이제는 이전과 같이 우수인재 양성, 수월성 교육에만 치중할 것이 아니라, 학생의 전인적 성장과 발달을 촉진하고, 성숙한 사회성과 시민성을 계발하여 건강하고 행복한 사회공동체를 만들어가는 데 교육이 그 역할을 담당할 때다.

2

정책분야별
경제사회 지표 변화

2부 '정책분야별 경제사회 지표 변화'에서는 350여 개의 우리나라 경제사회 지표들을 선별하여, 이명박 정부 기간 동안 어떻게 변화해왔는지를 그래프 등으로 보여주고, 해당 지표들에 대한 객관적 설명을 기술하고 있다.

KOREA

1장

경제

01

거시

실질 GDP 성장률 추이

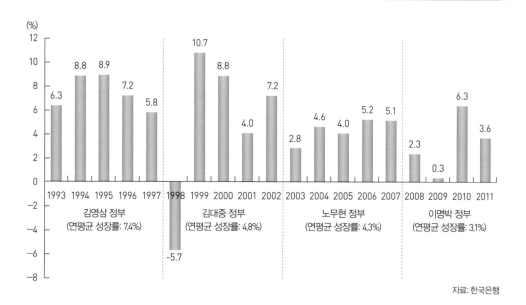

자료: 한국은행

- 경제성장률은 이명박 정부 들어 연평균 3.1%를 기록하여 이전 정부에 비해 상대적으로 낮은 수준을 기록
  - 2008년 이후 글로벌 금융위기, 유럽 재정위기, 중동 정세불안에 따른 고유가 등 대외여건의 악재가 연이어 발생하여 전 세계적으로 경기가 둔화된 데 기인

- 2008년 상반기에는 고유가 등의 공급 충격이 발생했고, 하반기 이후 리먼브라더스 사태 등 글로벌 금융위기가 본격화되면서 4/4분기 GDP가 전기 대비 4.6% 감소하여 연간 성장률이 2.3%에 그침.

- 2009년에는 글로벌 금융위기에서 빠르게 회복되면서 주요국이 마이너스 성장을 하는 가운데 우리 경제는 0.3% 성장

- 2010년에는 위기 이후 경제가 크게 반등하면서 6.3% 성장하여 2002년 이후 최고 수준의 성장률을 달성

- 그러나 2011년에는 아랍의 봄 등 중동 정세불안에 따른 고유가, 유럽 재정위기 등으로 대외여건이 다시 악화되면서 성장률이 3.6%로 둔화

주요국 경제성장률 추이

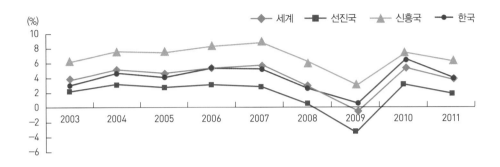

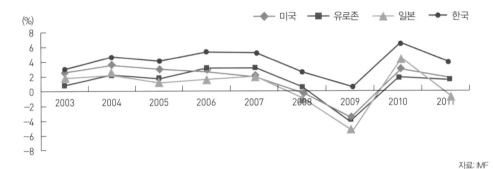

자료: IMF

주: 2012년 4월 기준

■ 2008~2011년 성장률 둔화는 전 세계적인 현상이었으며 우리 경제는 상대적으로 선전

- 2009년 우리나라는 0.3% 성장했으나 세계는 −0.6%, 선진국 그룹은 −3.6%의 성장률을 기록했음.

- 2008~2011년 사이 우리나라 연평균 성장률 3.1%는 세계 2.9%보다 높았으며, 미국 0.2%, 유로존 −0.2%, 일본 −0.7% 등 주요 선진국에 비해 크게 높은 수준이었음.

■ 2003~2007년과 2008~2011년의 연평균 성장률을 비교할 경우 우리나라는 1.2%p(4.3→3.1%) 낮아진 반면, 세계는 1.8%p(4.7→2.9%), 선진국 그룹은 2.4%p(2.7→0.3%), 신흥국 그룹은 2.0%p(7.6→5.6%) 낮아져 우리나라 둔화폭이 상대적으로 작음.

■ 다만 유럽 재정위기가 장기화되는 양상을 보이고 있어 경기를 조기에 회복하는 동시에 성장잠재력 제고 노력을 지속해나갈 필요가 있음.

1인당 GNI 증가율 추이

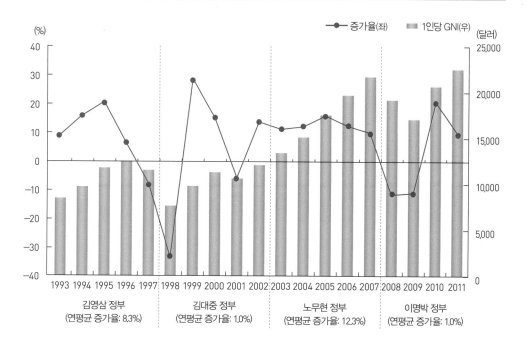

자료: 한국은행

■ 우리나라의 1인당 국민소득(GNI)은 2007년 2만 달러를 상회했으나, 2008년과 2009년 2만 달러 아래로 하락
  – 이는 금융위기의 영향으로 경제성장률이 둔화된 가운데 국제금융시장 불안으로 환율이 급등한 데 기인

■ 그러나 2010년에는 경제가 빠르게 회복하면서 다시 2만 달러를 회복했으며 2011년에는 22,489달러를 기록
  – 2만 달러 이상의 1인당 국민소득을 안정적으로 달성하면서 중진국 함정(middle income trap)에서 벗어났다는 평가

■ 1인당 국민소득의 연평균 증가율은 과거 정부에 비해 낮으나 이는 경제위기에 따른 결과
  – 1인당 국민소득은 외환위기 때인 1998~1999년 감소했으며, 글로벌 금융위기 때인 2008~2009년 감소

■ 1인당 국민소득은 국민 개개인의 소득수준을 나타내는 지표이므로 지속적인 성장과 환율 안정 등을 통해 증가세를 지속해 나갈 필요가 있음.

소비자물가 상승률

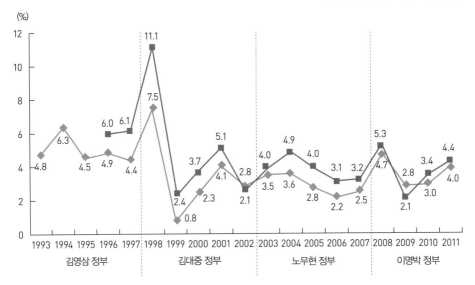

	생활물가	소비자물가 총지수	식료품 및 비주류음료	주류 및 담배	가정용품 및 가사 서비스	보건	교통	통신	교육	음식 및 숙박
김영삼 정부	6.1	5.0	4.7	6.7	2.2	4.1	7.9	−1.8	10.3	5.4
김대중 정부	5.0	3.5	5.1	5.2	1.0	5.0	5.7	−2.1	4.0	2.0
노무현 정부	3.8	2.9	3.8	3.8	1.2	1.9	4.1	−2.4	5.3	2.7
이명박 정부	3.8	3.6	6.8	0.7	3.2	1.9	4.3	−1.0	3.0	3.8

(단위: 연평균, %)

자료: 통계청

■ 소비자물가 상승률은 1990년대 김영삼 정부 이후 두 번째로 높은 상승률을 보이고 있으나 서민들의 체감물가를 설명하는 생활물가의 상승률은 가장 낮았음.

– 지출 목적별 분류에 따르면 식료품 및 비주류음료, 가정용품 및 가사 서비스 등의 물가 상승률이 높았던 반면, 보건·교통·교육 관련 물가상승률은 낮았음.

국가경쟁력 순위

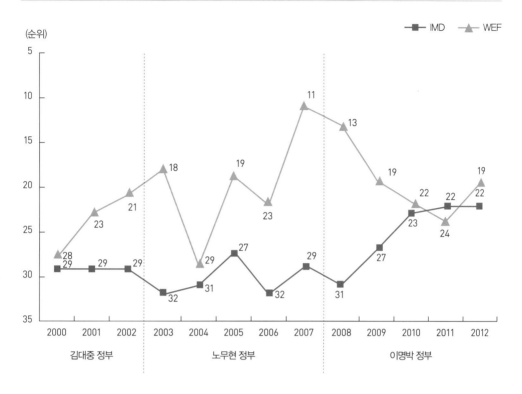

(순위)

■ IMD ▲ WEF

김대중 정부   노무현 정부   이명박 정부

자료: IMD, WEF

■ 2008년 이후 IMD 국가경쟁력평가 순위
는 지속적으로 상승해 2011년 59개국 중
22위로 IMD의 조사 이후 최고 수준을 기
록했으나, WEF의 국가경쟁력평가 순위는
2007년 크게 상승했다가 하락해 2011년
142개국 중 24위, 2012년 19위를 기록

‒ WEF 국가경쟁력평가는 IMD 등의 국제기
관 평가와 달리 주관적 설문조사의 비중이
커서 2008년 이후 심화된 글로벌 금융위기
가 설문조사 결과에 부정적인 영향을 미쳤
을 가능성이 있음.

‒ 2012년에는 WEF 3대 평가 분야인 기본요
인, 효율성 증진, 기업혁신 및 성숙도가 모두
상승하면서 순위도 19위로 5단계 상승함.

국가신용등급

● 3대 국제신용평가기관 국가신용등급 추이

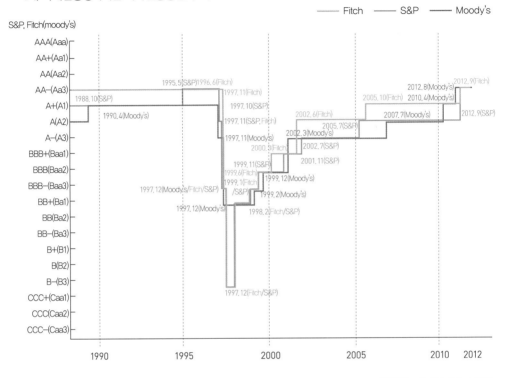

자료: Moody's, Fitch Ratings, S&P

■ (Moody's) 2012년 8월 Moody's는 우리나라의 신용등급을 Aa3로 상향
 - Aa3은 우리나라 역대 최고 수준의 신용등급으로 일본과 같은 수준

■ (Fitch) Fitch도 2012년 9월 우리나라 신용등급을 1997년 외환위기 이전 수준인 AA-로 상향 조정

■ (S&P) S&P도 2012년 9월 우리나라 신용등급을 A+로 상향 조정. 그러나 이는 1997년 외환위기 이전(AA-)보다 아직 한 단계 낮은 수준

국가브랜드가치 증가 추이

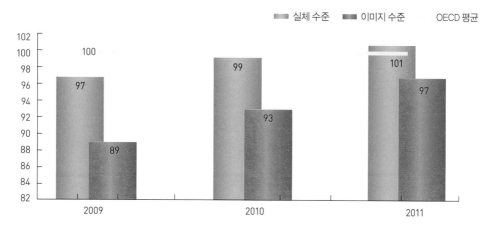

■ 실체 수준 ■ 이미지 수준 □ OECD 평균

자료: 삼성경제연구소, 국가브랜드지수 조사(2011)

주: 1) 수치는 OECD회원국 평균(100) 대비 한국의 수준을 의미
   2) 실체 지수는 스위스 국제경영개발원(IMD), 세계경제포럼(WEF), 세계은행(WB) 등의 125개 통계지수를 반영하여 보다 실제적인 국가의 위상을 수치화한 것이고, 이미지 지수는 전 세계 오피니언 리더들을 대상으로 한 설문조사 결과를 수치화한 것으로 주관적으로 인식된 국가의 위상을 의미
   3) 2009년은 벤쿠버동계올림픽(5위), 2010년은 G20정상회의, 광저우아시안게임(2위), K-POP 세계진출 확대, 2010년은 대구세계육상대회, 국제회의 개최 수(6위)를 달성

■ 국가브랜드 가치를 측정한 2009년 이후 우리나라의 국가브랜드가치는 지속적으로 상승하여 목표 수준인 100 수준에 근접했음(OECD의 평균 수준인 100 대비 97 수준).

■ 대한민국의 경제력 등 실체 수준은 2011년 현재 OECD 평균 수준을 이미 초과했음 (평균 100 대비 101 수준).

■ 한편 실체 수준과 이미지 수준의 격차도 2009년 8(97 대비 89) 수준에서 2011년 4 수준(101 대비 97)으로 감소되어 국가브랜드 가치가 실체 수준에 근접해가고 있음.

■ 이러한 대한민국의 국가브랜드가치 상승은 우리나라의 경제력 상승 및 무역의 확대, G20정상회의 등 국제행사 개최, 관광객 등 외국인 방문객의 급증, 한류문화 (K-POP, 드라마 등)의 흥행 등에 힘입은 것으로 추정됨.

■ 향후 국제행사 및 국제회의 등에서의 역할 제고와 함께 쌍방향적인 문화교류 및 협력을 통해 문화 등 소프트 파워 측면에서도 한국이 선진 사회에 해당함을 인식시킬 필요가 있음.

가계소득

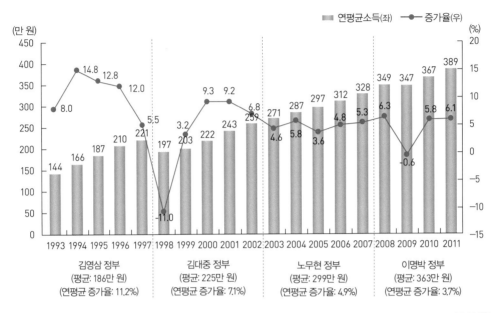

범례: 연평균소득(좌), 증가율(우)

(만 원)
- 1993: 144, 8.0
- 1994: 166, 14.8
- 1995: 187, 12.8
- 1996: 210, 12.0
- 1997: 221, 5.5
- 1998: 197, -11.0
- 1999: 203, 3.2
- 2000: 222, 9.3
- 2001: 243, 9.2
- 2002: 259, 6.8
- 2003: 271, 4.6
- 2004: 287, 5.8
- 2005: 297, 3.6
- 2006: 312, 4.8
- 2007: 328, 5.3
- 2008: 349, 6.3
- 2009: 347, -0.6
- 2010: 367, 5.8
- 2011: 389, 6.1

김영삼 정부
(평균: 186만 원)
(연평균 증가율: 11.2%)

김대중 정부
(평균: 225만 원)
(연평균 증가율: 7.1%)

노무현 정부
(평균: 299만 원)
(연평균 증가율: 4.9%)

이명박 정부
(평균: 363만 원)
(연평균 증가율: 3.7%)

자료: 통계청

■ 가계소득(명목, 도시 2인 이상 가구 기준)은 이명박 정부 들어 연평균 3.7% 증가하여 이전 정부에 비해 다소 낮은 증가율을 기록

  – 이는 글로벌 금융위기의 영향으로 2009년 가계소득이 1998년 외환위기 이후 처음으로 감소한 데 주로 기인한 것이며, 2010년 (5.8%)과 2011년(6.1%)에는 경기가 빠른 회복세를 보이면서 가계소득 증가율이 이전 정부보다 높은 수준을 기록

■ 고용 호조세 지속 등으로 근로소득이 높은 증가세를 보이는 가운데, 사회안전망 확충 등으로 이전소득이 빠르게 증가한 것이 금융위기 이후 가계소득 증가의 주요 원인으로 평가

■ 앞으로도 가계소득 개선을 위해 경제회복 노력을 계속하는 가운데 경제 전반의 고용 창출력을 제고할 필요가 있음.

  – 아울러 저소득·취약가구의 소득 개선을 위해 사회안전망 등을 지속적으로 확충해나갈 필요가 있음.

가계부채 증가율 및 금액

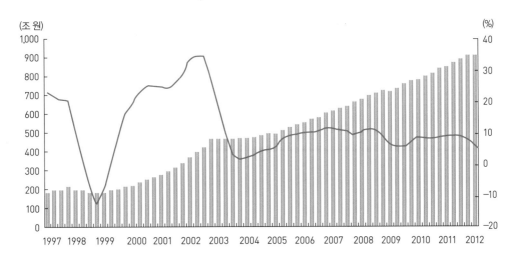

자료: 한국은행

■ 가계부채는 1999~2011년 사이 연평균 12.9% 증가하여 2012년 6월 말 현재 922.0조 원을 기록
- 1999~2002년 사이 기업대출 수요 감소로 은행이 가계대출 영업을 확대하는 가운데 카드사 등 여신전문 금융사의 가계대출이 급격히 증가했으나, 2003~2004년 동안 카드 사태에 따른 신용경색 등으로 가계대출의 증가세가 크게 둔화

■ 2005년 이후 10% 안팎의 가계대출 증가세를 기록
- 2007~2011년 상반기까지는 주택대출 규제 강화 등의 영향으로 다소 둔화되었으나 증가세는 지속
- 2011년 하반기 이후에는 가계부채 연착륙 대책 발표 등으로 가계부채 증가세가 둔화
- 2012년 1/4분기에는 가계부채가 전기 대비 0.8조 원 감소했으나 2/4분기에는 전기 대비 10.9조 원 증가

글로벌 혁신지표

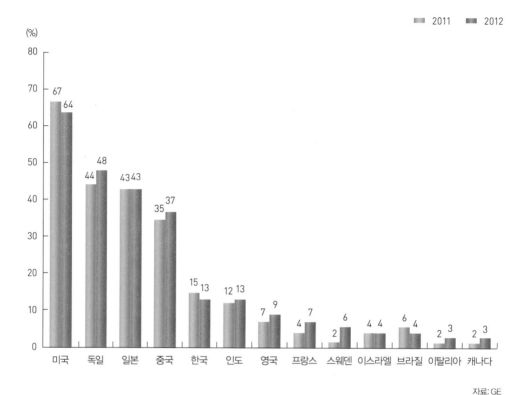

■ 2011 ■ 2012

주: 1) 2012년 1월 19일 기준
   2) 가장 혁신적이라고 생각되는 국가를 3개씩 고르라는 설문 결과 각국이 차지하는 비중

자료: GE

■ 22개국 주요 기업 고위임원 2,800명을 대상으로 세계 혁신을 주도하는 국가를 조사한 결과, 한국은 보고서가 처음으로 발간된 2011년에 이어 2012년에도 미국, 독일, 일본, 중국에 이어 5위를 기록하여 세계 혁신 흐름에 있어 선도적인 지위를 유지

- 인도(23%), 일본(22%), 싱가포르(22%) 등 아시아 국가에서 한국을 혁신국가로 인식하는 정도가 높은 반면, 유럽에서는 5~6%대로 낮은 것으로 평가되고 있음.

02

금융

기준금리 변화 추이

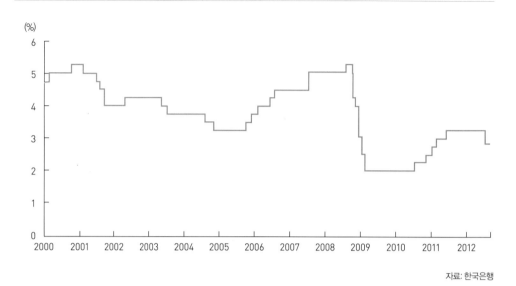

자료: 한국은행

■ 기준금리는 2001~2005년까지 전반적으로 인하 기조를 보이다가 2006년 이후 인상 기조로 전환

  – 2006년 중 경기가 전반적으로 안정적 성장세를 유지한 가운데 물가상승 압력에 대비하기 위해 기준금리를 인상

■ 2008년 미국 리먼브라더스 사태 이후 글로벌 금융시장 불안, 경기둔화 우려 등에 대응하기 위해 2009년 초까지 지속적으로 기준금리를 인하(2008년 9월 5.25% → 2009년 2월 2.00%)

■ 2010년 이후 신흥국을 중심으로 글로벌 경기 회복세가 나타나면서 기준금리 인상 기조로 전환

■ 2011년 국내 경기의 상승세가 지속되는 가운데 물가상승 압력이 증대됨에 따라 세 차례에 걸쳐 기준금리를 인상(2011년 1월 2.75% → 3월 3.00% → 6월 3.25%)

■ 2012년 7월, 글로벌 경기둔화 우려 등으로 국내외 경제의 하방위험이 심화되면서 13개월 만에 기준금리를 0.25%p 인하한 데 이어 10월 2.75%로 0.25%p 추가 인하

주요국 기준금리 변화 추이

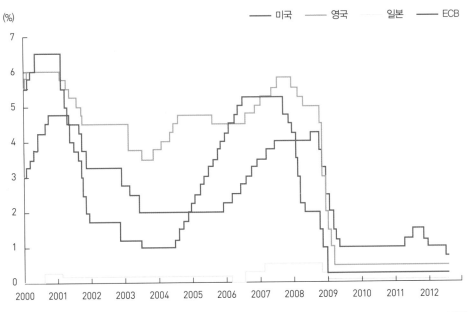

자료: 각국 중앙은행

■ 주요국의 기준금리는 2001~2003년 기간 동안 전반적인 인하 기조를 보인 이후 2004년부터 미국과 영국을 중심으로 기준금리 인상 추세로 전환

  – 미국은 2004년 6월~2006년 7월까지 지속적으로 기준금리를 인상(2004년 6월 1.00% → 2006년 6월 5.25%)

  – 영국은 2005년 8월~2006년 7월(4.50%)을 제외하고 글로벌 금융위기까지 기준금리를 꾸준히 인상(2003년 11월 3.75% → 2007년 7월 5.75%)

■ 2007년 미국 서브프라임 사태 등으로 인해 글로벌 금융시장이 악화되고 경기둔화 우려가 고조되면서 미국을 시작으로 주요국들이 기준금리를 인하

  – 2007년 중반부터 2009년까지 주요국들은 3~5%p의 기준금리 대폭 인하를 단행

■ 일본은 2007~2008년(0.30~0.50%)을 제외하고 0.00~0.25%의 제로금리 수준을 유지

원/달러 환율 추이

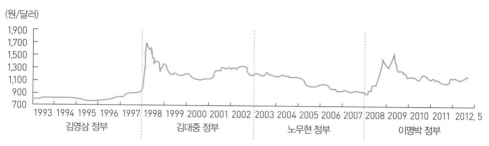

(원/달러)

자료: 한국은행

■ 2008년 9월 미국 리먼브라더스 파산 이후 외국인의 주식 순매도 증가, 국내 은행의 외화자금 조달 어려움, 국내 경기 하강 우려 등으로 원화환율은 빠른 상승세를 보이면서 11월 24일 1,513.0원까지 상승

 – 이후 정부의 외화유동성 공급 등 금융시장 안정대책, 미국·일본·중국과의 통화스왑, 경상수지 흑자, 외국인 주식 순매수 전환 등으로 12월 말 1,259.5원으로 하락

■ 2009년 들어서는 글로벌 경기침체 심화 우려, 동유럽 금융위기 확산 가능성 등으로 원화환율은 가파른 오름세를 보여 3월 2일 1,570.3원까지 상승

 – 이후 미국 저금리 기조에 따른 글로벌 달러 약세 및 외국인 증권자금 유입 등으로 지속 하락하여 2010년 4월 26일 1,104.1원을 기록

■ 그러나 2010년 5~6월 중 남유럽 재정위기 확산 우려, 천안함 사태 관련 지정학적 리스크 부각 등으로 원화환율은 5월 26일 1,253.3원까지 빠르게 상승

 – 이후 미국 연준의 추가 양적 완화 등에 따른 외국인 증권자금 유입, 수출 호조 등으로 2011년 7월 27일 1,050.0원까지 하락

■ 2011년 8월 이후에는 미국 국가신용등급 하향 조정, 유럽 재정위기 재부각, 글로벌 경기둔화 우려 등으로 원화환율은 상승 반전하면서 9월 26일 1,195.8원까지 상승

 – 10월 EU 정상의 포괄적 해결책 합의, ECB의 1·2차 장기유동성 공급 조치 등으로 유럽 재정위기에 대한 우려가 완화되면서 2012년 들어 원화환율은 하락세를 보이며 3월 2일 1,115.5원까지 하락

■ 그러나 2012년 5월 중 그리스·프랑스의 정치 불안, 스페인 재정 우려 등 유로존 위기가 다시 고조되면서 원화환율은 2012년 5월 25일 1,185.5원까지 상승

 – EU 정상회의를 통한 정책대응 강화 등으로 국제금융시장 불안이 다소 완화되면서 8월 말 1,134.7원으로 하락

종합주가지수(KOSPI) 추이

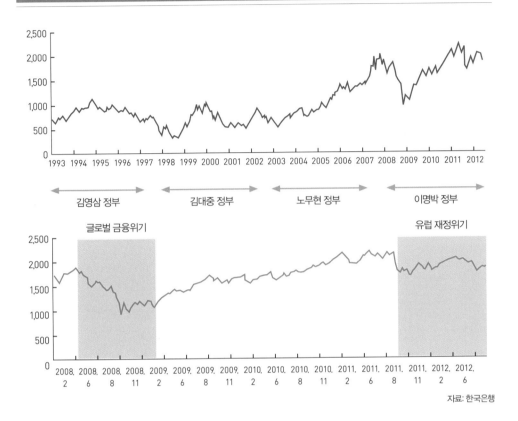

자료: 한국은행

■ 이명박 정부 기간 동안 종합주가지수(KOSPI)
는 1,709(2008. 2. 25)에서 1,854(2012. 6. 29)로
145p 상승하며 8.5%의 증가율을 기록
  – 이는 2008년 리먼브라더스 사태로부터 촉발
    된 글로벌 금융위기와 최근의 유로존 위기 속
    에서도 우리 자본시장이 안정적으로 성장해
    나가고 있음을 의미

■ 이명박 정부 초기(2008년)에는 글로벌 금
  융위기 여파에 따른 세계적인 경기둔화로
  인해 KOSPI가 40.7% 하락하는 등 위기가
  고조

  – 그러나 동 시기 동안 다른 주요 국가들의 주
    가지수와 비교해볼 때(미국 −33.8%, 독일
    −40.4%, 프랑스 −42.7%, 일본 −42.1%, 대
    만 −46.0%, 중국 −65.4%, 그리스 −65.5%)
    우리 시장은 상대적으로 양호했다고 평가

■ 이명박 정부 2년차인 2009년부터 KOSPI
  가 회복되기 시작하여 2009년, 2010년 연
  속으로 상승했음.
  – 다만 2011년 이후 유럽 재정위기로 인한 글
    로벌 경기둔화의 영향으로 KOSPI는 1,700~
    2,000 사이에서 등락 중

주요국 주가 등락률 추이

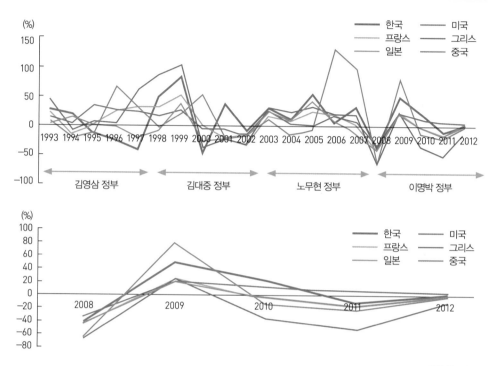

자료: Bloomberg

■ 주요 국가들의 주가 등락률을 보면, 우리나라의 경우 이명박 정부가 출범한 시점부터 현재(2012. 6. 29)까지 8.5% 상승
  - 한편 다른 국가들의 동 기간 주가지수 등락률은 미국(2.5%), 영국(−7.1%), 독일(−6.8%), 프랑스(−35.0%), 그리스(−86.0%), 중국(−46.9%), 일본(−35.3%), 대만(−11.9%) 등 미국을 제외한 대부분의 국가들의 주가지수가 하락

■ 연도별로 살펴보면, 2008년에는 글로벌 금융위기에 따라 대부분의 국가들에서 주가지수 하락
  - 다만 우리나라의 경우 앞서 살펴본 바와 같

이 다른 국가들에 비하여 하락률이 상대적으로 낮았으며, 이후 2009년(49.7%), 2010년(21.9%)에 연속으로 상승하여 빠른 회복을 보여주었음.

■ 2011년 이후 유럽 재정위기 및 글로벌 경기 둔화 우려로 주요국 주가가 하락하고 있는 상황에서 우리나라의 하락률(2011년 주가지수 등락률: 한국 −11.0%, 프랑스 −17.0%, 그리스 −51.9%, 중국 −21.7%, 일본 −17.3%)은 주요국에 비하여 상대적으로 낮았으며, 2012년에는 증가세로 전환되었음.

● 주요국 주가지수(12월 말 기준)

	2007	2008	2009	2010	2011	2012. 6말
한국	1,897.1	1,124.5	1,682.8	2,051.0	1,825.7	1,854.0
미국	13,264.8	8,776.4	10,428.1	11,577.5	12,217.6	12,880.1
영국	6,456.9	4,434.2	5,412.9	5,899.9	5,572.3	5,571.2
독일	8,067.3	4,810.2	5,957.4	6,914.2	5,898.4	6,416.3
프랑스	5,614.1	3,218.0	3,936.3	3,804.8	3,159.8	3,196.7
그리스	5,178.8	1,786.5	2,196.2	1,413.9	680.4	611.2
일본	15,307.8	8,859.6	10,546.4	10,228.9	8,455.4	9,006.8
중국	5,261.6	1,820.8	3,277.1	2,808.1	2,199.4	2,225.4
대만	8,506.3	4,591.2	8,188.1	8,972.5	7,072.1	7,296.3

● 주요국 주가 연도별 등락률(%)

	한국	미국	영국	독일	프랑스	그리스	일본	중국	대만
1993	27.7	13.7	20.1	46.7	22.1	42.6	2.9	6.8	79.8
1994	18.6	2.1	−10.3	−7.1	−17.1	−9.4	13.2	−22.3	17.4
1995	−14.1	33.5	20.3	7.3	−0.5	5.2	0.7	−14.3	−27.4
1996	−26.2	26.0	11.6	27.8	23.7	2.1	−2.6	65.1	34.0
1997	−42.2	22.6	24.7	47.1	29.5	58.5	−21.2	30.2	18.1
1998	49.5	16.1	14.5	17.7	31.5	85.0	−9.3	−4.0	−21.6
1999	82.8	25.2	17.8	39.1	51.1	102.2	36.8	19.2	31.6
2000	−50.9	−6.2	−10.2	−7.5	−0.5	−38.8	−27.2	51.7	−43.9
2001	37.5	−7.1	−16.2	−19.8	−22.0	−23.5	−23.5	−20.6	17.1
2002	−9.5	−16.8	−24.5	−43.9	−33.7	−32.5	−18.6	−17.5	−19.8
2003	29.2	25.3	13.6	37.1	16.1	29.5	24.5	10.3	32.3
2004	10.5	3.1	7.5	7.3	7.4	23.1	7.6	−15.4	4.2
2005	54.0	−0.6	16.7	27.1	23.4	31.5	40.2	−8.3	6.7
2006	4.0	16.3	10.7	22.0	17.5	19.9	6.9	130.4	19.5
2007	32.3	6.4	3.8	22.3	1.3	17.9	−11.1	96.7	8.7
2008	−40.7	−33.8	−31.3	−40.4	−42.7	−65.5	−42.1	−65.4	−46.0
2009	49.7	18.8	22.1	23.8	22.3	22.9	19.0	80.0	78.3
2010	21.9	11.0	9.0	16.1	−3.3	−35.6	−3.0	−14.3	9.6
2011	−11.0	5.5	−5.6	−14.7	−17.0	−51.9	−17.3	−21.7	−21.2
2012.6말	0.1	3.2	1.7	9.4	−0.1	−11.0	4.6	−1.1	2.6

자료: Bloomberg

한국 및 주요국 외환보유액 추이

(단위: 억 달러)

	중국	일본	러시아	대만	브라질	스위스	한국	홍콩	인도
1993	230	997	63	842	307	366	202	430	107
1994	536	1,271	44	931	373	390	257	493	203
1995	760	1,845	149	910	499	407	327	554	186
1996	1,077	2,179	120	887	585	426	341	638	208
1997	1,434	2,208	137	841	510	430	204	928	253
1998	1,498	2,167	85	910	428	453	520	897	279
1999	1,583	2,881	91	1,069	355	403	740	962	332
2000	1,689	3,560	248	1,074	325	358	962	1,075	384
2001	2,163	3,962	331	1,228	356	351	1,028	1,112	464
2002	2,920	4,624	446	1,623	375	431	1,214	1,119	682
2003	4,092	6,646	738	2,073	489	504	1,553	1,184	995
2004	6,155	8,352	1,215	2,425	525	579	1,990	1,235	1,272
2005	8,225	8,355	1,765	2,540	533	384	2,103	1,242	1,325
2006	10,695	8,810	2,962	2,669	852	403	2,389	1,332	1,713
2007	15,314	9,541	4,676	2,711	1,795	465	2,622	1,526	2,676
2008	19,503	10,107	4,127	2,924	1,929	469	2,012	1,825	2,480
2009	24,179	10,236	4,178	3,489	2,374	1,000	2,700	2,558	2,662
2010	28,679	10,628	4,450	3,827	2,871	2,253	2,915	2,687	2,762
2011	32,046	12,595	4,555	3,863	3,504	2,812	3,043	2,853	2,722
2012. 6	32,625	12,325	4,696	3,920	3,722	3,944	3,103	2,949	2,663

주: 12월 말 기준

자료: IMF

- 우리나라는 1997년 외환위기를 겪은 이후 외환보유액이 증가
  - 2008년 글로벌 금융위기 직전에는 2,640억 달러 규모의 외환보유액 보유
  - 금융위기가 있었던 1997년, 2008년을 제외하고 외환보유액이 꾸준히 증가

- 그러나 2008년 말 외환보유액이 2,000억 달러 수준으로 떨어졌고, 결국 미국과 300억 달러의 통화 스왑협정을 맺어 위기를 극복

- 그 후 다시 외환보유액을 증가시켜 2011년 4월 사상 처음으로 3,000억 달러를 넘어섰고, 2012년 6월 말 현재 3,103억 달러를 보유

- 우리나라의 외환보유액은 1993년 말 대비 15배 증가했으며, 일본과 브라질은 각각 13배, 12배 증가

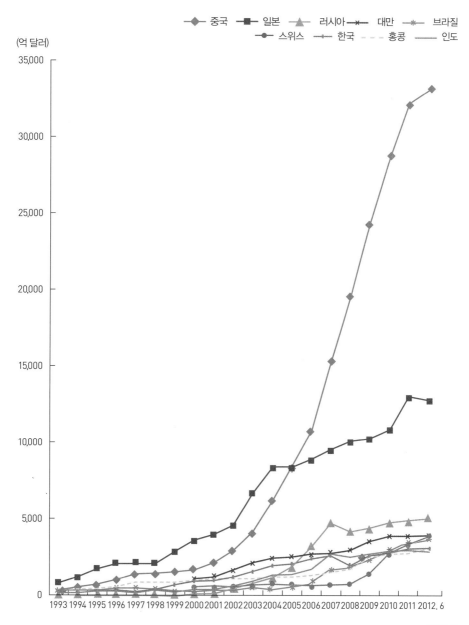

(억 달러)

| | 중국 | 일본 | 러시아 | 대만 | 브라질 |
| 스위스 | 한국 | 홍콩 | 인도 |

35,000

30,000

25,000

20,000

15,000

10,000

5,000

0

1993 1994 1995 1996 1997 1998 1999 2000 2001 2002 2003 2004 2005 2006 2007 2008 2009 2010 2011 2012. 6

자료: IMF

연도별 미수령주식 통지 현황 및 교부 현황

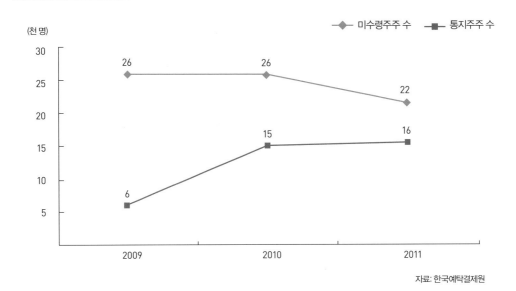

(천 명)

미수령주주 수　통지주주 수

자료: 한국예탁결제원

- 예탁결제원은 투자자가 찾아가지 않은 미수령주식(2009년 23.1%, 2010년 57.7%)을 찾아주기 위하여 2009년부터 2011년까지 매년 '미수령(휴면)주식 찾아주기' 캠페인을 전개

※ 미수령주식: 무상증자, 주식배당 등으로 발생한 주식을 주주가 이주 후 주소변경 신고를 하지 않아 발행 사실의 통지를 받지 못했거나, 상속인이 상속내용을 모르고 찾아가지 않아 예탁결제원이 보관하고 있는 주식

- 2008년 리먼브라더스 사태 등 글로벌 금융위기 이후 어려움을 겪고 있는 서민경제 활성화를 위하여 소액주주 중심으로 캠페인을 진행

- 투자자의 미수령주식을 적극적으로 찾아주기 위하여 예탁결제원이 관리하고 있는 주주명부상의 주소지와 실제 주소지가 달라 미수령주식 수령안내문을 통지받지 못할 수도 있다는 점에 착안, 행정안전부의 협조를 받아 주민등록주소지로 미수령주식명세와 안내문을 통지

- 2011년의 경우 총 22,000명의 미수령주주 중 약 16,000명의 미수령주주에게 미수령주식 보유 현황을 통보(72.7%)

미소금융 연도별 대출 추이

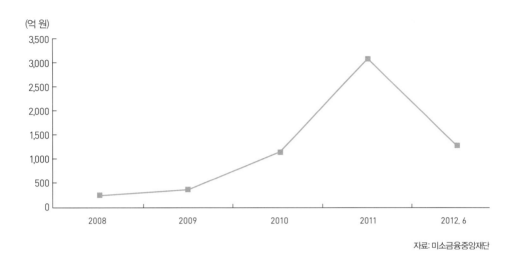

(억 원)

자료: 미소금융중앙재단

■ 2008년 3월 휴면예금을 재원으로 무담보 소액대출을 수행하는 소액서민금융재단이 출범했으나, 제도권 금융 이용이 어려운 서민들의 수요를 충족하기에는 지원규모가 미흡

■ 2009년 12월 기업·은행 등 민간 기부 중심으로 재원을 크게 확충(10년간 2.2조 원 조성 목표)하여 '미소금융중앙재단'으로 확대·개편
 － 서민금융 사각지대를 최소화하면서 저소득층·저신용층의 경제적 자립을 지원하는 마이크로 크레딧 사업을 확대 실시

■ 2009년 12월 미소금융 출범 이후 1년간 지점 확대, 재원 조성 등 미소금융 추진의 안정적 기반을 확보

 － 금융(대출)과 복지(컨설팅)의 결합, 제도권 금융과 차별되는 영역을 구축하는 등 국내 마이크로 크레딧의 저변을 확대

■ 2012년 6월까지 총 71,271명을 대상으로 6,186억 원을 대출했으며, 미소금융을 통한 창업성공 사례가 증가하고, 전통시장 고리 일수대출이 감소하는 등 미소금융이 대표적인 서민 자활지원제도로 자리매김

■ 2012년 6월 말 현재 미소금융 연체율은 전체 3.1%(3개월 기준)로 비교적 양호한 수준 유지
 － 체계적인 대출심사 절차 및 이용자별 맞춤형 컨설팅 제공 등 사후관리에도 만전

미소금융 자금용도별 대출 실적

● 미소금융 시행 전후 자금용도별 대출 실적

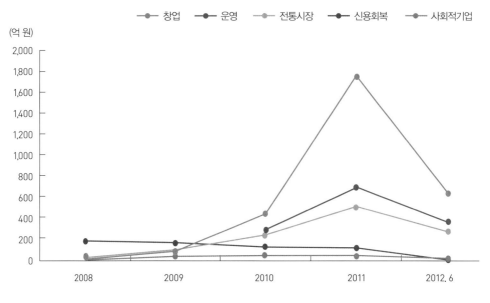

자료: 미소금융중앙재단

■ 2009년 12월 미소금융 출범 이전(2008~2009년)에는 신용회복을 위한 대출 비중이 높음.
 - 신용회복 340억 원(55.5%), 전통시장 113억 원(18.5%), 창업 106억 원(17.3%), 사회적기업 53억 원(8.7%)

■ 2009년 12월 미소금융 출범 이후 창업자금 및 운영자금 대출이 급증
 - 2008~2012년 6월까지 용도별 대출실적은 창업자금 2,932억 원(47.7%), 운영자금 1,347억 원(21.9%), 전통시장 1,142억 원(18.6%), 신용회복 585억 원(9.5%), 사회적기업 143억 원(2.3%)으로 집계
 - 특히 전통시장 상인 대출의 경우 매년 지원 실적이 급증하고 있는 상황
 - 반면 신용회복 및 사회적 기업 분야는 지원 초기 실적을 유지

■ 향후에도 금융 소외계층의 다양한 자금용도에 부응하기 위해 적극적인 상품개발 등의 노력을 기울일 계획

햇살론 신용등급별 대출 비중

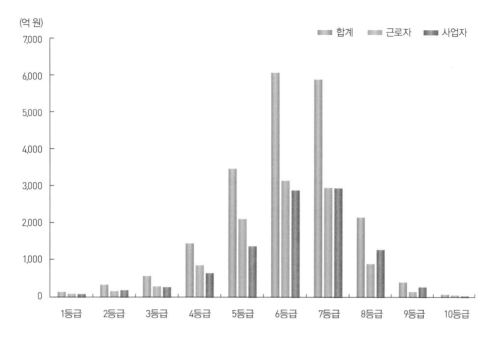

(억 원)

범례: 합계　근로자　사업자

자료: 신용보증재단중앙회

주: 2012년 6월 말 기준

- 서민의 금융수요 충족과 고금리 부담 경감을 위한 서민금융 공급 필요성이 대두되면서 햇살론 출시
  - 정부와 민간(서민금융회사)이 공동출연한 재원(2조 원)을 바탕으로 서민금융회사(상호금융, 저축은행)를 통해 공급

- 2010년 7월부터 2012년 6월 말까지 약 2년 동안 저신용자(6등급 이하)와 저소득자(연소득 2,600만 원 이하) 23만 명에게 2조 443억 원을 지원

  - 노점상 등 무등록사업자를 포함한 자영업자 9만여 명에게 9,920억 원 지원
  - 정규직·일용직 및 기간제 근로자를 포함한 근로자 14만여 명에게 1조 523억 원 지원

- 대출대상자가 가장 많은 신용 6~7등급 중심(57.0%)으로 지원되고 있으며, 연체·파산자 등을 제외한 8~10등급에게도 대출지원 중임.

새희망홀씨 분기별 대출 추이

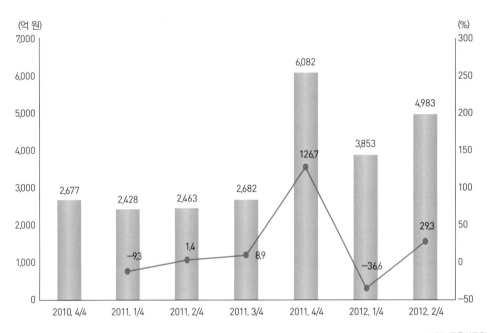

새희망홀씨는 정부의 적극적인 활성화 유도와 은행권의 전국적인 영업망에 힘입어 2010년 11월 출시된 이후 2012년 6월 말까지 총 28.9만 명을 대상으로 2.5조 원을 지원

- 출시 이후 분기별 2,500억 원 정도의 대출을 유지하다 2011년 7월 목표취급액을 확대(9,326억 원에서 1조 1,679억 원)하면서 4/4분기에 지원실적이 급증하는 모습을 보임.
- 2012년에는 목표취급액을 1.5조 원으로 확대하여 2012년 6월까지 약 8,800억 원을 지원

새희망홀씨는 저소득·저신용 서민계층의 증가가 우려되고 있는 상황에서 서민들의 금융비용 부담 완화에 많은 기여를 하고 있는 만큼 향후 건전한 활성화를 위한 지속적 노력 필요

신용카드 가맹점 수수료 인하

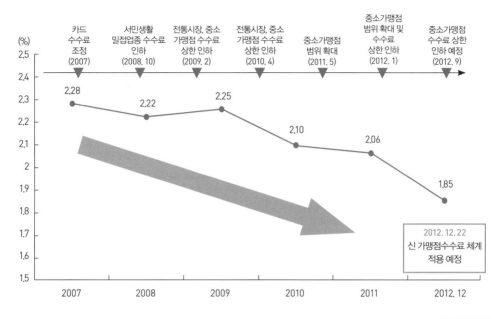

자료: 금융위원회

- 신용카드 가맹점 수수료는 이명박 정부 들어 지속적으로 인하됨으로써 영세한 가맹점의 경제적 부담을 줄여왔음.

- 최근 정부는 7월 4일 '신 가맹점수수료 체계'를 발표하고 가맹점 수수료가 합리적이고 공정하게 산출되도록 기준을 제시

- 이에 따르면 현행 평균 가맹점 수수료는 2.06%에서 1.85%로 인하될 것으로 추정 (여신전문금융업협회)

시기	중소가맹점 범위	우대수수료율
2007. 8 ~	연매출 4,800만 원 미만	2.0~2.3%
2010. 4 ~	연매출 9,600만 원미만 (105만 개, 54%)	전통시장 외 2.0~2.15%
2011. 5 ~	연매출 1.2억 원 미만 (121만 개, 59%)	전통시장 내 1.6~1.8%
2012. 1 ~	연매출 2억 원 미만 (152만 개, 68%)	전 가맹점 1.8% 이하
2012. 9 ~		전 가맹점 1.5%

03

조세 · 재정

재정수지

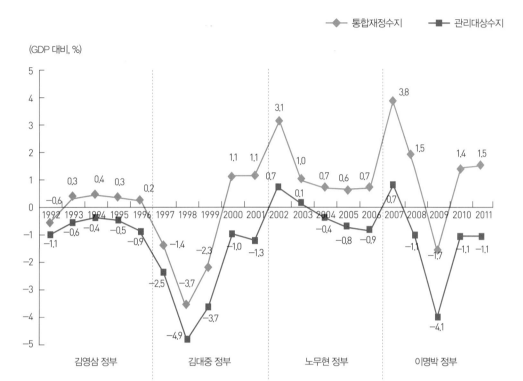

자료: 기획재정부

■ 1998년 외환위기를 겪으면서 우리나라 재정수지는 통합재정수지가 −3.7%, 관리대상수지는 −4.9% 수준까지 악화되었으나 차츰 개선되어 글로벌 금융위기 이전까지 관리대상수지는 ±1.0% 내외를 유지

■ 2008년 글로벌 금융위기 극복을 위한 적극적인 재정정책 추진과정에서 관리대상수지가 −1.1%에서 2009년 −4.1%까지 악화되었으나, 빠른 경기회복과 재정건전성 조기회복을 위해 재정규율 강화, 지출 효율화 및 세입기반 확충 등의 노력을 경주한 결과, 2010년 및 2011년 관리대상수지가 −1.1% 수준으로 안정되었음.

외채건전성 추이

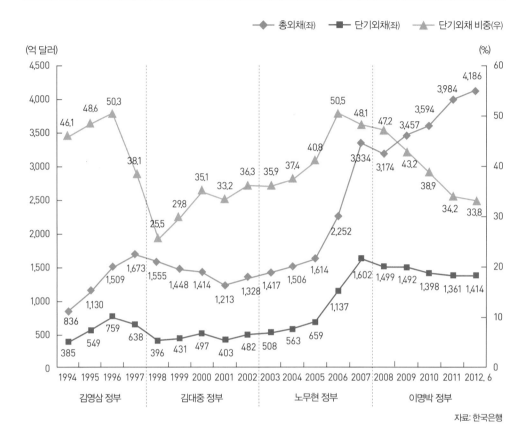

범례: 총외채(좌) ▪ 단기외채(좌) ▲ 단기외채 비중(우)

(억 달러) / (%)

자료: 한국은행

■ 대외채무(외채)는 글로벌 금융위기 당시 급격한 자금유출로 일시적으로 감소했으나, 경제규모가 커지고 외국인투자가 증가하면서 다시 증가하는 추세임.

■ 외국인의 국고채 및 통안채 투자 증가, 국내은행 및 기업(공기업 포함)의 장기 해외채권 발행 증가 등이 주된 증가 요인임.

■ 단기외채는 2007년 이후 지속적으로 하락하는 추세이며, 특히 외국은행 국내지점의 단기외채가 큰 폭으로 감소한 것이 주된 이유임.

※ 외국은행 국내지점 단기외채(억 달러): (2008년 9월 말) 939 → (2012년 3월 말) 440 → (2012년 6월 말) 472

■ 정부는 자본의 과도한 유입이 우리 경제에 부담으로 작용하지 않고, 유출입 변동이 심한 단기자금 유입을 줄이기 위해 자본유출입 변동 완화제도를 도입함.

– 외환건전성부담금*, 선물환포지션 제도**, 외
국인 채권투자 비과세 폐지*** 등의 조치를
취함.

* 은행의 외화차입을 줄이기 위하여 은행의 비
예금성외화부채(= 전체 외화부채 – 외화예수금)
에 부담금을 부과(2011년 8월)

** 은행부문 외채증가를 억제하기 위하여 은행의
선물환포지션(=선물외화자산–선물외화부채)에
대해 상한(上限)을 설정(2010년 10월)

*** 외국인 채권자금 유입을 완화하기 위하여 외
국인 국채·통안채 투자로 인한 이자소득·양
도차익의 비과세 특례 폐지(2011년 1월)

■ 이에 따라 대표적 외채건전성 지표인 단기
외채비중(총외채 대비 단기외채 비중)이 큰 폭
으로 하락함.

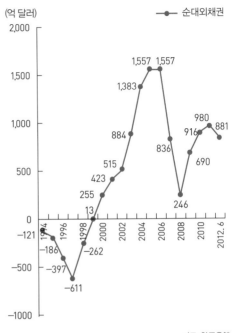

자료: 한국은행

■ 우리나라의 순대외채권(=대외채권–대외채
무) 규모는 2009년 이후 증가하는 추세임.

● 외채건전성: 글로벌 금융위기 당시와 비교

	2008년 9월 말	2012년 6월 말
총외채(억 달러)	3,651	4,186
단기외채(억 달러)	1,896	1,414
은행단기외채(억 달러)	1,594	1,037
단기외채 비중(%)	51.9	33.8

국세·지방세 비중 추이

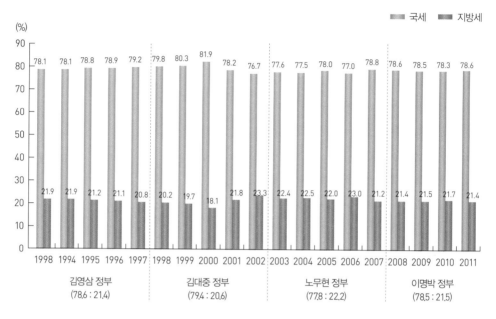

 ■ 국세 ■ 지방세

(%)

	1998	1994	1995	1996	1997	1998	1999	2000	2001	2002	2003	2004	2005	2006	2007	2008	2009	2010	2011
국세	78.1	78.1	78.8	78.9	79.2	79.8	80.3	81.9	78.2	76.7	77.6	77.5	78.0	77.0	78.8	78.6	78.5	78.3	78.6
지방세	21.9	21.9	21.2	21.1	20.8	20.2	19.7	18.1	21.8	23.3	22.4	22.5	22.0	23.0	21.2	21.4	21.5	21.7	21.4

김영삼 정부 (78.6 : 21.4)   김대중 정부 (79.4 : 20.6)   노무현 정부 (77.8 : 22.2)   이명박 정부 (78.5 : 21.5)

자료: 국세청, 행정안전부

주: 괄호 안은 기간별 국세·지방세 비중임.

■ 이명박 정부 기간 중 국세와 지방세 세수 비중은 평균 78.5 : 21.5로 과거 정부와 유사한 수준 유지

■ 2000년대 초반 지방세 비중은 20% 내외에서 22~23% 수준으로 상승했으나 2007년 이후 21% 내외로 소폭 하락
　- 2000년대 초 지방교육세·주행세 등 지방세 목의 신설에 따라 지방세 비중 상승
　- 2006년 취득세율 인하 등에 따라 2007년부터 지방세수 비중이 21% 수준으로 하락
　- 2010년 지방소비세 도입에 따라 지방세수 비중이 소폭 증가

■ 세입 측면에서는 총조세수입에서 지방세가 차지하는 비중이 약 20% 수준이나, 지출 측면에서는 지방교부세, 국고보조금, 지방교육재정교부금 등 지방이전재원을 감안하면 총조세수입의 약 61%(2011년 예산기준)를 지방에서 사용

국가채무

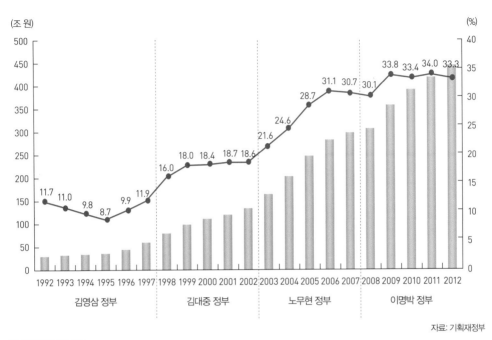

■ 국가채무(좌)　━●━ 국가채무비율(우)

주: 2012년은 예산 기준

자료: 기획재정부

■ 국가채무는 이명박 정부 출범 직전인 2007년 299.2조 원에서 2012년(예산 기준) 445.9조 원으로 증가했고, GDP 대비 30.7%에서 2012년 33.3%까지 증가

■ 글로벌 금융위기 극복을 위한 적극적 재정 정책으로 확대된 재정수지 적자(2009년 -4.1%)가 원인

■ 국가채무는 1998년 외환위기 극복 과정에서 발생한 막대한 공적자금 투입과 외환시장 안정을 위한 외평채의 꾸준한 발행으로 1997년 11.9%에서 2002년 18.6%까지 증가

■ 노무현 정부 기간에는 공적자금 상환과 외환시장 안정을 위한 외평채 발행 등에 따라 국가채무가 2002년 133.8조 원에서 2007년 299.2조 원으로 증가했고 GDP 대비 18.6%에서 30.7%로 급격히 증가

OECD 주요국의 GDP 대비 국가채무 비율

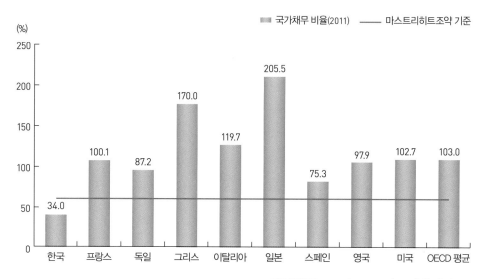

■ 국가채무 비율(2011)　——— 마스트리히트조약 기준

자료: OECD Economic Outlook No.91(2012. 5), 한국은 정부 통계

■ 이명박 정부 출범 초기인 2008년에 글로벌 금융위기가 발생함에 따라 위기극복을 위한 확장적 재정정책을 추진하는 과정에서 국가채무가 증가
 – 특히 2009년 수정예산과 추경예산의 재원 대부분을 국채로 충당함에 따라 국가채무가 2008년 309.0조 원에서 2009년 359.6조 원으로 50.6조 원 증가

■ 그러나 이러한 적극적인 재정정책을 추진한 결과 주요국에 비해 경제위기를 조기에 극복할 수 있었으며, 해외 언론으로부터 교과서적인 회복(textbook recovery)*이라는 평가를 받음.
 * 2010년 4월, 《파이낸셜 타임즈》 렉스 칼럼

 – 또한 이명박 정부 기간 동안 GDP 대비 국가채무 비율이 2.6%p 증가했으나, 이는 김영삼 정부 기간을 제외하고 가장 낮은 폭

■ 우리나라의 국가채무는 OECD 평균(2011년 103.0%) 등 주요국에 비해 낮아 관리 가능한 수준으로 판단되나, 남유럽 재정위기 등에 대응하기 위해 선제적 관리를 강화할 필요가 있음.
 – 이에 정부는 효율적인 중장기 국가채무 관리체계 구축 및 지속적인 세출 구조조정, 세입 확충 등 노력을 통해 2015년부터 국가채무를 GDP 대비 30% 이하로 관리할 계획

OECD 주요국의 재정수지 국제비교

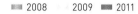

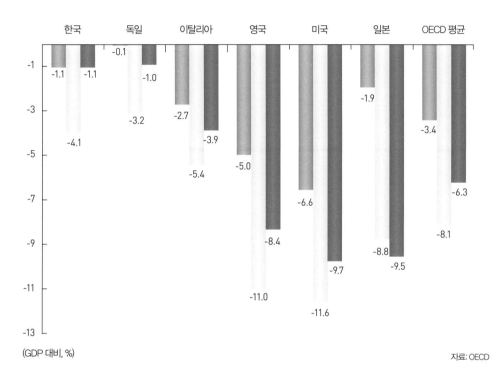

(GDP 대비, %)

자료: OECD

■ 글로벌 금융위기 극복을 위한 적극적인 경기부양정책으로 인해 우리나라 재정적자는 2008년 GDP 대비 −1.1%에서 2009년 −4.1%로 악화되었으며, OECD 평균도 2008년 GDP 대비 −3.4%에서 2009년 −8.1%로 재정적자가 급증

■ 그러나 성공적인 경제위기 극복 이후 세입 확대 노력, 지출억제 노력 등으로 인해 우리나라는 재정수지가 빠른 속도로 개선되어 2011년 결산 기준 −1.1%를 기록했으며, 이는 OECD 평균(−6.3%) 대비 매우 양호한 수준

OECD 주요국의 재정수지 개선폭

● OECD 주요국의 재정수지 비교

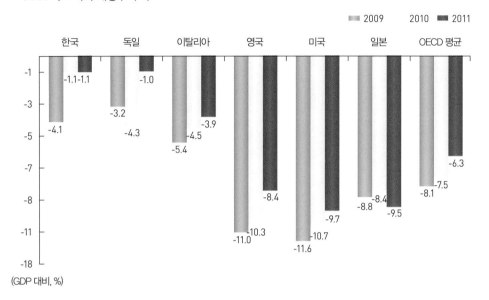

● OECD 주요국의 GDP 대비 재정수지 개선폭(2009년 말 → 2011년 말)

구분	독일	이탈리아	영국	일본	미국	한국	평균
증가폭(%p)	2.2	1.5	2.6	−0.7	1.9	3.0	1.8

자료: OECD, 한국은 2011년 결산안

■ 우리나라 재정수지는 2009년 GDP 대비 −4.1%로 악화된 이후 빠른 경기회복 등에 힘입어 2011년 −1.1%로 3%p 개선

■ OECD 평균은 동 기간 1.8%p 개선되었으며, 미국은 1.9%p 개선되는 등 주요국들은 대체로 1.5~2.0%대에서 개선. 반면 일본은 대지진 등의 영향으로 오히려 재정적자가 동 기간 0.7%p 악화

OECD 주요국의 국가채무 국제비교

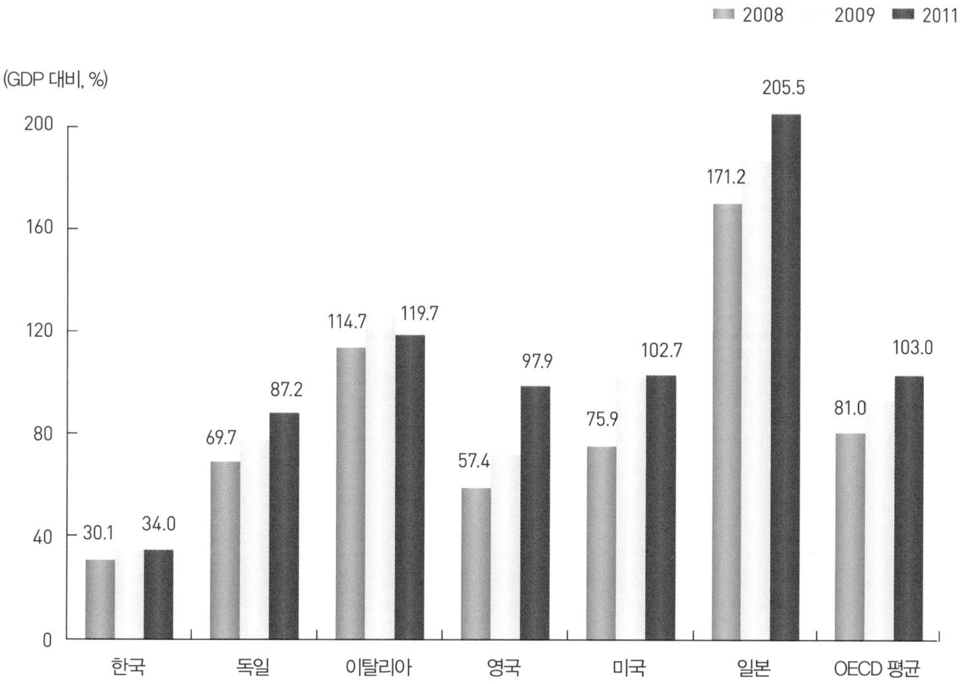
2008
2009
2011
(GDP 대비, %)
200
160
120
80
40
0
30.1
34.0
69.7
87.2
114.7
119.7
57.4
97.9
75.9
102.7
171.2
205.5
81.0
103.0
한국
독일
이탈리아
영국
미국
일본
OECD 평균

자료: OECD, 한국은 2011년 결산안

- 우리나라 국가채무는 2011년 GDP 대비 34.0%이며, 글로벌 금융위기 발생 이전인 2008년 GDP 대비 30.1%에 비해 3.9%p 증가

- 그러나 이는 2011년 OECD 평균인 103.0%의 약 1/3 수준으로 매우 건전한 수준이며, 2008~2011년 국가채무 증가폭도 OECD 평균(22%p)에 비해 매우 양호

지방세 납부체계 개선

구분	기존	개선
납부 방식	• 지방세 고지서 반드시 지참 • 은행창구 또는 고지서수납기에서 납부 • OCR(Optical Character Reader) 고지서 발송	• 고지서 없이 은행 방문 • 현금입출금기, 창구, 인터넷 납부 • OCR이 빠진 고지서 발송
납부 수단	• 현금 또는 통장	• 모든 신용카드·현금·통장 가능
지역 범위	• 지역별로 세목별·건별 납부	• 전국 지방세 일괄 납부 가능
수납 처리	• 지자체당 5~7인이 7~14일 소요	• 납부 즉시 수납확인, 집계 가능

■ 지방세 납부방식 및 지역범위의 제한으로 인한 불편과 행정 비효율성을 개선하기 위해 2009년 지방세 수납체계에 대한 개선계획을 수립하여 2010년과 2011년에 법·제도를 정비하고 전산시스템을 구축, 시범운영을 거쳐 2012년 1월 1일부터 개선된 지방세 납부체계 시행

■ 납세자는 지방세 고지서가 없어도 전국 모든 은행의 현금입출금기(CD/ATM)에서 전국의 지방세를 조회하고 납부할 수 있게 되었고, 국내 모든 신용카드사(14개)의 신용카드로 수수료 없이 지방세를 인터넷이나 은행의 현금입출금기를 통해 납부할 수 있게 되었음.

■ 납세자의 납부수단과 방식을 다양화하고 납부지역에 대한 경계를 폐지함으로써 납부대기시간을 단축하고 납세자의 편의성을 크게 향상시킴.

■ 선진화된 지방세 납부체계를 지방세뿐만 아니라 국세, 세외수입, 환경개선부담금, 교통유발부담금 등 공과금의 납부에까지 확대하여 각종 공과금을 한 번에 편리하게 납부할 수 있도록 할 계획

세원별 세수 비중

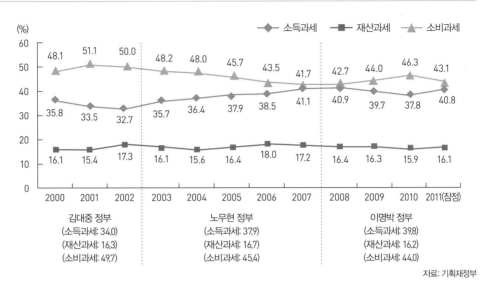

주: 1) 소득과세, 재산과세, 소비과세 분류는 OECD 분류기준을 따름.
　　2) 괄호 안은 기간별 연평균 기준임.

자료: 기획재정부

■ 총조세 대비 세원별 세수 비중은 소비과세, 소득과세, 재산과세 순으로 높은 비중을 차지함.

　※ 소비과세: 부가가치세, 개별소비세, 주세, 지방소비세, 담배소비세 등

　※ 소득과세: 소득세, 법인세, 지방소득세, 지방교육세 등

　※ 재산과세: 상속세, 증여세, 종합부동산세, 취득세, 등록면허세, 재산세 등

■ 2008~2011년 기간 중 총조세 대비 소득과세 비중은 평균 39.8%로 김대중 정부(34.0%), 노무현 정부(37.9%)를 거치면서 점진적으로 증가

　- 2008년 이후 글로벌 금융위기 등에 따른 영업이익 감소, 투자·근로의욕 고취 및 성장

잠재력 확충을 위한 소득세 및 법인세 감세 등으로 인해 소득과세 비중이 하락

　- 감세정책 등을 통해 2010년 높은 성장률을 기록함에 따라 2011년의 소득과세 비중이 2008년 수준으로 확대

■ 총조세 대비 재산과세 비중은 약 16% 수준으로 김대중 정부, 노무현 정부, 이명박 정부 모두 유사한 수준

　- 노무현 정부 기간 중 부동산가격 상승 및 종합부동산세 도입 등으로 인해 김대중 정부에 비해 재산과세 비중이 소폭 증가했으나, 이명박 정부 이후 부동산 거래 위축, 종합부동산세 정상화 등으로 인해 재산과세 비중이 김대중 정부 수준으로 감소

국민(조세)부담률

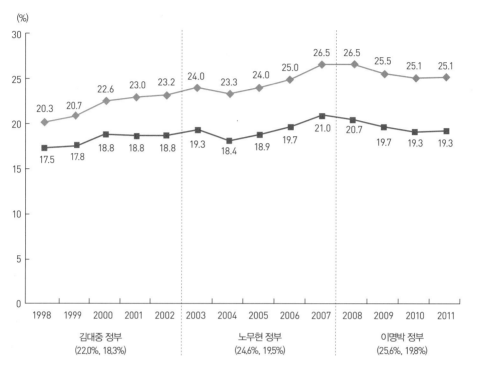

주: 괄호 안은 각 정부 기간별 평균 국민부담률, 조세부담률

자료: 기획재정부, OECD

■ 국민부담률은 이명박 정부의 감세정책으로 이전의 증가 추세를 벗어나 소폭 낮아져 2011년 25.1% 수준

– 조세부담률도 2007년 21.0% 수준에서 전반적 감세정책과 경제위기 극복 감면 등으로 점차 낮아져 2011년 19.3% 수준

■ 집권기간별 평균 부담률은 지속적 증가 추세이나 그 증가 속도는 낮아짐.

– 이명박 정부 기간(2008~2011년) 평균 국민(조세)부담률은 25.6%(19.8%)로 노무현 정부(2003~2007년) 24.6%(19.5%)에 비해 높아짐.

04

무역

무역규모와 무역수지

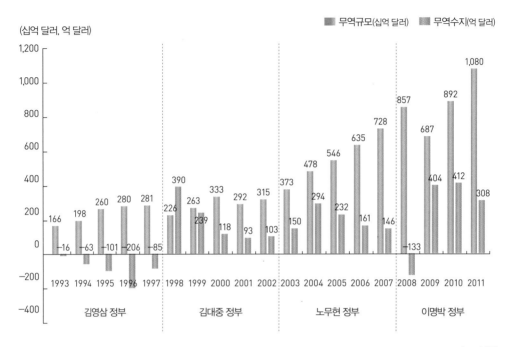

자료: 관세청

■ 2008년 글로벌 금융위기로 무역수지가 김영삼 정부 이후 처음으로 적자 기록, 2009년에는 세계경기 침체로 무역규모가 전년 대비 약 19.8% 급감

- 다만 이 시기는 세계적인 경기 위축으로 전세계 교역이 22.7% 감소하는 등 교역환경이 극도로 악화되었음을 고려해야 함.

- 다음해인 2010년 교역규모는 전년 대비 약 30% 성장하면서 경제위기 극복에 크게 기여

■ 이명박 정부 4년차인 2011년 선진경제권의 전유물로 여겨졌던 무역규모 1조 달러 달성

- 미국, 독일, 중국, 일본, 프랑스, 영국, 네덜란드, 이탈리아에 이어 9번째 달성, 네덜란드를 제외하면 GDP 세계순위 10위 이내의 국가

- 경제개발에 착수하던 1962년 당시 5억 달러에 불과했던 무역규모가 2천 배 증가한 것으로 온 국민의 노력이 가져온 땀과 기적의 역사

경상수지 추이

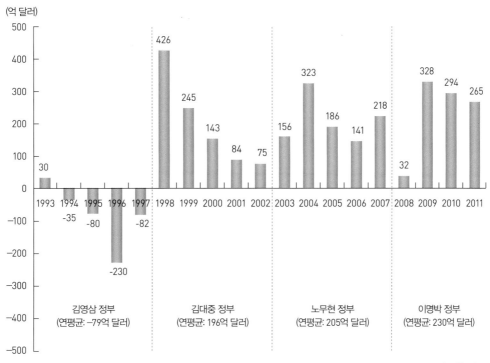

(억 달러)

자료: 한국은행

- 경상수지는 이명박 정부 들어 연평균 230억 달러 흑자를 기록해 이전 정부보다 흑자폭이 확대됨.
  - 김영삼 정부 시기(1993~1997년)에는 연평균 79억 달러의 경상수지 적자를 보였으나, 외환위기 이후 흑자로 전환하여 김대중 정부 시기(1998~2002년)에는 연평균 196억 달러, 노무현 정부 시기(2003~2007년)에는 연평균 205억 달러로 흑자가 다소 확대

- 이명박 정부 출범 초기 2008년에는 글로벌 금융위기 등 대외여건이 크게 악화되면서 경상수지 흑자 규모가 축소되었지만, 2009년 이후부터는 265~328억 달러 수준의 큰 폭의 경상수지 흑자를 보임.

신흥국 수출 비중 및 수출액

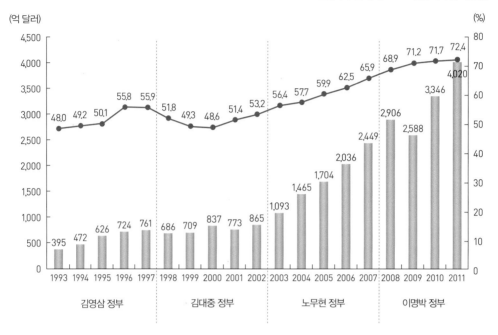

신흥국 수출액(좌) ━●━ 신흥국 수출 비중(우)

자료: 관세청, 무역협회

■ 2000년 이후부터 신흥국 수출 비중은 꾸준한 증가세
  – 김영삼 정부와 김대중 정부 시기에는 일본·미국으로의 수출이 전체 수출금액에서 30% 이상을 차지했지만 2003년 이후부터는 중국이 제1의 수출국을 기록하는 등 신흥국으로의 수출이 선진국으로의 수출보다 더 높은 증가세를 보임.

연도별 서비스수지 추이

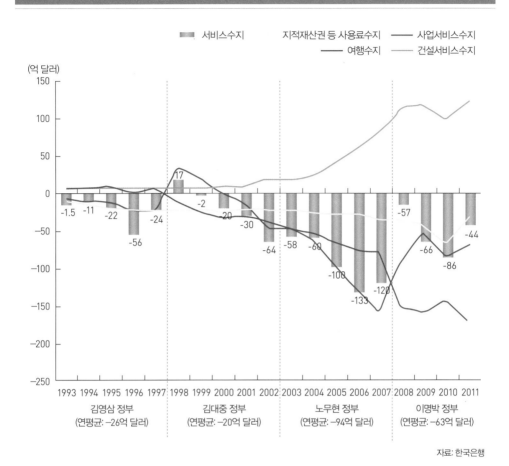

서비스수지　　지적재산권 등 사용료수지　　사업서비스수지　　여행수지　　건설서비스수지

(억 달러)

자료: 한국은행

■ 우리나라는 1998년을 제외하고 서비스수
　지 적자 기조가 지속된 가운데 적자폭도
　확대되어 옴.
　– 김영삼 정부(1993~1997년)와 김대중 정부
　　(1998~2002년) 때는 서비스수지가 각각 연
　　평균 –26억 달러, –20억 달러 적자를 보였

고, 노무현 정부(2003~2007년) 때는 적자폭
이 확대되어 연평균 –94억 달러를 기록
– 최근 사업서비스수지 적자가 큰 폭으로 확대
되고 있지만 여행·건설서비스 수지가 개선
되면서 전체 서비스수지는 개선되는 추세

외국인직접투자

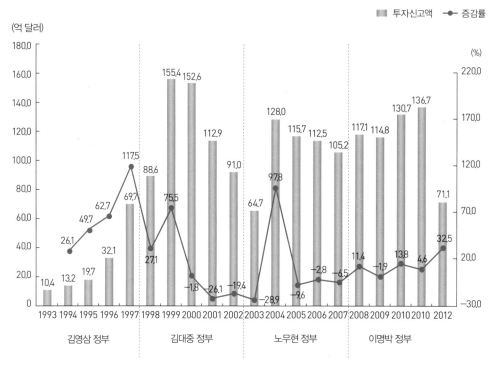

주: 2012년은 상반기 기준(증감률도 2011년 상반기 대비)

자료: 지식경제부, KOTRA 외국인투자통계시스템(INSC)

- 외국인직접투자는 김영삼 정부 말인 1997년 외환위기 이후 글로벌 기업들의 신규진출에 따라 1999~2000년간 평균 150억 달러 규모로 역대 최고수준을 기록

- 2000~2001년 IT버블 붕괴, 9·11사태 및 기업구조조정 등으로 외국인직접투자는 감소 추세로 반전되었고 노무현 정부 초기인 2003년에는 65억 달러까지 크게 감소

- 2004년 이후 외국인직접투자는 다시 100억 달러를 회복했으나, 이후 100억 달러를 상회하는 수준에서 정체

- 현 정부 들어 외국인직접투자는 다시 증가 추세를 보이며 2012년 상반기는 전년 동기 대비 32.5%가 증가(53.6억 달러 → 71.1억 달러)하는 등 사상 최대 기록

세계일류상품 및 시장 점유율 1위 품목

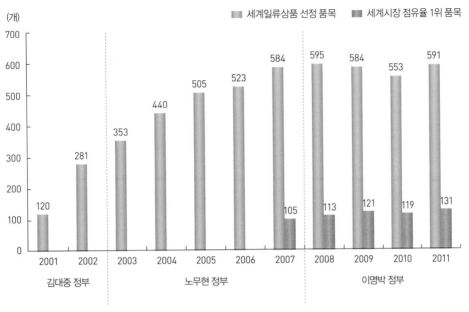

(개)

■ 세계일류상품 선정 품목   ■ 세계시장 점유율 1위 품목

연도	세계일류상품 선정 품목	세계시장 점유율 1위 품목
2001	120	
2002	281	
2003	353	
2004	440	
2005	505	
2006	523	
2007	584	105
2008	595	113
2009	584	121
2010	553	119
2011	591	131

김대중 정부 (2001~2002) / 노무현 정부 (2003~2007) / 이명박 정부 (2008~2011)

자료: 지식경제부

■ 우리나라는 2001년부터 수출품목 다양화·고급화 및 미래 수출동력 확충을 위해 세계시장 점유율 5위 이내 또는 5년 내에 점유율 5위 이내 진입이 가능한 품목을 세계일류상품으로 선정하고 있음.
  - 지난 10년간 세계일류상품 수는 120개에서 553개로 증가
  - 또한 동기간 중 세계일류상품 수출이 국가 전체 수출에서 차지하는 비중은 48.1%로 선정기업 지원을 통해 수출증진 실현

■ 세계일류상품 중 세계시장 점유율 1위 상품은 2007년 105개에서 2011년 131개로 약 25% 증가했으며 2010년을 제외하고는 증가세가 지속되고 있음.
  - 특히 같은 기간 세계시장 점유율 1위 상품 중 중소기업제품의 비중이 50%를 상회 (51.6%)하여 대기업 중심의 수출구조 개선에 기여한 것으로 평가
  - 수출상품의 다양화, 고급화를 통한 수출확대와 미래 수출동력 확충에도 크게 기여한 것으로 평가

■ 그동안 제조업 제품 위주로 선정되어 온 세계일류상품은 서비스산업의 수출산업화 가능성이 높다고 판단하여 콘텐츠, 교육, 의료, 전시사업 서비스 등을 추가할 예정임.

주요 품목(D램, LCD, TV, 스마트폰) 세계시장 점유율

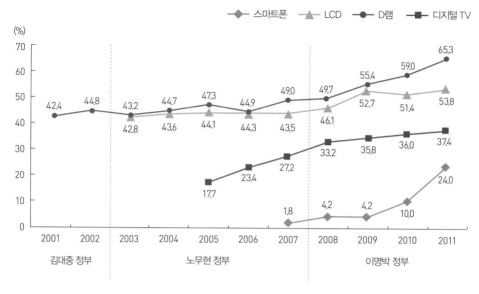

자료: SA, DisplaySearch, iSuppli

- D램, LCD, 디지털TV, 스마트폰 등 IT 주요 품목의 세계시장 점유율은 지난 5년간 꾸준히 확대되는 추세를 보이고 있음.
  ※ D램, LCD, DTV, 스마트폰: 2011년 세계 1위
  - D램은 2009년 글로벌 치킨게임 승리와 모바일 D램 등 고부가가치 제품 강화를 통해 60%대의 세계시장 점유율 확보
  - LCD는 PC, TV 등의 세계 수요 정체 및 공급과잉 등 어려운 여건 속에서 50%가 넘는 시장 점유율을 기록. 국내 업체는 AMOLED의 양산, 대형화 선도, 플렉시블 디스플레이 기술확보 주력 등 Post-LCD 시장선점 노력을 강화
  - 디지털TV는 세계시장 보급률 정체에도 불구하고 3D, 스마트TV 등 프리미엄시장을

주도하면서 30%가 넘는 세계시장 점유율을 확보
  - 애플 아이폰이 몰고 온 시장패러다임 변화로 노키아, 모토로라 등 과거 휴대폰 강자가 몰락한 가운데, 우리나라는 발 빠른 스마트폰시장 대응으로 2011년 24%의 시장 점유율을 기록하며 처음으로 세계 1위에 등극

- 애플 등 선진기업과의 경쟁 심화, 중국 등 후발 주자의 추격 등이 우려되나, 고부가가치 제품과 앞선 기술을 토대로 우리나라 주력 IT산업의 세계시장 점유율을 지속적으로 강화할 필요가 있음.

IT수출 추이

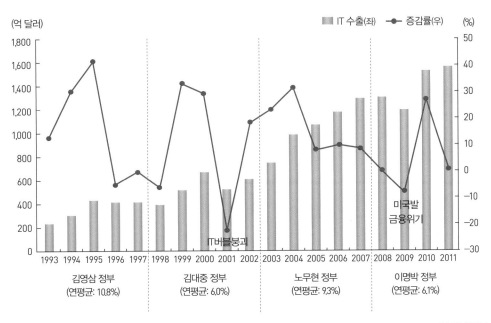

(억 달러)

| | IT 수출(좌) | 증감률(우) | (%) |

김영삼 정부 (연평균: 10.8%)
김대중 정부 (연평균: 6.0%)
노무현 정부 (연평균: 9.3%)
이명박 정부 (연평균: 6.1%)

IT버블붕괴

미국발 금융위기

자료: 지식경제부

■ IT수출은 2008년 미국발 금융위기 여파로 감소한 것을 제외하면 메모리반도체, 휴대폰, 디스플레이 패널 등 주력 3대 품목의 차별화된 기술력과 발 빠른 시장 대응을 통해 세계적인 경기 둔화에도 불구하고 연평균 6.1%의 견조한 성장세를 기록하고 있음.

　– IT수출은 2010년 1,539억 달러, 2011년 1,566억 달러 달성 등 전체 수출에서 약 28%를 차지하며 2년 연속 사상 최대 실적 기록

■ 최근 우리나라 IT는 취약 분야 중 하나인 시스템반도체, SW부문의 수출 및 글로벌 경쟁력이 향상되고 있음.

　– 2011년 SW는 2007년 대비 1.8배 수준으로 수출이 증가했고, 무역적자였던 시스템반도체는 집중투자·육성 결과 모바일AP 등이 세계 1위에 등극(2010년)했고 2011년에는 흑자 전환

　– 시스템반도체의 흑자 전환 및 수출 증가는 메모리에 편중된 반도체산업 성장의 질적 전환을 예고

■ 다만 유럽 재정위기 등 세계 IT수요 둔화, 최근 중국 IT업체의 부상 등 글로벌 경쟁 환경이 급변하고 있어, 새로운 IT전략 품목 발굴, 글로벌 IT강소기업 육성 등 지속적인 수출경쟁력 강화를 위한 노력이 필요함.

조선산업의 세계시장 점유율

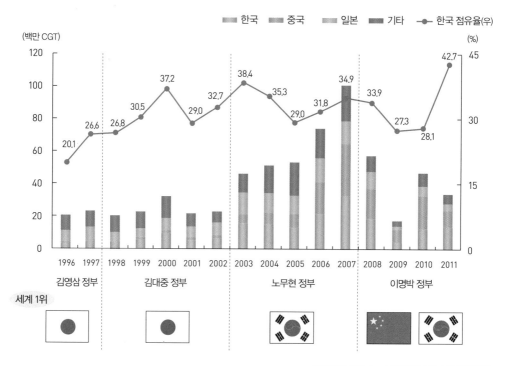

주: CGT(Compensated Gross Tonnage) : 선종별 부가가치를 고려하여 수정·환산한 톤수

자료: 클락슨(Clarkson), 주요국별 선박 수주 현황(2012)

■ 1990년대 국내 조선산업은 경쟁력을 앞세운 공격적 마케팅 강화 및 수출 확대에 주력했으며, 설비투자 및 기술개발을 통한 제품차별화에 매진함.

■ 이러한 노력의 결과, 2003년 세계경제 활성화에 따른 조선시장 호황기에 47년간 1위를 유지한 일본을 제치고 세계 1위로 부상

■ 2008년 하반기 글로벌 금융위기에 따른 시황침체로 2008~2010년 중국에 1위 자리를 내주었으나, 2011년 고부가가치 선박의 수주확대에 따라 다시 세계 1위를 탈환함.
  – 국내 조선산업은 대형컨테이너선 및 유조선, LNG선, 해양플랜트 등 고부가가치 선박에 글로벌 경쟁력 보유

자동차산업의 세계 생산 점유율

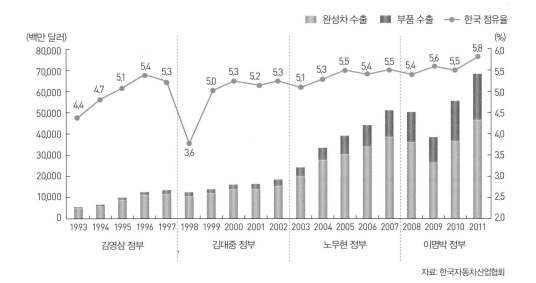

자료: 한국자동차산업협회

■ 2008년 9월 리먼브라더스 사태 등 글로벌 경기침체에도 불구하고 국내 자동차생산은 연평균 5.0% 증가해 2011년 466만 대로 세계점유율 5.8%를 기록하며 세계 5대 자동차 생산국 위상을 정립함.

　－ 2008~2009년 세계적인 수요침체로 국내 생산이 소폭 하락했으나 2010년 이후 국산차의 꾸준한 품질 및 브랜드가치 상승, 소형차 수요 확대, 신흥시장으로의 수출다변화 등에 따른 수출증가가 국내 생산증가를 선인함.

■ 특히 한－EU, 한－미 FTA 등 주요국과의 자유무역협정 발효는 수출기반을 확대하는 계기가 됨.

■ 아울러 2000년 이후 중국, 인도, 미국, 체코, 슬로바키아, 러시아, 터키, 브라질 등 해외생산설비 구축으로 시장확대를 위한 기반을 마련함.

■ 수출차종도 과거 경소형 승용차에서 부가가치가 높은 중대형 승용차와 SUV의 수출비중이 증가함.

　－ 수출차종이 다양해지면서 자동차산업의 수출단가는 2007년 11,886달러에서 2011년 13,596달러로 14.4%나 상승

■ 완성차의 세계시장 위상 강화로 자동차 부품산업 수출도 연평균 18.3% 증가하여 2011년에는 230억 달러를 기록함.

　－ 자동차부품 수출증가는 가격 대비 품질이 높아 해외 OEM 납품이 증가하고 해외생산이 증가했기 때문

철강산업의 세계시장 점유율

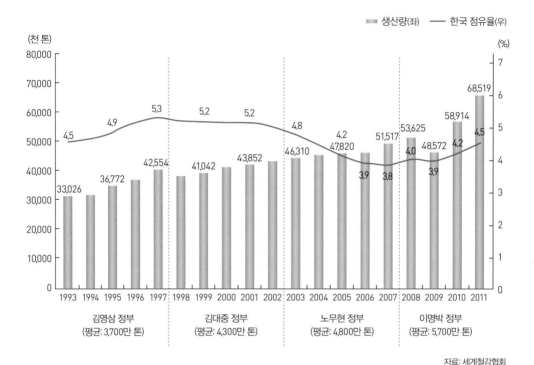

자료: 세계철강협회

- 철강(조강 기준) 생산은 2011년에 생산량 6,852만 톤, 세계 조강생산 점유비 4.5%를 기록하며, 조강생산 7천만 톤 시대를 예고함.
  - 미국발 금융위기의 영향을 받은 2009년에는 다소 감소하기도 했지만 2010년 현대제철(당진제철소)의 고로 2기 준공을 계기로 큰 폭으로 증가

- 세계 1위 생산국인 중국(6.83억 톤), 2위인 일본(1.1억 톤), 6위인 한국 등 한중일 3국이 세계생산량의 약 56.7%를 점유, 동북아 지역 철강산업의 중요성이 계속 증대되고 있음.

- 여기에 내수증가와 아울러 생산을 급속하게 늘려나가는 인도(2011년 7,120만 톤), 아세안 국가들을 고려하면 아시아 철강은 세계 전체 철강생산의 64.3%를 점유

- 아시아 철강산업의 성장이 세계 철강산업의 발전방향을 좌우하고 있지만 역내 설비초과 가능성의 증대, 교역국이 아시아 지역에 집중되어 있다는 점을 고려하면, 동북아 국가들의 전략적 파트너십 구축 등 협력방안을 강구해나갈 필요가 있음.
  - 한중일 3국의 수출대상국 중 아시아 지역의 비중이 57% 점유(2011년 기준)

석유화학산업의 세계시장 점유율

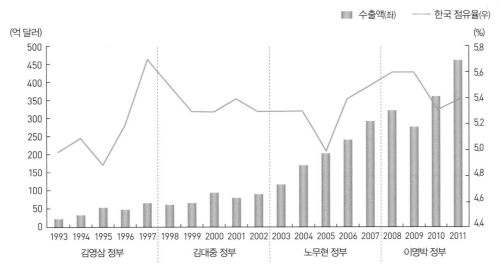

■ 수출액(좌)　── 한국 점유율(우)

자료: Tecnon, World Petrechemical Industry(2012)

- 석유화학산업의 세계시장 점유율(에틸렌 생산기준)은 미국, 중국, 사우디, 일본에 이어 세계 5위(연평균 점유율 5.4%)를 기록하고 있음.
  - 2010년 세계시장에서의 비중은 다소 하락한 5.3% 수준으로, 이는 중국 및 중동의 신규 증설로 인한 것이며, 2012년 이후에는 일본을 제치고 4위를 달성할 것으로 보임.

- 이명박 정부 들어 기업규제 완화 및 내수증진 정책을 통해 석유화학산업이 글로벌 경쟁력을 다지는 기틀을 마련함.
  - 특히 2011년 석유화학제품 수출은 사상최대인 456억 달러를 기록하면서 우리나라 무역 1조 달러 달성에 크게 기여함.

- 주요국의 석유화학산업은 범용제품을 기준으로 보건대, 산업발전 단계상 대부분 성숙기에 진입하여 각국의 생산기술이 거의 평준화되고 있다고 평가됨.
  - 이에 따라 한국도 2015년경부터는 세계 5~6위로 밀려날 것으로 전망되고, 그 자리를 중동의 이란이 차지할 것으로 예상되며, 후발개도국도 잇달아 진입하고 있어 글로벌 공급과잉이 촉진될 전망임.

- 최근 미국을 중심으로 한 셰일가스(shale gas)를 포함한 가스의 생산이 활기를 띠면서, 국내 석유화학업체들은 셰일가스의 안정적 확보대책 수립과 함께 기존의 '석유' 화학제품 생산방식 이외에 셰일가스를 원료로 한 '가스' 화학 관련 제품의 생산을 적극적으로 검토하는 것이 바람직함.

05

노동

경제활동참가율

자료: 통계청, 경제활동인구조사(구직활동 1주 기준)

주: 경제활동참가율은 15세 이상 인구 중 경제활동인구(취업자+실업자)가 차지하는 비율

- 이명박 정부 기간 동안 경제활동참가율(구직활동 1주 기준)은 연평균 61.0% 수준을 유지
  - 인구 고령화와 글로벌 금융위기 등 영향으로 이전 정부에 비해 다소 낮게 나타남.
  ※ 이전 정부의 연평균 경제활동참가율은 김영삼 정부 61.8%, 김대중 정부 61.1%, 노무현 정부 61.7%

- 연령별 경제활동참가율을 살펴보면 고령자층은 다소 증가한 반면, 청년층은 감소하는 추세
  - 고령자층은 베이비부머 세대(1955~1963년생)의 진입으로 경제활동참가율이 지속적으로 증가하는 추세

- 청년층의 경제활동참가율 감소는 통학 및 취업준비 등 비경제활동인구에 편입되는 비중 증가가 주요 원인

- 2011년 경제활동참가율(구직활동 4주 및 15~64세 기준)은 66.2%로 일본, 독일 등에 비해 높은 수준

● OECD국가의 경제활동참가율(%)

국가명	2011
한국	66.2
미국	73.3
일본	73.8
독일	77.2
OECD 평균	70.6

자료: OECD, Employment Outlook

실업률

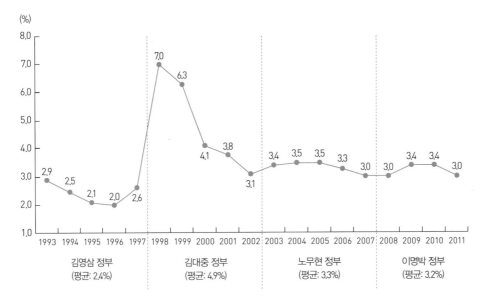

자료: 통계청, 경제활동인구조사(구직활동 1주 기준)

주: 실업률은 실업자가 경제활동인구에서 차지하는 비율

■ 이명박 정부 기간 동안 실업률은 연평균 3.2% 수준

  ※ 이전 정부의 연평균 실업률은 김영삼 정부 2.4%, 김대중 정부 4.9%, 노무현 정부 3.3% 로, 외환위기가 있었던 김대중 정부 기간 동안 실업률이 가장 높게 나타남.

■ 글로벌 금융위기로 인해 실업률이 전반적으로 증가했으나, 2010년 이후 금융위기 이전 수준으로 회복

■ 2011년 우리나라의 실업률(구직활동 4주 및 15~64세 기준)은 3.5%로서 OECD 평균 (8.2%)보다 상당히 낮아 국제적으로 양호한 수준

● OECD국가의 실업률(%)

국가명	2011
한국	3.5
미국	9.1
일본	4.8
독일	6.0
OECD 평균	8.2

자료: OECD Employment Outlook

취업자 증감

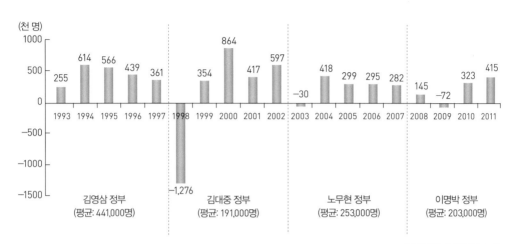

자료: 통계청, 경제활동인구조사

■ 이명박 정부 기간 동안 취업자 수는 연평균
  203,000명 증가
  – 글로벌 금융위기 여파로 취업자 수 증가폭
    이 다소 감소했으나, 2011년에는 취업자가
    415,000명 증가하는 등 고용여건이 큰 폭으
    로 개선
  ※ 김영삼 정부 441,000명, 김대중 정부
    191,000명, 노무현 정부 253,000명, 이명박
    정부 203,000명

■ 취업자 증가는 '보건 및 사회복지서비스업',
  '50대 이상 계층', '상용직'을 중심으로 나타
  나고 있음.

  – '보건 및 사회복지서비스업'은 뚜렷한 성장세
    속에 이명박 정부 기간 동안 연평균 100만
    명의 취업자 증가
  ※ 김영삼 정부 306,000명, 김대중 정부
    441,000명, 노무현 정부 642,000명, 이명박
    정부 1,076,000명

  – '제조업'은 이명박 정부 들어서 수출호조 등
    으로 증가세로 전환
  ※ 김영삼 정부 –89,000명, 김대중 정부
    –59,000명, 노무현 정부 –24,000명, 이명박
    정부 19,000명

■ 베이비붐 세대(1955~1963년생)의 고령화로
  50대 이상 연령계층의 취업 증가세가 두드
  러짐.

산업별 취업자 증감

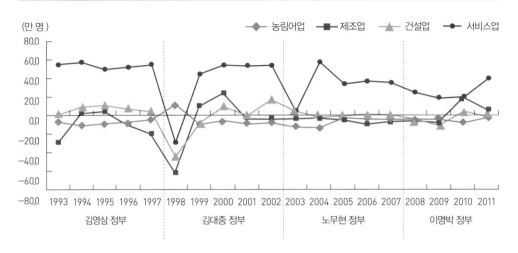

(단위: 만 명)

	1993	1994	1995	1996	1997	1998	1999	2000	2001	2002	2003	2004	2005	2006	2007	2008	2009	2010	2011
농림어업	−7.5	−10.1	−8.8	−8.0	−3.8	11.2	−9.5	−5.9	−9.5	−7.9	−12.0	−12.6	−1.1	−3.2	−5.8	−3.7	−3.8	−8.2	−2.5
제조업	−26.0	3.8	6.0	−9.3	−18.8	−62.0	11.0	26.6	−2.6	−2.6	−3.6	−2.8	−4.7	−7.3	−4.3	−5.2	−12.6	19.1	6.3
건설업	1.8	9.9	10.8	7.0	4.4	−44.7	−10.5	10.5	0.5	16.1	7.0	0.2	−0.5	2.0	1.6	−3.7	−9.1	3.3	−0.2
서비스업	55.2	58.2	50.4	53.8	53.8	−30.0	44.7	55.0	53.9	54.7	3.2	57.6	36.1	37.6	35.6	25.9	17.9	20.0	38.6

자료: 통계청

- 농림어업 취업자는 경기흐름과 관계없이 산업 구조조정 등의 영향으로 취업자 수가 지속적으로 감소하는 추세

- 제조업 취업자는 1991년 516만 명을 정점으로 추세적으로 하락하는 모습. 1998년 외환위기 시 크게 감소한 이후 높은 증가세를 보였으나, 이후 지속적으로 감소하며 2009년 384만 명까지 감소. 글로벌 금융위기 이후 제조업 취업자 수가 증가세로 전환되었으나 유럽 재정위기 영향에 따른 수출 둔화 등으로 2011년 하반기 이후 감소 추세

- 건설업 취업자는 외환위기, 글로벌 금융위기, 최근 유럽 재정위기 때를 제외하고는 대체로 180만 명 수준을 유지하며 안정적인 모습 유지

- 서비스업 취업자가 1990년대 이후 높은 증가세를 보이며, 취업자 증가를 견인하는 모습. 다른 산업들과 달리 2003년 카드부채 사태 시 내수위축의 영향을 크게 받으며 서비스업 취업자 증가가 크게 둔화됐지만, 2004년 바로 회복되어 꾸준히 증가세 유지

서비스업 취업자 비중

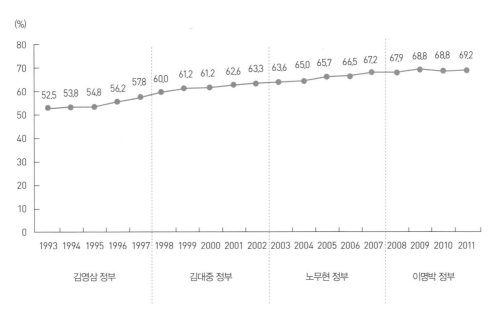

(%)

자료: 통계청, 경제활동인구조사(구직활동 1주 기준)

■ 우리나라의 산업구조가 점차 선진화되면서 제조업과 농림어업의 취업자 비중이 점차 감소하는 반면, 서비스업의 취업자 비중은 지속적으로 상승

  – 서비스업 취업자 비중은 1992년 50%를 넘어선 이후 상승세를 지속하며, 2011년에는 69.2%까지 상승

■ 하지만 OECD 평균 서비스업 취업자 비중은 72.4%(2011년 기준)로, 우리보다 서비스업 취업자 비중이 낮은 나라는 터키, 체코 등 10개국에 불과해, 주요 선진국에 비해 서비스업 취업자 비중은 여전히 낮은 편

■ 향후 서비스업 취업자는 보건복지, 교육 등 사회 서비스 수요 확대와 전문 과학기술, 금융 등 유망 서비스업의 성장으로 높은 증가세를 보이며, 전체 취업자 대비 비중도 지속적으로 상승할 전망

주요국 취업자 증가율 추이

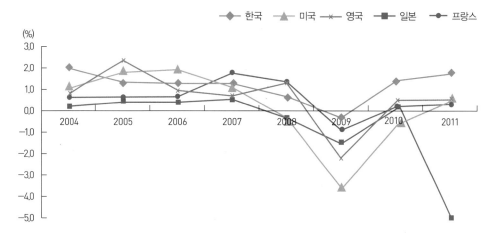

(단위: %)

	2004	2005	2006	2007	2008	2009	2010	2011
한국	1.9	1.3	1.3	1.2	0.6	−0.3	1.4	1.7
미국	1.1	1.8	1.9	1.1	−0.5	−3.8	−0.6	0.6
영국	0.7	2.3	0.9	0.6	1.2	−2.2	0.4	0.8
일본	0.3	0.4	0.4	0.5	−0.4	−1.6	0.2	−5.0
프랑스	0.6	0.5	0.7	1.8	1.3	−0.9	0.2	0.3

자료: OECD, 한국은 2011년 결산안

■ 글로벌 위기에 따른 경기침체의 여파로 취업자가 글로벌 위기 이전인 2007년에는 28만 명 증가했으나 2009년에는 7만 명으로 급락하는 등 고용사정이 크게 악화
　– 미국, 일본 등 주요 선진국의 경우에도 2008년 또는 2009년초부터 취업자가 감소세로 전환

■ 정부는 글로벌 위기 직후 일자리 나누기와 재정 일자리를 마련하고, '국가고용전략회의'를 통해 장단기 일자리 대책을 강도 높게 추진

■ 이에 따라 2009년에는 공공부문 일자리 사업 등으로 주요 선진국에 비해 취업자 감소율이 축소. 2010년에는 민간부문을 중심으로 취업자 증가율이 1.4%까지 상승하면서 OECD 주요 선진국 중 가장 빠르게 고용 회복

사회적기업 및 사회적기업 종사자 수

● (예비) 사회적기업 수

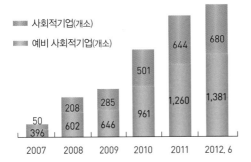

- ■ 사회적기업(개소)
- ■ 예비 사회적기업(개소)

	2007	2008	2009	2010	2011	2012. 6
사회적기업	50	208	285	501	644	680
예비 사회적기업	396	602	646	961	1,260	1,381

● 사회적기업 종사자 수

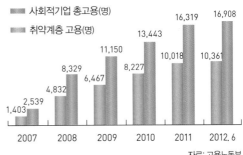

- ■ 사회적기업 총고용(명)
- ■ 취약계층 고용(명)

	2007	2008	2009	2010	2011	2012. 6
총고용	2,539	8,329	11,150	13,443	16,319	16,908
취약계층	1,403	4,832	6,467	8,227	10,018	10,361

자료: 고용노동부

- ■ 사회적기업은 사회적 목적을 우선적으로 추구하면서 재화·서비스의 생산·판매 등 영업활동을 수행하는 조직
- ■ 「사회적기업 육성법」 시행(2007. 7) 이후, 자치단체 및 사회 각계각층의 사회적기업에 대한 지원이 확대
  - ※ 중간지원조직 역할 강화(2007), 지역형 예비사회적기업지정제 도입(2010), 한국사회적기업진흥원 설립(2011) 등
- ■ 사회적기업 및 취약계층을 포함한 사회적기업 종사자 수도 크게 증가
  - ※ 사회적기업 수: (2007) 50개소→(2008) 208개소→(2009) 285개소→(2010) 501개소→ (2011) 644개소→(2012. 6) 680개소
  - ※ 2012년 6월 현재 전체 사회적기업 종사자 16,908명 중 취약계층은 10,361명(잠정)

● 설립경로별 사회적기업 현황(개소)

사회적 일자리	자활 공동체	장애인 작업장	협동 조합	기타
436 (64.1%)	82 (12.1%)	75 (11.0%)	13 (1.9%)	74 (10.9%)

● 조직형태별 사회적기업 현황(개소)

영리	비영리				
상법상 회사	민법상 법인	비영리 민간 단체	사회 복지 법인	생활 협동 조합	영농 조합 법인
310 (45.6%)	155 (22.8%)	114 (16.8%)	78 (11.5%)	13 (1.9%)	10 (1.4%)

● 사회적 목적 유형별 사회적기업 현황(개소)

일자리 제공형	사회서비스 제공형	혼합형	기타형	지역사회 공헌형
407 (59.9%)	52 (7.6%)	119 (17.5%)	97 (14.3%)	5 (0.7%)

● 지역별 사회적기업 현황(개소)

서울, 인천 경기, 강원	부산, 울산 경남	대구 경북	광주, 전남 전북, 제주	대전, 충남 충북
345 (50.7%)	96 (14.1%)	74 (10.9%)	99 (14.6%)	66 (9.7%)

● 분야별 사회적기업 현황(개소)

교육	보건	사회 복지	환경	문화	보육	간병 가사	기타
43 (6.3%)	12 (1.8%)	94 (13.8%)	117 (17.2%)	95 (14.0%)	22 (3.2%)	57 (8.4%)	240 (35.3%)

비정규직 비율

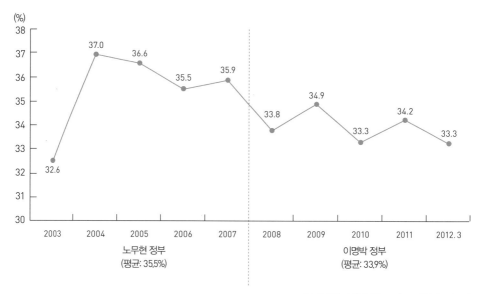

자료: 통계청, 경제활동인구조사 근로형태별 부가조사

■ 임금근로자 중 비정규직 근로자 비중은 1998년 외환위기 이후 지속적으로 증가하여 2004년 8월 37.0% 정점을 이룬 이후 전반적으로 감소 추세

- 이명박 정부 기간 동안 평균 비정규직 근로자 비중은 33~34%대 수준으로 이전 정부 (35.5%)에 비해 다소 감소

- 2007년 8월 대비 2012년 3월 현재 임금근로자는 9.7% 증가, 정규직 근로자는 14.0% 증가, 비정규직 근로자는 1.9% 증가

※비정규직 근로자 수는 임금근로자가 증가함에 따라 자연스럽게 증가하는 측면이 있으므로, 비정규직 추이를 보기 위해서는 임금근로자 중 비정규직 비율을 볼 필요가 있음.

■ 2012년 3월 현재 사업체 규모별 비정규직 근로자 비중을 살펴보면 비정규직의 94.3%가 300인 미만 중소기업에 근무하고 있음.

- 사업체 규모가 작을수록 비정규직 비율이 높은 경향

● 사업체 규모별 비정규직 비중

구분	100인 미만	100~299인	300인 이상
임금근로자 수 (A)	1,369만 명	174만 명	199만 명
비정규직 수 (B)	511만 명	37만 명	33만 명
비정규직 비율 (B/A)	37.3%	21.3%	16.7%

명목임금 상승률

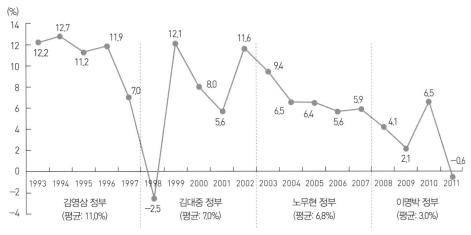

주: 근로자 10인 이상 사업체의 상용근로자 기준

자료: 고용노동부, 사업체노동력조사 등

■ 이명박 정부 기간 동안 명목임금 상승률은 연평균 3.0% 수준
- 글로벌 금융위기와 저성장에 따른 영향으로 이전 정부(김영삼 정부 11.0%, 김대중 정부 7.0%, 노무현 정부 6.8%)에 비해 임금상승률은 낮은 수준
※ 경제성장률은 김영삼 정부 7.4%, 김대중 정부 5.0%, 노무현 정부 4.3%, 이명박 정부 3.1%로 둔화
■ 근로사 10인 이상 사업체의 2011년 상용근로자 월평균 명목임금은 3,176,000원으로 전년 대비 0.6% 하락
- 상용근로자 임금총액은 2007년까지 5% 이상의 상승세를 유지하다 2009년 금융위기를 겪으면서 상승률이 크게 둔화
- 경기변동의 영향을 크게 받는 초과급여와 특별급여가 크게 하락

■ 임금의 실질구매력을 반영하는 실질임금은 이명박 정부 기간 동안 연평균 0.5% 감소
※ 이전 정부 실질임금 상승률은 김영삼 정부 5.7%, 김대중 정부 3.5%, 노무현 정부 3.7%
- 2011년 실질임금 상승률은 −4.4%로 이는 예년에 비하여 높은 소비자물가 상승률(4.0%)과 명목임금 수준의 저하(−0.6%)에 기인
■ 2011년 우리나라의 연간 임금수준은 구매력평가환율로는 35,406달러, 대미 명목 환율로는 29,053달러

● OECD국가의 연간 임금수준

국가명	2011 (PPPs)	2011 (달러)
한국	35,406	29,053
미국	54,450	54,450
일본	35,143	51,613
독일	40,223	46,984

자료: OECD

협약임금 인상률

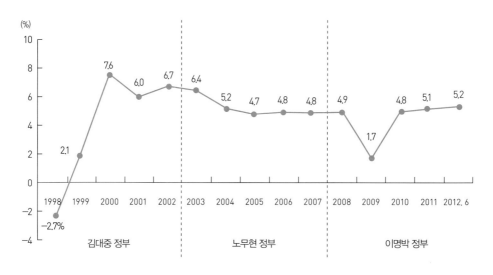

자료: 고용노동부, 사업체노동력조사 등

주: 근로자 10인 이상 사업체의 상용근로자 기준

- 협약임금 인상률은 상시근로자 100인 이상 사업장의 노사가 임금협약을 통해 인상하기로 사전 합의한 임금인상률임.
  - 따라서 협약임금은 사후적으로 결정되는 초과급여, 연차·월차 유급휴가근로수당, 생리휴가보전수당, 성과급 등은 포함되지 않음.
  ※ 실제 근로자에게 지급된 명목임금 상승률과는 다름.
  ※ 명목임금 상승률은 전체 임금근로자(통계청) 또는 민간부문 임금근로자(고용노동부)를 조사대상으로 함.

- 이명박 정부 기간 동안 협약임금 인상률은 연평균 4.3%로 다소 둔화
  ※ 이전 정부의 타결임금 인상률은 김대중 정부 3.9%, 노무현 정부 5.2%

- 2011년 협약임금 인상률은 5.1%로 2010년에 비하여 0.3%p 상승하고, 2012년에도 5%를 상회
  - 최근 높은 타결임금 인상률은 조사대상 대기업의 경영실적 개선, 높은 물가상승률 등에 기인

최저임금

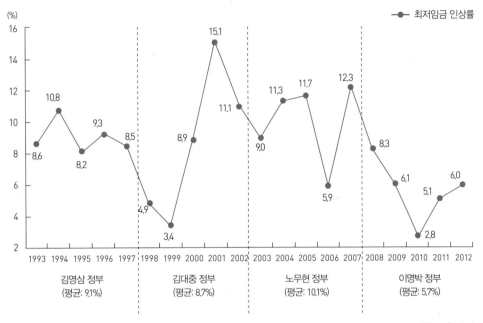

(%)

● 최저임금 인상률

김영삼 정부	(평균: 9.1%)
김대중 정부	(평균: 8.7%)
노무현 정부	(평균: 10.1%)
이명박 정부	(평균: 5.7%)

자료: 고용노동부

■ 최저임금제도는 정부가 임금의 최저수준을 정하고, 사용자에게 그 이상의 임금을 지급하도록 법으로 강제함으로써 저임금 근로자를 보호하는 제도
※ 1986년 최저임금법 제정, 1988년 시행

■ 최저임금은 근로자의 생계, 유사근로자의 임금, 노동생산성 및 소득분배율을 고려하여 결정하며, 최저임금 결정 시 최저임금위원회는 경제성장률, 물가상승률, 명목임금 인상률 등의 지표를 추가로 고려

■ 이명박 정부 기간 동안 최저임금 인상률은 연평균 5.7%로 명목임금 상승률과 마찬가지로 다소 낮아짐.
 - 글로벌 금융위기 등 영향으로 일반 근로자의 명목임금 상승률은 연평균 3.0%로 둔화
※ 이전 정부의 연평균 최저임금 인상률은 김영삼 정부 9.1%, 김대중 정부 8.7%, 노무현 정부 10.1%

■ 2011년 최저임금의 상대적 수준은 중위임금 대비 49.1%로 OECD 평균 수준

근로시간

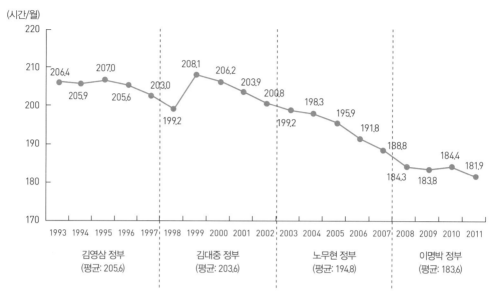

(시간/월)

주: 근로자 10인 이상 사업체의 상용근로자 기준

자료: 고용노동부, 사업체노동력조사 등

- 이명박 정부 기간 동안 월평균 근로시간은 183.6시간으로 지속적으로 감소

  ※ 이전 정부의 월평균 근로시간은 김영삼 정부 205.6시간, 김대중 정부 203.6시간, 노무현 정부 194.8시간

- 2011년 근로자 10인 이상 사업체의 상용근로자 월평균 총근로시간은 181.9시간으로 전년 대비 2.5시간 감소
  - 2011년 소정근로시간은 0.5시간 증가한 데 비해 초과근로시간은 3.0시간 감소

- 2004년 이후 지속된 법정근로시간 단축 및 휴일·휴가제도 개선으로 실근로시간 지속적으로 단축

- 2010년 우리 나라의 연간 근로시간은 주요 국가들에 비하여 김.

● OECD국가의 연간 근로시간

국가명	2010
한국	2,111
미국	1,787
일본	1,754
독일	1,323

자료: OECD, Employment Outlook

노동생산성 증가율

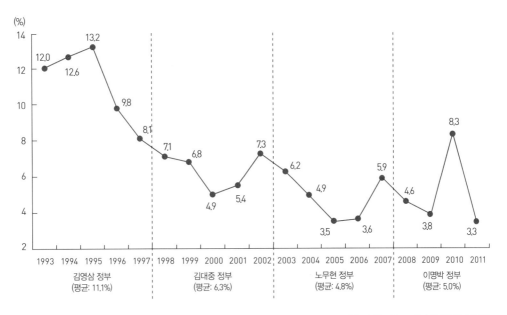

자료: 통계청 경제활동인구조사 및 한국은행 국민계정

주: 노동생산성은 취업자1인당 명목GDP

■ 노동생산성은 생산과정에 투입된 노동량과 산출된 부가가치(또는 총생산량) 비율
  - 명목임금 상승률과 비교 가능한 노동생산성 지표는 취업자 1인당 명목GDP임(소위 국민경제생산성 지표)

■ 이명박 성부 기간 동안 연병균 노동생산성 증가율은 5.0%로 중장기적으로 증가율이 둔화
  ※ 이전 정부의 연평균 노동생산성 증가율은 김영삼 정부 11.1%, 김대중 정부 6.3%, 노무현 정부 4.8%
  - 2011년 취업자 1인당 명목부가가치는 전년대비 3.3% 증가

■ 2011년 현재 우리나라의 노동생산성의 절대적 수준은 주요 국가에 비하여 낮지만, 그 증가율은 매우 높음.
  ※ 노동생산성의 국제 비교는 시간당 달러로 환산한 명목부가가치로 가능함.

● OECD국가 생산성 수준 및 증가율

	생산성 수준 (달러 / 시간)	생산성 증가율 (%)
한국	28.3	6.4
미국	60.3	0.3
일본	39.8	4.1
독일	55.3	1.6
OECD평균	44.1	1.5

자료: OECD

노사분규

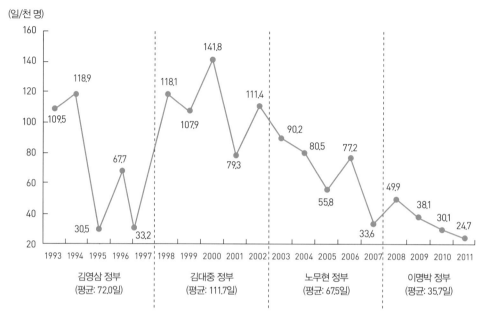

(일/천 명)

주: 파업성향은 임금근로자 1,000인당 근로손실일수

자료: 고용노동부. 통계청, 경제활동인구조사

■ 이명박 정부 기간 동안 연평균 노사분규 발생 건수 및 근로손실일 수는 각각 83건 및 522,000일로 큰 폭으로 감소

※ 이전 정부의 연평균 노사분규 발생 건수는 김영삼 정부 103건, 김대중 정부 227건, 노무현 정부 264건

※ 이전 정부의 연평균 근로손실일 수는 김영삼 정부 904,000일, 김대중 정부 1,475,000일, 노무현 정부 1,016,000일

■ 2006년을 전후한 파업 집계방식의 변경으로 노사분규에 대한 시계열적으로 일관된 비교 한계

■ 한편, 파업성향은 근로손실일 수를 임금근로자수로 나눈 수치로 노사분규 정도를 경제발전 및 산업화 정도를 고려하여 살펴보기 위해 고안된 지표

● 연평균 파업성향

	노사분규 (건)	손실일 수 (천 일)	파업성향 (일/천 명)
1993~1997	103	904	72.0
1998~2002	227	1,475	111.7
2003~2007	264	1,016	67.5
2008~2011	83	522	35.7

자료: 고용노동부. 통계청

노동조합 조직률

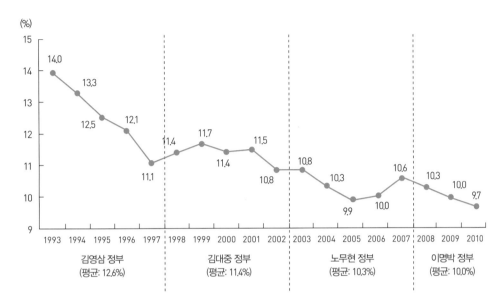

(%)

자료: 고용노동부, 노동조합조직현황. 통계청, 경제활동인구조사

주: 노동조합 조직률은 전체 조합원수를 임금근로자수로 나눈 비율

■ 이명박 정부 기간 동안 노동조합 조직률은 10.0%로서 1989년을 정점으로 지속적으로 감소

 ※ 이전 정부의 노동조합 조직률은 김영삼 정부 12.6%, 김대중 정부 11.4%, 노무현 정부 10.3%

■ 노동조합 조직률의 지속적인 감소는 산업구조 변화로 인해 노동조합 조직화가 어려운 서비스 산업 비중의 증가, 신규 인력의 노조가입 선호도 저하 등에 기인

■ 우리나라의 노동조합 조직률도 다른 국가들(미국, 일본, 영국, 호주 등)과 마찬가지로 지속적으로 하락

– 한편 2010년 우리 나라의 노동조합 조직률은 10%를 하회하여 다른 국가들에 비하여 상당히 낮음.

● OECD국가의 노동조합 조직률(%)

	1995	2010
한국	13.8	9.8
미국	14.9	11.9
일본	23.8	18.5
영국	32.4	26.6
호주	32.7	18.3

자료: 한국노동연구원. 해외노동통계

산업재해

주: 1) 재해율은 재해자수/근로자수×100
2) 사고사망만인율은 근로자 1만 명당 사고사망자 수의 비율

자료: 고용노동부, 산업재해 현황 조사

■ 이명박 정부 기간 동안 산업재해는 지속적으로 감소

- 근로자 100인당 산업재해 재해자 수의 비율인 산재 재해율은 0.69%로 감소

※ 이전 정부의 산재 재해율은 김영삼 정부 1.03%, 김대중 정부 0.74%, 노무현 정부 0.80%

- 근로자 1만 명당 산업재해 사망자의 비율인 사고사망만인율은 1.00 ‰으로 감소

※ 이전 정부의 사고사망만인율은 김영삼 정부 2.93‰, 김대중 정부 1.68‰, 노무현 정부 1.28‰

■ 산재예방 5개년 계획(2010~2014년)의 수립

및 추진, 산재예방 제도 개선, 점검 강화 등 정책적 노력 등에 힘입어 전체적으로 산업재해가 감소

■ 2008년 현재 산업재해 사망사고율은 다른 국가들에 비하여 현저히 높음.

● OECD국가의 산업재해

국가명	재해율(%)	사고사망만인율(‰)
한국	0.71	1.07
미국	3.46	0.38
일본	0.25	0.23
영국	0.50	0.25

자료: ILO 등

고용률

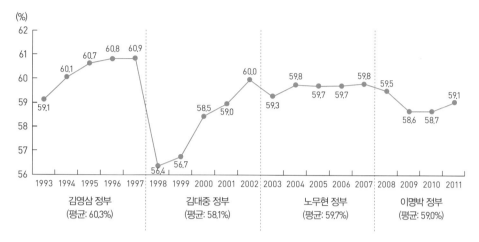

주: 고용률은 만 15세 이상 인구 중 취업자가 차지하는 비율

자료: 통계청, 경제활동인구조사

■ 고용률은 외환위기를 기점으로 큰 폭으로
하락한 이후, 58~59% 수준으로 회복
  - 이명박 정부 기간 동안 고용률은 59.0%로,
  인구고령화와 글로벌 금융위기 등의 영향으
  로 감소했다가 최근 다시 증가세로 전환
  ※ 이전 정부의 연평균 고용률은 김영삼 정
  부 60.3%, 김대중 정부 58.1%, 노무현 정부
  59.7%

■ 인적 속성별 고용률을 살펴보면 청년층은
소폭 감소, 여성 및 50세 이상은 다소 증가
  - 20대 초반(20~24세)은 고용률이 감소하고
  있는 반면, 20대 후반(25~29세)은 고용률이
  지속 증가하는 추세
  - 50세 이상 고용률(52.6%)은 외환위기 이전
  수준을 회복하지 못했으나, 노무현 정부 수
  준(51.2%)보다는 증가

  - 여성의 고용률(48.1%)은 외환위기 이전 수준
  을 회복

■ 2011년 우리나라의 고용률(15~64세)은
63.9%로 OECD 평균(64.8%)보다 다소
낮음.

● OECD국가의 고용률(%)

국가명	2011
한국	63.9
미국	66.6
일본	70.3
독일	72.6
OECD 평균	64.8

자료: OECD, Employment Outlook

고용보험

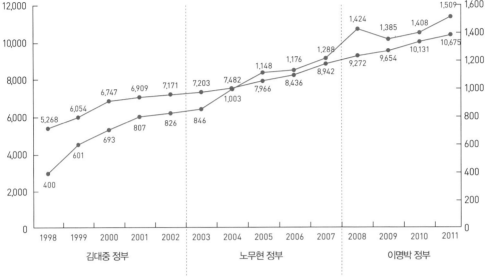

자료: 고용노동부, 고용보험시스템

■ 이명박 정부 기간 동안 고용보험 가입 사업장 수는 연평균 2.0% 수준으로 지속적으로 증가하여 2011년 150만 개소를 상회

- 글로벌 금융위기 여파로 인해 2009년에는 사업장 수가 일시적으로 감소했으나, 2011년 이후에는 지속적으로 증가하여 금융위기 이전 수준을 상회

- 수출호조로 제조업 사업장을 중심으로 꾸준하게 증가하고, 산업구조의 서비스화로 보건 및 사회복지, 도소매업 사업장도 크게 증가

■ 이명박 정부 기간 동안 고용보험 피보험자 수는 연평균 4.8% 수준으로 꾸준히 증가하여 2010년 고용보험 상용 피보험자 수는 1,000만 명을 상회

- 글로벌 금융위기 여파에도 불구하고 피보험자 증가세는 지속되고 있음.

- 2008년에 비하여 2011년 상용피보험자는 제조업 359,000명, 보건 및 사회복지업 269,000명, 도소매업 149,000명 증가

외국인 고용

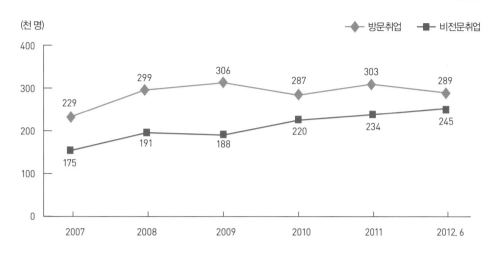

(천 명)

범례: ◆ 방문취업 ■ 비전문취업

- 229 (2007)
- 299 (2008)
- 306 (2009)
- 287 (2010)
- 303 (2011)
- 289 (2012. 6)

- 175 (2007)
- 191 (2008)
- 188 (2009)
- 220 (2010)
- 234 (2011)
- 245 (2012. 6)

자료: 법무부 출입국, 외국인정책 통계

주: 1) 방문취업 동포(H-2)는 국내 방문 및 국내 취업이 허용된 중국, 구소련 지역의 만 25세 이상 외국국적 동포
2) 일반 외국인(E-9)는 내국인 구인이 어려운 제조업 등에 인력을 공급하기 위해 태국, 베트남 등 15개 송출국과 인력송출 MOU를 체결한 후, 이를 통해 국내에 도입된 외국인 근로자

■ 외국인 고용허가제는 국내 근로자를 구하지 못하는 중소기업의 인력난 해소를 위해 비전문 외국인력을 합법적으로 고용(4년 10개월 또는 6년)할 수 있도록 허용하는 제도임.

■ 제조업 등에서 내국인 구인의 어려움이 심화되면서, 고용허가제로 도입된 외국인 근로자(E-9)가 전반적으로 증가하는 추세

‒ 2008년 글로벌 경제위기로 도입쿼터를 축소한 결과, 2009년 체류인원은 188,000명으로 감소

‒ 경기회복에 따라 도입쿼터를 단계적으로 확대하여 2012년 6월 현재 체류인원이 245,000명까지 증가

■ 총체류인원으로 관리하는 방문취업 동포(H-2)의 경우, 2012년 6월 현재 289,000명이 국내 체류 중

06

산업

산업별 GDP 증가율 추이

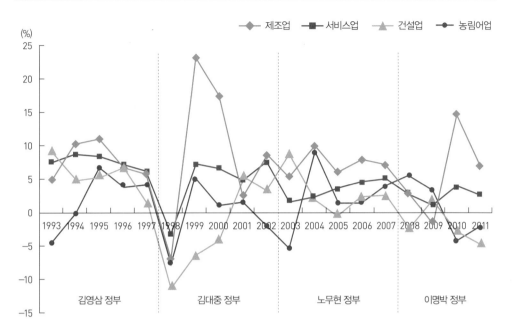

(연평균, %)	김영삼 정부	김대중 정부	노무현 정부	이명박 정부
제조업	7.8	8.3	7.4	5.6
서비스업	7.7	4.6	3.4	2.6
건설업	5.5	−2.6	3.1	−2.0
농림어업	2.0	−0.4	2.1	0.6
경제성장률	7.4	5.0	4.3	3.1

자료: 한국은행

■ 이명박 정부의 산업별 GDP 증가율은 글로벌 금융위기, 유럽 재정위기 등의 여파로 과거 정부에 비해 전반적으로 둔화
  – 제조업 생산은 2009년 글로벌 금융위기로 수출이 감소하면서 크게 둔화된 후 빠르게 회복했으나 2011년 들어 유럽 재정위기로 세계경제 회복이 지연되면서 다시 둔화

  – 서비스업 증가율은 이전 정부에 비해서는 낮아졌으나 2009년 이후 증가세를 보이고 있고 변동폭도 상대적으로 작아 경기둔화를 완화하는 데 기여
  – 건설업은 2005년 이후 부진한 흐름을 지속했으며, 농림어업은 기상이변 등의 영향으로 변동성이 확대

최근 10년간 산업단지 변화 추이

■ 산업단지는 우리나라의 경제성장 과정에서 기업의 공간적 집적을 통한 산업경쟁력 강화와 지역간 균형발전에 큰 기여를 함.

■ 2009년 말 기준으로 산업단지가 우리나라의 제조업 생산액, 수출액, 종사자 수에서 차지하는 비중은 각각 62.3%, 77.1%, 45.1%에 달할 정도로 우리 경제에서 핵심적인 위치를 차지하고 있음.

■ 산업단지 고용인원은 이명박 정부 들어 연평균 5.1% 증가하여, 과거 정부의 연평균 증가율 4.8%에 비해 높은 수준을 기록함.

■ 산업단지 생산액은 이명박 정부 들어 연평균 9.8% 증가하여, 과거 정부의 연평균 증가율 11.3%에 비해 다소 높아졌음.

■ 수출액은 2008년부터 연평균 10.2% 증가하여 2011년에 400억 달러를 돌파했음.
 - 글로벌 금융위기의 여파로 2009년 수출액이 약간 감소했으나 2011년에는 전년 대비 20.1% 증가한 412억 달러를 기록

구로공단의 신 르네상스시대 개막 연도별 변화 추이

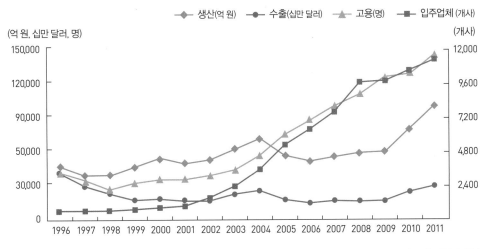

자료: 한국산업단지공단

■ 서울디지털산업단지는 1964년 한국수출 산업공단으로 조성되어 한때 국내 수출의 10%를 담당할 정도로 큰 위상을 차지하고 있었으나 1980년대 중반 이후 국내 임금상 승, 3D업종에 대한 기피현상 등에 따라 입 주기업과 수출이 급감함.

 – 1987~1997년간 입주기업은 478개사에서 438개사로, 수출은 47억 달러에서 27억 달 러로 감소

■ 위기상황을 타개하기 위해 1997년에 '구 로공단 첨단화계획'이 수립되었고 2000년 11월에는 공단의 명칭도 '서울디지털산업 단지'로 변경됨.

■ 1990년대 중반까지 400여 개 기업에 근로 자가 35,000여 명에 불과했으나, 2000년 부터 지식산업센터 건립이 활성화되면 서 2011년 현재 지식산업센터 103개가 빌딩 숲을 이루고 있으며 11,092개사, 142,280명이 종사하는 거대 산업집적지로 발전됨.

■ 이명박 정부는 서울디지털산업단지의 성 공 사례를 바탕으로 2009년 4월 국가경쟁 력강화위원회에서 '산업단지 리모델링 및 관리운영 개선방안'을 마련하여 산업단지 구조고도화를 본격적으로 추진하고 있음.

통신물가지수 추이

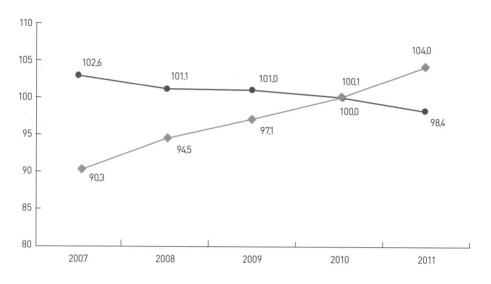

자료: 통계청

주: 1) 2010년 = 100 기준

2) 통신비 비중은 도시근로자 2인 이상 가구 기준

3) 통신비에는 통신서비스와 통신기기 가격 포함.

■ 서민생활 부담 경감을 위해 2008년 이후 가입비 및 기본료 인하, 과금 단위 조정, 저소득층 요금 감면 확대 등 지속적 이동통신요금 인하를 추진

− 그 결과 전체 물가지수는 2007년 90.3에서 2011년에 104.0으로 증가한 반면, 통신 물가지수는 102.6에서 98.4로 낮아짐.

디지털방송 수신기기 보급률 추이

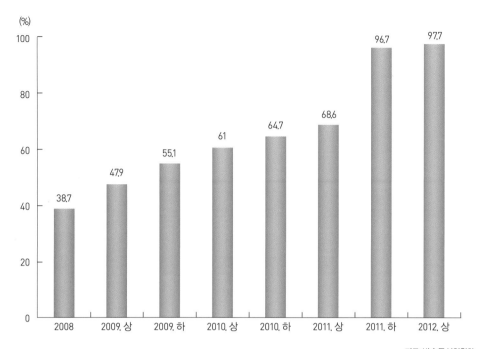

자료: 방송통신위원회

■ 디지털방송 수신기기 보급률은 아날로그 TV방송 이상의 화질이나 동등한 화질로 디지털 TV방송을 시청할 수 있는 기기를 1대 이상 보유한 가구의 비율을 말함.
- DTV, 디지털컨버터, 디지털녹화기, 지상파 디지털방송을 시청할 수 있는 유료방송 셋톱박스 보유가구를 포함함.

■ 2011년 상반기까지 디지털방송수신기기 보급률은 완만하게 상승했음.

■ 2011년 말 케이블TV, 위성방송, 중계유선방송 등 전국의 유료방송사업자가 디지털방송신호처리기를 구축하여 유료방송 가입자들도 지상파디지털방송을 모두 볼 수 있게 되어 디지털방송 수신기기 보급률이 96.7%로 상승함.

■ 2012년 1월부터 6월 말까지 약 18만 9,000가구가 정부지원을 통해 디지털방송 수신기기 보급가구로 전환하여 디지털방송 수신기기 보급률이 2011년도 말보다 1% 증가한 97.7%로 추정됨.

국내 스마트폰 보급률 추이

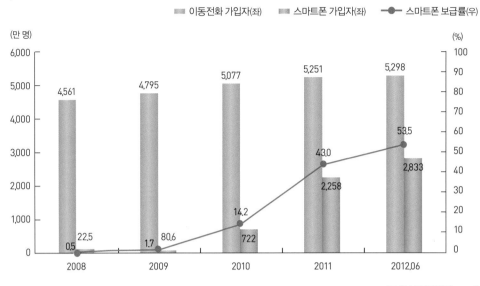

자료: 방송통신위원회(2012. 6)

■ 국내 스마트폰 도입은 다소 늦었지만 세계 최고 수준의 통신 인프라, 다양하고 창의적인 콘텐츠 보급 등 영향으로 스마트폰이 급속히 확산되었음. 2009년 11월 애플 아이폰이 국내에 출시된 이후 2009년 1.7%에 불과했던 스마트폰 보급률이 2010년 14.2%, 2011년 43%로 빠른 속도로 증가하면서 본격적인 스마트폰 대중화 시대에 진입함.

※ 2011년 10월 2,000만 가입자 돌파

■ 스마트폰 대중화로 통신서비스가 정보검색, 업무수행, 학습, 사회적 관계 형성 등 종합문화 서비스 플랫폼으로 진화하고 있음.

스마트폰 확산에 따른 경제, 산업, 미디어, 문화 등 우리 사회 전반의 변화에 능동적으로 대응하고, 스마트폰 확산의 긍정적 가치가 확대·재생산될 수 있는 환경을 조성할 필요가 있음.

– 또한 가계통신비가 가계 소비지출(2인 이상 도시근로자 가구)에서 차지하는 비중은 2007년 6.43%에서 2011년 5.80%로 감소

■ 다만, 2009년 스마트 폰 도입 이후 통신서비스 이용량 증가와 고가폰 확산으로 가계통신비가 가계에 부담이 되는 만큼 통신시장의 경쟁 활성화를 통해 통신비 부담 완화 노력을 지속할 필요가 있음.

온누리상품권 판매 및 주차장 보급률

● 온누리상품권 판매 현황

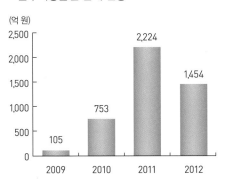

(억 원)

● 주차장 보급률 추이

(%)

노무현 정부 　이명박 정부

■ 전통시장은 상인 36만 명이 종사하는 서민 경제의 근간이나, 2000년대 이후 대형마트·기업형 슈퍼마켓(SSM)의 골목상권 진출 확대 등으로 많은 어려움을 겪고 있음.

■ 전통시장 수요 진작과 지역경제 활성화를 위해 2009년 7월부터 전국적으로 사용이 가능한 전통시장 온누리상품권을 발행하고 있음.

- 공공부문의 선노석 구매와 민산 대기업 등의 적극적인 참여로 판매액은 지난 4년간 크게 증가하고 있음.

- 온누리상품권 취급점포의 경우 평균 매출이 14.9%, 신규 고객이 11.6% 증가(2011년 기준 시장경영진흥원 조사결과)하는 등 온누리상품권은 전통시장 활성화의 핵심 수단이자 대표적인 친서민브랜드로 자리매김하고 있음.

■ 낙후된 전통시장의 쇼핑환경 개선 및 고객 불편 해소를 위해 비가림시설, 주차장 설치 등 전통시장 시설현대화사업도 지속 추진되고 있음.

- 특히, 소비자들이 전통시장을 이용하는 데 가장 큰 불편사항으로 주차장 부족을 지적(대한상의 소비자 의견조사, 2011.11)하고 있어, '1시장 1주차장' 확보를 목표로 주차장 설치에 우선 지원이 이루어지고 있음.

- 이러한 노력에 힘입어 전통시장 주차장 보급률이 2008년 58.4%에서 2012년 69.8%까지 상승함.

- 한편, 주차장 설치 지원과 더불어 배송시스템 지원, 전통시장 인근 도로 주변에 주정차 허용 확대 등 전통시장의 쇼핑 환경 개선을 위해 지속적인 노력을 추진 중임.

공공 부문 중소기업제품 구매 추이

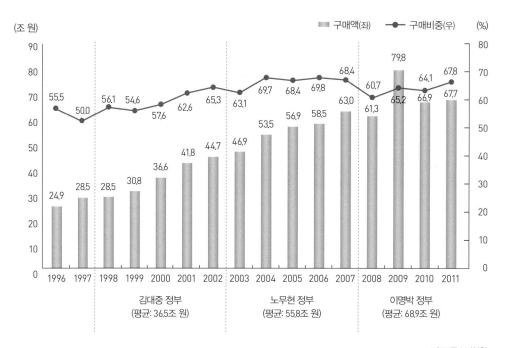

자료: 중소기업청

■ 공공 부문의 중소기업제품 구매액은 2008년 61.3조 원에서 2011년 67.7조 원으로 크게 증가함.
 − 총 구매액에서 차지하는 중소기업 비중 또한 동기간 중 60.7%에서 67.8%로 7.1%p나 확대됨.

■ 이는, 이명박 정부 들어와 동반성장 및 공정사회건설이라는 정책기조 아래 중소기업제품의 공공구매 기반 확대와 제도 내실화에 힘쓴 결과임.
 − 공공구매 점검기관 수를 2008년 163개에서 2012년 495개로 확대하는 한편 기관별 구매목표비율 달성의 내실화를 추진함.

− 특히, 1965년 도입되어 2006년에 폐지된 단체수의계약제도(1965~2006)의 보완책으로 도입된 중소기업자 간 경쟁의무화, 계약이행능력 심사, 공사용자재 직접구매, 직접생산 확인, 공공구매 종합정보망 등 지원제도를 매년 개선하여 실효성을 제고함.

■ 최근에는 공공구매가 단순히 중소기업의 판로안정에 기여하는 데서 벗어나 기술혁신의 촉매제 역할을 강화하고자 노력하고 있음.
 − 2009년 기술개발제품 구매목표 비율을 10%로 상향 조정하고, 성능인증 및 성능보험, 성능검사비용 등을 도입, 확대하고 있음.

창업절차 간소화

● 온라인 재택창업시스템 구축 전후의 법인설립절차 및 기간 비교

2009년도		2010년도		2011년도	
절차	기간(일)	절차	기간(일)	절차	기간(일)
① 상호 검색	1	① 상호 검색	1	상호 검색※	0
② 법인인감 제작	1	② 법인인감 제작	1	① 법인인감 제작	1
③ 자본금 확인	1				
④ 법인등록세 납부	1				
⑤ 법인설립등기 신청	2	③ 온라인 처리	4	② 온라인 처리	4
⑥ 사업자등록 신청	6				
⑦ 4대 사회보험 가입	1				
⑧ 취업규칙 신고	1				
8단계	14일	3단계	6일	2단계	5일

※ 2009년 상업등기법 개정(유사상호 사용금지에서 동일상호 사용금지로 개선)에 따라 상호 사용 가능성을 확인하는 공적인 확인
절차가 없어졌으며, 'startbiz.go.kr'를 통해 가능

■ '온라인재택창업시스템'을 구축·운영(2010. 2~)하여, 복잡한 법인설립절차를 온라인화 하는 등 쉽고 빠른 창업환경 마련
  – 인터넷등기소, 지방세망, 전자공증시스템, 국세정보시스템, 금융공동망, 4대보험 연계시스템 등을 통합·연계하여 회사설립 전 과정을 온라인으로 처리
  – 그동안 법인설립절차가 상호 검색에서부터 법인인감 제작, 자본금 확인(잔고증명서), 법인등록세 납부, 법인설립등기 신청, 사업자등록 신청, 건강보험 등 4대보험 가입, 취업규칙 신고까지 8단계를 거쳐야 했으며, 처리기간은 14일이 소요되었음.
  – 그러나 재택창업시스템이 가동되면서 법인설립설차가 법인인감 제작, 온라인 처리의 2단계만으로 가능하게 되었으며, 처리기간은 14일에서 5일로 단축

공정거래 및 동반성장협약 체결 추이

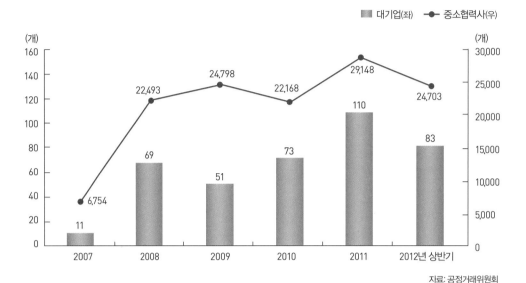

자료: 공정거래위원회

■ 2007년 9월 민간 자율의 동반성장 문화 확산을 유도하기 위해 대기업·중소기업·정부의 삼각 공조 프로그램인 '공정거래 및 동반성장협약' 제도를 도입함.

 – 대·중소기업이 공정거래 및 상생협력 추진을 자율적으로 약속하고 사후에 정부가 약속의 이행을 평가할 것을 협약

 – 협약 제도 첫해인 2007년에 11개 대기업이 6,754개 중소협력사와 협약을 체결한 이후 매년 주요 대기업이 협약에 안정적으로 참여

■ 2011년 협약 제도의 근거를 「하도급 거래 공정화에 과한 법률」에 명시하고 본격적으로 협약 확신을 추진함.

 – 상호출자제한기업집단 계열사, 공기업 등을 대상으로 협약을 적극 권장하여 총 110개 대기업이 29,148개 중소협력사와 협약 체결

 – 2012년 상반기에는 대기업의 협약 확산 기조가 확대되어 6월 말 현재 83개 대기업이 총 24,703개 중소협력사와 협약 체결 완료

■ 동반성장위원회가 주관하는 동반성장지수 산출에 동 협약의 평가 결과가 반영됨에 따라 대기업의 협약 제도에의 호응 및 동반성장의 확산에 긍정적으로 작용함.

 – 2011년 58개, 2012년 74개 동반성장지수 평가 대상 대기업이 협약에 참여

벤처기업 수 및 증가율

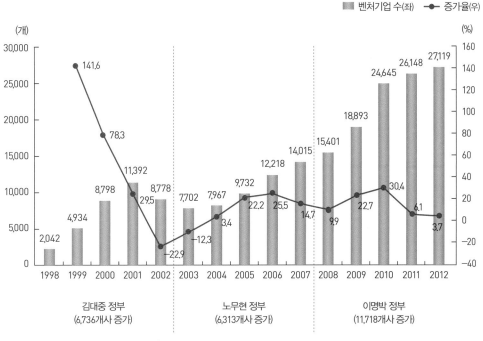

자료: 벤처인

■ 벤처기업 수는 벤처버블 붕괴 이후 2003년 까지 감소 추세를 보이다가 정부의 다양한 정책적 지원을 통해 꾸준한 증가세를 보이고 있음.

　－ 특히, 이명박 정부 출범 이후 벤처기업은 11,718개사가 증가하여 이전 정부에 비하여 크게 증가

■ 이는 정부의 녹색 및 신성장동력 분야에 대한 산업경쟁력 강화 조치와 태블릿 PC, 스마트폰에 대한 열풍에 힘입은 결과로 보임.

■ 향후 정부는 벤처기업의 양적 성장에 걸맞는 기술역량 강화, 경영성과 세고 등 질적 수준 향상을 위한 다양한 정책적 노력을 기울일 계획임.

중소기업 기술혁신 저변 확대

● 중소기업 전용 R&D 예산 추이

자료: 중소기업청

■ 중소기업 전용 R&D 예산은 2008년 이후 연평균 12~15%로 꾸준히 증가했으며, 예산규모도 2007년 3,600억 원에서 2012년 7,150억 원으로 늘어나 5년여 만에 약 2배 증가

● 중소기업 총 연구개발비 추이

자료: 국가과학기술위원회, 연구개발활동 조사보고서(2011)

■ 중소기업의 총 R&D 투자는 9.6조 원으로 2007년 이후 급격히 증가

　※ 중소기업전용 R&D 예산: 2007년 3,600억 원

→ 2012년 7,150억 원(연평균 14.7% 증가)

※ 중소기업 총 R&D 투자: 2007년 63,530억 원

→ 2012년 95,904억 원

● 중소기업 기업부설연구소 및 소속 연구원 수 추이

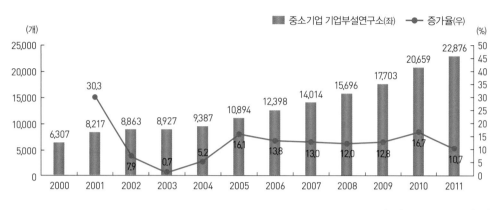

■ 중소기업 기업부설연구소도 22,876개로 2007년 이후 연평균 13.0% 증가

※ 부설연구소 보유 중소기업: 2007년 14,014개 → 2011년 22,876개(연평균 13.0% 증가)

● 기술혁신형 중소기업(이노비즈) 추이

■ 기술혁신형 중소기업이 지속적으로 증가하고, 이 중 매출 1,000억 원 이상으로 성장한 기업도 202개사에 달함.

　※ 이노비즈기업: 2007년 11,526개사 → 2011년 16,944개사(연평균 10.1% 증가)

※ 이노비즈기업 중 매출 1,000억 원 이상 기업 (2010년 말 기준): 202개사

(평균) 종업원 246명, 매출액 1,706억 원, 영업이익 100억 원, 당기순이익 58억 원

IT산업의 국가경제 기여도

(단위: %)

구분＼연도	2007	2008	2009	2010	2011(추정)
IT산업 성장률	8.7	6.8	3.9	17.7	7.9
IT산업 GDP 비중(실질)	9.5	9.9	10.3	11.4	11.8
IT산업 경제성장기여율	14.5	24.3	97.5	22.4	18.9

자료: 한국정보화진흥원, 국가정보화백서(2012)

■ IT산업은 우리 경제의 성장동력으로서 경제성장에 주도적 역할을 수행
  – IT산업의 GDP 비중(실질)은 2007년 9.5%에서 2011년 11.8%로 지속 성장했으며, 경제성장기여율은 2007년 14.5%에서 2011년 18.9%로 확대

■ 다만 IT산업의 성장률은 2007년 8.7%에서 2011년 7.9%로 성장이 둔화되고 있어 IT산업의 지속 발전을 통한 경제활성화를 위해서는 IT산업 성장의 모멘텀 필요

30대 그룹 동반성장 지원규모

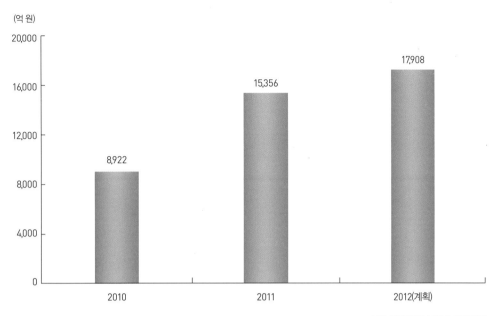

(억 원)

자료: 지식경제부, 전국경제인연합회

■ 2010년 정부의 동반성장정책 추진 이후 30대 그룹을 중심으로 민간부문의 동반성장 참여가 확산되어가는 추세임.
  – 2011년 30대 그룹의 동반성장 지원규모는 2010년에 비하여 72.1% 증가했음.
  – 2012년에는 상반기 실적(7,210억 원)을 포함하여 2011년 대비 16.6% 증가한 1조 7,908억 원에 이를 것으로 예상됨.

■ 동반성장 지원분야별로는 판매·구매, 보증·대출, R&D, 생산성 향상 등을 중심으로 이루어지고 있음.

– 2011년 30대 그룹의 분야별 지원실적은 판매·구매(34.3%), R&D(27.3 %), 보증·대출(19.5%), 생산성 향상(14.2%)의 순임.
– 2012년 상반기 실적은 판매·구매(34.7%), 보증·대출(27.9%), 생산성 향상(18.9%), R&D(14.3%)의 순으로 나타남.

■ 동반성장 지원규모의 확산은 긍정적이나 협력업체의 수요에 맞추어 대기업의 협력형태와 지원방식을 개선해나가는 노력이 필요함.

중소기업의 동반성장 체감도

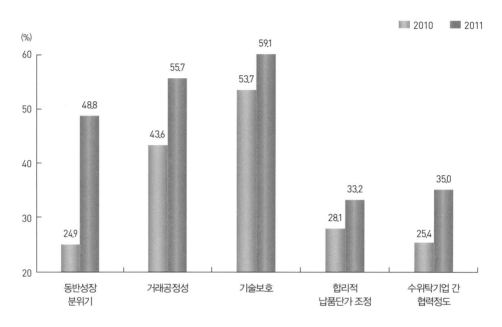

자료: 지식경제부

■ 2010년 이후 동반성장 추진 확산으로 중소기업 현장의 동반성장 체감도가 높아지는 움직임을 보임.

■ 관계부처 합동으로 실시한 동반성장 실태조사 결과, 중소기업의 긍정적 평가 비중이 2010년 대비 크게 높아진 것으로 나타남.

  – 동반성장 분위기: 23.9%p 상승

   (24.9%→48.8%)

  – 거래공정성: 12.1%p 상승

   (43.6%→55.7%)

  – 기술보호: 5.4%p 상승

   (53.7%→59.1%)

  – 합리적 납품단가 조정: 5.1p% 상승

   (28.1%→33.2%)

  – 수위탁기업 간 협력: 9.6%p 상승

   (25.4%→35.0%)

  – 서면계약 비율: 2.9%p 상승

   (68.7%→71.6%)

  – 순수 현금결제 비율: 4.9%p 상승

   (52.7%→57.6%)

  – 평균 어음만기일: 2.8일 감소

   (70.5일→67.7일)

■ 대기업의 동반성장지수 평가에 중소기업 체감도를 포함하고 있어 향후 더욱 개선될 전망이나, 2차 이하 수급기업으로의 확산 요망

가족친화 인증기업 수

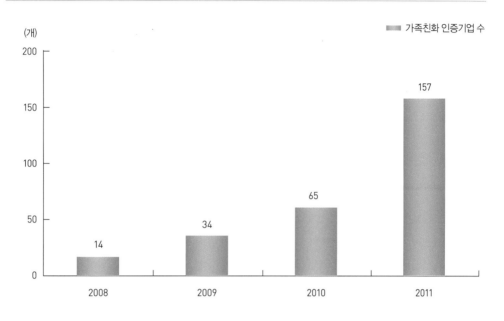

(개)

가족친화 인증기업 수

자료: 여성가족부, 가족친화 인증사업 결과보고서(2008~2011)

■ 가족친화기업 인증제도는 탄력적 근무, 자녀양육 및 교육지원, 가족친화 문화조성 등 가족친화제도를 모범적으로 운영하고 있는 기업 등에 대하여 여성가족부 장관이 인증하는 제도임.

■ 2008년 「가족친화 사회환경의 조성 촉신에 관한 법률」에 근거하여 처음 도입되었으며, 기업들에게 가족친화인증 컨설팅 제공, 권역별 정책설명회 개최, 인증기업에 대한 인센티브 제공 등을 통하여 인증기업 참여를 독려함.

■ 가족친화 인증기업은 2008년에 14개 기관에 불과하던 것이 기업의 참여가 계속 증가하여 2011년까지 총 157개 기관으로 확산됨.

– 다만 가족친화 인증기업 157개 중 공공기관이 40% 이상(65개) 차지하고 있어, 가족친화 조직분화가 민간 부문으로 확산될 수 있도록 기업 CEO의 인식 전환 및 교육 강화 필요

지난 4년간 담합 적발 실적 추이

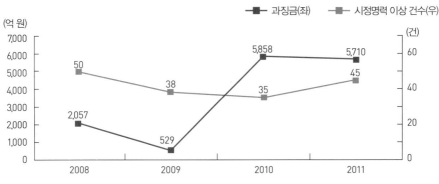

자료: 공정거래위원회

■ 카르텔은 시장경제 작동의 제1의 원칙인 경쟁을 원천적으로 제한할 뿐 아니라 가격상승을 야기하는 등 소비자후생을 감소시키는 주요 원인임.

– 유가상승, 국제금융시장 불안 등으로 물가상승 압력이 가중될 우려가 있는 상황에서 생필품 가격안정을 위한 선제적인 대응이 필요했음.

■ 또한 무역의존도가 높은 우리나라의 경우 국제 카르텔의 폐해에 심각하게 노출되어 있어 국제 카르텔에 대한 적극적인 차단 노력이 필요함.

■ 이에 정부는 시장원리의 작동을 봉쇄하여 자원배분의 비효율과 소비자 피해를 유발하는 카르텔 적발·시정을 위해 노력해왔음.

– 특히 소주, 고추장, 개인보험 등 서민생활 밀접 분야 및 신용평가수수료, 전선, 볼트·너트 등 기업활동 관련 분야에서의 카르텔을 중점 감시하는 한편, 항공 항공화물 운임, LCD 패널 가격 등 국제카르텔 사건에 적극 대처하여 글로벌 경제에서 국내소비자보호를 위해 노력함.

■ 국제 카르텔에 대한 효과적인 조치를 취하기 위하여 미국, EU 등과 양자 및 다자 논의를 추진하는 등 공조 네트워크를 강화함.

– ICN 카르텔 워크숍 등 다자간 논의에 적극 참석

■ 지난 4년간 매년 35~50건의 카르텔을 적발하여 시정명령 및 과징금을 부과, 특히 과징금 규모는 큰 증가 추세를 보이고 있음.

– 카르텔에 대한 적발이 지속될 경우 시장경제 질서가 확립되고, 경쟁촉진의 결과인 가격하락, 품질향상, 서비스개선의 효과가 나타나게 될 것임.

■ 앞으로도 소비자피해 예방 및 국가경제 체질 개선을 위해 효과적으로 담합을 적발·시정하고 예방해나갈 필요가 있음.

– 특히 국제 카르텔에 대한 적발 강화는 국내시장 및 소비자 피해를 방지하고 우리나라 경쟁당국의 국제적 위상을 제고할 것으로 기대

07

농림수산

농림수산식품 수출 추이

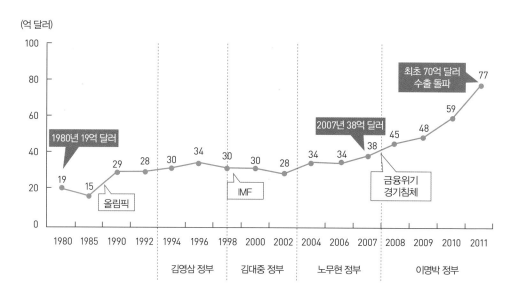

(억 달러)

자료: 농림수산식품부

- 이명박 정부 들어 2012년 100억 달러 수출을 목표로 종합적인 수출 확대 정책을 추진한 결과, 4년 만에 수출액이 두 배로 증가
  ※ (2007) 38억 달러 → (2011) 77억 달러
  - 30억 달러에서 40억 달러 돌파(2008)하는 데 20년이 소요되었으나, 이후 50억 달러 돌파(2010)는 2년 만에 달성

- 특히 중국과 아세안이 농식품 수출 유망 시장으로 부상
  ※ 중국/아세안 시장 비율
    (2007) 21.1%(12/9.1) → (2011) 28.9%(15.5/13.4)

- 질적 측면에서 수출선도조직 육성 및 수출협의회 활성화 지원을 통해 수출의 조직화·규모화 추진
  ※ 2012년 7월 현재 수출선도조직 17개 품목, 수출협의회 17개 품목 지원 중

- 앞으로도 한류스타를 활용한 스타마케팅과 수출업체의 신규시장 진출을 적극 지원하는 한편, 해외 대형유통업체를 통한 특별 판촉 행사 지원 등 지속적 홍보 강화 필요

농림수산식품 분야 R&D 성과

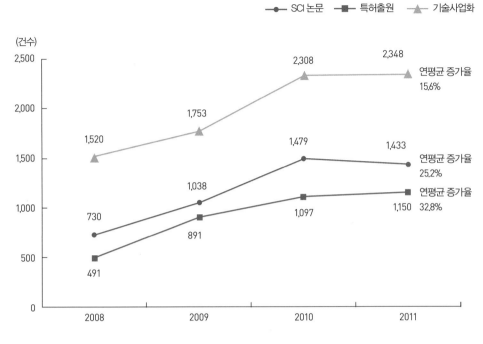

자료: 농림수산식품과학기술위원회

■ 2008년도 농림수산식품 분야 R&D 성과는 총 2,741건이었으나 2011년도에는 총 4,931건으로 약 1.8배 증가

■ 이는 이명박 정부 들어 농림수산식품 분야 정부 R&D 투자가 급증함에 따라 농림수산식품 R&D 성과가 나타나고 있음을 입증.

■ 특히 2011년 농림수산식품 R&D 성과 중 사업화 실적이 월등히 높다는 점은 현장 애로사항 해결 및 기술이전이 활발히 전개되면서 농식품 R&D가 농업경쟁력 강화에 기여하고 있음을 의미

■ 향후 농식품 R&D 분야에 대한 지속적인 투자와 관심을 통해 농식품 분야의 경쟁력 강화를 위한 노력이 필요

농어가 소득과 도시근로자 소득 비교

● 연도별 농어가 소득

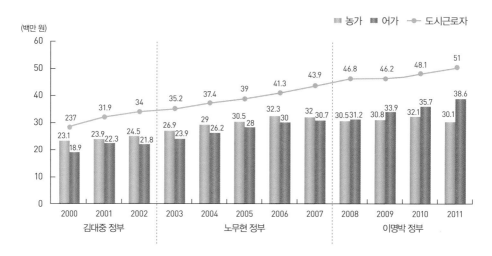

● 연령대별 농어가 소득(2011)

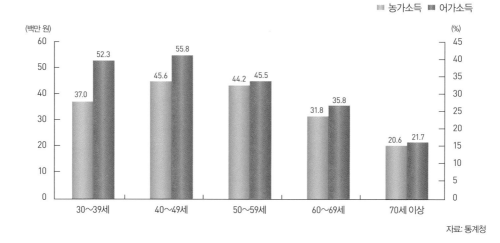

자료: 통계청

■ 농가 평균소득(2000년: 2,300만 원 → 2011년: 3,000만 원)은 2000년 이후 증가세를 유지하다 2007년부터 정체된 반면, 어가 소득은(2000년: 1,900만 원 → 2011년: 3,900만 원) 꾸준히 증가

■ 2011년 전체 농가 평균소득은 3,000만 원으로 도시근로자 소득의 59.1%에 불과하고 어가소득은 3,900만원으로 75.8%에 불과하며, 연령대별 소득격차 양상이 뚜렷함.

한·칠레 FTA 이행 전후 과수산업지표 비교

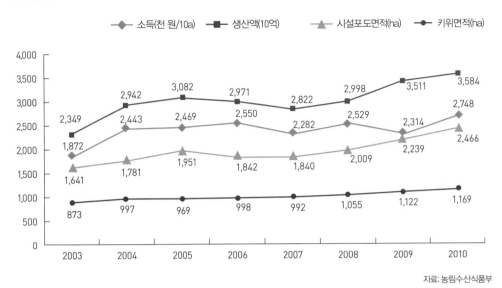

범례: ◆ 소득(천 원/10a) ■ 생산액(10억) ▲ 시설포도면적(ha) ● 키위면적(ha)

주: 1) 소득은 6대 과종(사과, 배, 포도, 단감, 감귤, 복숭아) 평균 소득
　　2) 생산액은 과수 전체 생산액

자료: 농림수산식품부

■ 2004년 4월 한·칠레 FTA가 발효됨에 따라 칠레산 과실의 수입증가로 향후 10년 동안 포도와 키위를 중심으로 국내 과수산업 피해는 5,860억 원에 이를 것으로 전망되었고, 농업인 단체들은 가격경쟁력 약화로 전체적인 농업기반 붕괴까지 우려했음.

– 특히 포도는 피해액 중 62.4%인 3,662억 원에 이를 것으로 전망

– 농가 경영안정을 위해 시설포도와 키위 635ha 폐업지원

■ 2010년까지 1조 2,000억의 FTA 기금을 조성하여 과수산업경쟁력 제고대책을 추진한 결과 과수 피해는 발생하지 않았고 오히려 시설포도·키위의 경우 재배면적이 증가하고 가격도 상승

– 시설포도·키위 재배면적은 635ha 폐원에도 2003년보다 44.5% 증가

※ 포도가격(원/kg): (2003) 6,486 → (2010) 11,507(↑77%)

※ 키위가격(원/kg): (2003) 3,089 → (2010) 3,456(↑12%)

■ 한·칠레 FTA로 인해 국내 과수산업은 품질향상과 경쟁력을 강화하는 계기가 됨.

농어촌체험마을 운영실적

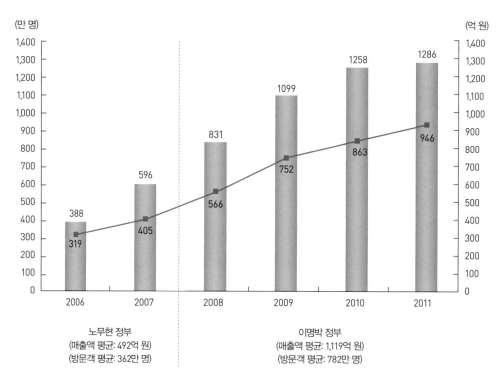

(만 명)

(억 원)

자료: 농림수산식품부

노무현 정부
(매출액 평균: 492억 원)
(방문객 평균: 362만 명)

이명박 정부
(매출액 평균: 1,119억 원)
(방문객 평균: 782만 명)

■ 도시민의 여가활용과 농가소득 창출을 위해 추진 중인 마을 단위 농어촌 체험관광이 이명박 정부 들어 농어촌 지역 신성장 산업으로 발전하고 있음.

  – 특히 2008년에는 농어촌 체험마을의 활성화를 위해 「도시와 농어촌간의 교류촉진에 관한 법률」을 제정 및 시행함으로써 농어촌 관광의 기반을 마련

  – 전 정부 대비 연평균 매출액은 127%, 방문객은 116%씩 증가하여, 2012년도에는 연간 방문객 1,000만 명 시대를 개막할 것으로 기대

농산물 안전성조사 부적합률 추이

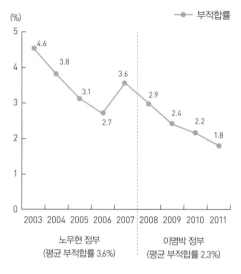

자료: 국립농산물품질관리원

■ 농산물 안전성조사 부적합률은 이명박 정부 들어 평균 2.3%로 과거 정부에 비해 상대적으로 낮은 수준을 기록

　– 이는 농장에서 식탁까지 안전관리 연계시스템을 통해 관리를 강화하고, 폐광산 등 오염 우려 지역에서 생산된 농산물에 대한 사전 예방관리를 강화한 결과로 판단

■ 앞으로도 필요한 분석장비를 추가 확보하는 등의 노력이 요구됨.

축산물 안전성조사 부적합률 추이

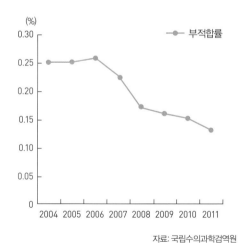

자료: 국립수의과학검역원

■ 축산물 안전성(식육중 잔류물질) 검사 부적합률은 이번 이명박 정부 들어 역대 최저치인 0.13%(평균 0.15%) 수준을 기록하여 과거 정부에 비해 상당히 낮은 수준

　– 이는 농장에서부터 판매까지 사전 위해예방시스템인 축산물위해요소중점관리기준(HACCP)제도를 도입·시행함으로써 축산물에 대한 위생관리를 강화해온 결과로 판단

■ 앞으로도 축산물 검사인력 추가 확보 및 전문성 강화, 노후된 검사장비 교체 등의 노력이 필요

친환경농업 실천면적

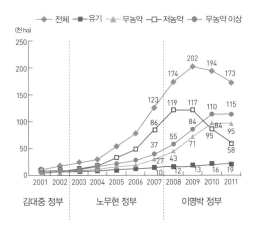

자료: 농림수산식품부

- DDA/FTA 등 대외적 위기 속에서 농업인의 소득을 증대시키는 동시에 '안전·안심 먹을거리'에 대한 국민적 요구에 부응하기 위해 친환경농업을 적극 육성한 결과, 과거 정부 대비 친환경농업 실천 면적이 크게 증가

- 한편, 2010년 저농약농산물에 대한 신규 인증이 중단됨에 따라 전체 친환경농산물의 재배면적은 2009년을 정점으로 감소하고 있으나 무농약 이상 친환경농산물은 꾸준한 증가하는 추세

화학비료 사용량

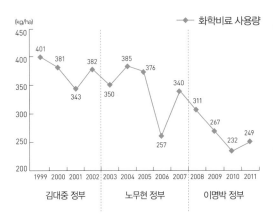

자료: 농림수산식품부

- 경종과 축산이 연계되는 자원순환형 광역 친환경농업단지 구축을 통해 친환경농업 확산을 도모하고, 친환경비료(유기질비료, 녹비작물 등) 공급 확대를 통해 토양 지력을 증진시켜 나감으로써 화학비료 사용량이 절감

- 앞으로 친환경농업을 질적으로 성장시키고 친환경농산물에 대한 소비자의 신뢰를 확보하기 위해 친환경농산물에 대한 사후관리를 강화하는 등 안전관리 체계 구축에 노력을 기울여야 함.

식량·곡물 자급률 추이

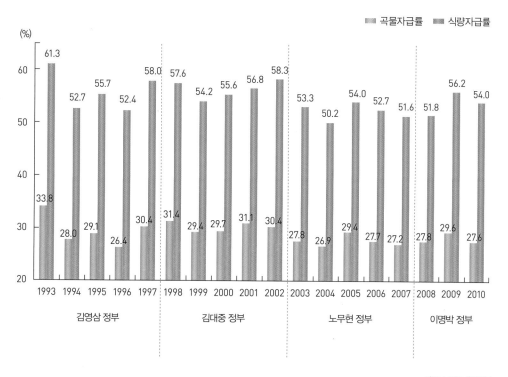

자료: 농림수산식품부

- 쌀의 경우 국내 생산을 통해 100% 자급자족이 가능

- 한편, 식생활 서구화 등으로 인해 육류, 밀가루, 유지류 소비가 증가함에 따라 곡물자급률은 30% 내외, 사료곡물을 제외한 식량자급률은 50%대에서 정체 중

- 세계 식량수급 불안에 대응한 논·밭 등 국내생산기반 정비 강화와 생산 및 유통구조 현대화를 통해 축산물, 과실, 채소 등의 원활한 수급조절을 위해 노력해야 할 것

※ 이명박 정부에서는 세계 식량공급 불안에 대응하기 위해 국내생산과 소비확대를 주된 내용으로 하는 '자급률 제고방안'을 마련(2001년 7월)

어업 총생산

● 어업 생산량

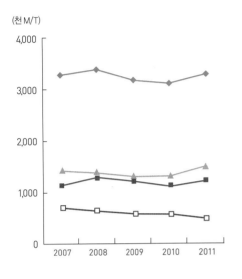

● 어업 생산 금액

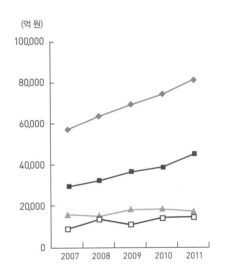

자료: 농림수산식품부(2012), 농림수산식품 주요통계

■ 어업 생산량은 일반해면어업, 천해양식어업, 원양어업, 내수면어업 등으로 구성되어 있음.
  - 원양어업은 꾸준히 줄어들고 있으나 천해양식, 원양어업은 생산답보 상태임.

■ 총어업 생산은 생산량 기준 2007년 3,275,000M/T에서 2008년 3,361,000M/T로 증가했다가 2년 연속 감소했으며, 2011년 3,256,000M/T로 2007년 수준을 회복

■ 이와 같은 생산량의 기복에도 불구하고 금액을 기준으로 한 어업 생산은 5년간 증가 추세를 보이고 있음.
  - 일반해면어업은 꾸준히 늘어났으나 천해양식어업, 원양어업은 생산답보 상태임.

수산물 수출입 추이

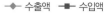

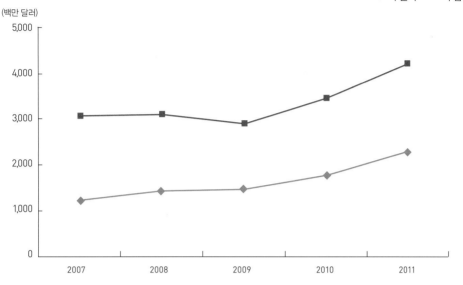

(백만 달러)

자료: 농림수산식품부, 수산물수출입 통계연보(2012)

- 2007년부터 2011년까지 수산물의 수출, 수입은 모두 증가 추세를 보이고 있음. 그러나 수입액이 수출액보다 더 가파른 상승 곡선을 그리고 있음.
  - 2011년 기준 수입이 41.9억 달러, 수출이 23.0억 달러로 약 19억 달러의 수입 초과를 기록(2007년 18.3억 달러 입초를 기록하여 비슷한 차이 유지)

- 수산물 수입은 2007년 30.5억 달러에서 2011년 41.9억 달러로 5년간 11.4억 달러 증가했음.

- 우리나라의 총 수입금액 대비 수산물 수입금액은 총 수입금액의 0.8~0.9% 유지
- 한편 수산물 수입물량은 2011년 480만 톤 수준을 기록

- 수산물 수출은 2007년 12.2억 달러에서 2011년 23.0억 달러로 2배 가까이 증가했음.
  - 한편 수산물 수출량은 2011년에 84만 톤을 기록

수산물 계통판매

● 물량 기준

■ 어류 ■ 갑각류 ■ 패류 ■ 연체동물
기타 수산 ■ 해조류

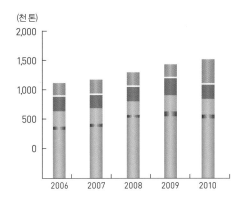

● 금액 기준

■ 어류 ■ 갑각류 ■ 패류 ■ 연체동물
기타 수산 ■ 해조류

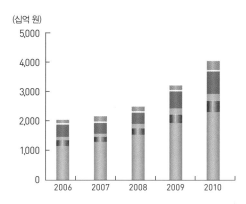

자료: 한국해양수산개발원, 수산해양환경 통계(2011)

■ 수산물 계통판매는 국민에게 신선하고 안전한 수산물을 안정적으로 공급하는 데 매우 중요

■ 수산물 계통판매량은 물량 기준 2006년 120만 톤 수준에서 약 30%가 증가해 2010년 153만 톤을 상회함.

■ 금액을 기준으로 할 경우 수산물 계통판매량은 2006년 2조 2,000억 원대에서 2010년 4조 2,600억 원대로 2배 가까이 증가함.

■ 수산물 품종별 계통판매량 구성비에서 가장 높은 비중을 차지하는 것은 어류로서 2006~2010년간 물량 면에서 모두 50%를 상회하고, 어류의 가격 상승으로 금액 비중이 더욱 더 높아지고 있음.

 – 갑각류의 경우 물량 면에서는 다른 비교 대상 수산물 품종에 비해 계통판매 비중이 낮으나 금액 면에서는 어류와 연체동물 다음으로 증가해왔음.

어가소득 변화

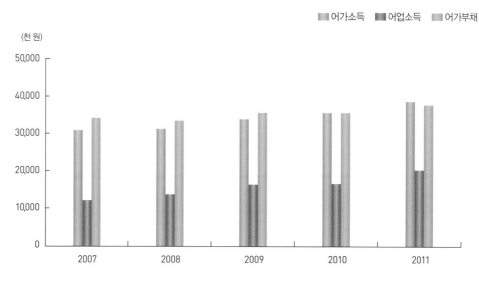

legend: ■ 어가소득 ■ 어업소득 ■ 어가부채

(천 원)

자료: 농림수산식품부, 농림수산식품부 주요통계(2012)

주: 1) 어가소득은 어업소득, 어업 외 소득, 기타 등으로 구성
   2) 어가부채는 어업용 부채와 어업용 이외 부채 등으로 구성

■ 어가소득은 2006년 처음 3,000만 원을 돌파하여 2007년에 3,066만 원을 기록했으며 이후 지속적으로 증가해 2011년 3,900만 원을 기록함.

– 어가소득은 2008년 처음으로 농가소득을 추월, 이는 2006~2008년 3년간 농가소득이 연속적으로 감소했기 때문임.

※농가평균소득: 2000년 이후 증가 추세를 유지하다가 2007년부터 정체

※어가소득: 2000년 1,900만 원 → 2011년 3,900만 원

■ 그러나 2000년대 중반 이후 어가소득과 도시 가계소득과의 격차는 70% 전후의 추세임.

※어가소득/도시가계소득 비: 2006년 72.6%, 2007년 69.5%, 2008년 66.7%, 2010년 74.2%

■ 어가부채는 2006~2008년 3년간 감소 추세를 보였으나 이후 다시 증가세로 돌아서 2011년 가구당 평균 3,786만 원을 기록

– 2007년(3,440만 원) 대비 매년 2.4% 상승

어업인구 변화

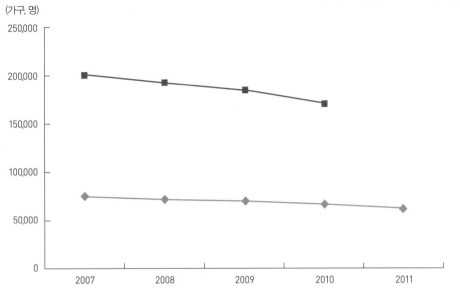

자료: 농림수산식품부(2012), 농림수산식품부 주요통계,
한국해양수산개발원, 수산·해양환경 통계(2011)

주: 1) 어가인구: 조사 기준일 현재 경영주와 함께 거주하는 가족이나 친인척, 그리고 어업과 관련하여 고용한 사람으로서 1개월 이상 살았거나 1개월
　　미만 살았지만 앞으로 계속해서 같이 살 사람
　2) 총어가: 가구주나 가구원에서 판매를 목적으로 조사기준일 직전 1년 동안 1개월 이상 해면에서 수산동식물을 포획, 채취하거나 양식하는 어업을
　　직접 경영하는 사람이 있는 가구

■ 2007년부터 2011년까지 총어가(어가 호수)
　와 어가인구는 지속적으로 감소해왔음.
　– 총 어가는 어업 형태별로 크게 양식어업어가
　　와 어로어업어가로 구성
　※ 어가 호수: 73,934가구(2007) → 63,251가구
　　(2011)
　※ 어가인구: 20만 명(2007) → 17만 명(2010)

■ 한편 연령별 어업 종사자 수 증감 추이를 보
　면, 2006~2008년간 60세 이상 어업 종사
　자의 경우 2.1%가 증가한 반면, 30~39세
　연령층과 50~59세 연령층은 각각 6.5% 및
　5.1% 감소하여 어촌지역 노령화현상이 지
　속적으로 진행되고 있음.

08

에너지

녹색기술 정부 R&D 투자

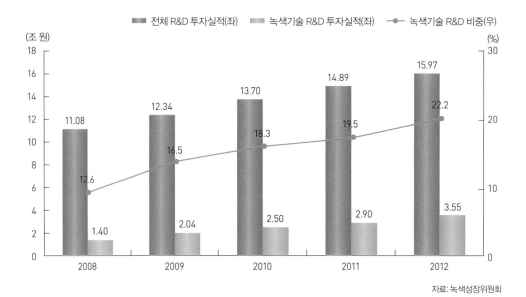

자료: 녹색성장위원회

■ 이명박 정부는 2008년 8월 15일 저탄소 녹색성장을 새로운 국가 비전으로 선포하고, '녹색기술 연구개발 종합대책(2008~2012)'에 따라 녹색기술에 대한 정부 R&D 투자를 확대해왔음.

 – 녹색기술 정부 R&D 투자목표는 2008년 1.40조 원에서 2012년 2.80조 원까지 증가시키는 것이었음.

■ 정부의 녹색기술 R&D 투자실적을 검토('2012년도 녹색기술 연구개발 시행계획'의 투자실적)한 결과, 2009년 2.04조 원, 2010년 2.50조 원, 2011년 2.90조 원으로 종합대책의 목표를 초과 달성했으며, 2012년

의 투자실적(잠정 집계)은 3.55조원으로 2009년 이후 연평균 20.3%씩 증가

■ 또한 전체 정부 R&D 투자에서 녹색기술 R&D 투자가 차지하는 비중도 확대됨.

 – 2009년 이후 녹색기술 R&D에 대한 투자 증가율은 20.3%로 전체 정부 R&D 투자가 2009년 12.34조 원에서 2012년 15.97조 원으로 연평균 9.0% 증가된 것과 비교해 2배 이상의 증가율을 보이고 있음.

 – 이에 따라 전체 R&D 투자에서 녹색기술 R&D 투자가 차지하는 비중도 2008년 12.6%에서 2012년 22.2%로 높아졌음.

에너지수출입 변화

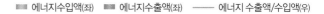

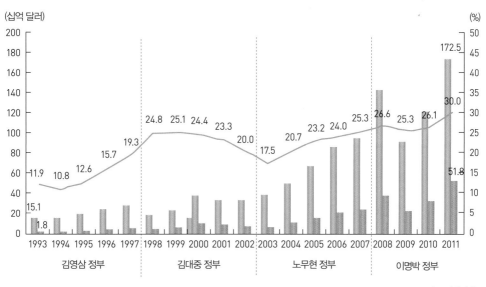

- 우리나라의 에너지수입액은 1993년 151억 달러에서 2011년 1,725억 달러로 연평균 14.5% 증가함.
  - 이는 에너지 수입의존도가 97%에 달하는 현실에서 경제성장을 위한 에너지 수요가 증가하고 지속적으로 국제유가가 상승한 결과임.

- 에너지(석유제품) 수출액은 1993년 18억 달러에서 2011년 518억 달러로 연평균 20.5% 증가하여 에너지수입보다 빠른 증가를 기록함.

- 이명박 정부 들어 에너지수입액은 연평균 5.1% 상승한 반면, 에너지 수출액은 연평균 8.3% 증가

- 에너지수입액 중 에너지수출액이 차지하는 비중은 2011년 30.0%까지 상승

- 최근 석유제품의 수출 증가는 대 일본 수출 물량 증가와 일본의 수출여력 감소로 인한 아시아 국가의 수입 증대에 의한 것임.

- 또한 국내 석유제품의 품질경쟁력 향상도 수출 증가의 한 요인

- 수출품목별로 볼 때, 2011년 석유제품 수출은 선박에 이어 2위(2010년 3위)를 기록

ODA 확대에 따른 녹색 ODA 비중 증가 추이

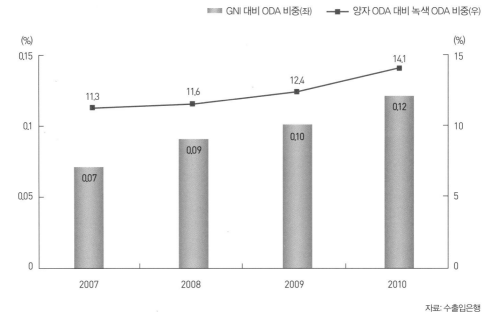

자료: 수출입은행

■ GNI 대비 총 ODA 비중 및 양자 ODA 대비 녹색 ODA 비중은 2007년부터 2010년까지 매년 꾸준히 증가하고 있으며, 양자 ODA 대비 녹색 ODA 비중의 경우 같은 기간 동안 상승률도 지속적으로 증가하는 추세임.

 – GNI 대비 총 ODA 비중은 2007년부터 2010년까지 연평균 19.9% 증가, 양자 ODA 대비 녹색 ODA 비중은 같은 기간 연평균 7.7% 증가함.

■ 2008년 이전과 비교하여 양자 ODA 대비 녹색 ODA 비중의 증가율이 상승한 것은 2008 동아시아기후파트너십(EACP*)의 출범에 기인함.

 ※ 동아시아기후파트너십(EACP): 2008년 7월 G8 확대정상회담에서 제안된 우리나라 주도의 개발도상국 기후변화 대응지원 파트너십 (2008~2012년까지 10개국에 총 2억 달러 규모의 20개 프로젝트 추진)

■ 그러나 녹색성장 5개년 계획에 따른 중장기 목표(양자 ODA 대비 녹색 ODA 비중 2020년 30%)를 감안할 때 녹색 ODA 분야에 대한 지속적인 투자 확대가 요구됨.

에너지원단위 추이

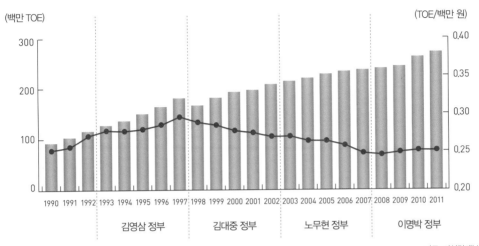

자료: 지식경제부

- 국가 전체의 에너지효율 수준을 나타내는 에너지원단위(총에너지/GDP)는 1998년 외환위기 이후 전반적으로 개선 추세를 보이고 있음.
  - 에너지원단위 개선 추세는 에너지를 상대적으로 적게 사용하는 방향으로 산업구조가 변화된 것이 가장 큰 요인임.

- 에너지원단위는 이명박 정부 들어 연평균 0.249 수준을 기록하여 이전 정부에서의 하락 추세에 비해 안정세를 나타냄.

- 2010년 경제회복, 이상기온 등으로 총에너지 소비증가율이 7.9%를 기록, 경제성장률 (6.3%)을 초과하면서 우리나라의 에너지원단위를 악화시키는 특이한 상황이 발생

- 2011년과 2012년에는 안정적인 경제성장과 기온의 평년 수준 회복으로 인하여 에너지원단위가 다시 개선되는 추세로 전환된 것으로 추정

- 에너지원단위가 개선되고는 있지만 다른 선진국에 비해 여전히 높은 수준임.

신재생에너지 산업 육성 목표

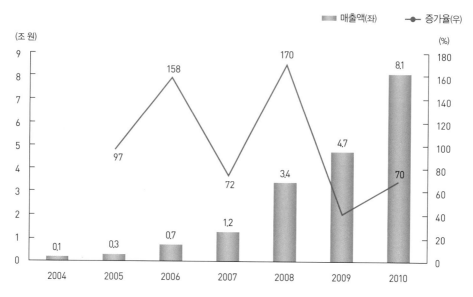

자료: 에너지관리공단

■ 이전 정부의 신재생에너지 산업 매출액은 1조 원 수준
 - 이명박 정부(2008~2010)에서 '저탄소 녹색 성장'의 국가발전 패러다임을 발표한 후 신재생에너지 중심의 녹색성장정책을 추진했고, 여기에 전 세계적인 신재생에너지 보급 붐이 일면서 내수, 수출 증가로 신재생에너지 산업은 연평균 54.8% 성장, 이전 정부에 비해 큰 폭의 성장세를 기록

■ 낮은 경제성장률을 기록했던 2009년의 경우, 신재생에너지 산업의 매출액 증가율이 급격히 감소했으나 이후 70% 이상의 높은 성장률을 기록 중

■ 2010년 태양광·풍력 산업의 매출액은 신재생에너지 산업 전체의 87%를 차지
 - 특히 2008년부터 태양광 산업이 본격 성장하면서 2010년에는 태양광 산업 매출액이 전체의 73%인 5.9조 원을 차지, 신재생에너지 산업을 주도

■ 신재생에너지 산업 매출액 중 수출 비중이 지속적으로 확대되어 수출산업으로서의 위상이 강화됨.
 ※ (내수 : 수출) 35% : 65%

신재생에너지 지원 성과

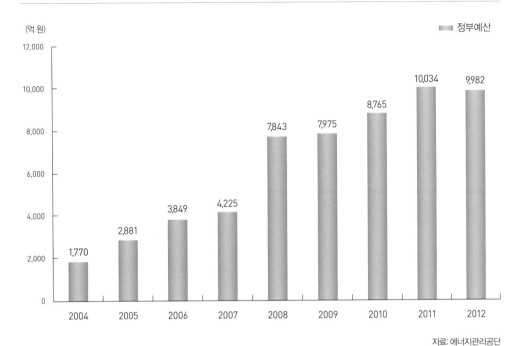

(억 원)   ▬ 정부예산

자료: 에너지관리공단

■ 과거 신재생에너지 산업에 대한 지원은 4,000억 원 규모였으나, 이명박 정부 (2008~2011) 들어 지원 규모를 지난 정부보다 2배 이상 늘림.

– 최근 4년(2008~2011년)간 지원액(3조 4,619억 원)이 지난 정부 4년간 지원 규모(1조 2,726억 원)의 약 3배 수준

– 이명박 정부 들어 신재생에너지 산업을 집중적으로 지원함에 따라 4년간 정부지원 예산이 연평균 약 8.6% 증가

■ 이에 따라 국내 신재생에너지 산업에 대한 기업체 투자액은 연평균 84.3% 증가하여 2010년 3.5조 원으로 확대됨.

– 2010년 신재생에너지 산업 전체 투자액 중 태양광산업이 81%, 풍력산업이 15%를 차지

석유 의존도

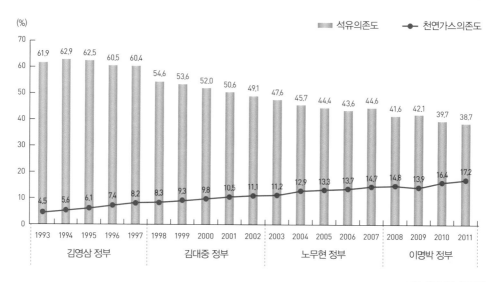

(%)

■ 석유의존도 ● 천연가스의존도

연도	석유의존도	천연가스의존도
1993	61.9	4.5
1994	62.9	5.6
1995	62.5	6.1
1996	60.5	7.4
1997	60.4	8.2
1998	54.6	8.3
1999	53.6	9.3
2000	52.0	9.8
2001	50.6	10.5
2002	49.1	11.1
2003	47.6	11.2
2004	45.7	12.9
2005	44.4	13.3
2006	43.6	13.7
2007	44.6	14.7
2008	41.6	14.8
2009	42.1	13.9
2010	39.7	16.4
2011	38.7	17.2

김영삼 정부 / 김대중 정부 / 노무현 정부 / 이명박 정부

자료: 에너지경제연구원

■ 우리나라 총에너지 소비의 석유의존도는 1994년 이후 지속적인 하락 추세를 보임.
- 우리나라는 1970년대 두 차례 석유파동을 경험하면서 석유 비중 축소를 위해 노력
- 천연가스와 석탄, 원자력 등으로 에너지원을 다원화하고, 신재생에너지 이용 촉진을 통해 석유 의존도 감축을 정책 목표로 추진
- 외환위기 이전인 김영삼 정부 기간 중에는 국제유가가 낮은 수준을 유지함에 따라 석유 의존도가 60%를 상회했음.
- 국제유가가 본격적으로 상승하기 시작한 2000년 이후 석유 소비가 정체되고 천연가스 소비가 빠르게 증가하면서 석유 의존도는 감소한 반면 천연가스 의존도는 증가함.

■ '제1차 에너지 기본계획(2008)'에서는 에너지 공급구조 개선을 통해 석유 의존도를 2030년까지 33%로 축소하는 것을 목표로 함.
- 석유 의존도는 2008년 41.6%에서 2011년 38.7%를 기록, 40% 미만으로 하락함.
- 반면 천연가스의 비중은 1993년에 4.5%에 불과했으나, 2011년에는 17.2%까지 상승
- 석유 의존도의 빠른 하락은 역대 정부의 에너지 다원화 정책과 고유가 지속에 따른 결과임.

총에너지소비 및 국제유가 추이

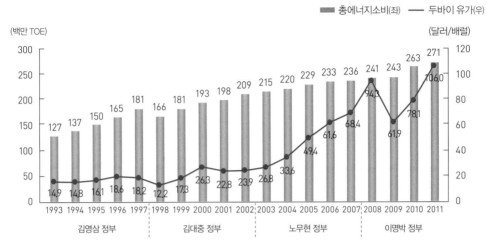

■ 총에너지소비(좌) ── 두바이 유가(우)

(백만 TOE)   (달러/배럴)

자료: 에너지경제연구원

■ 우리나라 총에너지소비는 1993년 1.27억 TOE에서 연평균 4.3% 증가하여 2011년 2.71억 TOE에 이름.

– 국내 경제의 지속적인 성장과 더불어 산업생산과 가계의 소비활동을 위해 사용되는 에너지도 증가세

– 김영삼 정부 기간 중에는 에너지소비 증가율이 경제성장률을 상회하여 빠르게 상승함.

– 외환위기가 발생한 김영삼 정부 마지막 해인 1997년까지 에너지소비가 급증한 이유는 철강, 석유화학, 시멘트 등 에너지다소비형 산업구조와 국제 원유가격의 안정세 때문

■ 외환위기 이후 경제성장세 둔화, 국제유가 상승 및 에너지저소비형 산업구조로의 변화에 따라 우리나라 에너지소비 증가세는 크게 둔화됨.

– 두바이유 현물가격은 1990년대에 배럴당 평균 17.48달러로 낮은 수준을 유지했으나, 2003년 이후 가파르게 상승하여 2011년에는 배럴당 105.98달러를 기록

– 1990년대 경제성장을 견인하던 에너지다소비 업종보다 부가가치 창출당 에너지투입량이 적은 조립금속산업이 상대적으로 빠르게 성장

– 이명박 정부에서도 이러한 추세가 이어지고 있음.

신재생에너지 보급률

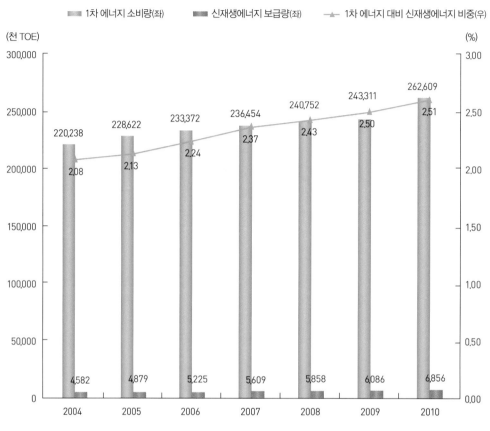

- 1차 에너지 소비량(좌)
- 신재생에너지 보급량(좌)
- 1차 에너지 대비 신재생에너지 비중(우)

자료: 에너지관리공단

- 신재생에너지 보급량은 꾸준히 증가하여 이명박 정부(2008~2010) 기간 중 연평균 8.2% 증가했음.
  - 1차 에너지 중 신재생에너지가 차지하는 비중도 꾸준히 증가하여 연평균 3.6%의 증가세를 시현 중

- 풍력, 태양광 등 신재생에너지는 석유, 석탄, 가스 등 기존 화석연료 대비 가격경쟁력의 한계 등으로 인하여 빠르게 보급되고 있지는 않으나, 정부 지원에 힘입어 꾸준한 증가세를 보이고 있음.

1인당 가구에너지소비

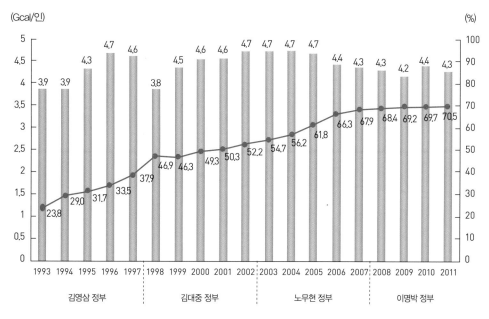

주: 2011년 12월 기준

자료: 에너지경제연구원, 통계청

■ 1인당 가구에너지소비는 연도에 따라 최대 4.7Gcal, 최소 3.8Gcal로 큰 차이를 보이지 않고 있음.

– 가구에너지소비에 가장 큰 영향을 주는 것은 기후이며, 이외에도 소득, 가구원 수, 주택크기 등이 있음.

– 최근 1~2인 가구 증가, 고령인구 증가, 대형 가전제품 선호, 이상기온 등으로 에너지 소비 증가요인이 많이 발생하고 있으나 인당 가구에너지소비는 소폭의 등락에 그침.

■ 이러한 가구 부문의 에너지소비 증가요인에도 불구하고 노무현 정부 이후 1인당 가구에너지소비가 증가하지 않는 것은 효율이 높은 전력과 가스 소비 비중이 증가하기 때문

– 가구에너지소비에서 전력 및 가스의 비중은 김영삼 정부 출범 당시 23.8%에 불과했으나, 2011년 70.5%로 크게 증가

– 2010년 1인당 가구에너지소비 증가는 겨울철 이상 한파로 인한 난방수요 증가에 기인

147

석유·가스 자주개발물량과 자주개발률 추이

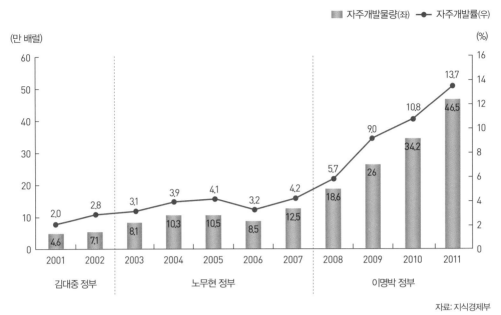

범례: ■ 자주개발물량(좌) ─●─ 자주개발률(우)

(만 배럴) / (%)

연도	자주개발물량	자주개발률
2001	4.6	2.0
2002	7.1	2.8
2003	8.1	3.1
2004	10.3	3.9
2005	10.5	4.1
2006	8.5	3.2
2007	12.5	4.2
2008	18.6	5.7
2009	26	9.0
2010	34.2	10.8
2011	46.5	13.7

김대중 정부 (2001~2002) / 노무현 정부 (2003~2007) / 이명박 정부 (2008~2011)

자료: 지식경제부

주: 2011년 12월 기준

■ 해외자원개발을 최상위 어젠다(Agenda)로 설정하여 과감하게 지원한 결과, 2011년 말 현재 우리나라가 확보한 생산물량은 일일 46.5만 배럴이며, 이는 현 정부 출범 이전인 2007년까지 확보한 물량(일일 12.5만 배럴)의 약 4배 수준

– 자원공급의 안정성을 나타내는 지표인 자주개발률은 2007년 4.2%에서 2011년 13.7%로 증가했는데, 같은 기간 일본이 20% 수준에서 정체되고 있는 것을 고려하면 괄목할 만한 증가세임.

– 이 밖에 정상외교로 자원부국과의 협력을 확대함으로써 투자환경이 뛰어난 UAE의 3개 개발광구, 세계 3위 석유 매장국인 이라크의 4개 개발·생산광구에 진출하여 미래 자원 확보를 위한 기반을 구축했으며, 향후 추가 협상을 통해 성과를 확대할 수 있을 것으로 전망

※ 자주개발률 = (일일 생산량 / 일일 수입량) × 100

– 비상시 자원공급의 안정성을 나타내는 지표로 일본도 동일한 지표를 활용 중

6대 전략광물 자주개발률 및 자주개발액

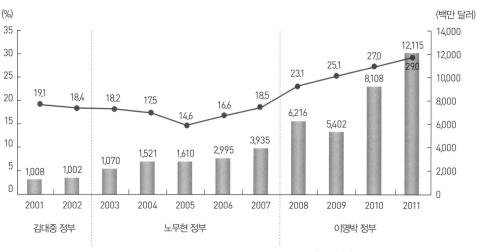

주: 2011년 12월 기준

■ 6대 전략광물 자주개발률은 공공 부문을 중심으로 해외자원개발 투자를 적극 확대한 데 힘입어 2011년 말 현재 29.0%를 기록, 2007년 말 대비 10.5%p 상승

 - 6대 전략광물 자주개발률은 IMF 금융위기 이후 국내 민간기업의 사업구조 개편, 자금수지 악화에 따른 해외투자사업 우선 매각, 광물 수입액 증가 등으로 2005년까지 지속적인 하락세를 보였으나, 이후 해외자원 개발사업이 본격적으로 재개되면서 회복세로 전환

 - 특히 2008년부터 공공 부문의 선도적인 투자 및 투자 규모의 대형화 등에 따라 자주개발 투자 규모가 급증하여 2011년 들어 사상 처음으로 100억 달러 돌파

 ※ 6대 전략광물 및 자주개발률

 - 2001년 수립된 제1차 해외자원개발 기본계획에서 6대 전략광물 자주개발률 개념 최초 도입

 - 6대 전략광물: 국내 처리시설 보유 여부, 수입 규모, 수입의존도 등을 고려하여 선정(유연탄, 우라늄, 철, 동, 아연, 니켈)

 ※ 2007년 희토류 → 니켈로 변경

 - 자주개발률: 6대 전략광물 총 수입량(금액) 중 국내 기업이 해외자원개발을 통해 확보한 물량(금액)의 비중(%)

149

석유 소비 및 가격 추이

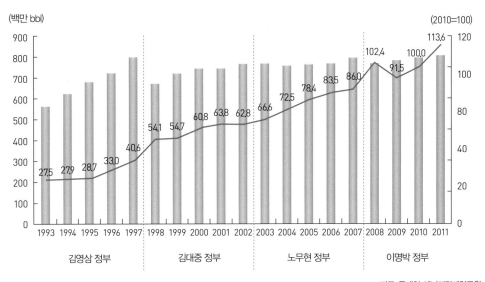

(백만 bbl)　　　　　　　　　　　　　　　　　　　　　　　(2010=100)

김영삼 정부　　김대중 정부　　노무현 정부　　이명박 정부

자료: 통계청, 에너지경제연구원

주: 2011년 12월 기준

■ 우리나라 석유 소비는 1993년 5.6억 배럴에서 2011년 8억 배럴로 40% 증가함.
 – 1990년대 석유 소비는 외환위기가 발생한 1997년까지 국제원유가격의 안정세로 빠르게 증가해 1997년 7.9억 배럴에 이르름.
 – 외환위기 직후인 1998년 석유 소비는 전년 대비 16% 감소했으며, 이후 완만한 증가세를 보여 2007년에 1997년 수준을 회복

■ 2000년대의 석유 소비 증가는 석유화학산업의 원료로 사용되는 납사의 증가에 기인
 – 석유 소비에서 차지하는 비에너지 비중은 1993년 21%에서 1998년 35%, 2007년 43%, 2011년 49%로 증가
 – 2000년대의 국제유가 급등과 고유가의 지속으로 연료용 석유는 천연가스 등 타 에너지로 대체되면서 2002년 이후 감소 추세에 있음.

■ 석유 가격 수준(2010=100)은 1993년 27.5에서 2011년 113.6으로 4.1배 증가했음.
 – 특히 석유 가격 수준은 2007년 86.0에서 2008년 102.4로 급등했다가 미국발 경제위기 여파로 2009년 하락했고, 이후 급등세를 유지하고 있음.

전력 소비 및 가격 추이

■ 전력소비량(좌) ─ 전력가격지수(우)

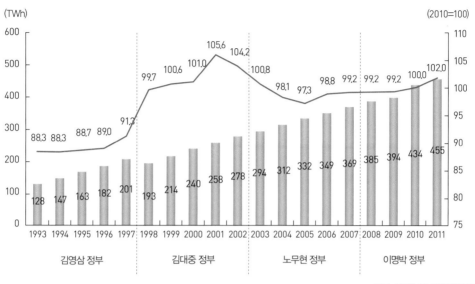

(TWh)   (2010=100)

자료: 통계청, 에너지경제연구원

■ 전력 소비는 1993년 128TWh에서 2011년 455TWh로 256%(연평균 7.3%) 증가함.
  – 외환위기 이전인 1993~1997년 기간 중 전력다소비산업의 급성장에 따라 연평균 12.0%의 소비 증가세를 기록함.
  – 1998년 외환위기 영향으로 전년 대비 3.6%의 소비 감소로 전환되었으나, 이후 1998~2011년 기간 중에는 타 에너지원에 비해 상대적으로 높은 6.8%의 증가세를 기록함.

■ 전력 소비의 급증은 전력다소비산업의 빠른 성장, 낮은 전기요금 수준, 전기사용 기자재의 대형화 및 보급 확대, 사용의 편리성 등 다양한 요인에 기인함.

  – 전력 소비 증가는 전력다소비형인 조립금속업(기계장비, 전기·전자, 반도체, 자동차 등)의 빠른 성장과 철강, 석유화학산업의 지속적인 성장에 기인함.
  – 특히 낮은 전기요금으로 인한 난방용 전력 수요의 증가도 전력 소비 증가 원인으로 작용

■ 전력 가격(가격지수, 2010=100)은 2001년 이후 하락세를 보이다가 2005년 이후 완만한 상승세로 전환
  – 전력 가격 수준은 2001년(105.6)에 비하여 2011년 102.0으로 낮게 유지되고 있음.

■ 전력 소비가 에너지소비를 주도하는 현상은 전력다소비형 조립금속업의 빠른 성장, 소득 증가, 사용의 편리성 등으로 향후에도 지속될 가능성이 높음.

  − 전력수급을 안정시키려면 추가 공급능력 확보 및 전력수요관리정책의 지속 추진이 필요
  − 원가주의 전기요금체계로의 개편을 지속적으로 추진하되, 소비자들이 요금정책의 방향을 신뢰할 수 있도록 중장기 로드맵을 제시할 필요가 있음.
  − 효율적인 전기 사용방법 및 에너지소비 감축의 중요성 등에 대한 정보 확산 및 홍보를 강화하여 전력소비 행태를 효율화해야 함.

도시가스 소비 및 가격 추이

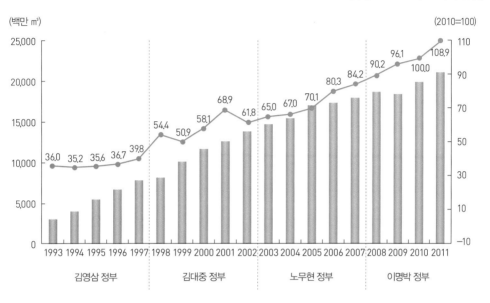

범례: 도시가스 소비량(좌) ● 도시가스 가격지수(우)

(백만 ㎥)   (2010=100)

그래프 데이터:
- 1993: 36.0
- 1994: 35.2
- 1995: 35.6
- 1996: 36.7
- 1997: 39.8
- 1998: 54.4
- 1999: 50.9
- 2000: 58.1
- 2001: 68.9
- 2002: 61.8
- 2003: 65.0
- 2004: 67.0
- 2005: 70.1
- 2006: 80.3
- 2007: 84.2
- 2008: 90.2
- 2009: 96.1
- 2010: 100.0
- 2011: 108.9

김영삼 정부 | 김대중 정부 | 노무현 정부 | 이명박 정부

자료: 통계청, 에너지경제연구원

■ 도시가스 소비는 보급·확산기였던 1990년대를 지나 2000년대 안정기를 거치며 증가세가 둔화되는 양상
  - 1990년대에는 난방과 취사용으로 사용되는 가정·상업용 소비가 소비증가를 견인했음.
  - 이로 인해 1990년대 노시가스 소비는 타 에너지원에 비해 경기의 흐름에 크게 영향을 받지 않고 꾸준히 증가
  - 특히 1998년 외환위기로 인해 모든 에너지원의 소비가 전년 대비 감소했지만 도시가스 소비는 유일하게 증가
  - 그러나 2000년대 들어 산업용 도시가스의 비중이 높아지며 도시가스 소비가 경기 변동에 영향 받기 시작함.
  - 글로벌 경기침체 시기였던 2009년에는 처음으로 도시가스 소비량이 전년 대비 감소세를 기록

■ 도시가스 가격은 정부의 공공요금 인상 억제 정책으로 비교적 완만하게 상승
  - 도시가스 가격은 1999년과 2002년 일시적으로 하락했으나 2002년 이후 지속적인 상승세를 시현
  - 도시가스 가격은 한국가스공사의 도매공급요금과 일반 도시가스 회사의 소매공급비용으로 결정

열에너지 소비 및 가격 추이

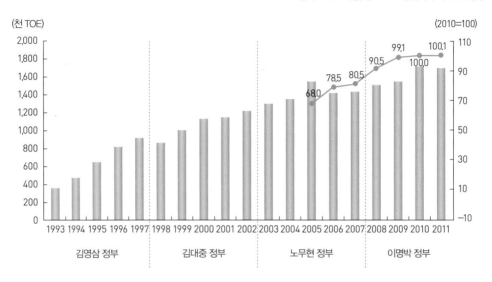

자료: 통계청, 에너지경제연구원

주: 통계청의 열에너지 가격지수는 2005년부터 제공됨.

■ 1987년 신도시 건설과 함께 보급이 시작된 열에너지는 2000년대 신규 아파트 단지의 건설 등과 함께 꾸준히 성장
  - 열에너지는 도시가스와 함께 가정·상업 부문에서 석유류의 대체에너지로 빠른 증가세를 기록
  - 1993~2011년 동안 열에너지는 연평균 9.0% 증가했으나, 2006년 이후 증가세가 안정화(연평균 3.6% 증가)되고 있음.

■ 열에너지 가격은 2005년 68.0에서 2011년 100.1로 상승세를 보이고 있음.

- 열에너지 가격(한국지역난방공사 공급분)은 「집단에너지사업법」에 따라 연료비연동제에 기반하여 결정됨.
- 따라서 2005년 이후 고유가 영향으로 열에너지 가격은 타 에너지원에 비해 비교적 빠른 속도로 증가
- 다만, 2009년 이후에는 요금 인상요인 발생에도 불구하고 물가안정을 위해 열에너지 가격 인상을 제한함.

동계 평균 예비전력

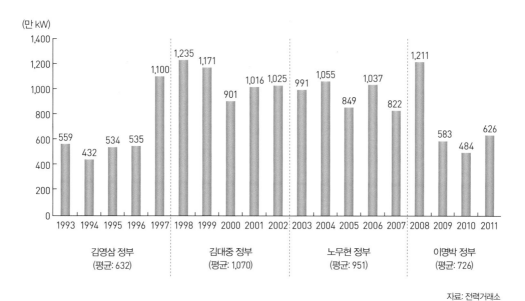

(만 kW)

김영삼 정부
(평균: 632)

김대중 정부
(평균: 1,070)

노무현 정부
(평균: 951)

이명박 정부
(평균: 726)

자료: 전력거래소

주: 1) 동계 기간(12월~익년 2월) 중 월간 설비 예비력의 평균값
　　2) 설비 예비력 = 월말 기준 설비용량 – 월 최대전력 수요

■ 김영삼 정부 초기 국내경기의 호황에 힘입어 예비전력은 500만 kW에서 저점을 형성했으나, 임기 말 외환위기의 영향으로 역사적 고점인 1,200만 kW대를 기록

■ 노무현 정부 말기에 동계평균 예비전력은 820만 kW를 기록하여 전력수급의 어려움을 예고

■ 글로벌 금융위기 여파가 본격적으로 나타난 2008년 동계에 우리 경제는 낮은 성장률을 기록함과 동시에 전력수요가 크게 줄어 평균 예비전력이 큰 폭으로 상승

■ 2009년 동계 이후 금융위기 여파가 해소됨에 따라 동계 평균 예비전력은 580만 kW 수준으로 회복

■ 타 에너지 대비 낮은 전력요금과 경제회복의 효과, 전력사용 패턴의 변화(전력에너지의 난방사용) 등에 따라 2010년 동계 평균 예비전력은 484만 kW를 기록

■ 2011년에는 2009년, 2010년 대비 동계 기온이 상승했고 2011년 9월 15일에는 전력 순환정전을 실시함에 따라 예전 수준의 동계 평균 예비전력을 기록함.

09

환경

GDP 단위당 온실가스 배출량

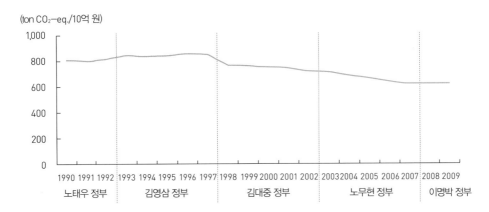

(ton CO₂-eq./10억 원)

자료: 온실가스 종합정보센터, 국가온실가스 인벤토리 보고서(2009)

- 2009년도 실질 국내총생산(Real Gross Domestic Product, GDP) 대비 온실가스 총배출량은 619.0ton CO₂ eq./10억 원임.
  - 1990년도의 10억 원 단위 실질 GDP당 배출량 803.2ton CO₂ eq./10억 원보다 약 22.9% 감소
  - 현 정부의 GDP 대비 총배출량은 역대 정부 중 가장 낮은 수준

- 1990년부터 증가 추세인 GDP 대비 총배출량은 1997년 849.4ton CO₂ eq./10억 원으로 정점을 나타냄.
  - 이후 〈그래프〉에서와 같이 장기적으로 하향 추세

- 2007년도에 이어 2008년도에 들어와서도 GDP 대비 총배출량은 615.6ton CO₂ eq./10억 원으로 동일
  - 이후 2009년도에 다소 증가한 619.0ton CO₂ eq./10억 원으로 나타남.

- 1990년 이후 총배출량 증가율은 4.0%인데 GDP 증가율은 5.4%로 나타남.
  - GDP 증가에도 총배출량은 감소상태인 것으로 분석됨.
  ※ 1997년 이후 총배출량 증가율은 1.8%인데 GDP 증가율은 4.2%
  - 이는 환경부담을 완화하면서 성장을 이루는 녹색성장 방향으로 경제가 움직이고 있음을 보여줌.

음식물쓰레기 발생량

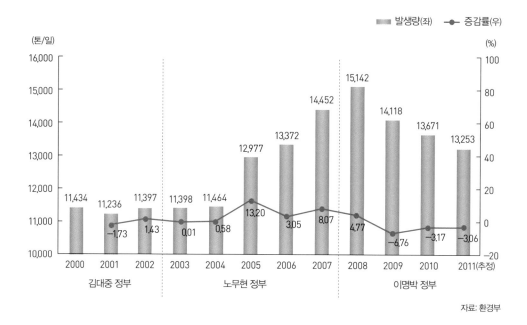

자료: 환경부

■ 2000년 이후부터 소득 증가 및 웰빙문화 확산에 따른 식생활패턴의 변화 등에 따라 음식물쓰레기 등 생활폐기물 발생량이 점진적으로 증가하는 추세를 보이고 있음. 이와 같은 추세는 현 정부 들어서면서 점차 감소하는 추세를 보이고 있는 것으로 나타남.

 – 특히 2004년부터 2008년까지 연 3% 이상의 증가율을 보였던 음식물쓰레기 발생량이 2009년 이후부터 연 3% 이상 감소함.

■ 이는 음식물쓰레기 줄이기를 경제·탄소저감 효과와 연계하고 민간주도의 홍보·캠페인 전개와 병행하기 위해 2010년 2월 관계부처 합동으로 마련한 '음식물쓰레기 줄이기 종합대책'의 추진에 따라 군부대, 학교, 집단급식소 등 발생원별로 음식물쓰레기 줄이기 대책 추진과 함께 음식물쓰레기 배출량에 비례하여 처리비용을 부과하는 음식물쓰레기 종량제를 전국적으로 시행한 결과에 기인한 것으로 판단됨.

■ 현 정부 들어 음식물쓰레기 발생량이 감소추세를 보이고는 있으나, 음식물쓰레기 감량은 경제·문화적인 영향을 많이 받아 요요현상이 발생하기 쉬우므로, 종량제 정착 등 제도화를 통한 지속적인 음식문화 개선 노력이 필요함.

생활폐기물 재활용률

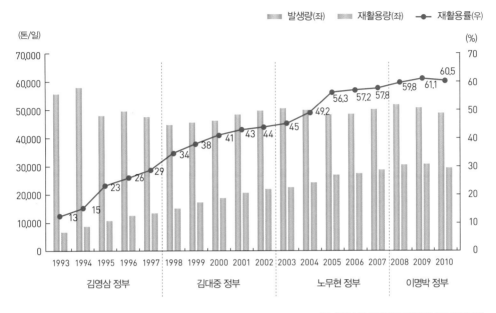

자료: 환경부 외, 전국 폐기물 발생 및 처리 현황(2010)

■ 생활폐기물 발생량은 점진적으로 증가하는 추세이며, 증·감을 반복하다 2004~2006년에 감소했으나 2007년부터 다시 증가한 후 2009~2010년 감소하는 추세를 보였음.

– 2008년에 전년 대비 약 17,000톤이 증가했는데 이는 사업장생활계폐기물 발생량 증가가 주요 원인이며, 그중 인천경제자유구역청의 사업장생활계폐기물 발생량이 약 1,446.8톤 증가

– 2009년부터 전년 대비 약 1,100톤이 감소한 것은 가정생활폐기물 발생량 감소가 주요 원인으로 나타남.

– 2010년도의 1인당 1일 생활폐기물 발생량은 0.96kg으로서 2009년도 1.02kg 대비 소폭 감소한 것으로 나타났음.

– 또한 재활용률과 소각률은 꾸준히 증가하는 반면 매립률은 매년 감소 추세를 나타냈으며, 생활폐기물의 재활용 비율은 2004년 이후 지속적인 증가 추세를 보이다가 2010년도에 소폭 감소한 것으로 나타남.

– 분리수거 활성화, 음식물폐기물 자원화 및 재활용 기술개발 등의 환경순환정책 추진으로 자원화 및 재활용률이 높아지고 있으므로 지속적인 추진이 필요함.

상하수도 보급률

■ 상수(전국) ■ 상수(농촌) ■ 하수(전국) ■ 하수(농촌)

(단위: %)

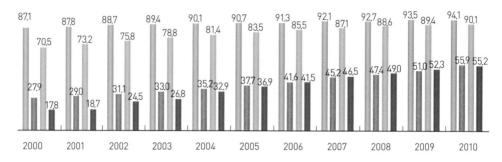

	2000	2001	2002	2003	2004	2005	2006	2007	2008	2009	2010
상수(전국)	87.1	87.8	88.7	89.4	90.1	90.7	91.3	92.1	92.7	93.5	94.1
상수(농촌)	27.9	29.0	31.1	33.0	35.2	37.7	41.6	45.2	47.4	51.0	55.9
하수(전국)	70.5	73.2	75.8	78.8	81.4	83.5	85.5	87.1	88.6	89.4	90.1
하수(농촌)	17.8	18.7	24.5	26.8	32.9	36.9	41.5	46.5	49.0	52.3	55.2

자료: 환경부

〈상수도 분야〉

■ 2010년 기준 전국의 상수도 보급률은 94.1%이며 도시지역은 99.0%이나 농어촌 지역은 55.9%임.

　－ 마을상수도 등을 포함하여 안전한 상수를 공급받고 있는 국민은 5,026만 명으로 97.7%임.

　－ 특히, 농어촌의 상수도 보급률을 2001년 29%에서 2010년 55.9%로 지속적으로 확대하여 농어촌의 물복지 구현에 기여함.

■ 시·군 이상의 도시화 지역은 대부분 상수도가 공급되고 있으나 농어촌 지역은 아직 미흡하여 지속적으로 시설을 확충할 예정

〈하수도 분야〉

■ 2010년도 기준 전국의 하수도 보급률은 90.1%이며, 농어촌 지역은 55.2%임.

　－ 공공하수도 서비스를 받는 인구는 2000년 3,384만 명에서 2010년 4,635만 명으로 증가하여 보급률은 90.1%임.

　－ 농어촌의 하수도 보급률은 2001년 18.7%에서 2010년 55.2%로 확대되어 농어촌 생활환경 개선에 기여

■ 도시화 지역은 대부분 하수도가 보급되고 있어 전체 하수도 보급률은 완만한 상승을 보이고 있음.

　－ 농어촌 지역은 도시 지역에 비해 하수도 보급이 미흡하여 향후 하수도 보급 확대로 보급률을 제고할 예정

다중이용시설 실내공기질 오염도

● 다중이용시설 미세먼지(PM10) 평균 오염도 추이

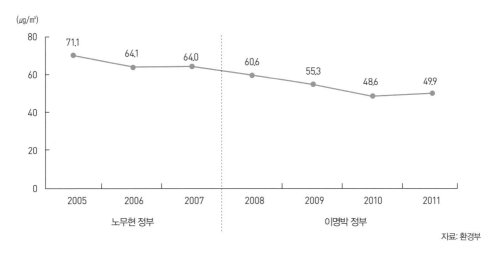

자료: 환경부

■ 「다중이용시설 등의 실내공기질관리법」 시행(2004. 5) 이후, 2005년부터 다중이용시설의 주요 오염물질인 미세먼지(PM10) 평균 오염도는 매년 꾸준히 감소 추세를 보이고 있음.

■ 이는 관계부처 합동으로 '실내공기질 관리 기본계획(2009~2013)'을 수립하여 효과적 관리기반 조성, 오염원 관리 등 체계적인 실내공기질 관리를 추진함에 따라 나타난 결과로 판단됨.
　- 특히, '지하역사 공기질 개선 5개년 대책 (2008~2012)'에 따라 2009년부터 4년간 537억 원의 국고를 지원하여 주요 다중이용시설인 지하역사의 실내공기질을 효과적으

로 개선한 것에 기인한 것으로 판단됨.
　- 또한 현 정부 들어 다중이용시설군별 특성에 맞는 실내공기질 관리 매뉴얼을 개발·보급하여 시설 관리자 스스로 실내공기질을 관리할 수 있도록 지원한 결과이기도 함.

■ 현 정부 들어 다중이용시설의 주요 오염물질인 미세먼지(PM10) 평균 오염도는 감소 추세를 보이고 있으나, 다양한 시설들 전반에 대한 총체석 관리가 효과석으로 이루어지지 않으면 실내공기질 오염도는 쉽게 악화될 수 있으므로, 실내공기질 관리를 위한 다양하고 실효성 높은 정책의 지속적 추진이 필요함.

수도권 미세먼지 및 이산화황 오염도 추이

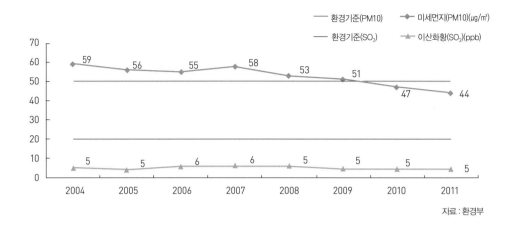

범례:
— 환경기준(PM10) ◆ 미세먼지(PM10)(㎍/㎥)
— 환경기준(SO₂) ▲ 이산화황(SO₂)(ppb)

미세먼지 값: 59, 56, 55, 58, 53, 51, 47, 44
이산화황 값: 5, 5, 6, 6, 5, 5, 5, 5
연도: 2004, 2005, 2006, 2007, 2008, 2009, 2010, 2011

자료 : 환경부

■ 수도권은 전 국토의 12%에 불과한 면적에 인구와 자동차의 47%가 집중되어 있음. 또한 황사 등 장거리 이동 오염물질의 영향이 커서 대기관리에 어려움이 큼.

– 2000년대 초반 서울의 미세먼지는 70㎛/㎥를 초과하여 파리, 런던, 도쿄 등 OECD 주요 도시와 비교하여 매우 열악한 상황이었음. 이로 인한 사회·경제적 손실도 10조 원에 이르는 것으로 추산되어 대책 마련이 시급함.

■ 이에 정부는 2005년부터 「수도권 대기환경 관리 기본계획(2005~2014)」을 수립했으며, 전담기관으로 수도권대기환경청을 설립하고 서울시, 인천시, 경기도와 협력 하에 수도권 특별 대책 추진기반을 마련

■ 기존의 배출농도 규제를 총량규제로 전환하여 2014년까지 배출량을 미세먼지 9,000톤, 이산화황 43,000톤 수준으로 설정하고 세부 대책 추진

– 2009년 이후 저황유 공급지역과 사용시설을 확대하고, 2010년부터 4단계 배출허용 기준을 적용

– 제작차 배출허용 기준을 EURO Ⅴ(2009), EURO Ⅵ(2012) 수준으로 강화했고, 운행차에 대해 배출가스 저감장치 부착, 저공해 엔진개조, 노후차량 조기폐차를 추진했음.

– 중소 사업장에 저녹스버너를 보급하고, 친환경도료 보급, 주유소 유증기 회수장치 보급 등을 실시

■ 이러한 대책 추진 결과 이산화황의 농도는 환경기준 이내로 유지되고 있으며, 미세먼지 농도도 2010년부터 환경기준을 달성

4대강 주요 지점 수질 및 '좋은 물' 달성률

● '좋은 물' 달성률 추이

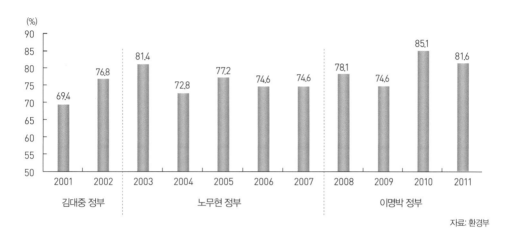

자료: 환경부

● 4대강 주요 지점 수질 변화

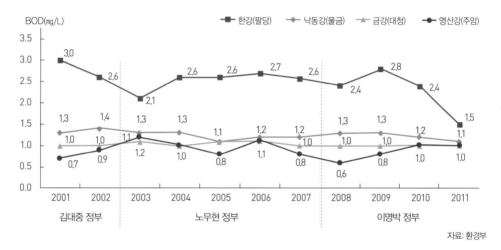

자료: 환경부

■ 전국 하천의 '좋은 물'(BOD 기준) 달성률은 2001년 69.4%에서 2011년 81.6%로 증가했고, 4대강 주요 지점의 수질은 BOD 기준으로 개선
　– 4대강 사업에 따른 유지용수 증가 및 기초시설 확충, 수질오염총량제 확대, 배출허용기준 강화 등의 효과
　– 가축분뇨, 비점오염원의 하천유입 차단, TOC(총유기탄소) 도입을 통한 유기물질 관리 강화 필요

친환경자동차 보급 대수

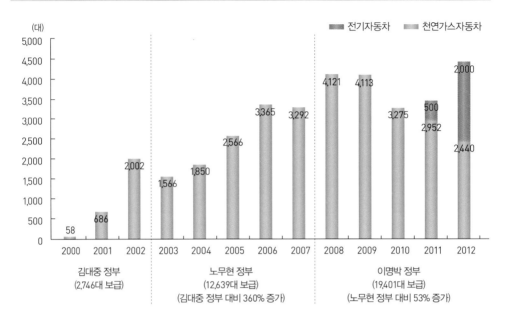

(대)

■ 전기자동차 ■ 천연가스자동차

| 정부 | 김대중 정부 (2,746대 보급) | 노무현 정부 (12,639대 보급) (김대중 정부 대비 360% 증가) | 이명박 정부 (19,401대 보급) (노무현 정부 대비 53% 증가) |

자료: 환경부

■ 친환경자동차 보급사업은 2000년 천연 가스자동차를 중심으로 2000~2002년 2,746대, 2003~2007년 12,639대, 2008~ 2012년 19,401대로 지속 확대했으며, 2011년부터 전기자동차 보급사업을 새롭게 추진하는 등 친환경자동차 보급 차종을 다양화하여 추진 중

　– 2008~2012년에 천연가스자동차를 본격적으로 보급하여 2000~2012년까지 전국 주요 도시 지역에 천연가스자동차 총 32,286대가 보급됐으며, 이로 인해 미세먼지 등 대기오염도가 지속적으로 개선돼 이번 정부가 시작된 2008년 서울시 미세먼지 오염도가 55μg/㎥에서 현재는 47μg/㎥으로

크게 개선됐음.

　– 2011년부터 국가기관과 지자체, 공공기관 등 공공 부문을 중심으로 본격적인 전기자동차 보급을 개시(500대)했으며, 친환경자동차 보급 확대를 위해 전기자동차 구매보조금 지원, 충전인프라 구축 지원, 전기자동차 구매 시 개별소비세·취득세·교육세 등 최대 420만 원의 세제감면 혜택을 도입했음.

　– 전기자동차, 천연가스자동차 등 친환경자동차는 출시 차종의 한정, 높은 판매가 등으로 보급에 어려움이 많으나 기존 자동차에 비해 CO_2 등 대기오염물질을 현저히 적게 배출함에 따라 구매보조금 지원, 세제감면 등 인센티브 제공을 통한 지속적인 노력이 필요함.

환경산업 부문 수출액

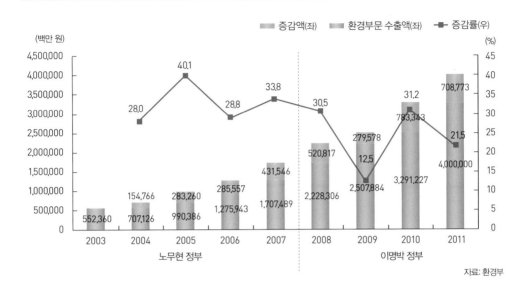

■ 증감액(좌)　　■ 환경부문 수출액(좌)　　■ 증감률(우)

(백만 원)

- 2003년 이후 환경산업 수출액은 꾸준히 증가하여 2011년까지 연평균 증가율 28.1%로 나타남.

- 2003년부터 2007년까지 증가율이 28~40%로 현 정부에 비해 상대적으로 높게 나타났으나, 이는 환경산업 수출초기 기저값이 작은 데 기인한 것으로 실질적 수출액은 연평균 2,888억 원으로 현 정부의 연평균 수출액이 5,731억 원으로 월등히 높았음.

- 현 정부 들어서면서 '환경산업 수출전략화'를 중점 국정과제로 선정, 지원정책을 집중 추진하면서 환경산업 수출이 급성장

- 2009년 금융위기로 인한 전 세계적인 경기부진에도 불구하고 환경산업 수출은 12.5% 증가하는 호조를 보임.

- 이는 환경산업을 수출전략산업으로 육성하기 위해 2009년 4월 한국환경산업기술원을 설립해 환경기술 현지사업화, 해외프로젝트 타당성조사 등 수주경쟁력을 강화하고, 개도국 환경개선 마스터플랜 수립, 발주처 초청 상담회 및 시장개척단 파견 등 정부 지원과 산업계의 노력으로 달성한 성과로 판단됨.

- 2011년 4월 「환경기술 및 환경산업 지원법」을 개정하여 환경산업 해외진출 근거를 마련하고, 환경산업협회를 설립하는 등 환경산업 해외진출에 박차를 가하고 있으므로, 세계시장 선점을 위한 정부 지원과 민관 협력사업의 지속적 추진이 필요함.

경유시내버스 CNG 대체 효과

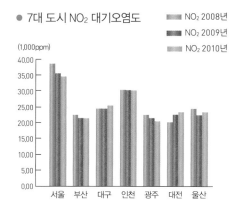

● 7대 도시 NO₂ 대기오염도

NO₂ 2008년
NO₂ 2009년
NO₂ 2010년

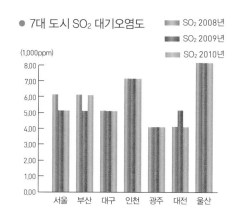

● 7대 도시 SO₂ 대기오염도

SO₂ 2008년
SO₂ 2009년
SO₂ 2010년

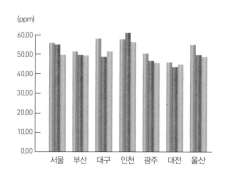

● 7대 도시 PM10 대기오염도

PM10 2008년   PM10 2009년   PM10 2010년

자료: 환경부(2011), 대기환경연보

■ 자동차 배출가스에서 발생하는 도시 대기오염물질 저감을 위해 시내버스를 경유에서 LNG 및 CNG와 같은 청정연료로 변경하여 도시의 대기질이 크게 개선되고 있음.

■ 산성비 및 도시 스모그의 주요 원인인 NO₂(이산화질소)의 경우, 7대 도시 모두 일관되지 않지만 서울, 부산, 광주 등은 감소하고 있음.

■ 기관지 및 폐에 영향을 미치는 SO₂(아황산가스) 역시 대기오염도를 살펴보면, 7대 도시에서 전반적으로 감소하는 추세에 있음.

■ 폐의 기능 및 면역력 저하를 일으키는 PM10(미세먼지)의 경우 전반적으로 모든 대도시에서 크게 감소했음.

■ 대도시 오염물질 감소를 위해 추진된 기존 경유시내버스에 대한 CNG버스 대체정책은 상대적으로 미세먼지 배출량을 크게 줄여 상당한 성과가 있었다고 평가됨.

10

국토·교통·해양

산업단지 수 및 지정면적

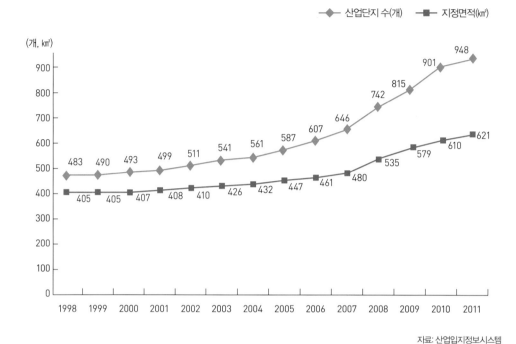

범례: ◆ 산업단지 수(개) ■ 지정면적(km²)

(개, km²)

산업단지 수(개): 483, 490, 493, 499, 511, 541, 561, 587, 607, 646, 742, 815, 901, 948

지정면적(km²): 405, 405, 407, 408, 410, 426, 432, 447, 461, 480, 535, 579, 610, 621

연도: 1998, 1999, 2000, 2001, 2002, 2003, 2004, 2005, 2006, 2007, 2008, 2009, 2010, 2011

자료: 산업입지정보시스템

주: 산업시설용지 기준(km²)

- 1960년대부터 수출을 위한 공업단지 조성을 시작으로 산업기반 확충 및 기업투자 활성화를 위해 산업단지 조성이 크게 확대되었음.

- 산업단지는 연차적으로 계속 증가하다가 기업의 투자확대 및 지역경제 활성화를 위한 기업투자 장려시책, 특히 2008년부터 시행된 인허가 절차 간소화를 위한 특례법 제정에 의하여 대폭 증가되었음.

산업단지 분양 현황

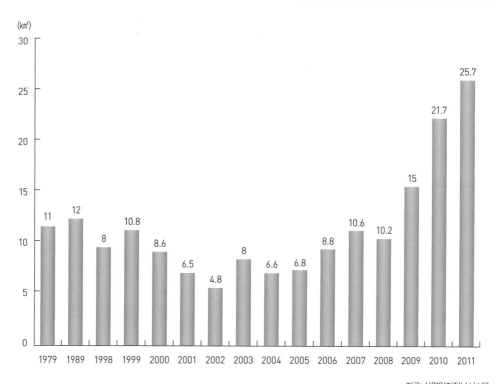

자료: 산업입지정보시스템

■ 이명박 정부 4년간 여의도 면적(2.9㎢)의 25배인 72.6㎢(2,196만 평)의 산업단지(산업시설용지 기준)가 분양되었음.

  – 이러한 분양실적은 과거 정부 대비 약 2.3배에 해당하는 것으로 기업이 본격적으로 투자를 확대하고 있다는 것

  ※ 분양면적: 김대중 정부 40㎢ → 노무현 정부 41㎢ → 이명박 정부 72.6㎢

  ※ 연평균: 김대중 정부 7.7㎢ → 노무현 정부 8.2㎢ → 이명박 정부 18.2㎢

■ 이렇게 분양이 활성화된 이유는 현 정부 출범 이후 기업의 투자환경이 지속적으로 개선되었고, 연관산업 설비투자 확대되었기 때문.

● 주택재고량 및 주택보급률 변화

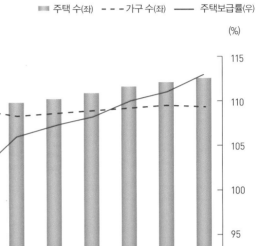

자료: 국토해양부

● 주택자가점유율 및 주택자가소유율 변화

구분	연도	2000	2005	2010
주택 자가 점유율	전국	54.2	55.6	54.2
	수도권	47.6	50.2	46.4
	서울	40.9	44.6	41.1
주택소유율		–	60.3	61.3

자료: 통계청

- 우리나라 주택총량인 주택재고 수는 2000년대 지속적으로 증가해왔으며, 특히 최근 5년간 2006년 1,353.4만 호에서 2010년 1,467.7만 호로 8.44% 증가

- 주택의 상대적 공급수준을 파악하는 지표인 주택보급률은 주택재고 수를 가구 수로 나눈 값으로 표현하는데, 구(舊)주택보급률 기준으로 2002년, 신(新)주택보급률 기준으로 2008년에 100%를 초과한 이후 지속적으로 증가하여 2010년 현재 구주택보급률 기준 112.9%, 신(新)주택보급률 기준 101.9%에 달하고 있음. 이와 같은 주택보급률의 증가는 지속적인 주택공급의 결과라고 볼 수 있음. 이러한 주택재고의 확대로 주택의 절대적 부족 문제는 해소되었음.

- 자가점유율은 자기 소유의 집에 살고 있는 비율을 의미하는 것으로 1995년 53.3% 수준에서 증가하기 시작하여 2000년 54.2%, 2005년 55.6%로 증가하였으나, 2010년 54.2%로 감소. 특히 주택가격이 상대적으로 높은 서울의 자가점유율은 전국 7대 도시와 수도권을 통틀어 가장 낮게 나타났는데, 2000년 47.6%에서 2005년 44.6%로 일부 증가했지만, 2010년 다시 41.1% 수준으로 감소

- 최근의 자가점유율 감소는 직장, 자녀교육 등의 영향으로 주택을 소유하고 있으면서도 타인의 주택에 거주하는 가구가 증가한 데 일차적인 원인이 있고, 주택의 절대적 부족 문제의 해소로 주택가격 상승에 대한 기대가 감소하면서 자가보다 전세, 월세 등 임차를 선호하는 가구가 증가하였기 때문

- 총가구 수에 대한 주택을 소유한 가구의 비율로 2005년 60.3%, 2010년 61.3%로 소폭 증가한 것으로 나타남.

- 이를 종합하면, 주택의 절대적 부족 문제는 해소되었음. 그러나 자가점유율과 자가소유율을 다른 선진국과 비교해보면 자가점유율은 낮고, 자가소유율은 비슷한 수준에 있음. 이는 주택의 소유와 이용 측면에서 약간의 괴리가 있다는 것을 나타내는 것으로 이를 해소할 수 있는 정책이 지속적으로 필요함을 의미

주택건설(주택건설량, 미분양주택)

● 주택건설량 변화

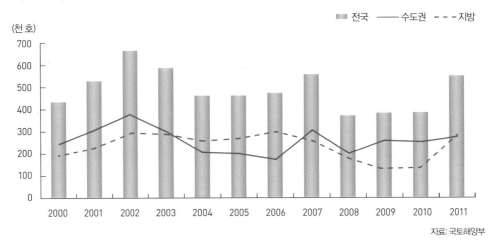

자료: 국토해양부

● 미분양주택 변화

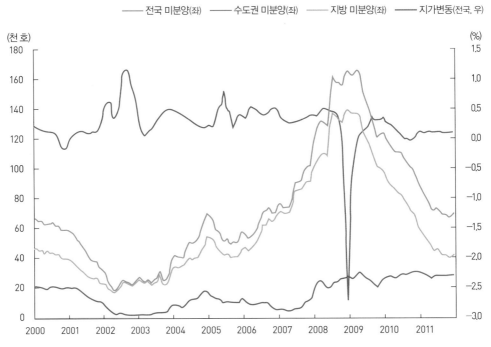

자료: 국토해양부, 온나라 부동산정보 통합포털

- 최근 5년간(2006~2010년) 우리나라 주택건설호수는 총 216.5만 호로 연평균 약 43만 호를 건설
  - 글로벌 금융위기로 인해 2008~2010년의 3년간 38만 호 내외로 주택공급이 감소
  - 우리나라의 경우도 절대적인 주택 부족 문제가 점차 해소되면서 주택수요가 완만히 하락할 것으로 예상되며, 이에 따라 주택건설호수도 감소할 전망

- 주택건설호수를 수도권과 비수도권으로 나누어 살펴보면, 수도권은 2002년부터 주택건설호수가 지속적으로 감소했으나 2006년 이후 다시 증가세로 전환된 반면, 지방의 경우에는 2006년을 기점으로 2010년까지 계속 감소하였고, 2011년 들어 다시 증가

- 한편 미분양주택은 2002년까지는 2.4만 호 수준으로 감소되었으나 이후 증가하기 시작하여 2008년에는 1990년대 말 외환위기 수준보다 높은 16.6만 호로 급격히 확대. 이와 같은 미분양주택의 절대적 증가는 글로벌 금융위기로 인한 주택경기 침체에 기인한 바가 큼.

- 주택 미분양에 따른 미수금 증가로 건설업체의 자금압박은 가중되었고, 신규자금 조달여건은 점차 악화. 이에 정부는 2008년 9월~2009년 3월에 걸쳐 다양한 부동산시장 활성화 대책을 추진
  - 정부정책은 거시경제의 회복, 분양물량 감소 등의 효과와 맞물리면서 미분양주택 감소에 긍정적인 효과를 미침. 2010년 3월과 4월, 미분양주택 해소 대책을 2011년 4월 말까지 연장하고, 환매조건부 매입, 리츠·펀드 및 P-CBO 활성화 등의 대책으로 미분양주택은 지속적으로 감소하여 2011년 현재 7만 호 수준
  - 그러나 정부의 미분양 대책은 수도권에서는 큰 효과를 얻지 못함. 높은 주택가격과 중대형 평형, 양호하지 못한 입지 등에 의한 수요와 공급의 불일치로 수도권 미분양주택은 2008년 말 2민 7,000호 수준에서 2010년 말 2만 9,000호로 증가했으며, 2011년 말 현재 3만여 호 수준에서 적체가 지속

주택가격지수(주택매매/전세가격지수)

● 주택매매/전세가격지수 변화

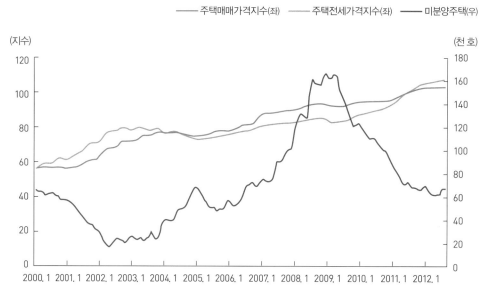

자료: 국민은행. 시장통계

● 수도권/지방 주택매매/전세가격지수 변화

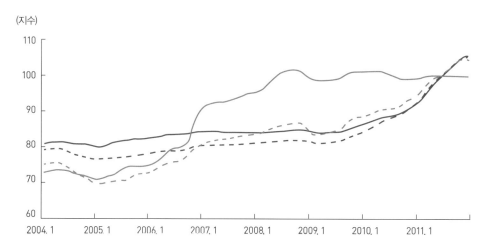

자료: 국민은행. 시장통계

- 주택매매가격 및 전세가격지수는 2011년 6월을 100으로 산정하여 가격 변화를 지수화한 값

- 주택매매지수는 2010년 12월 기준 95.7로 2005년 동월 78.1에 비해 약 22.5%, 2000년 동월 기준 56.7에 비해 약 68.7% 상승

- 한편 주택전세가격지수는 2010년 12월 기준 93.4로 2005년 동월 기준 75.9에 비해 약 23.1% 상승했으며, 2000년 동월 기준 61.4에 비해 약 52.1% 상승

- 2000년대 중반부터 수도권과 비수도권, 수도권 내, 비수도권 내에서도 주택시장의 움직임 양상이 달라지고 있음.
  - 2004년 이전에는 모든 지역이 가격이 동조하는 형태를 보였으나, 2004년 이후에는 지역별로 상이한 움직임을 보이고 있음. 이때 수도권의 주택시장은 강세를 보였으나, 비수도권의 주택시장은 약세를 면치 못했음.

- 그러나 2008년 이후에는 이와는 다른 양상이 나타나고 있음. 즉 수도권이 약세를 보이고, 비수도권의 주택시장이 상대적으로 강세를 보이고 있음.
  - 2011년 1~9월까지 지방 5대 광역시의 주택매매가격은 12.5% 상승. 부산과 대전이 각각 14.3%, 13.8% 상승했고, 광주는 16.2% 상승

- 주택전세가격은 2008년 금융위기를 기점으로 지속적으로 상승하고 있음. 2011년 1~9월까지 전세가격은 10.6% 상승하여 2002년 이후 최고의 상승률을 기록
  - 이는 경기침체로 주택가격에 대한 상승기대가 감소하면서 상대적으로 매매수요보다 임차수요가 증가하기 때문

수도권의 인구집중도 및 사회적 인구증감

● 수도권과 비수도권의 인구집중도

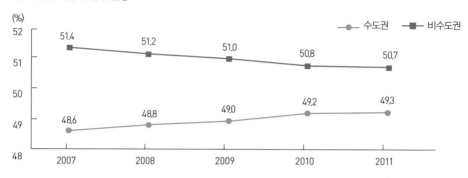

자료: 주민등록 인구통계

● 수도권의 순전입 인구

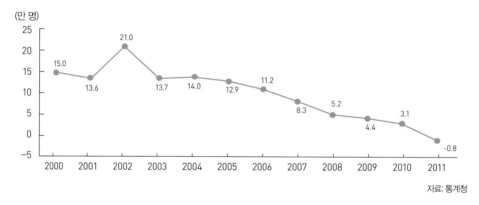

자료: 통계청

■ 수도권의 인구 비중은 2007~2011년에 해마다 증가했고(48.6%→49.3%), 비수도권의 비중은 해마다 감소했음. 이러한 변화는 수도권 인구와 비수도권 인구의 성장속도 차이에서 비롯되었음. 수도권 인구는 2007~2011년에 매년 증가하여 연평균 변화율이 1.05%이지만(약 2396.3만 명→약 2498.8만 명), 비수도권 인구는 매년 증가했으나 연평균 변화율이 0.43%에 불과함(약 2530.5만 명 → 약 2574.6만 명).

■ 그러나 수도권의 사회적 인구증가분은 2007~2011년에 매년 줄어들었음. 실제로 2002년 약 21만 명을 정점으로 수도권의 순전입 인구는 감소세를 보여왔으며, 그에 따라 2011년에는 수도권에서 비수도권으로의 전출인구가 비수도권에서 수도권으로의 전입인구를 약 8,000명이나 초과함.

■ 이러한 수도권의 순전입 인구 감소는 수도권 인구의 안정화를 의미하며 그간 추진해온 수도권 집중억제시책과의 관련성을 의미

수도권의 사업체 및 종사자 집중도

● 수도권 사업체 비중

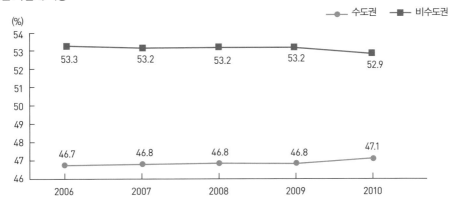

● 수도권 제조업체 비중

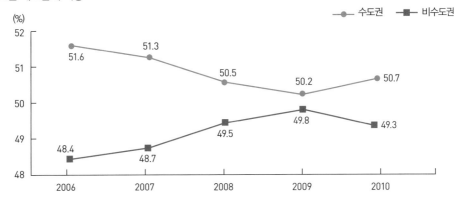

● 수도권 사업체 종사자 비중

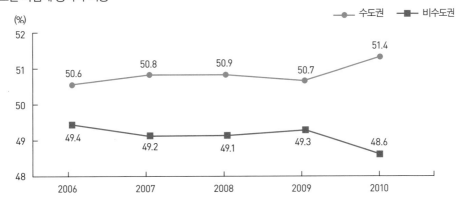

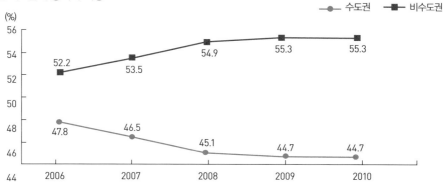

● 수도권 제조업체 종사자 비중

자료: 전국사업체조사

■ 수도권 사업체 비중은 2006~2009년에 계속 정체하다가 2010년에 소폭 증가했으며, 수도권의 사업체 종사자 비중도 2009년까지 51% 미만이었다가 2010년에 51.4%로 증가

■ 그러나 수도권의 사업체 및 종사자 수는 2006~2010년에 매년 증가했고(사업체 약 150.8만 개소 → 약 158.0만 개소, 종사자 약 780.5만 명 →906.4만 명), 비수도권의 사업체 및 종사자 수도 매년 증가(사업체 약 171.9만 개소 → 약 177.5만 개소, 종사자 약 763.1만 명 →858.3만 명)

■ 수도권 제조업체 비중은 2006~2009년에 51.6%에서 50.2%로 계속 감소하다가 2010년에 50.7%로 증가했지만, 수도권 제조업체 종사자 비중은 2006~2009년에 계속 감소하여 44.7%까지 떨어졌고 2010년에는 44.7%를 유지

■ 이러한 최근의 수도권 제조업체 비중과 제조업 종사자 비중의 감소세는 국가균형발전과 수도권 집중 억제를 위한 수도권 공장입지 규제와 관련된다고 볼 수 있음.

■ 2006~2009년 수도권 제조업체의 연평균 변화율 −2.0%로 비수도권의 −0.22%보다 낮았으나 2009~2010년 수도권 제조업체는 연평균 2.91% 증가한 반면, 비수도권 제조업체는 연평균 1.10%만 증가

■ 2006~2009년 수도권 제조업체 종사자의 연평균 변화율은 −2.94%로 비수도권의 1.23%와는 큰 격차를 보였지만 2009~2010년 수도권 제조업체 종사자는 4.56% 증가하여 비수도권(4.52%)과 비슷한 성장속도를 보임.

공공기관 지방이전 현황

이전지역	이전기관(개)	이전계획 승인(개)	부지매입(개)		청사설계(개)		착공(개)		종전 부동산 매각 (부지 수)	
			대상	매입	대상	설계	대상	착공	대상	매각
전체	147	147	121	112	47	34	121	74	119	36
혁신도시 계	113	113	99	93	39	27	99	60	109	32
기타 계	34	34	22	19	8	7	22	14	10	4
세종시	16	16	4	2	3	3	4	1	5	1
개별이전	18	18	18	17	5	4	18	13	5	3

자료: 국토해양부, 공공기관지방이전추진단

■ 수도권의 과밀에 따른 부작용을 완화하고 국토의 균형발전을 추구하기 위하여 수도권 소재 175개 공공기관을 지방으로 이전하고 이를 수용하기 위해 11개 광역지자체에 10개의 혁신도시를 건설하는 '공공기관 지방이전 계획'(2005)을 발표

– 2007년 1월 「공공기관 지방이전에 따른 혁신도시 건설 및 지원에 관한 특별법」을 제정하여 본격적으로 공공기관 지방이전과 혁신도시 건설을 추진하고 있음.

– 2007년 12월부터 이전공공기관의 이전계획을 지역발전위원회의 심의를 거쳐 승인하기 시작했음.

– 이후 2010년 5월 공기업 선진화 방안에 따라 통폐합되는 기관 등에 대한 승인을 통해 이전기관 147개를 확정하고 2011년 말까지 모든 기관에 대한 이전계획을 승인했음.

– 2012년 6월 현재 이전청사 신축대상인 121개 기관 중 112개 기관이 청사 부지를 매입했음. 이 중 9개 기관은 이미 이전을 완료하고 74개 기관은 청사의 신축에 착수했음. 그 밖에 미착공 47개 기관 중 34개 기관은 설계 중이거나 설계를 완료했음.

– 2009년부터 종전 부동산이 매각되기 시작했으나, 유럽의 재정위기와 부동산시장의 침체 등에 대응하여 종전 부동산 매각활성화를 위해 매입 공공기관을 한국자산관리공사와 한국농어촌공사로 확대하는 한편, 부동산 매각투자설명회 등의 다양한 방안을 마련하고 있음. 이에 따라 현재까지 종전 부동산 36개(2.1조 원)를 매각했음.

– 2012년 말까지 부지조성공사를 완료하고 모든 공공기관의 착공을 목표로 지방이전을 추진하고 있음.

지역	위치	이전인원	기관 수	이전기관
계		45,912	147	
부산	영도구 해운대구 남구	2,969	12	국립해양조사원, 한국자산관리공사, 한국주택금융공사, 증권예탁결제원, 대한주택보증, 한국남부발전(주), 청소년상담원, 한국해양과학기술원, 영화진흥위원회, 영상물등급위원회, 게임물등급위원회, 한국해양수산개발원
대구	동구	3,272	11	한국가스공사, 한국산업단지공단, 중앙신체검사소, 한국감정원, 한국사학진흥재단, 한국교육학술정보원, 교육과학기술연수원, 신용보증기금, 산업기술평가관리원, 한국장학재단, 한국정보화진흥원
광주 전남	나주시	6,626	15	한국전력공사, 한전KPS(주), 한국전파진흥원, 한국농어촌공사, 한국농촌경제연구원, 한전KDN(주), 전파연구소, 한국전력거래소, 농업연수원, 우정사업정보센터, 한국문화예술위원회, 농수산물유통공사, 사립학교교직원연금, 한국인터넷진흥원, 한국콘텐츠진흥원
울산	중구	3,024	9	에너지경제연구원, 한국동서발전(주), 노동부종합상담센터, 한국석유공사, 한국산업인력공단, 국립방재연구소, 에너지관리공단, 한국산업안전보건공단, 근로복지공단
강원	원주시	4,421	12	한국광물자원공사, 광해관리공단, 국립과학수사연구소, 한국관광공사, 건강보험심사평가원, 국민건강보험공단, 한국보훈복지의료공단, 대한석탄공사, 국립공원관리공단, 한국지방행정연구원, 대한적십자사, 도로교통공단
충북	진천군 음성군	2,909	11	정보통신정책연구원, 한국교육개발원, 한국교육과정평가원, 기술표준원, 한국가스안전공사, 한국소비자원, 과학기술기획평가원, 법무연수원, 중앙공무원교육원, 정보통신산업진흥원, 한국고용정보원
전북	전주시 완주군	4,693	12	농촌진흥청, 국립농업과학원, 국립원예특작과학원, 국립식량과학원, 국립축산과학원, 한국농수산대학, 대한지적공사, 한국식품연구원, 한국전기안전공사, 한국간행물윤리위원회, 지방행정연수원, 국민연금공단
경북	김천시	5,065	12	한국도로공사, 기상통신소, 국립농산물품질관리원, 농림수산검역검사본부, 국립종자원, 조달청 품질관리단, 우정사업조달사무소, 대한법률구조공단, 한국법무보호복지공단, 교통안전공단, 한국건설관리공사, 한국전력기술
경남	진주시	3,567	11	한국남동발전(주), 한국세라믹기술원, 주택관리공단, 한국산업기술시험원, 중앙관세분석소, 한국토지주택공사, 중소기업진흥공단, 한국승강기안전관리원, 한국시설안전공단, 국방기술품질원, 한국저작권위원회
제주	서귀포	798	8	국토해양인재개발원, 국세청 고객만족센터, 국세청주류면허지원센터, 국세공무원교육원, 국립기상연구소, 공무원연금관리공단, 재외동포재단, 한국국제교류재단
혁신도시 계		37,344	113	
세종	충남 연기	3,353	16	국토연구원, 한국법제연구원, 한국조세연구원, 기초기술연구회, 산업기술연구회, 경제·인문사회연구회, 과학기술정책연구원, 대외경제정책연구원, 산업연구원, 한국개발연구원, 한국교통연구원, 한국노동연구원, 한국보건사회연구원, 한국직업능력개발원, 한국청소년정책연구원, 한국환경정책연구원
개별 이전		5,215	18	국립특수교육원, 질병관리본부, 식품의약품안전평가원, 경찰교육원, 관세국경관리연수원, 산림항공본부, 해양경찰학교, 경찰대학, 경찰수사연수원, 중앙119구조대, 국방대학교, 한국보건산업진흥원, 한국보건복지인력개발원, 한국수력원자력, 한국중부발전, 한국서부발전, 식품의약품안전청, 한국방사성폐기물관리공단

도시공원 확충

● 도시공원 조성면적 및 결정면적 변화

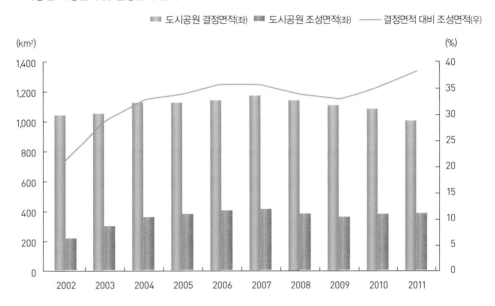

● 1인당 도시공원 조성면적 및 결정면적 변화

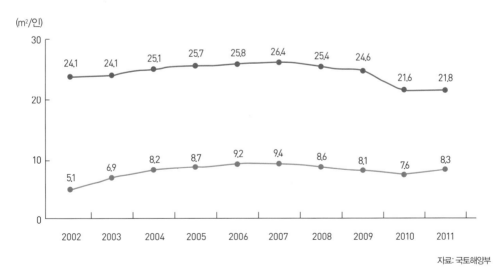

자료: 국토해양부

- 제4차 국토종합계획 수정계획(2006~2020년)에서는 2020년 국토지표의 하나로 1인당 도시공원 면적을 12.5㎡/인으로 제시

- 우리나라의 1인당 도시공원 조성면적은 2002년 5.1㎡/인에서 2007년 9.4㎡/인까지 지속적으로 증가하다가 2007~2010년에 감소했음. 하지만 최근 5년간(2006~2010년) 1인당 도시공원 조성면적은 연평균 8.58㎡/인으로 과거 2002~2005년 7.22㎡/인에 비하면 상대적으로 향상됨.

- 도시공원 결정면적 대비 조성면적 비율은 2007~2009년에 감소하기도 했지만, 2002년 21.1%에서 2011년 35%를 초과하는 수준까지 증가함.

- 특히 2002~2007년에 도시계획시설상 도시공원 결정면적과 조성면적 모두 지속적으로 증가했다가 2007년을 정점으로 이후 도시공원 결정면적이 감소되기 시작함. 이는 도시지역의 높은 지가로 인해 지자체가 부담해야 하는 과도한 토지매입비 때문에 실제 투자가 이루어지기 어려운 상황에서 집행이 가능한 적정한 규모로 조절해나가는 과정으로 볼 수 있음.

건설투자

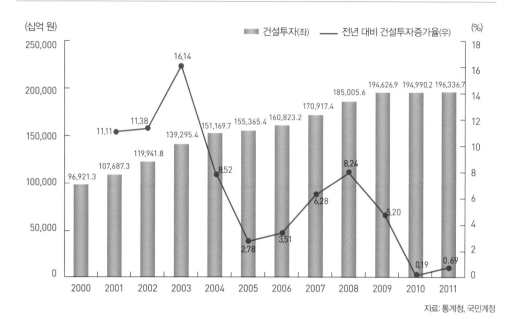

자료: 통계청, 국민계정

- 건설투자는 건설산업의 규모 및 동향을 파악하기 위한 가장 기초적인 자료에 해당
- 건설투자 규모는 1996년 처음으로 100조 원을 넘어서 단일산업으로는 가장 큰 비중을 차지. 이후 IMF 외환위기로 1999년 95조 원으로 감소했다가 정부의 경기부양 및 규제완화 정책으로 2000년대 초반에는 연평균 10% 넘게 상승
- 명목 기준으로 건설투자는 2009년 이후 190조 원을 유지하고 있으나 물가상승률 등을 고려한 실질 건설투자는 감소하고 있는 추세
- 건설투자는 크게 건물건설과 토목건설로 구분되고 건물건설은 다시 주거용 건물과 비주거용 건물로 나누어짐.

- 주거용 건물 건설투자는 2005년 이후 정체 또는 감소하고 있으며, 특히 2010년 전년 대비 -10.75%, 2011년 전년 대비 -11.1%의 감소율을 보이는 등 최근 들어 급격히 감소해왔음.
- 비주거용 건물 건설투자는 최근 산업단지 및 혁신도시 개발 등에 힘입어 2010년 전년 대비 11.97%, 2012년 전년 대비 9.50% 성장
- 토목투자는 2008년 세계금융위기 이후 4대강사업 등 공공토목투자가 증가하여 크게 성장했으나 최근에는 재정악화로 다시 감소하고 있음.

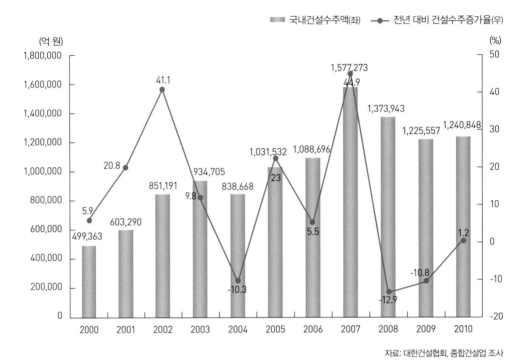

국내건설수주액(좌) ● 전년 대비 건설수주증가율(우)

자료: 대한건설협회, 종합건설업 조사

■ 건설수주는 건설사가 도급계약을 체결한 총 금액으로 일반적으로 건설경기를 선행하는 것으로 나타남.

  – 대한건설협회는 시공능력평가를 받으려는 종합건설업체가 신고한 국내건설수주 실적을 조사하여 발표하는데 건설투자와 마찬가지로 국내건설수주액도 2000년대 초반에 급격히 상승하였음. 그러나 2007년 157조 원을 정점으로 계속 하락하고 있는 추세

해외건설 수주액

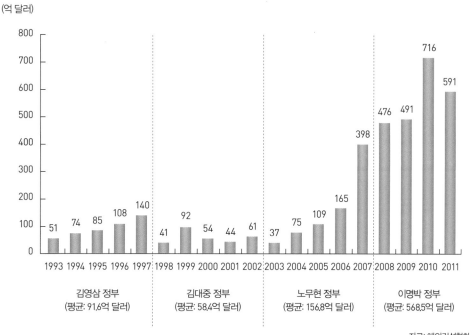

(억 달러)

자료: 해외건설협회

- 1965년 태국의 파타니-나라티왓 고속도로 공사로 시작된 해외건설수주 누계액은 2012년 6월 14일 5,000억 달러를 돌파

- 우리나라 해외건설은 1975~1983년 1차 중동붐에 따른 확장 및 성숙기, 1984~1992년 중동경기 퇴조에 따른 침체기, 1993~1997년 아시아시장을 무대로 한 도약기, 1998~2003년 외환위기에 따른 조정기, 2004년 이후 고유가로 인한 중흥기(제2차 중동붐)로 구분 가능하며, 도약기부터 대체로 각 정부의 재임기간과 일치

- 정부는 제2차 중동붐을 효과적으로 활용하기 위해, 2005년 제1차 해외건설 진흥계획과 2010년 제2차 해외건설진흥계획을 수립, 2014년 해외건설 5대 강국 진입과 해외건설시장 9% 점유를 목표로 설정

- 이러한 노력으로 2006년부터 2010년까지 5년 연속 사상 최고의 해외건설수주를 달성했고, 특히 2010년에는 최초로 연간 수주액 700억 달러 고지를 돌파

- 향후에도 중동지역의 전후 복구사업, 아시아의 SOC수요, 중남미아프리카의 원자재 가격상승으로 인한 건설수요 등으로 지속적인 수주증가가 전망됨.

도로 총연장 대비 자동차등록 대수

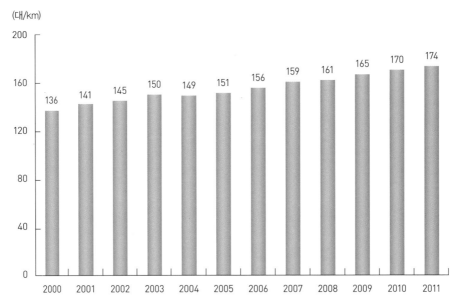

구분 \ 연도	2000	2001	2002	2003	2004	2005	2006	2007	2008	2009	2010	2011
도로 총 연장 (km)	88.8	91.4	96.0	97.3	100.3	102.3	102.1	103.0	104.2	105.0	105.6	105.9
자동차등록 대수(천 대)	12,059	12,914	13,949	14,587	14,934	15,397	15,895	16,428	16,794	17,325	17,941	18,437

자료: 통계청

- 1990년대까지는 고속도로, 국도 및 주요 지방도 등 국토 간선도로망 확충에 주력

- 2000년대에 들어 간선도로 신규건설보다 간선도로 간 연계성 강화사업, ITS를 이용한 도로이용 효율화, 도로 확장 등 기존도로 개량사업을 우선적으로 추진함으로써 도로 투자사업의 효율성을 제고

- 지난 10여년 간 도로연장과 자동차 등록 대수는 꾸준하게 증가했으나 자동차 등록 대수의 증가가 도로연장의 증가속도를 넘어서 도로 총연장 대비 자동차등록 대수가 지속적으로 증가

- 도로 총연장 대비 자동차등록 대수가 2000년 136대/km에서 2011년 174대/km로 약 28%가 증가했으며, 이러한 추세는 앞으로도 계속될 전망임.

도로등급별 평균 일교통량

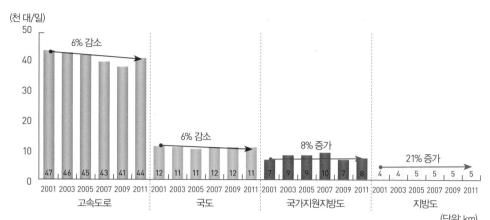

(천 대/일)

6% 감소 / 6% 감소 / 8% 증가 / 21% 증가

2001 2003 2005 2007 2009 2011 | 고속도로 | 국도 | 국가지원지방도 | 지방도

(단위: km)

연도 \ 도로	고속도로	일반국도	국가지원지방도	지방도
2001	47,014	12,143	6,957	4,196
2002	47,697	11,781	8,182	4,334
2003	46,120	11,434	8,650	4,383
2004	45,182	11,204	9,063	4,444
2005	45,371	11,134	9,119	4,533
2006	44,661	11,171	9,514	4,567
2007	43,060	11,592	9,715	4,808
2008	41,745	11,146	9,773	4,830
2009	41,241	11,728	7,184	4,852
2010	43,475	11,594	7,425	4,904
2011	44,276	11,499	7,514	5,074
증가율(2001~2011)	−6%	−6%	8%	21%

자료: 국토해양통계연보

- 고속도로와 국도는 전국 간선도로망의 주요 골격을 형성하는 주요 도로이며, 국가지원지방도 및 지방도는 지방의 간선 역할을 담당하는 도로임.

- 지난 10년간 전국간선도로망과 지역간선도로를 연결하는 등 연계성제고사업과 기존 도로의 시설개량사업을 추진

- 그 결과, 고속도로와 국도의 간선망에 머물러 있던 교통량이 지역간선 등 하위도로

망으로 자연스럽게 흘러나갈 수 있게 됨.
  - 고속도로와 국도의 평균 일교통량은 감소하는 추세인 반면, 국가지원지방도와 지방도는 상승하는 추세를 보임.
  - 특히 지방도의 평균 일교통량은 10년간 총 21%가 증가하여 모든 도로등급에서도 가장 교통량 성장세가 뚜렷하게 확인됨.

- 이를 통해 전국의 도로망체계가 주요 교통축 위주의 이동성 확보뿐 아니라 각 지역으로의 접근성 확보에도 기여함을 알 수 있음.

교통카드 사용률

● 서울시의 교통카드 사용률 추이

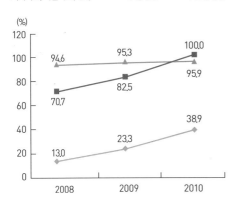

자료: 서울특별시 도시교통본부 교통정책과 보도자료 재구성

● 부산시의 교통카드 사용률 추이

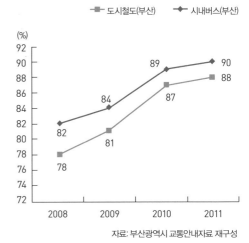

자료: 부산광역시 교통안내자료 재구성

■ 서울시의 수단별 교통카드 사용률은 2008년 대비 모두 증가하고 있으며, 시내버스와 택시의 사용률이 급증하고 있음.
 – 이는 신교통카드시스템이 정착된 이후로 교통카드 이용 시 요금할인과 지하철–버스 환승할인이 본격화되면서 종이승차권이나 현금을 이용하는 시민이 줄고 대중교통 이용자의 95% 이상이 선·후불 교통카드를 사용했기 때문인 것으로 보임.

■ 부산시의 수단별 교통카드 사용률은 2008년 대비 모두 증가 추세에 있음.
 – 부산시의 전자교통카드는 수단별 환승할인 등의 혜택을 통해 교통비 저감 등 편리성 때문에 이용률이 증가하는 것으로 보임.

■ 교통카드 호환성을 확보하여 이용자의 편의를 증진시키고 대중교통 이용을 활성화하기 위해 추진된 교통카드 전국 호환(원카드 올패스)은 현재 지속적으로 추진되고 있음.

■ 국가·지자체는 전국 호환을 위한 제도기술기반을 마련하고, 사업자에게 전국 호환 의무를 부과
 – 자자체 등에 교통카드 호환칩 교체 및 정산시스템 구축비용 일부 지원

■ 교통카드 사용률은 관련 정보를 효과적으로 구축하여 교통수요 신뢰성 제고 및 효율적 관리에 활용하고, 전국 호환 교통카드 도입으로 이용자의 편의성이 크게 증대될 것으로 기대됨.

컨테이너 물동량 현황

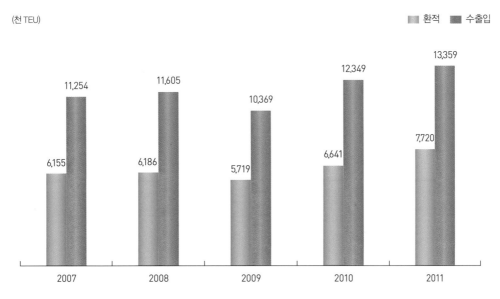

(천 TEU)

■ 환적 ■ 수출입

자료: 한국해양수산개발원, 해운통계요람(2011) 및 국토해양부 SP-IDS

■ 컨테이너는 중국 개방화 이후 중국을 중심으로 아시아 물동량 증가 및 세계 교역량 확대 지속 등으로 타 선종 대비 견조한 성장
  - 지역별 비중(2010년): 아시아 55%, 유럽 17%, 북미 9%
  - 항로별 증가율(2010년): 극동-유럽 13.2%, 태평양 10.3%, 대서양 10%

■ 세계시장 비중은 벌크선(건화물선), 성장속도는 컨테이너선이 가장 큼.
  - 세계 선복량은 2010년 말 기준 13.5억 DWT 규모로 1980년 이후 연평균 2.6% 증가
  - 선종별 비중은 벌크선(39.7%), 탱커선(33.5%), 컨테이너선(13.6%) 순이며, 2000~2010년간 성장속도는 컨테이너선(7.8%), 벌크선(4.7%), 탱커선(2.7%) 순임.

■ 국내에서는 대외교역량이 증가하고 특히 우리의 가장 큰 교역 상대인 중국의 경제발전이 가속화됨에 따라 컨테이너 처리물량도 크게 늘어나고 있음.
  - 특히 중국경제 발전으로 우리나라를 이용하는 환적 물량이 증가 추세로 중국은 경제발전보다 항만 개발이 늦어 한국을 이용하는 환적 물량이 증가
  - 한국이 과거 동북아 물류 허브를 지향, 충분한 항만 여건을 조성한 결과임.

해상 수출입 및 연안화물수송 추이

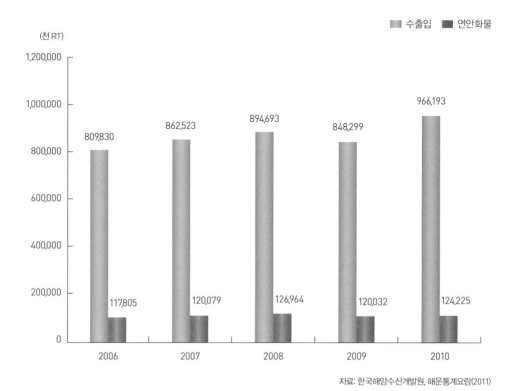

(천RT)

■ 수출입 ■ 연안화물

자료: 한국해양수산개발원, 해운통계요람(2011)

■ 우리나라의 해상 수출입 물동량은 지난 5년간 4.5% 증가해왔음. 이는 우리의 경제 성장과 거의 유사하게 변화되어온 것으로 평가됨.

　－ 우리 경제의 대외 의존도는 거의 90%에 육박할 정도로 높아짐

　－ 우리나라의 경제 성장은 결국 수출입 증가로 이어지므로 당연한 귀결이라 볼 수 있음.

－ 반면 연안화물수송량은 동 기간 약 1.46% 증가에 그쳐 정체되어 있음. 연안을 많이 활성화하여 육상의 도로 분담을 줄이고 이산화탄소 배출을 줄이자는 계획은 연안 해송의 이용률 저조로 이의 달성에는 아직 어려움이 있어 보임.

외항 해운업계 해운수입 현황

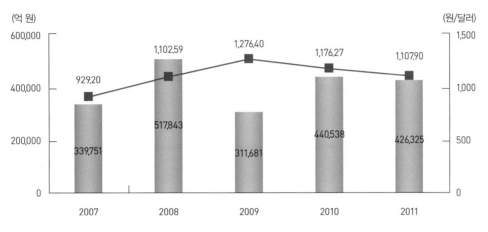

자료: 한국선주협회, 해운연감 및 해사통계집

■ 국내 선사의 경영성과는 해외 상위선사 대비 낮은 수준

　－ 2008년 이후 해운시황 급락으로 악화된 수익성은 최근의 물동량 개선, 선사들의 지속적인 비용절감 노력 등으로 소폭 반등을 보이고 있으나 회복속도는 과거 대비 아직 부진한 상황

　－ 2010년 말 기준 국내 해운선사의 매출액영업이익률은 5% 하회(국내 상장사 4.9%, 국내 외감 중소선사 3.8% 수준)

■ 선사규모별 영업 내용 및 경기 변동성 차이

　－ 2010년 말 기준 국내 대형선사는 비교적 성과가 나은 정기선 운항 참여

　－ 반면 중소선사는 자본과 비용이 많이 드는 정기선사 대신 벌크선 등 부정기선을 많이 운항하고 있음. 최근 운임지수가 크게 하락하여 이들이 해운불황에 가장 취약한 구조이고 전 세계적으로 물동향 감소에도 불구하고 선복량이 늘어 운임지수 하락을 부채질하고 있어 해운선사의 영업실적을 크게 하락시키고 있음.

선복량

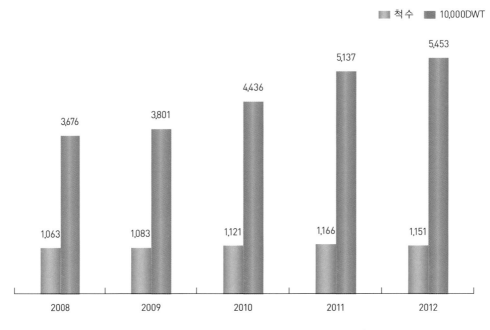

자료: ISL, Shipping Statistics Yearbook

주: 1) 척 수의 대상 선박은 1,000GT 이상
   2) 조사시기는 각 연도 1월 1일 기준(2012년 통계는 실질적으로 2011년 실적임)

■ 대형선사가 선복량의 대부분을 차지
  – 2010년 말 기준 국내 10대 선사가 선복량의
    73%를 차지하고 주로 정기선 운항에 참여
  – 중소선사는 자본과 비용이 많이 드는 정기
    선사 대신 벌크선 등 부정기선을 많이 운항
    하고 있음. 최근 운임지수가 크게 하락하여
    이들이 해운 불황에 가장 취약한 구조임.

  – 최근 연료유 가격도 크게 상승하고 선가는
    하락하는 등이 원가를 압박하는 요인으로
    작용
  – 따라서 적정 선복량을 유지하기 위한 구조
    조정 등 다각적인 노력이 필요함.

상선대 현황

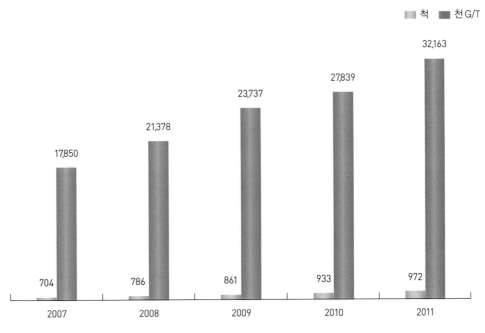

■ 척   ■ 천 G/T

- 2007: 704 / 17,850
- 2008: 786 / 21,378
- 2009: 861 / 23,737
- 2010: 933 / 27,839
- 2011: 972 / 32,163

자료: 한국선주협회, 해사통계집(2012)

■ 전체 상선대는 크게 늘고 선박은 대형화하는 추세
  - 평균 선박 크기는 12,151톤(2007년)에서 33,090톤(2011년)으로 늘어 대형화가 이루어진 것으로 판단됨.
  - 2004년 이후 2011년까지 국내 선복량 증가율은 연평균 14.3%(세계 선복량 증가율은 2009년까지 연평균 5.3%)
  ※ 선복량(천 G/T): 2004년 12,586 → 2007년 17,850 → 2011년 32,163

  - 이 같은 국내 선복량의 큰 폭 증가는 2004년 이후 시행된 선박투자회사제도 및 톤세제 도입 영향 등에 기인
  - 그러나 이러한 선복량 증가는 유럽 위기 등으로 인한 전 세계 경기 후퇴로 물동량 감소로 이어져 과잉선복을 발생시켜 지속적인 구조조정이 필요한 상황임.

전국연안 수질(COD) 현황

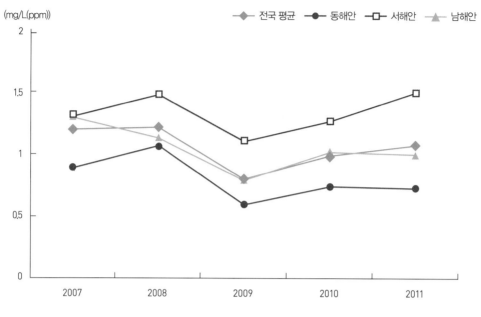

자료: 국토해양부, 한국해양조사연보

■ 과거의 판단기준을 적용하여 해양수질 현황을 살펴보면 COD 기준으로 동해는 청정한 편이나 서해안은 다소 떨어지는 것으로 나타나고 있음.

- 특히 2009년까지 해양수질이 다소 개선되다가 최근 다시 조금씩 악화되는 것으로 나타나 더 이상의 악화를 막기 위한 방안이 요구됨.
- 해양에 영향을 미치는 육상기인 오염의 경우 전체 해양오염의 80% 정도를 차지하는 것으로 보고되고 있음.
※ 이 중 점오염원은 84% 이상의 하수 및 공장 오폐수처리시설 가동으로 관리 및 통제가 상당히 잘 이루어지고 있으나 비점오염원은 제대로 관리되지 못하고 있음(하수도 보급율은 2004년 68.5% → 2010년 84.0%).

- 해양기인 오염: 육상폐기물의 해양 덤핑은 크게 줄어듦(2007년 7,451,000m³ → 2010년 4,478,000m³).
- 해상에 해양생태계를 보호하는 해양보호구역(Marine Protected Area: MPA)을 지정하여 해양생태계와 경관, 수질환경 개선 추진 중
※ 해양생태계관리구역, 습지보호구역, 환경보전해역, 수산자원보호구역 등 연안·해양보호구역은 525개소, 약 1만 km²(2010년 말, 국토의 10%)

적조현상 연도별 발생 건수

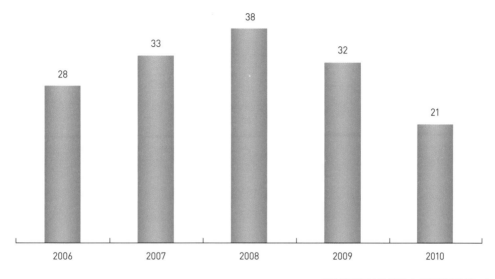

건수

주: 2006년 피해액 7,000만 원, 2007년 피해액 115억 원

자료: 한국해양수산개발원, 수산해양환경 통계(2011)

■ 적조는 육상에서 흘러온 질소(N), 인(P) 등 영양염류가 바다로 흘러들어 이를 먹이로 삼는 박테리아의 이상 번식과 사망에 의해 바다가 빨갛게 변하여 일어나는 현상
  - 우리나라에서는 주로 인구가 밀집한 내만에서 매년 발생하여 양식장, 항로 등 주변을 오염시킴.
  - 2008년까지 증가 추세를 보이다가 최근에는 감소되는 추세임.

  - 질소, 인 등은 농업용 비료나 생활하수를 통해 주로 유출되므로 비료의 사용 감소나 생활하수의 처리 등을 통하여 이를 줄일 수 있도록 해야 할 것임.
  - 특히 마산만 등과 같이 폐쇄되어 지속적인 발생이 이루어지는 곳은 육상배출 오염원의 총량관리제를 통하여 전체 오염원이 통제·관리될 수 있는 시스템의 도입이 필요함.

해양오염 발생 현황

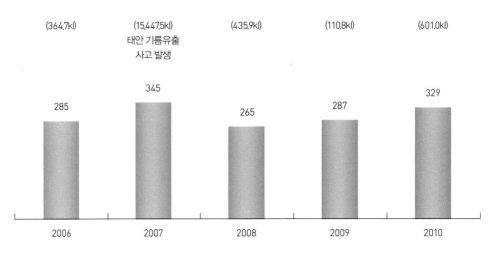

 건수

(364.7kl) (15,447.5kl) (435.9kl) (110.8kl) (601.0kl)
          태안 기름유출
          사고 발생

285   345   265   287   329

2006   2007   2008   2009   2010

자료: 한국해양수산개발원, 수산해양환경 통계(2011)

주: 괄호 안 숫자는 유출량(kl)

■ 해양오염사고는 2000년대 접어들면서 해양환경 보전의식의 향상, 사고예방활동의 강화 등으로 감소 추세를 보였으나 2007년 이후 등락을 반복
  – 2007년은 허베이 스피리트호 사고(충남 태안군)를 비롯, 사고 건수와 기름유출량 모두 크게 증가(2007년 허베이 스피리트호 기름유출량: 12,547kl)

■ 주요 오염원은 선박 및 육상시설 등
  – 2009년: 선박 249건(87%), 육상시설 31건 (11%)

※ 어선사고: 125건(전년 대비 28% 증가)
  유조선사고: 18건(전년 대비 22% 감소)
  – 2010년: 선박 285건(87%), 육상시설 40건 (12%)

■ 사고 원인별로는 취급 부주의, 해난사고, 파손 등의 순서
  – 2010년: 취급부주의 195건(59%), 해난사고 67건(20%), 파손 등 41건(12%)
  – 따라서 이를 막기 위한 철저한 안전교육, 상시 관리 등이 요구됨.

해양사고 건수

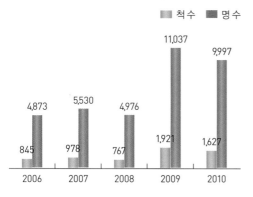

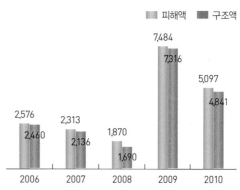

자료: 한국해양수산개발원, 수산해양환경 통계(2011)

■ 해양사고란 해상에서 발생한 조난사고로 선박의 단순고장, 좌초, 충돌 및 화재, 전복, 침수 등으로 인한 재산 및 인명손실을 말함.

　※ 관계 법규: 수난구조법 제2조

■ 지난 10년간 통계에서는 좌초, 충돌, 화재, 전복, 침수 등 대형 인명사고와 해양오염을 유발하는 전형적인 조난사고가 연평균 451척으로서 전체 사고의 46.4%를 차지

　– 선종별로는 어선이 전체 해양사고의 70% 안팎

　– 거리별로는 영해 내 사고가 2006년 431척에서 2010년 792척으로 증가

■ 해양사고의 주요 원인으로는 운항부주의와 정비 불량

　– 2010년의 경우 전체 사고 척수 1,627척 중 운항부주의가 611척으로 37.6% 차지(정비 불량은 542척, 33.5%)

■ 2009년 이후 사고선박 척 수와 인명사고 인원이 급격한 증가세를 보이는 이유는 인명피해 우려가 없는 소규모 접촉사고가 통계 집계에 포함되었고, 주 5일제 확대 시행에 따른 레저활동의 증가와 관련 있는 것으로 분석됨.

　– 반면 2007년 7월 1일 '해양긴급번호 122' 및 첨단 상황관제시스템 등의 시행 및 운영으로 선박구조율과 인명구조율은 향상됨.

2장

사회복지

01

보건의료

한국, OECD의 국민의료비 추이 비교(GDP 대비 비율)

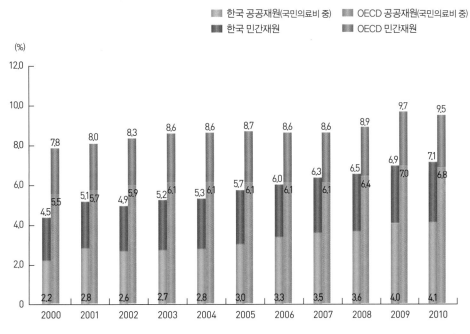

자료: OECD Health Data(2012)

■ 우리나라 국민의료비의 GDP에 대한 비율은 2000년 4.5%에서 2010년 7.1%까지 지속적으로 증가했음에도 불구하고 여전히 OECD 평균치 9.5%보다 낮은 수준임.
  – 그렇지만 2000~2010년간 우리나라 의료비 실질증가율은 9.0%로 OECD 평균 4.5%의 2배에 달하는 빠른 증가 속도를 보이고 있음.

■ 특히 우리나라의 GDP 대비 국민의료비는 공공재원 부문에서 빠르게 증가하고 있음. 우리나라의 GDP 대비 공공재원 국민의료비는 2000년에 2.2%에 불과했으나 2010년에 4.1%까지 확대됨.
  – OECD의 GDP 대비 공공재원 국민의료비가 2000년에 5.5%에서 2010년 6.8%까지 증가한 것과 비교해볼 때 우리나라의 공공재원 증가속도가 매우 빠름을 알 수 있음.

GDP 대비 국민의료비 추이

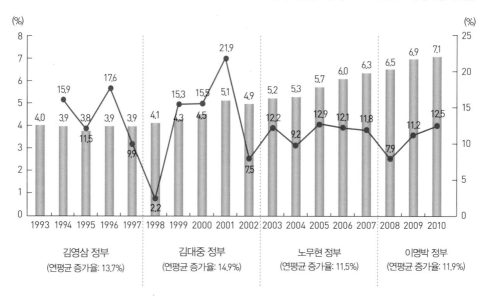

김영삼 정부
(연평균 증가율: 13.7%)

김대중 정부
(연평균 증가율: 14.9%)

노무현 정부
(연평균 증가율: 11.5%)

이명박 정부
(연평균 증가율: 11.9%)

자료: 보건복지부, 2010년 국민의료비 및 국민보건계정

주: 증가율은 김대중 정부(14.9%)>김영삼 정부(13.7%)>이명박 정부(11.9%)>노무현 정부(11.5%)의 순서임.

■ 우리나라 국민의료비의 GDP에 대한 비율
은 지속적으로 증가하여 이명박 정부에서
7%를 넘어섬.
 – 김영삼 정부(1993~1997) 때는 4% 전후의 수
준에 그쳤고, 김대중 정부(1998~2002) 중
에 5%를 넘어서기 시작했으며, 노무현 정부
(2003~2007) 시기 중에는 6%를 초과함.
 – 이명박 정부(2008~2010)에서도 지속적으로
높아져 2010년에는 7.1%에 달함.

■ 이는 국민의료비의 증가속도가 일반경제
(GDP)의 증가속도보다 빠르기 때문임.
 – 2000년대에 들어 GDP 증가속도는 둔화되
기 시작했지만, 국민의료비는 인구고령화
가속화, 2000년에 시행된 의약분업제도와
이에 따른 수가인상, 2005년 중반 이후 계
속된 보장성 확대정책 등으로 지속적인 증
가세를 보임.

국민의료비 중 공공지출 비율

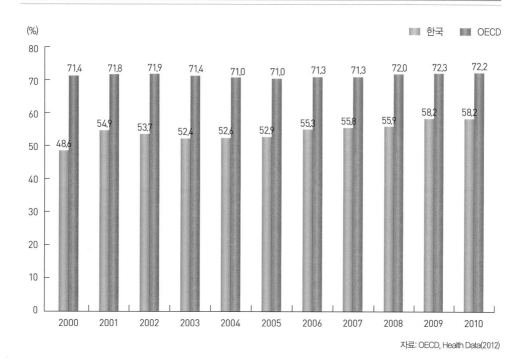

자료: OECD, Health Data(2012)

■ 우리나라 공공 부문 지출비중은 건강보험 지출규모의 증가로 인하여 2000년 48.6%에서 2010년 58.2%까지 높아짐.
  – OECD 평균 72.2%에 비해 낮은 수준이기는 하지만, OECD 평균은 지난 10년간 71~72%대에서 머물던 반면 우리나라는 지속적으로 높아졌음.

■ 건강보험은 1987년 한방의료보험 도입을 시작으로 건강보험 급여를 확대하고 있음.
  – 2005년부터 보장성 확대 로드맵을 마련하여 중증질환자 및 저소득계층의 의료비 부담을 경감하는 보장성 강화 계획을 추진해옴.
  ※ 1차 계획(2005~2008년, 총 3.5조 원): 암, 심장질환 등 중증질환 진료비 경감
  ※ 2차 계획(2009~2013년, 총 3.1조 원): MRI, 초음파, 노인틀니, 본인부담 경감 등

■ 향후 보장성 확대를 위한 거버넌스체계 구축을 통하여 보장성 원칙을 정립하고, 필수의료·중증질환 중심으로 보장성을 강화할 계획임.

한국, OECD 회원국 기대수명 추이 비교

● 남성

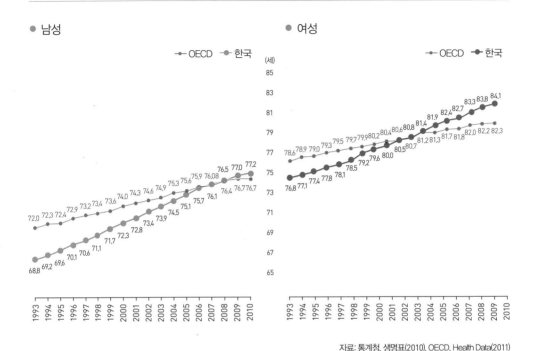

자료: 통계청, 생명표(2010), OECD, Health Data(2011)

■ 국민보건 수준의 향상으로 1993년 이후 기대수명은 남녀 모두 꾸준히 증가했음.

  – 2010년 남성의 기대수명(77.2년)은 1993년(68.8년) 대비 8.4년 그리고 2010년 여성의 기대수명(84.1년)은 1993년(76.8년)에 비하여 7.3년 증가함.

  – 1993년 이후 남성은 연평균 0.5년, 여성은 0.4년 증가하여 같은 기간 OECD 연평균 증가분(남 0.3년, 여 0.2년)보다 빠른 속도를 보임.

■ 한편 OECD 자료에 따르면 우리나라 남성 기대수명(77.2년)은 OECD 회원국 평균(76.7년)보다 0.5년, 여성(84.1년)은 OECD 회원국 평균(82.3년)보다 1.8년 높음.

  – OECD 34개 회원국 중 우리나라 남성 기대수명은 21위(1위는 스위스 79.9년), 여성은 6위(1위는 일본 86.4년)로 나타남.

영아 사망률 추이

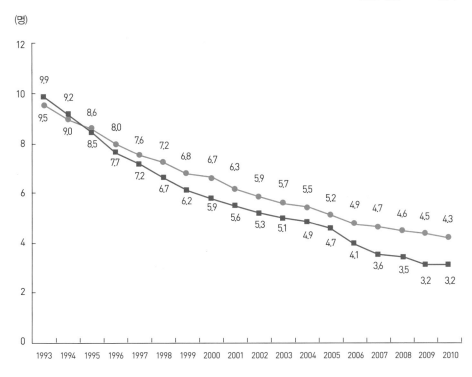

주: 출생아 천 명당 명수임.

자료: 통계청, 사망원인통계(2010), OECD, Health Data(2011)

■ 영아 사망률은 보건의료기술이 발달하면
  서 1993년 9.9명에서 2010년 3.2명으로 꾸
  준하게 감소하고 있음.
  – 특히 임신부의 임신 중 관리 및 산욕기 관리,
    신생아의 출생 및 출생 후 관리의 큰 발전이
    신생아의 사망률 감소에 기여함.

■ OECD 34개국의 평균 영아 사망률(출생아
  천 명당)은 4.3명이지만 한국은 3.2명으로
  낮은 편임.

항생제 및 주사제 처방률

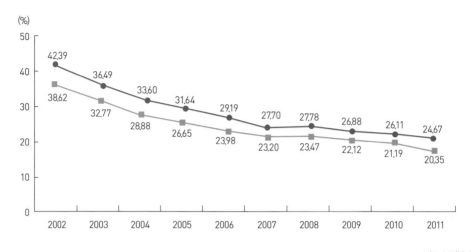

주사제 처방률 ── 항생제 처방률

(%)

자료: 보건복지부

■ 항생제 및 주사제는 꼭 필요한 환자에게 만 신중하게 처방해야 함. 항생제 및 주사 제 처방률은 요양급여 적정성평가를 시행 한 이후 꾸준히 감소

  − 2008년 이후 항생제 처방률은 27.78%에서 2011년 24.67%로 11% 감소했으며 주사제 처방률 역시 2008년도 23.47%에서 2011년 20.35%로 13% 감소

■ 이명박 정부에서는 주사제 처방률에 대한 지속 평가 및 항생제 처방률 감소를 위해 호흡기계질환 항생제 처방률뿐 아니라 수 술의 예방적 항생제, 유소아 중이염 항생제 등으로 대상을 확대, 항생제 처방률을 낮 추기 위한 노력을 지속하여 적정한 처방에 기여

국가 암 검진사업 수검률 추이

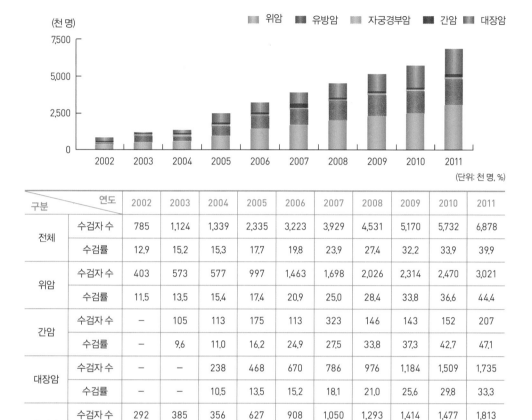

(단위: 천 명, %)

구분	연도	2002	2003	2004	2005	2006	2007	2008	2009	2010	2011
전체	수검자 수	785	1,124	1,339	2,335	3,223	3,929	4,531	5,170	5,732	6,878
	수검률	12.9	15.2	15.3	17.7	19.8	23.9	27.4	32.2	33.9	39.9
위암	수검자 수	403	573	577	997	1,463	1,698	2,026	2,314	2,470	3,021
	수검률	11.5	13.5	15.4	17.4	20.9	25.0	28.4	33.8	36.6	44.4
간암	수검자 수	–	105	113	175	113	323	146	143	152	207
	수검률	–	9.6	11.0	16.2	24.9	27.5	33.8	37.3	42.7	47.1
대장암	수검자 수	–	–	238	468	670	786	976	1,184	1,509	1,735
	수검률	–	–	10.5	13.5	15.2	18.1	21.0	25.6	29.8	33.3
유방암	수검자 수	292	385	356	627	908	1,050	1,293	1,414	1,477	1,813
	수검률	14.7	16.5	18.2	20.8	25.4	29.9	34.8	39.6	42.8	49.4
자궁 경부암	수검자 수	90	61	55	68	69	72	90	115	124	102
	수검률	15.6	10.4	9.0	11.8	11.4	11.3	13.8	18.0	28.5	27.1

자료: 통계청, 국립암검진사업정보시스템

■ 국가 암 검진사업은 암으로 인한 국민의 의료비 및 사회경제적 비용 부담을 완화하고 암발생률·암사망률을 감소시키는 한편 국민의 건강권을 보장하여 만성병·전염병 등 질병으로부터 국민건강을 보호하는 것을 목표로 함.

– 국가 암 검진사업 수검률은 수검자를 대상자로 나눈 비율(%)로, 매년 높아지는 모습을 보이고 있음.

– 암 검진사업은 1999년 의료급여수급자를 대상으로 시작했으며, 2002년에는 건강보험료 기준 하위 20%, 2003년에는 하위 30%, 2005년에는 하위 50%까지로 대상자가 확대됨에 따라 수검자도 증가하고 있음.

인구 10만 명당 의료인 수

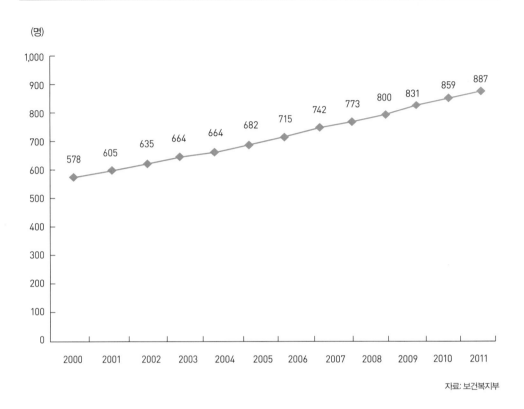

(명)

자료: 보건복지부

■ 우리나라의 인구 10만 명당 의료인 수는 2000년 이후 지속적인 증가 추세를 나타내고 있으며 이명박 정부에서도 꾸준한 증가세를 보임(2000년 578명 → 2005년 715명 → 2010년 859명 → 2011년 887명).

 ※ 의료인 수: 의료법 제2조에 따른 보건복지부장관의 면허를 받은 의사·치과의사·한의사·조산 및 간호사 수

 ※ 인구 수: 통계청 추계인구 기준

■ 2010년 현재 인구 천 명당 활동의사 수는 2.0명으로 OECD 국가 중 미국(2.4명) 및 일본(2.2명)과 유사한 수준임.

인구 1천 명당 병상 수

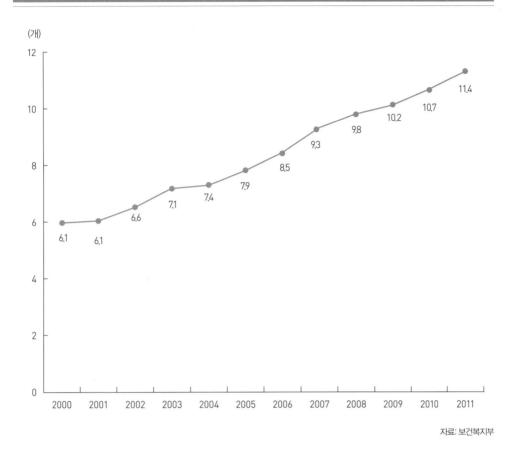

(개)

자료: 보건복지부

■ 우리나라의 전체 병상 수는 2000년 이후 지속적인 증가 추세를 나타내고 있으며, 이명박 정부에서도 꾸준한 증가세를 보임 (2000년 6.1개→2004년 7.4개→2011년 11.4개).

※ 병상 수: 의료법 제3조 '의료기관'의 전체 병상 수 기준(병·의원)

※ 인구 수: 통계청 추계인구 기준

■ 국제지표인 병원급 병상기준으로는 8.8병상(2010년)으로 OECD 평균인 4.9병상보다 높은 수준임.

건강보험 재정 현황

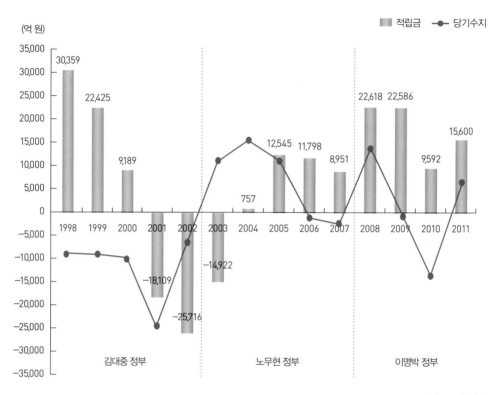

(억 원)

범례: ■ 적립금 ─●─ 당기수지

연도	적립금
1998	30,359
1999	22,425
2000	9,189
2001	−18,109
2002	−25,716
2003	−14,922
2004	757
2005	12,545
2006	11,798
2007	8,951
2008	22,618
2009	22,586
2010	9,592
2011	15,600

김대중 정부   노무현 정부   이명박 정부

자료: 보건복지부

- 건강보험 재정은 인구고령화, 소득증가 등에 따른 높은 의료이용량, 보장성 확대정책 등의 영향으로 보험급여비 지출이 가파르게 증가하여 2009~2010년 당기적자를 기록, 위기상황에 직면
  - 총력적인 지출 절감 및 수입 확충 등의 재정안정대책 추진으로 2011년 말 당기수지 6,008억 원 흑자라는 가시적 성과를 달성함.

- 향후 지속적인 수입 확충 및 지출 효율화를 통하여 적정수지를 관리함으로써 당기수지 균형을 유지
  - 이와 더불어 지불제도 개편, 보험료 부과체계 개선, 약가제도 개편 등의 근본적인 제도 개선을 통하여 건강보험제도의 중장기 지속성을 확보해야 할 것임.

02

사회복지

복지예산규모와 총지출 대비 복지지출 비중

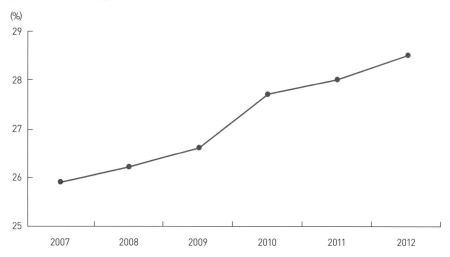

● 총 지출 대비 복지지출 비중

● 총 지출·복지지출규모 및 증가율

구분 \ 연도	2007	2008	2009	2010	2011	2012
총 지출(조 원, A)	237.1	262.8	301.8	292.8	309.1	325.4
(증가율, %)	(5.8)	(10.8)	(14.8)	(-3.0)	(5.5)	(5.3)
복지지출(조 원, B)	61.4	68.8	80.4	81.2	86.4	92.6
(증가율, %)	(9.6)	(12.1)	(16.9)	(1.0)	(6.3)	(7.2)
총 지출 대비 비중(B/A, %)	25.9	26.2	26.6	27.7	28.0	28.5

자료: 기획재정부

주: 2008년 및 2009년 추경 포함 기준

■ 2007~2012년 중 복지예산규모는 꾸준히 증가하는 추세를 보이고 총 지출 대비 복지지출 비중 또한 2007년 이후 지속적으로 증가하고 있음.

■ 2012년 복지지출규모 및 비중은 역대 최고 수준을 나타내고 있음.

※ 복지지출: 2007년 61.4조 원→2012년 92.6조 원

※ 총 지출 대비 복지지출: 2007년 25.9% → 2012년 28.5%

지니계수, 소득5분위 배율, 상대적 빈곤율

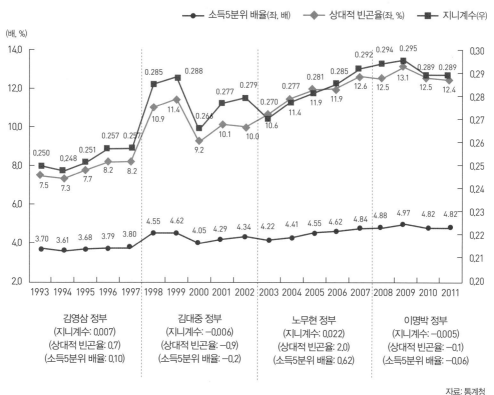

◆━ 소득5분위 배율(좌, 배)   ◆━ 상대적 빈곤율(좌, %)   ■━ 지니계수(우)

(배, %)

자료: 통계청

김영삼 정부
(지니계수: 0.007)
(상대적 빈곤율: 0.7)
(소득5분위 배율: 0.10)

김대중 정부
(지니계수: −0.06)
(상대적 빈곤율: −0.9)
(소득5분위 배율: −0.2)

노무현 정부
(지니계수: 0.022)
(상대적 빈곤율: 2.0)
(소득5분위 배율: 0.62)

이명박 정부
(지니계수: −0.005)
(상대적 빈곤율: −0.1)
(소득5분위 배율: −0.06)

■ 1990년대 이후 악화 추세를 보이던 소득분배지표들이 글로벌 금융위기 이후 경기회복 과정에서 개선되고 있음.

– 지니계수(도시 2인 이상, 가처분소득 기준)의 경우 2008년 이명박 정부 출범 당시 0.294에서 금융위기를 겪은 2009년에는 0.295, 2011년에는 0.289로 횡보하고 있음.

– 상대적 빈곤율과 소득5분위 배율도 2008년 12.5%와 4.88배에서 2011년 12.4%와 4.82배를 유지함.

■ 기초보장제도와 같은 사회안전망 확충 등으로 이전소득이 증가한 것이 소득분배의 악화를 막아주는 주요 원인으로 작용함.

■ 앞으로도 소득분배 개선을 위해 양질의 일자리 창출 등을 통해 저소득층의 고용여건을 개선하고, 저소득·취약계층에 대한 사회안전망 확충 등을 지속해나갈 필요가 있음.

노인장기요양보험의 급여비 추이

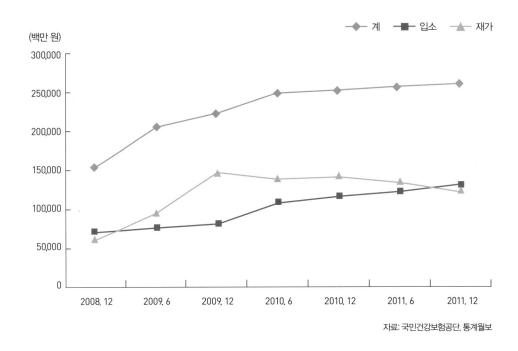

(백만 원)

범례: 계 ◆ 입소 ■ 재가 ▲

자료: 국민건강보험공단, 통계월보

■ 노인장기요양 급여비는 대상자 추이와 마찬가지로 제도시행 초기에 급격히 증가했으나 2010년 하반기 이후 증가 추세가 둔화되고 2011년 들어 비교적 안정적인 추세를 유지함.

- 급여비 규모는 2008년 12월 1,299억 1,600만 원이었으나 2011년 12월 2,511억 2,300만 원으로 93.3% 증가했음.

- 같은 기간 동안 장기요양기관 입소급여비는 84.8% 증가한 반면, 재가급여비는 103.4% 증가했음.

■ 시행 초기와 비교하여 대상자 수가 꾸준히 증가하면서 2011년 12월 말 기준 전체 노인인구(5,642,000명) 대비 5.7%(324,000명) 정도가 장기요양혜택을 받고 있음.

- 향후 노인인구가 증가함에 따라 수혜자 수도 늘어날 것으로 전망됨.

노인장기요양보험의 대상자 추이

● 연도별 인정자 수 추이

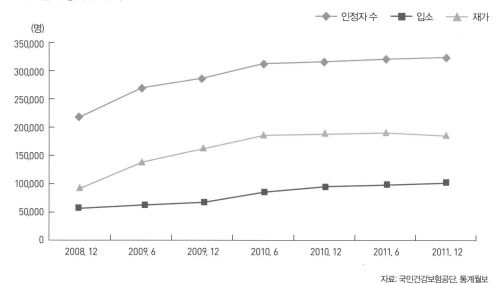

(명)

범례: 인정자 수 ◆ 입소 ■ 재가 ▲

자료: 국민건강보험공단, 통계월보

■ 노인장기요양보험제도는 고령이나 노인성 질병 등으로 목욕이나 집안일과 같이 일상생활을 혼자서 수행하기 어려운 이들에게 신체활동·가사지원 등의 서비스를 제공하여 노후 생활의 안정과 그 가족의 부담을 덜어주기 위해 도입한 사회보험제도임.

■ 2008년 7월 제도가 시행되면서 초기 대상자 수가 급격하게 증가했으나, 2010년 하반기 이후 대상자 증가 추세가 둔화하여 2011년 들어 비교적 안정적인 증가 추세를 유지함.

– 대상자 수는 2011년 12월 324,000명으로 2008년 12월 214,000명 대비 50.8% 증가했음.

– 대상자 수는 초기에 급격히 증가했다가 제도가 정착됨에 따라 안정화 추세를 보이고 있는데, 이는 선험국들에서 일반적으로 나타나는 현상과 같음.

※ 일본, 독일의 경우도 제도 시행초기 대상자 증가율이 컸으나 3년 이후 안정

■ 고령화·급여범위 확대로 향후 급격한 수요 증가가 예상됨(경증치매 포함 등).

노인복지시설 현황

● 노인인구 대비 시설 및 재가기관 현황

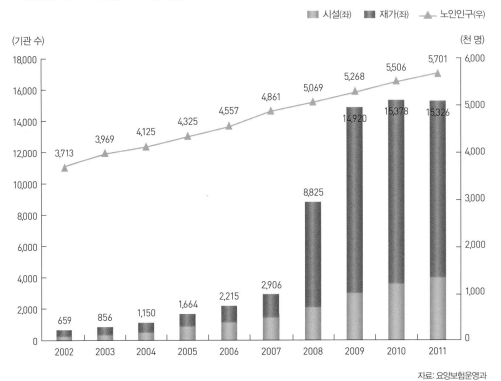

자료: 요양보험운영과

■ 급격한 고령화에 대비하여 2008년 7월부터 노인장기요양보험이 시행됨에 따라 재가기관이 대폭 확충됨.
  – 입소시설은 2002년 대비 2008년 615%, 2011년 1,436%의 증가세를 보임.
  – 재가기관은 2002년 대비 2008년 1,733%, 2011년 2,850% 늘어남.

■ 장기요양보험제도 시행 초기에 나타난 큰 폭의 시설 및 재가기관의 증가세는 재가시설 인력기준 강화(2010년) 이후 안정화되는 모습을 보임.

65세 이상 공적연금 수급률 및 수급자 현황

● 65세 이상 공적연금 수급률

■ 국민연금　■ 공무원연금　■ 사학연금　—● 계

● 65세 이상 공적연금 수급자 현황

■ 국민연금　■ 공무원연금　■ 사학연금　—● 계

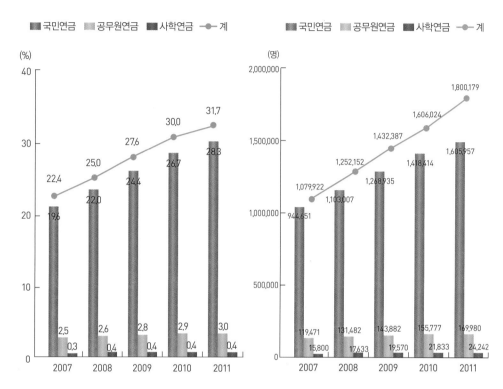

자료: 통계청, 고령자 통계, 국민연금 통계연보,
공무원연금 통계, 사학연금 통계연보

주: 각 연금수급자의 합계를 65세 이상 추계인구로 나눈 비율임.

■ 2011년 기준 65세 인구 중 공적연금(국민연금, 공무원연금, 사학연금) 수급자는 180만 명으로 65세 이상 인구의 31.7%가 공적연금을 받고 있음.

  – 2010년에 공적연금 수급률은 전년 대비 2.4%p 증가한 것임.

■ 연금 종류별 65세 이상 연금수급자 비율을 살펴보면, 국민연금이 161만 명으로 28.3%, 공무원연금이 17만 명으로 3.0%, 사학연금이 2만 4,000명으로 0.4% 순임.

국민연금 재정 현황

● 기금조성 내역(1988. 1 ~ 2011. 12)

조성 419.3조 원
270.9(연금보험료)
148.4(운용수익 등)

지출 70.5조 원
66.5(연금급여)
4.0(관리운영비)

기금적립금 348.9조 원
348.5(금융 부문)
0.4(복지·기타)

● 연도별 기금적립금

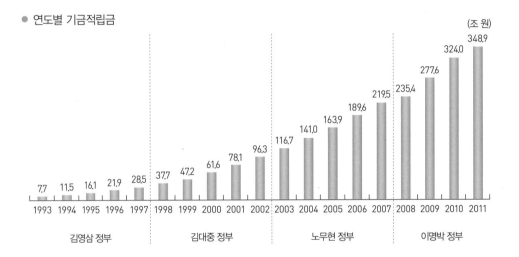

(조 원)

1993	1994	1995	1996	1997	1998	1999	2000	2001	2002	2003	2004	2005	2006	2007	2008	2009	2010	2011
7.7	11.5	16.1	21.9	28.5	37.7	47.2	61.6	78.1	96.3	116.7	141.0	163.9	189.6	219.5	235.4	277.6	324.0	348.9

김영삼 정부   김대중 정부   노무현 정부   이명박 정부

자료: 국민연금공단

■ 국민연금기금은 1988년부터 2011년까지 419조 3,275억 원을 조성하여 연금급여 등으로 70조 4,598억 원을 지출하고, 2011년 말 기준시가 기준 348조 8,677억 원을 보유하고 있음.

– 2011년 말 기준 기금적립금은 채권·주식·대체투자 등 금융 부문 348조 4,681억 원(99.9%), 복지 부문 1,081억 원(0.03%) 등으로 나누어 운용 중임.

■ 자산별로는 국내채권 225조 원(64%), 국내주식 62조 원(17.9%), 해외주식 19.7조 원(5.6%), 해외채권 14.5조 원(4.2%), 대체투자 27조 원(7.8%) 등으로 분산시켜 투자하고 있음.

– 1988년 국민연금이 처음으로 출범한 이후 2011년 말까지 연평균수익률은 6.6%, 누적수익금은 147조 7,651억 원에 이름.

보육료 지원기준 변화 추이

나이 \ 연도	2003	2004	2005	2006	2007
만 5세아	도시근로자가구 평균소득 70% 이하	도시근로자가구 평균소득 70% 이하	도시근로자가구 평균소득 80% 이하	도시근로자가구 평균소득 90% 이하	도시근로자가구 평균소득 90% 이하
0~4세아	차상위계층	도시근로자가구 평균소득 50% 이하	도시근로자가구 평균소득 60% 이하	도시근로자가구 평균소득 70% 이하	도시근로자가구 평균소득 90% 이하

나이 \ 연도	2008	2009	2010	2011	2012
만 5세아	도시근로자가구 평균소득 100% 이하	영유아가구 평균소득 70% 이하	영유아가구 평균소득 70% 이하	영유아가구 평균소득 70% 이하	전 계층
0~4세아	도시근로자가구 평균소득 100% 이하	영유아가구 평균소득 70% 이하	영유아가구 평균소득 70% 이하	영유아가구 평균소득 70% 이하	0~2세 전 계층 3~4세 영유아가구 평균소득 70% 이하

자료: 보건복지부

■ 부모의 비용부담 경감 목적으로 영유아 보육료 지원 사업 대상을 지속적으로 확대
  – 특히 '만 5세아 보육료 지원'은 만 5세아 교육·보육에 대한 국가책임원칙에 따라 유아단계의 양질의 보육 제공을 목적으로 지원되고 있으며 지원대상과 지원단가는 단계적으로 인상되어 지원되고 있음.
  – 2012년에는 '만 5세아 누리과정' 시행에 따라 소득수준에 관계없이 전 계층으로 확대 시행
  – 2012년 0~2세 보육료 지원도 전 계층으로 확대

영유아 보육료 지원단가의 연차적 인상

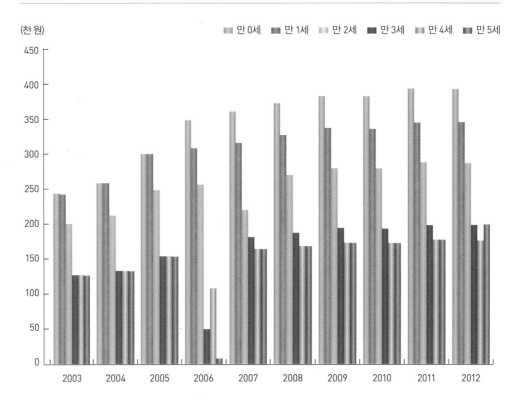

(천 원)

범례: 만 0세 / 만 1세 / 만 2세 / 만 3세 / 만 4세 / 만 5세

자료: 보건복지부

- ■ '영유아 보육료 지원사업'은 어린이집 이용 영유아에 대한 보육료 지원을 통해 부모의 자녀양육부담 경감 및 원활한 경제활동 지원을 목적으로 하고 있으며, 연령별 지원단가를 단계적으로 인상하고 있음.

- – 지원단가는 물가 상승률과 인건비 인상을 반영하여 연차적으로 인상하고 있으며, 이는 부모의 경제적 부담 경감과 출산 직후 불가피하게 직장으로 복귀해야 하는 여성의 경력단절 방지 등 저출산 문제 해소를 위한 지원이 되고 있음.

어린이집 시설 수 및 아동 수 현황

● 어린이집 시설 수 현황

■직장 ■가정 ■부모협동 ■민간 ■법인 ■국공립

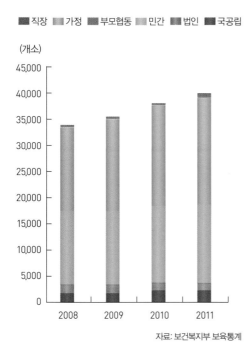

자료: 보건복지부 보육통계

● 어린이집 아동 수 현황

■직장 ■가정 ■부모협동 ■민간 ■법인 ■국공립

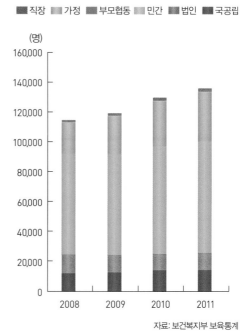

자료: 보건복지부 보육통계

■ 전체 어린이집 수는 매년 증가하고 있으며, 2011년 12월 현재 39,842개소로 1997년 대비 2.6배 증가함.

　※1997년 15,375개소 → 2011년 : 39,842개소

■ 어린이집 이용 아동 수 또한 2011년 12월 현재 1,348,729명으로 1997년 대비 2배 이상 증가함.

　※1997년 520,959명 → 2011년 1,348,729명

■ 향후 보육료 지원 확대 등으로 어린이집 이용 아동이 지속적으로 증가할 것으로 예상되며, 국가는 국공립 어린이집의 지속적 확충 및 우수 민간 어린이집 지원 등 다양한 정책을 통한 보육 서비스의 질적 수준 향상을 도모할 것임.

어린이집 보육료

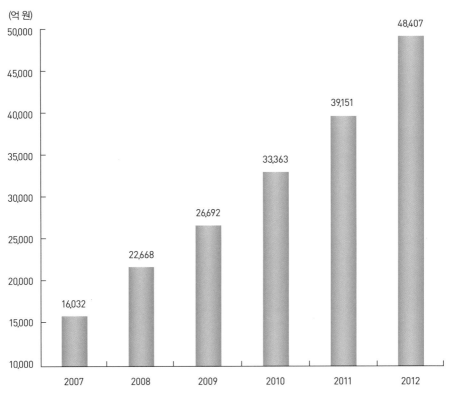

(억 원)

- 2007: 16,032
- 2008: 22,668
- 2009: 26,692
- 2010: 33,363
- 2011: 39,151
- 2012: 48,407

자료: 보건복지부

■ 이명박 정부는 '국가가 책임지는 보육'이라는 정책기조 아래 보육료 지원대상 및 예산을 대폭 확대

   – 2007년에는 도시근로자가구 월평균 소득 100% 이하에만 지원했으나, 2009년 영유아가구 소득 하위 50%, 2010년 영유아가구 소득 하위 70%로 확대

   – 2012년에는 0~2세와 5세는 소득수준과 무관하게 전 계층에 보육료를 지원하고, 3~4세도 2013년부터는 보육료를 전 계층에 지원하기로 발표(2012. 1. 19)

연도별 아동급식 지원 현황

● 급식 지원 아동 수

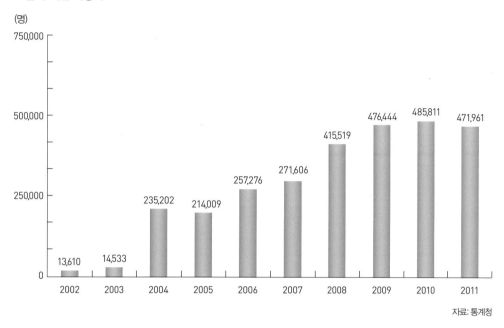

(명)

자료: 통계청

- 2009년의 국가경제 위기로 가족해체, 보호자의 실직·가출 등으로 결식할 우려가 높은 취약계층 아동이 증가했음.
  - 이에 2009~2010년간 한시적 국고 지원 (2005년 이후 지방이양사업)으로 가정환경상 결식이 우려되는 약 48만 명의 아동에게 급식을 지원함.
  - 기존 대상자 선정기준을 보다 명확히 하여 실제 결식 우려가 있는 아동을 지원하도록 보완함.
  - 사각지대에 놓여 있는 결식아동 발견을 위해 신청권자를 확대, 연중 상시적으로 신청하도록 선정절차를 개선했음.

- 조·중·석식 급식전달방법에 있어서 아동의 특성 및 지역여건을 감안한 다양한 방법으로 지원하도록 하고, 아동급식관리를 사회복지통합관리망으로 구축하여 신청, 조사, 사후관리 등이 개인·가구 단위로 통합적으로 수행될 수 있도록 체계화함.

- 또한 지역아동센터, 학교급식소 등 현행 단체급식시설에 대한 지방자치단체 지원 확대 및 사회적 일자리 등과 연계된 업체를 지정·확대하는 등 인프라를 다양화함.

03

장애

장애인 생활시설 현황

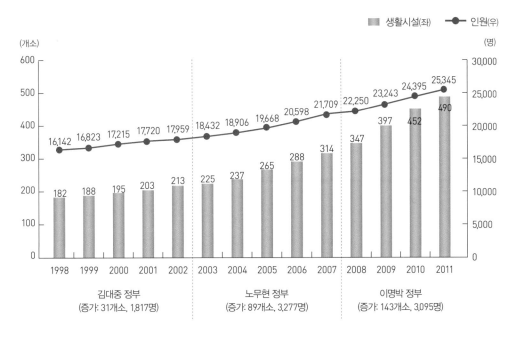

생활시설(좌)　　인원(우)

(개소)

김대중 정부
(증가: 31개소, 1,817명)

노무현 정부
(증가: 89개소, 3,277명)

이명박 정부
(증가: 143개소, 3,095명)

자료: 보건복지 통계연보

■ 2012년 초 장애인복지법의 개정으로 기존 생활시설과 지역사회 재활시설이었던 단기 보호시설과 공동생활가정이 장애인 거주 시설로 통합·재편됨.

■ 이러한 변화는 장애인 생활시설 대규모화에 따른 인권침해요소들에 대한 고려와, 지역사회에서의 자립생활(Independent Living: IL)에 대한 장애인들의 욕구 증가 및 탈시설화 주장이 반영된 결과라고 할 수 있음.

■ 이명박 정부 들어 장애인 생활시설은 143개 소가 증가했고 그 결과 3,095명의 장애인이 추가로 시설 서비스를 받게 됨.

– 이전 정부보다 시설 개소 수는 증가했으나 입소 인원은 감소했음.

– 이는 장애인 생활시설의 소규모화, 구조개편정책에 따른 것임.

장애인 복지시설 현황

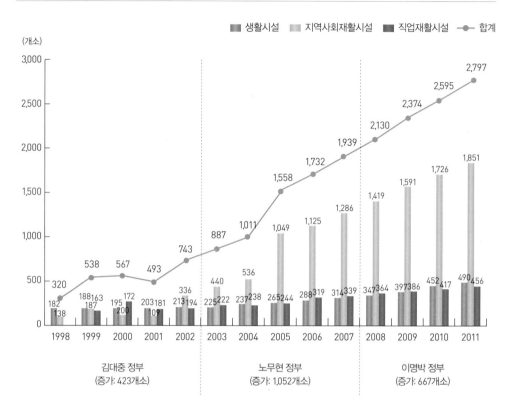

자료: 보건복지 통계연보

■ 장애인 복지시설은 이명박 정부 들어 667개소가 늘어났는데, 김대중 정부보다는 높고, 노무현 정부보다는 낮은 증가세를 보임.

－ 지역사회에서의 장애인들의 복지욕구 증가와 더불어 장애인 복지시설이 지방이양사업으로 전환된 이후 가파른 증가세를 보이다가 이후 지방재정의 부담감 등으로 증가세가 둔화되는 경향을 보임.

■ 하지만 지역사회에서의 장애인 복지욕구 증가로 꾸준한 증가세를 유지함.

장애인 지역사회 재활시설 현황

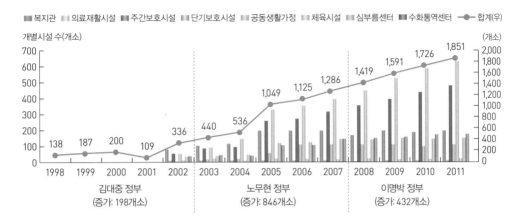

■ 복지관 ■ 의료재활시설 ■ 주간보호시설 ■ 단기보호시설 ■ 공동생활가정 ■ 체육시설 ■ 심부름센터 ■ 수화통역센터 ━● 합계(우)

김대중 정부
(증가: 198개소)

노무현 정부
(증가: 846개소)

이명박 정부
(증가: 432개소)

(단위: 개소)

구분＼연도	1998	1999	2000	2001	2002	2003	2004	2005	2006	2007	2008	2009	2010	2011
복지관	–	–	–	–	92	106	121	130	137	157	171	185	191	199
의료재활시설	–	–	–	–	14	14	14	14	26	16	17	18	18	17
주간보호시설	–	–	–	–	61	90	100	259	274	321	365	395	443	485
단기보호시설	–	–	–	–	15	25	30	61	69	76	84	91	103	119
공동생활가정	–	–	–	–	63	100	152	331	358	400	450	531	589	637
체육시설	–	–	–	–	13	15	18	22	25	24	26	27	27	27
심부름센터	–	–	–	–	40	45	51	124	129	149	152	154	154	156
수화통역센터	–	–	–	–	38	45	50	108	107	143	154	162	176	180
합계	138	187	200	109	336	440	536	1,049	1,125	1,286	1,419	1,591	1,726	1,851

자료: 보건복지 통계연보

■ 이명박 정부 들어 장애인 지역사회 재활시설은 432개소가 늘어남.
 – 기초자치단체별 장애인 복지관 1개소 설치를 국정과제로 채택하여 42개소가 추가로 설치됨.

■ 장애인 지역사회 재활시설은 장애인의 자립생활을 위한 기본 인프라로 기능하면서 지방이양사업임에도 불구하고 꾸준히 증가하고 있음.

장애인연금 수급자 수 및 연금액

● 연도별 장애인연금(종전의 중증 장애수당) 현황

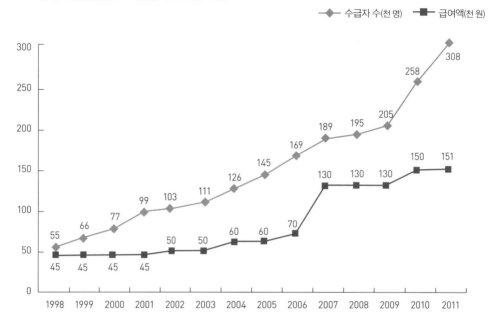

자료: 보건복지부

■ 장애인연금은 2010년 7월 18세 이상 중증 장애인을 대상으로 도입되었음.
 – 1990년에 도입·운영되던 장애로 인한 추가 비용보전 성격의 장애수당 중 중증장애수당을 확대 개편한 것임.
 – 2010년 7월 장애인연금 도입 이전 중증장애수당 수급자 수는 기초생활보장 수급자 및 차상위계층 대상으로 208,000명이었음.

■ 그러나 장애인연금 도입 이후 지원범위를 차차 상위 수준(소득하위 56% 수준)까지 확

대함에 따라 수급자 수가 2011년 12월 말 현재 308,000명으로 대폭 확대됨.
 – 또한 장애인연금 급여액도 제도도입 이전 지급되던 동일 소득계층의 중증장애수당(월 12~13만 원)과 비교할 때 2010년 기준으로 월 2만 원 이상 인상
 – 장애로 인한 소득상실 등을 보전하기 위해 매년 소득재산 물가상승률을 고려하여 기초급여를 인상하고 있음.

연도별 장애인 활동지원 대상자 수

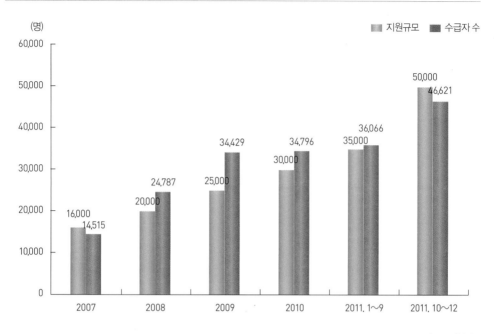

(명)

■ 지원규모 ■ 수급자 수

자료: 보건복지부

■ 장애인 활동지원제도는 2007년 4월부터 시행된 장애인활동보조 서비스사업을 「장애인활동 지원에 관한 법률」이 제정(2011. 1)됨에 따라 2011년 10월부터 확대·운영한 것으로, 활동지원 수급자 증가요인으로 작용함.
  – 수급자가 2010년 말 약 35,000명 수준이었다가 제도시행 이후(2011년 말) 약 47,000명으로 34%가량 증가했음.

■ 활동지원이 필요한 장애인이면 누구나 급여 이용에 불편이 없도록 이용지원을 강화하기 위해 전담관리 운영조직을 국민연금 공단에 신설하여 낮은 정보접근도, 복잡한 선정절차, 가족이해 숙려기간 필요 등의 어려움을 극복할 수 있도록 했음.
  – 1급 장애인 전원에 대하여 개별 방문 안내·신청 지원 등 찾아가는 서비스를 실시함.
  ※ 1급 장애인 96,000명을 대상으로 실시

■ 장애인 활동지원기관에 소속되어 수급자에 대한 활동지원급여를 수행하는 활동지원인력인 활동보조인 등을 채용함으로써 사회 서비스 일자리를 창출함.
  – 활동보조인은 2010년 말 약 19,000명에서 2011년 말 약 32,000명으로 68.4% 증가함.

장애아전담 통합시설 현황

장애아전담시설   장애아통합시설

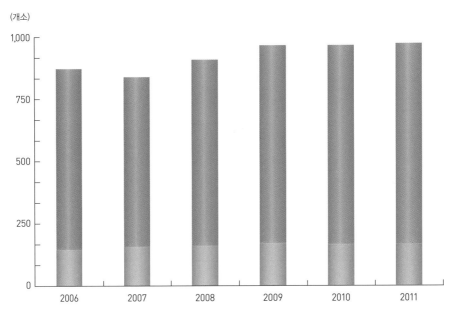

(개소)

자료: 보건복지부, 보육통계

■ 장애아전담 및 통합시설 현황은 2011년 12월 말 현재 2006년(876개소) 대비 984개소로 12.3% 증가

– 이는 2009년 4월부터 적용된「장애인 차별금지법」이 장애아전담어린이집의 신축 및 장애아통합어린이집의 지정 증가 등 장애아보육환경 개선 요인으로 작용한 결과임.

–「장애인 등에 대한 특수교육법」의 시행에 따라 2010년 5세 이상, 2012년 3세 이상의 장애유아에 대한 의무교육이 일정 기준을 갖춘 어린이집에도 인정됨.

– 장애아무상보육료 지원 대상 또한 2010년도부터 발달지체를 보이는 특수교육대상자 등으로 범위가 확대됨.

–「장애아동 복지지원법」이 시행(2012. 8. 5)됨에 따라 특수교사 및 보육교사의 자격이 강화되어 장애아보육의 전문성이 한층 강화될 예정

장애인 편의시설 설치율

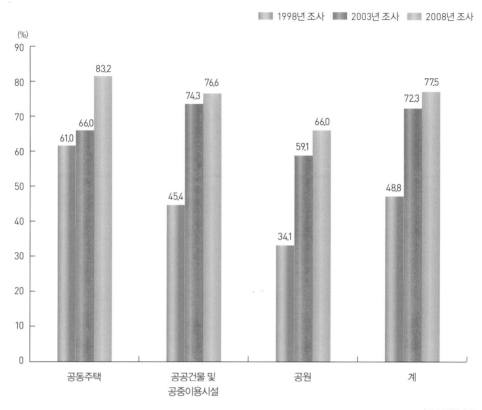

■ 1998년 조사　■ 2003년 조사　■ 2008년 조사

자료: 보건복지부

■ 장애인 등을 위한 편의시설 설치율은 1998년 48.8%, 2003년 72.3%로 1998년 대비 23.5%p 높아졌으며, 2008년은 77.5%로 1998년도 대비 28.7%p 높아짐.
  - 2008년도에 최초로 조사한 적정 설치율은 55.8%로 낮은 편이었음.

■ 편의시설 설치율이 높아진 이유는 1998년도에 「장애인 등 편의증진법」이 시행되면서 편의시설 설치에 대한 인식이 확산되었기 때문

■ 2014년까지 편의시설 설치율을 88%, 적정 설치율을 70%까지 높일 수 있도록 관련 정책을 추진하고 있음.

04

여성

여성 경제활동참가율

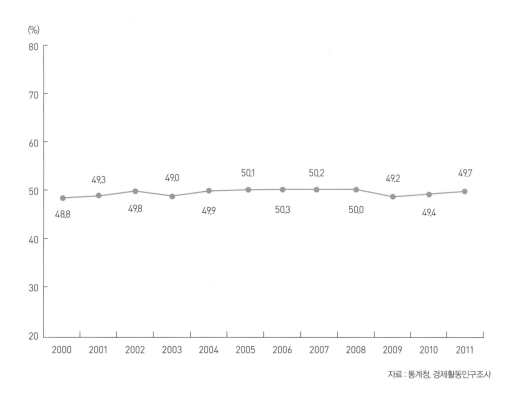

자료 : 통계청, 경제활동인구조사

■ 여성의 경제활동참가율(15세 이상)은 2000년 이후 거의 1%p 내에서 변화가 있을 뿐 거의 정체 수준임.
 – 남성의 경제활동참가율은 2011년 기준 73.1%로 남녀 격차는 약 23.4%p 에 달하는 수준

■ 김대중 정부 이후 노무현 정부, 이명박 정부를 거치며 여성의 경제활동참가율을 높이기 위한 정책들이 추진되었음에도 불구하고 실질적인 지표상의 개선은 나타나지 않음.

■ 그러나 연령대별로 여성의 경제활동참가율은 상당한 변화를 보이고 있어 각 세대별 여성경제활동의 양상은 많이 변화하고 있음.
 – 대학진학률이 남녀 모두 높아지면서 25세 미만까지는 매우 낮은 경제활동참가율을 보이고 있으나 25~29세 여성들의 경제활동참가율은 2000년 55.9%에서 2011년 71.4%로 급격히 증가했음.

연령대별 여성 경제활동참가율 추이 비교

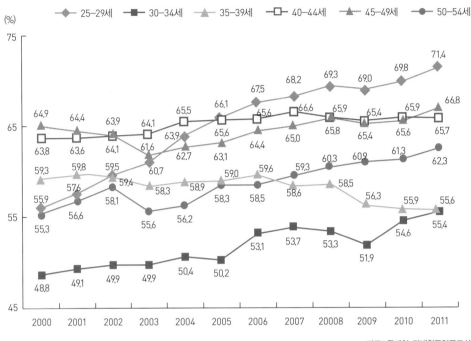

범례: ◆ 25–29세 ■ 30–34세 ▲ 35–39세 □ 40–44세 ▲ 45–49세 ● 50–54세

자료 : 통계청, 경제활동인구조사

■ 경제활동참가율의 정체가 나타나는 연령대는 40~44세 구간이며, 감소가 나타나는 연령대는 35~39세 구간으로 고학력화에 따른 노동시장 미복귀 현상이 이 부분에 집중되고 있음.

– 과거 여성의 평균학력이 낮은 시기에는 혼인 및 출산시기가 20대 초반에 집중되었고 이후 40대 초반에 노동시장으로 복귀하는 경향이 강했으나, 대졸인구의 증가는 혼인 및 출산시기 다양화와 노동시장 미복귀를 불러왔음.

■ 최근 가장 두드러지는 변화는 50~54세 여성들의 적극적인 노동시장 참여이며 45~49세 연령대의 경제활동참가율도 20대 후반에 이어 가장 높은 수준임.

– 중장년층 여성의 노동시장 참여가 지속적으로 증가하고 있고 베이비부머의 은퇴, 노후 준비의 불안 등으로 이러한 추이는 상당기간 지속될 것으로 전망됨.

성별영향분석평가 참여기관 및 과제 수 확대

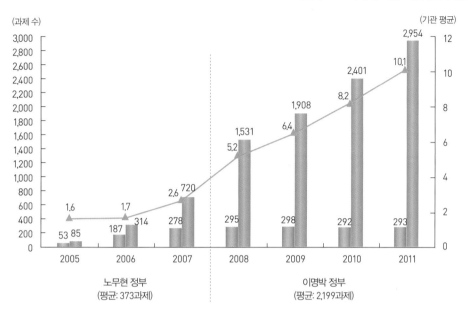

(과제 수)   (기관 평균)

노무현 정부
(평균: 373과제)

이명박 정부
(평균: 2,199과제)

자료: 여성가족부

■ 성별영향분석평가란 중앙행정기관의 장 및 지방자치단체의 장이 정책을 수립하거나 시행하는 과정에서 그 정책이 성평등에 미칠 영향을 분석평가함으로써 정부정책이 성평등의 실현에 기여할 수 있도록 하는 것으로 주요사업에 대해 2005년부터 실시됨.

■ 성별영향분석평가 과제 수는 2011년 2,954개(293개 기관)로 2005년 85개(53개 기관)에 비해 35배 증가했으며, 2008년 이후 연 20% 이상의 증가율을 보임.

– 기관별 평균 참여과제 수를 보면, 2005년 1.6개에서 2011년 10.1개로 꾸준하게 증가했음.

– 2011년 성별영향분석평가법(2012년 3월 시행)이 제정되어 분석평가 대상이 제·개정 법령, 계획, 사업으로 확대됨으로써 앞으로 성별영향분석평가기관 및 과제 수가 크게 증가할 것으로 예상됨.

여성친화도시 지정 지자체 수

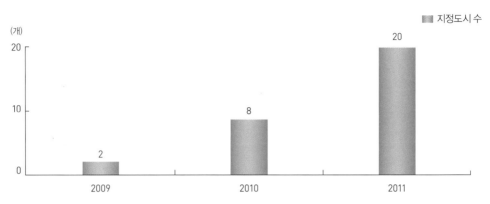

(개)

20

20

10

8

0

2

2009 2010 2011

■ 지정도시 수

자료: 여성가족부

■ 정부는 성인지적 관점을 바탕으로 도시공
간정책을 종합적으로 추진하여 지역의 전
반적인 삶의 질을 향상시키고자 2009년부
터 여성친화도시사업을 새롭게 추진했음.
여성가족부는 익산시를 2009년 여성친화
도시 제1호로 지정한 이래 2012년 현재까
지 30개 도시로 확대

■ 여성친화도시는 일상에서 체감하는 여성
의 삶과 도시권에 대한 인식에서 비롯된
도시개념으로 '도시정책에서 여성이 배제
되어 있는 현실을 개선'하고자 여성가족부
가 제안하고 있는 여성친화도시 조성의 기
본적인 목표와 핵심과제를 기본으로 하고
여기에 지역사회 특성화과제를 부가하여
추진

■ 여성가족부는 여성친화도시를 지속적으
로 확대하고 지역사정에 맞는 도시유형별

여성친화도시 모델을 개발하여 여성친화
도시가 지역의 삶의 질을 개선하는 도시브
랜드로 정착할 수 있도록 지원

– 이를 위해 컨설팅, 직원교육, 이행점검 등
추진

● 지역별 여성친화도시 지정 현황

● 2009년 지정(2개 도시)
● 2010년 지정(7개 도시)
● 2011년 지정(20개 도시)

자료: 여성가족부

236

UNDP의 성불평등지수

● 주요국 성불평등지수 순위 비교

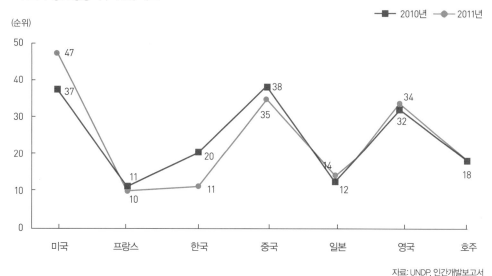

■ UNDP에서 발표한 2011년 성불평등지수 (Gender Inequality Index: GII)에서 우리나라는 세계 146개국 중 11위를 차지함. 지난 2010년 20위보다 9단계 상승하여 성불평등 수준이 점차 개선되고 있음.

 – 아시아에서는 우리나라가 상위권을 형성하고 있는데, 일본은 2010년 12위에서 2011년 14위로 약간 떨어진 반면, 중국은 2010년 38위에서 2011년 35위로 약간 개선된 것으로 나타났고, 호주는 2010년, 2011년 모두 18위 유지

 – 선두권 국가 순위를 살펴보면 2010년 1위였던 네덜란드는 2011년 2위로 물러나고, 스웨덴이 2011년 1위를 차지했으며, 3위는 덴마크, 4위 스위스, 5위 핀란드 순으로 전반적으로 북유럽 국가의 순위가 높음.

 – 미국과 영국은 각각 2010년 37위, 32위에서 2011년 47위, 34로 떨어졌고, 프랑스는 11위에서 10위로 1단계 상승

■ 성불평등지수(GII)는 UNDP가 2010년부터 각국의 성불평등성을 측정하기 위하여 새로 도입한 지수로, 기존 여성 관련 지수로 발표하던 여성권한척도(GEM)와 남녀평등지수(GDI)가 선진국 위주, 도시 엘리트 중심의 강한 편차(bias)를 가진다는 등의 지적을 수용하여 도입

 – 성불평등지수는 생식건강, 여성권한, 노동 참여의 3개 부문에서 ① 모성 사망률 ② 청소년 출산율 ③ 여성의원 비율 ④ 중등 이상 교육받은 인구 ⑤ 경제활동참가율 등 5개 지표를 통해 각국의 성불평등 정도를 측정

● 우리나라 성불평등지수(GII) 현황

구분 / 연도	순위/대상	점수	생식 건강		여성 권한			노동 참여	
			모성사망률(%)	청소년출산율(%)	여성의원비율(%)	중등 이상 교육받은 인구(%)		경제활동참가율(%)	
						여성	남성	여성	남성
2010	20/138	0.310	14 (03–08)	5.5 (90–08)	13.7 (2008)	79.4 (2010)	91.7 (2010)	54.5 (2008)	75.6 (2008)
2011	11/146	0.111	18 (2008)	2.3 (2011)	14.7 (2011)	79.4 (2010)	91.7 (2010)	50.1 (2009)	72.0 (2009)

주: 괄호 안의 수치는 기준 연도를 의미함.   자료: 여성가족부, UNDP, 인간개발보고서

■ 2011년 우리나라는 순위 11위, 총점수 0.111점으로, 2010년 20위, 총점수 0.310보다 개선

 ※ GII의 지수값은 0~1의 범주를 가지며, 점수가 0이면 완전 평등한 상태(no inequality), 1이면 완전 불평등 상태를 의미

■ 세부지표별로 살펴보면, 모성사망률은 2010년 14%에서 2011년 18%로 증가했으나, 청소년 출산율이 5.5%에서 2.3%로 감소하여 지수값 개선에 도움.

 – 특히 우리나라는 청소년 출산율이 대부분의 선진국보다 월등히 낮아 전체 순위를 올리는 데 긍정적으로 작용

 – 여성권한 부문은 여성국회의원 비율이 2010년 13.7%(2008년 기준 측정)에서 2011년 14.7%로 증가하여 지수값 개선에 영향을 미쳤으나, 중등 이상 교육받은 인구의 경우 2010년, 2011년 공히 2010년 기준 측정치를 사용하여 변동이 없었음.

■ 측정지표의 의미는 다음과 같음.

– '모성사망률(Marternal mortality ratio)'이란 여성의 임신, 분만 및 관련 합병증으로 인하여 출생 10만 명당 사망하는 여성의 수를 말함.

 – '청소년 출산율(Adolescent fertility rate)'은 15~19세 여성인구 1,000명당 출산 수를 의미

 – '중등 이상 교육받은 인구비율(Population with at least secondary education)'은 25세 이상 인구 중에서 중등 교육 이상의 교육을 받은 인구비율을 의미

여성새로일하기센터 직업훈련 및 취업인원

● 새일센터 취업인원 현황

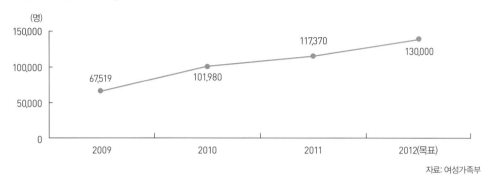

자료: 여성가족부

■ 여성새로일하기센터(이하 새일센터)는 육아·가사 등으로 경력이 단절된 여성을 대상으로 구직상담, 직업훈련, 인턴십 제공 등 종합적인 취업지원 서비스를 제공하는 기관으로 2009년부터 여성가족부와 고용노동부가 공동으로 지정·운영하고 있음.

■ 지난 3년간 새일센터 확대를 통하여 286,864명에게 일자리를 제공하는 등 구직희망여성의 욕구와 적성에 맞는 일자리를 연계함.

※ 새일센터 지정: 2009년 72개소 → 2010년 77개소 → 2011년 90개소 → 2012년 100개소

※ 새일센터 취업인원: 2009년 68,000명 → 2010년 102,000명 → 2011년 117,000명 → 2012년 130,000명(목표)

– 새일센터 취업률도 2009년 51.8%에서 2011년 62.8%로 해마다 상승하고 있음.

※ 새일센터 취업률 : 2009년 51.8% → 2010년 62.1% → 2011년 62.8%

– 2011년 취업자의 근로형태는 상용직 59.0%, 계약직 17.5%, 시간제·일용직 등 기타 23.5%로, 상용직의 비율이 우리나라 여성임금근로자의 정규직 비율인 50.3%(통계청)보다 높게 나타남.

■ 2011년도 새일센터를 통해 취업한 여성들의 연령별 현황을 보면, 40대 36.6%, 50대 이상 36.9%, 30대 18.7%, 20대 이하 7.8%로 40대 이상이 전체 취업자의 73.5%를 차지하고 있어 우리나라 40~50대 여성 취업인원 증가에 기여함.

※ 40~50대 여성취업인원(통계청, 경제활동인구조사): 2009년 4,452,000명 → 2010년 4,589,000명 → 2011년 4,753,000명

여성공무원 및 대체인력 활용

● 여성공무원 규모 및 대체인력 활용규모 변화

구분 \ 연도	2008	2009	2010	2011
국가공무원 (비중)	289,388명 (48.3%)	284,022명 (46.1%)	293,917명 (47.2%)	292,038명 (47.0%)
지방공무원 (비중)	79,746명 (29.0%)	108,835명 (32.0%)	110,791명 (32.4%)	112,770명 (32.8%)
합계 (비중)	369,134명 (42.3%)	392,857명 (41.1%)	404,708명 (42.0%)	404,808명 (41.9%)

구분 \ 연도	2008	2009	2010	2011
육아휴직 대체 현황	1,673명 (97.1%)	1,446명 (43.3%)	2,319명 (53.8%)	2,747명 (52.6%)
출산휴가 대체 현황	2,967명 (95.4%)	612명 (18.6%)	923명 (26.3%)	1,551명 (40.3%)

자료: 행정안전부, 행정안전통계연보

■ 2006년 UNDP 인간개발보고서에 의하면 우리나라의 HDI(인간개발지수)는 177개국 중 26위이나 GEM(여성권한척도)는 75개국 중 53위로 여성의 대표성이 낮음.
 – 여성공무원의 임용목표제 등을 통한 임용 확대와 함께 여성공무원의 출산과 자녀양육 부담을 완화하기 위한 대체인력 활용에 대한 필요성이 강조되고 있음.

■ 여성공무원의 규모는 현재 40만 명 수준으로 42% 내외에서 큰 변화 없이 규모를 유지. 국가공무원 중 여성의 비율이 큰 변화가 없거나 다소 감소하는 추세를 보이는 반면, 지방공무원 중 여성의 비율은 2008년도에 29.0%에서 2011년에 32.8%로 점진적으로 확대되고 있음을 확인

■ 대체인력 활용과 관련해 2008년도에 대체인력의 활용규모 및 대체비율이 상당히 높은 편
 – 육아휴직에 따른 대체인력의 규모는 2009년 연간 1,446명 수준에서 2011년 연간 2,747명으로 증대되었으며, 출산휴가의 대체인력 규모는 2009년 연간 612명 수준에서 2011년 1,551명으로 대폭 증대
 – 2009년 이후 대체비율이 급격히 낮아진 것은 육아휴직 및 출산휴가 이용자가 많아진 것과 함께 대체인력 확보의 어려움이 반영된 결과로 파악

직업교육훈련 현황

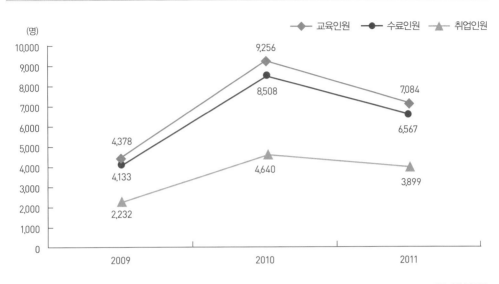

(명)

범례: ◆ 교육인원　● 수료인원　▲ 취업인원

- 2009: 교육인원 4,378, 수료인원 4,133, 취업인원 2,232
- 2010: 교육인원 9,256, 수료인원 8,508, 취업인원 4,640
- 2011: 교육인원 7,084, 수료인원 6,567, 취업인원 3,899

자료: 여성가족부

■ 새일센터 직업교육훈련은 경력단절여성 취업지원사업의 일환으로 2009년부터 실시되었으며, 경력단절여성의 직업 역량을 강화하기 위해 유망직종 취업에 필요한 이론 및 실습 등의 훈련을 실시하는 사업임.

■ 새일센터 직업교육훈련 교육인원은 사업 첫 해인 2009년 4,378명에서 2010년 9,256명으로 대폭 증가했으나 2011년에는 예산 감소에 따라 교육과정이 축소되면서 7,084명으로 감소했음.
　- 이에 따라 수료인원은 2009년 4,133명에서 2010년 8,505명, 2011년 6,567명으로 변동했음.

　- 수료율은 2009년 94.4%에서 2010년 91.9%로 감소했다가 2011년 92.7%로 소폭 증가하여 비교적 높은 수준의 수료율을 유지하고 있음.

■ 직업교육훈련 수료생 중 취업인원은 2009년 2,232명에서 2010년 4,640명으로 대폭 증가했다가 2011년 3,899명으로 감소
　- 취업률은 2009년 54.0%에서 2010년 54.5%, 2011년 59.4%로 계속적인 증가 추세를 나타내고 있음.
　- 이는 취업연계를 활성화하기 위해 직업교육훈련 과정 종료 후에도 6개월 간 수료생에 대한 사후관리를 실시한 결과로 파악됨.

한부모가족 증가 현황

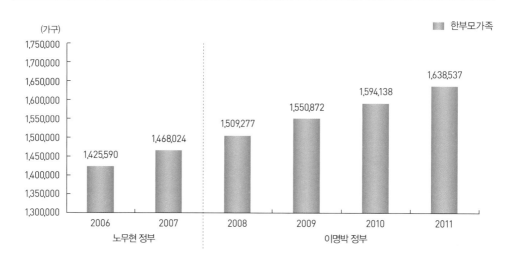

(단위: 가구 수, %)

구분	노무현 정부		이명박 정부			
	2006	2007	2008	2009	2010	2011
전체 가구	16,289,194	16,542,700	16,791,160	17,052,164	17,359,333	17,687,001
한부모가족	1,425,590	1,468,024	1,509,277	1,550,872	1,594,138	1,638,537
비율(%)	8.8%	8.9%	9.0%	9.1%	9.2%	9.3%

자료: 통계청, 인구총조사(2010), 통계청, 장래가구추계(2012)

■ 이혼율 증가, 가족가치관의 변화 등으로 사회·경제적으로 취약한 한부모가족이 지속적으로 증가하면서 아동양육비 등의 정부 지원을 강화할 필요성이 제기됨.

 – 우리나라 전체 가구 수는 2006년 이후 매년 약 1.9%씩 증가하고 있음. 2011년 기준 전체 가구는 약 1,769만 세대로 2010년의 1,736만 세대보다 약 33만 세대가 증가했음.

 – 한부모가족의 경우 전체 가구 증가율보다 높은 매년 2.8% 수준의 증가율을 보이고 있음. 2011년 한부모가족은 164만 세대로 2010년의 159만 세대보다 약 5만 세대 증가했음.

 – 한부모가족이 전체 가구에서 차지하는 비율은 2007년 8.9%에서 2011년에 9.3%로 높아졌음.

저소득 한부모가족 증가 현황

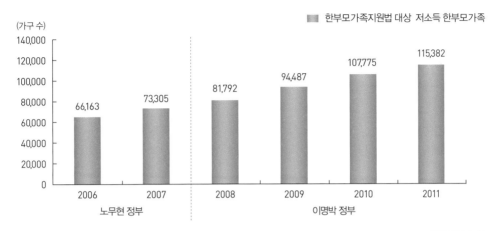

(단위: 가구 수, %)

구분	노무현 정부		이명박 정부			
	2006	2007	2008	2009	2010	2011
저소득 한부모가족	140,188	147,947	150,853	170,767	185,211	188,969
한부모가족지원법 지원대상	66,163	73,305	81,792	94,487	107,775	115,382
기타 법령 지원대상	74,025	74,642	68,417	76,280	77,436	73,587

주: 기타 법령 지원대상은 국민기초생활보장법 및 국가보훈법에 따른 지원대상임.

자료: 여성가족부, 연도별 한부모가족 현황

■ 경제적 어려움 등으로 정부의 지원을 받는 저소득 한부모가족은 전체 한부모가족보다 더욱 급격한 증가 추세를 보여주고 있음.

– 최저생계비 130% 이하(2011년 4인 기준, 월 소득인정액 187만원 이하) 저소득 한부모가족은 2011년 188,969가구로 2010년의 185,211가구보다 3,758가구(2%p) 증가했음. 노무현 정부의 2007년 147,947가구 보다는 41,022가구(27.7%p) 증가했음.

– 특히 다른 법령의 지원을 받는 경우를 제외한 「한부모가족지원법」에 의한 아동양육비 지원대상 한부모가족은 연간 7~16%씩 크게 증가했음. 2011년 지원대상은 115,323가구로 2010년 107,775가구보다 10,607가구 증가하여 7.1%p의 증가율을 나타냈음. 노무현 정부의 2007년 73,305 가구보다는 42,077가구(57.4%p) 증가했음.

■ 이러한 한부모가족의 급격한 증가 경향은 아동양육비 등 정부지원 강화의 필요성을 시사하고 있음.

저소득 한부모가족 아동양육비 지원 건수

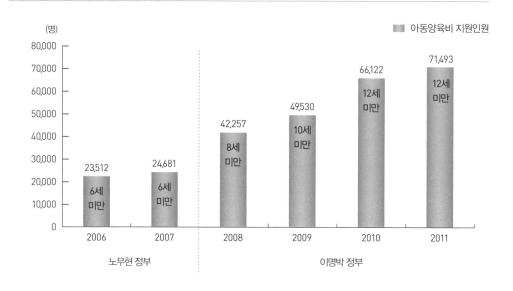

구분 \ 연도	2006	2007	2008	2009	2010	2011
지원연령	만 6세 미만	만 6세 미만	만 8세 미만	만 10세 미만	만 12세 미만	만 12세 미만
지원인원(명)	23,512	24,681	42,257	49,530	66,122	71,493
전년 대비 증가율	–	5.0%	71.2%	17.2%	33.5%	8.1%

자료 : 여성가족부, 연도별 저소득 한부모가족 아동양육비 지원 현황

■ 정부는 경제적 빈곤과 사회적 편견 등으로 안정적인 가족생활에 어려움을 겪고 있는 저소득 한부모가족의 자녀양육부담을 경감하고 생활안정을 도모하기 위한 아동양육비 지원을 연차적으로 확대했음.

– 2007년까지 만 6세 미만 아동에게 매월 5만 원 지원하던 아동양육비를 이명박 정부에서 2008년 만 8세 미만, 2009년 만 10세 미만, 2010년 만 12세 미만으로 연차적으로 확대했음.

– 지원연령이 상향됨에 따라 지원인원은 2006년 23,512명에서 2007년 24,681명, 2008년 42,257명, 2009년 49,530명, 2010년 66,122명, 2011년 71,493명으로 크게 증가했음.

아이돌봄 서비스 이용 건수

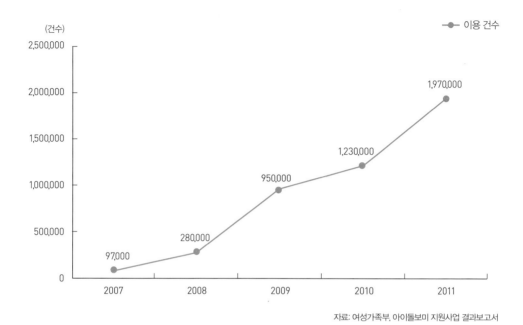

자료: 여성가족부, 아이돌보미 지원사업 결과보고서

■ 아이돌봄 서비스는 만 12세 이하 취업부모 자녀를 대상으로 집으로 찾아가는 돌봄 서비스 지원을 통해 시설보육의 사각지대를 보완하고 자녀양육부담을 경감하고자 추진하는 사업임.

■ 2007년 사업 초기에는 일부 지역에서 시행했으나 이명박 정부 들어 자녀양육지원 강화로 2009년 전국 232개 지역으로 확대 시행하고, 2010년에는 영아를 온종일 돌봐주는 '영아종일제'를 도입, 2011년은 2010년에 비해 2배의 재정을 투입하여 가정 내 자녀양육지원을 강화함.

■ 서비스 이용 건수는 2007년 38개 지역 9.7만 건 지원에서 2011년 전국 230개 지역 197만 건을 기록하며, 약 20배의 높은 증가율을 보이며 취업부모의 양육공백 해소에 기여함.

 – 특히 2010년 도입한 '영아종일제 돌봄 서비스'는 부모가 출산휴가 후 안심하고 직장에 복귀할 수 있도록 지원함.

● 아이돌보미 활동 현황

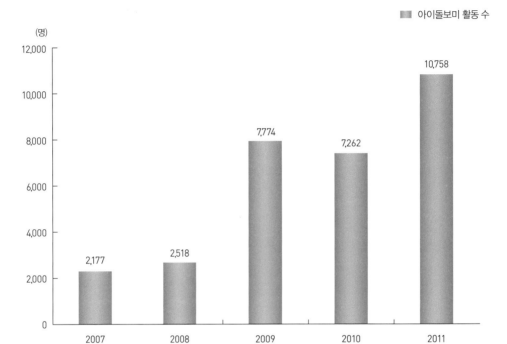

■ 아이돌보미 활동 수

(명)

자료: 여성가족부. 아이돌보미 지원사업 결과보고서

■ 아이돌봄 서비스 이용률 증가와 함께 취업을 원하는 아이돌보미의 활동 수도 크게 증가하며 취업이 취약했던 중장년층의 사회적 일자리 창출에 기여함.
  – 아이돌보미 활동 수는 2007년 38개 지역 2,000여 명에서 2011년 전국 230개 지역 1만 명을 기록하며 약 5배의 증가율을 보임.

■ 아이돌보미는 40~50대가 약 86%를 차지하며, 이 중 여성가장, 장기실업자 등 취업취약계층이 23%로, 취업에 어려움이 많은 중장년 여성 및 취업취약계층의 경제적 자립 기반을 마련했음.

성별 대학진학률

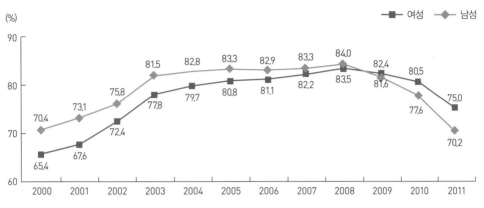

주: 1) 진학률은 당해년도 졸업자 중 상급학교에 진학한 사람의 비율(재수생 미포함)
   2) 국내진학자에 한함
   3) 교육대학, 산업대학, 기술대학, 방송통신대학 포함
   4) 2011년부터 진학자의 조사기준을 2월 졸업 당시 대학합격자에서 4월 1일 현재 대학등록자로 조정

■ '진학률'은 전체 졸업자 중 상급 교육기관으로 진학한 학생비율을 나타내며 교육성과를 나타내는 대표적인 지표임.

- 남녀 학생진학률은 2000년 이후 지속적으로 상승하고 있음. 2009년 이후부터 여학생의 대학진학률은 남학생을 앞지르기 시작했으며, 남녀 학생 간 대학진학률 격차는 2010년 2.9%p, 2011년 4.8%p로 더 크게 벌어졌고, 전문대학과 4년제 대학의 경우 모두 여학생 진학률이 앞서는 것으로 나타남.

■ 여학생의 진학률이 지속적으로 높아진 이유는 '좋은 직장을 구하기 위해'라는 응답이 45.2%를 차지했고, 특히 '결혼, 승진에 차별이 있어'라는 응답이 2008년 10.8%에서 2010년 13.7%로 높아짐을 볼 때(2010년 통계청 사회조사) 직업 결정에 있어 고등교육 진학률이 큰 영향을 미침을 알 수 있음.

■ 여학생의 고등교육기관 진학률이 높은 다른 이유는 저출산에 따라 부모가 교육을 위한 투자에 있어 남녀를 차별하지 않는 데도 기인

● 가임여성 1인당 출생아 수

(단위: 명)

연도	2008	2009	2010	2011
출생아 수	1.19	1.15	1.23	1.24

자료: 통계청, 인구동태통계연보(총괄·출생·사망편)

응시자 성별에 따른 영역별 표준점수 평균 비교

● 언어 표준점수

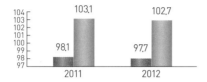

● 수리(가) 표준점수

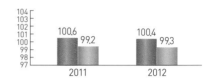

● 수리(나) 표준점수

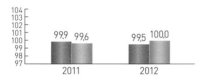

● 외국어 표준점수

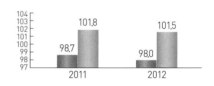

자료: 한국교육과정평가원

■ 실제 대학수학능력시험 분석 결과 표준점수 평균은 '수리(가)'를 제외하고는 모든 영역에서 여학생이 높았고, 특히 1·2등급 비율은 '언어영역'과 '외국어영역'에서 여학생이 우수했으며, 8·9등급 비율은 모든 영역에서 여학생이 낮은 것으로 볼 때 여학생의 학습능력도 우수한 것으로 나타남.

■ 한편, 2011년 대졸 이상 여성의 경제활동 참가율은 63.3%로 2000년에 비해 2.4%p 증가했으나, 대졸 이상 남성의 경제활동참가율(89.3%)보다 낮게 나타남.

■ 향후 여성의 대학진학률과 함께 여성의 경제활동참여율도 지속적으로 높여나갈 수 있도록 다양한 정책을 마련하여 추진할 필요가 있음.

● 성·교육정도별 경제활동 참가율

(단위: %)

구분	학력	대졸 이상	전문	
			전문	대학교
여성	2000	60.9	65.0	58.3
	2005	63.1	67.5	60.3
	2007	64.4	67.9	62.4
	2009	63.0	65.8	61.4
	2010	63.2	64.9	62.2
	2011	63.3	64.0	62.9
남성	2000	88.8	91.4	87.9
	2005	89.4	90.7	89.0
	2007	89.0	92.5	87.8
	2009	88.6	91.5	87.5
	2010	89.0	91.9	87.9
	2011	89.3	92.0	88.3

자료: 통계청, 경제활동인구연보

가정폭력피해 상담보호시설 및 긴급피난처 연계 건수

● 가정폭력피해 상담보호시설 연계 건수

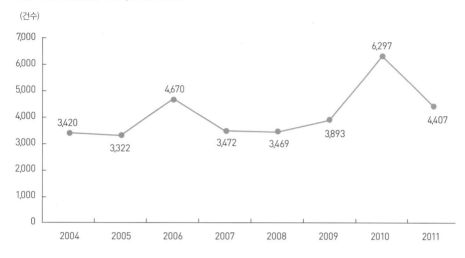

자료: 여성가족부, 가정폭력 관련 시설운영 실적(2011)

■「가정폭력방지 및 피해자보호 등에 관한 법률」에 따라 여성가족부는 시·군·구 단위의 가정폭력 상담소, 보호시설 및 여성긴급전화(1366)를 운영하고 있음.

■ 가정폭력 상담소는 가정폭력으로 인하여 정상적인 가정생활 및 사회생활이 어렵거나 기타 긴급한 보호가 필요한 피해자에 대해 임시보호를 하거나 의료기관 또는 가정폭력 피해자보호시설로 인도하는 것을 목표로 운영되고 있음.

■ 여성긴급전화 1366은 권역(시·도)별로 설치·운용하여 피해자에 대하여 1차 긴급상담, 서비스 연계(의료기관, 상담기관, 법률구조기관, 보호시설 등) 등 위기개입 서비스를 제공할 목표로 운영되고 있음.

■ 가정폭력 피해자상담소를 통한 피해자 보호시설 연계 건수는 2008년 3,469건에서 2011년 4,407건으로 증가했고, 여성긴급전화(1366)을 통한 피해자 보호시설 연계 건수는 2008년 9,222건에서 2011년 15,848건으로 증가했으며, 긴급피난처 제공 건수는 2,068건에서 3,243건으로 늘어났음.

■ 과거의 경우 가정폭력 문제를 사적 영역에서 일어나는 일로 여겨 개입에 소극적이었으나, 최근 여성의 인권보호라는 취지에서 정책적 대응과 피해자 보호를 위해 적극적으로 개입하고 있음.

여성장애인 어울림센터 사업

● 여성장애인 어울림센터 사업실적 운영

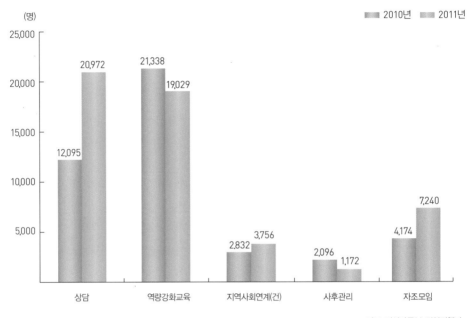

자료: 여성가족부, 권익정책과

■ 여성장애인 어울림센터는 여성장애인의 자립과 사회참여 확대를 위하여 장애여성의 생애주기별 맞춤형 상담, 역량강화, 지역사회기관 연계(교육, 의료, 법률, 취업알선 등) 맞춤형 종합 서비스를 제공하는 장애여성 특화기관임.

– 여성장애인 어울림센터는 여성가족부 지원으로 2010년 지역별 20개의 센터가 처음으로 지정되었고 2011년 22개소가 지정 운영되고 있음.

■ 여성장애인 어울림센터의 사업실적을 보면, 2010년 첫해 연인원 42,535명이 이용했으며, 다음 해인 2011년 연인원 52,169명이 이용하여 전년 대비 9,634명 증가함.

– 사업내용별로 보면, 2010년 역량강화교육이 21,338명으로 가장 많고 상담 12,095명, 자조모임 4,174명, 지역사회 연계(건) 2,832명, 사후관리 2,096명 순으로 높음. 하지만 2011년은 상담이 20,972명으로 가장 많고 자조모임과 지역사회 연계(건) 센터에 참여하는 여성장애인의 수가 전년 대비 크게 증가함. 반면 역량강화교육과 사후관리는 전년에 비하여 참여인원이 감소함.

탈북여성 인권보호교육사업 현황

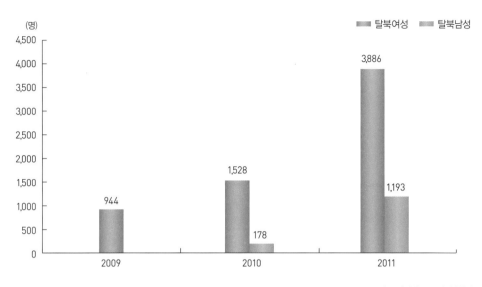

자료: 여성가족부, 권익정책과

■ 북한이탈주민은 2000년 이후 급증하여 2011년 말 23,095명에 이르며 이 중 여성이 69%인 15,929명에 달함.

– 북한이탈주민 중 여성비율은 2001년 46%, 2005년 69%으로 크게 높아졌으며, 2006년 이후 북한이탈주민의 여성비율은 70% 이상 수준으로 나타남.

■ 북한이탈주민의 주요 관심사는 결혼과 가족, 취업에 대한 것이며, 남한사업 적응속도가 성별로 차이를 보이면서 부부·가족 갈등이 발생하고 성역할갈등을 경험함. 이에 여성가족부는 2009년 여성인권 보호교육으로 북한이탈여성의 욕구를 반영하여 양성평등과 여성인권 보호교육을 시작함.

– 이 교육사업은 2009년 북한이탈주민 정착지원사무소(하나원) 입소 탈북여성 944명을 총 7회에 걸쳐 시범 교육함. 이후 2010년에는 정규교육과정을 편성하여 1,528명(총 12회 교육)을 교육하고 총 5회에 걸쳐 남성 178명에 대해 시범적으로 교육함. 2011년에는 양성평등과 인권, 결혼·가족과 성역할, 성매매, 성폭력·가정폭력 등을 주요 내용으로 하여 여성 3,886명과 남성 1,193명에게 교육을 실시함.

05

다문화

다문화학생 변동 및 글로벌 선도학교 증가 추이

● 다문화학생 증가 추이

(단위: 명)

인원 수 ＼ 연도	2008	2009	2010	2011
다문화학생 수(A)	20,180	26,015	31,788	38,678
전체 학생 수(B)	7,617,796	7,447,159	7,236,248	6,986,853
다문화 학생 비율(A/B×100)	0.26%	0.35%	0.44%	0.55%

■ 2008년 다문화학생 수는 20,180명이었
으나 지속적으로 증가하여 2011년에는
38,678명에 이름.
  − 다문화학생 비율은 2008년 전체 학생 수 대
    비 0.26%에서 2011년 0.55%로 급증

■ 다문화학생에 대한 체계적인 교육이 필요
한 실정임.

● 글로벌 선도학교 증가 추이

(단위: 교)

인원 수 ＼ 연도	2009	2010	2011	2012
글로벌 선도학교	40	60	80	150

■ '글로벌 선도학교'란 다문화학생이 재학하
는 학교 중 다문화학생을 위한 체계적인 교
육지원과 일반학생을 위한 다문화 이해교
육을 위해 선도적인 역할을 수행할 초·중·
고등학교를 말함(2011년까지 '다문화 거점학
교'라고 칭했음).

■ 다문화학생 지도를 위한 '글로벌 선도학교'
는 2009년 40개 학교에서 2012년 150개로
대폭 증가했음.

다문화가족지원센터 설치 현황

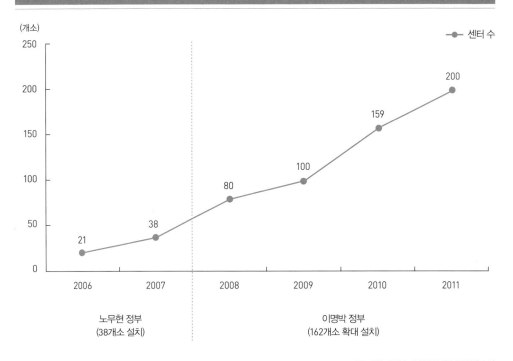

(개소)

자료: 여성가족부, 여성발전기금 결산서(2011)

■ 다문화가족지원센터는 다문화가족 및 결혼이민자에게 지역사회 정착에 필요한 서비스 제공을 목적으로 지방자치단체(시·군·구)에 설치되어 다문화가족 지원 허브 역할 수행
  - 2003년 이후 국제결혼 건수가 연간 약 34,000건 수준으로 결혼이민자에 대한 한국어교육, 가족생활 상담, 생활정보 제공 등 지역사회 정착에 필요한 서비스를 제공함.

■ 2006년 21개 센터 설치 및 운영을 시작으로 2011년 기준 200개 지역에 다문화가족지원센터를 설치하여 결혼이민자 등 센터 이용자의 접근성을 높임.
  - 일부 지방자치단체의 경우 결혼이민자의 빠른 증가에도 다문화가족지원센터가 설치되지 않아 다문화가족이 지역사회에 정착하는 데 어려움을 겪고 있어 추가 센터 설치가 필요한 실정임.

결혼이민자 및 자녀 수

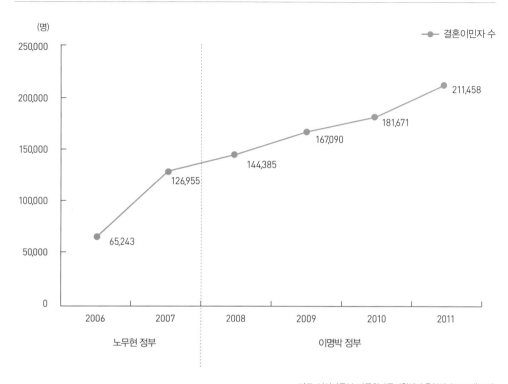

(명)

● 결혼이민자 수

2006년 노무현 정부 65,243
2007년 126,955
2008년 144,385
2009년 167,090
2010년 181,671
2011년 211,458

노무현 정부 / 이명박 정부

자료: 여성가족부, 다문화가족지원센터 운영결과보고서(2011)

■ 2000년대 중반 이후 국제결혼은 한국사회 전체 결혼의 10% 이상을 차지하는 일반적인 결혼형태로 자리잡아 가고 있음. 국제결혼 증가와 함께 결혼이민자 수도 매년 증가함.
  – 우리나라의 본격적인 다문화가족지원사업이 시작하는 2006년 65,243명이었던 결혼이민자는 지속적으로 증가하여 2011년 211,458명으로 224.1%가 증가함.

■ 향후 5년 뒤 결혼이민자는 약 32만 명, 자녀는 26만 명으로 예상되며, 결혼이민자만큼의 한국인 배우자가 있다고 가정할 경우 2018년 다문화가족 구성원(한국인 배우자 포함)은 약 90만 명으로 예상됨.
  – 2018년에는 결혼이민자 317,729명, 자녀 261,450명, 결혼이민자만큼 한국인 배우자가 있다고 가정하여 포함 시 전체 896,908명에 이를 것으로 전망됨.

다문화가족지원센터 이용자 현황

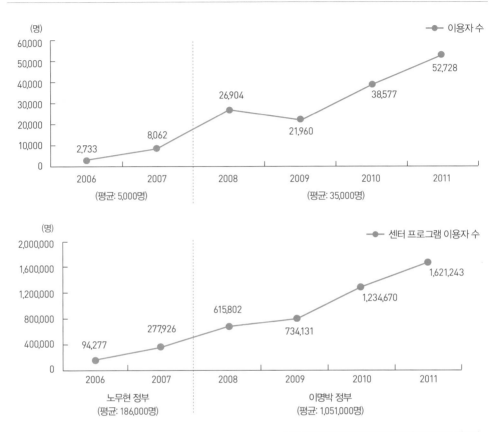

자료: 여성가족부, 다문화가족지원센터 운영결과보고서(2011)

- 다문화가족지원센터를 확충하고 센터에서 운영하는 프로그램을 다양화함에 따라 센터 이용자의 수도 크게 증가함.
- 2006년 다문화가족지원센터를 설치하고 서비스를 제공할 당시 2,733명이던 이용자는 2011년 52,728명으로 대폭 증가함.
  - 노무현 정부 당시 평균 센터이용자가 5,000명이던 것이 이명박 정부에서는 35,000명으로 증가함.

- 매년 이용자의 급격한 증가 추세는 다문화가족지원센터가 결혼이민자의 한국사회 적응에 기여하고 있음을 보여줌.
- 또한 다문화가족지원센터 프로그램에 참여하는 연인원은 이명박 정부 기간 중 연평균 1,051,000명으로 노무현 정부와 비교하여 4배 이상 증가
  - 향후 다문화가족 자녀 성장 등 생애주기에 따른 다양한 욕구를 충족할 수 있도록 프로그램 다양화 등 대응이 필요

06
공공행정

아동성폭력 발생 현황

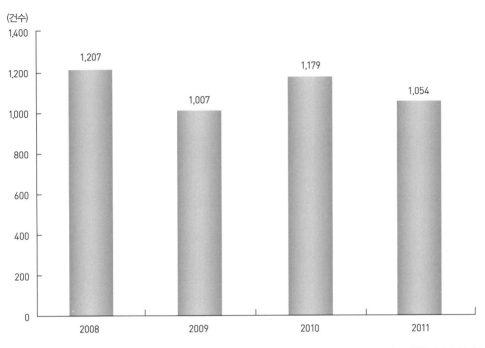

(건수)

자료: 경찰청, 강력범죄수사과

■ 우리나라의 아동(13세 미만) 대상 성폭력 범죄 발생 건수는 20% 범위 내 등락을 반복함.

  – 2008년 1,207건을 기점으로 2009년 1,007건으로 최저 기록, 2010년 1,179건으로 증가반전 이후 2011년 1,054건으로 감소함.

  – 4년 평균은 1,112건으로 나타남.

■ '성폭력 범죄' 유형에는 「형법」, 「성폭력범죄의 처벌 등에 관한 특례법」, 「아동·청소년의 성보호에 관한 법률」상 모든 강간·강제추행 유형 및 기타 「성폭력 범죄의 처벌 등에 관한 특례법」상 '카메라 등 이용촬영' 및 '통신매체 이용 음란' 죄종이 포함되어 있음.

최근 5년간 가정폭력 검거 추이

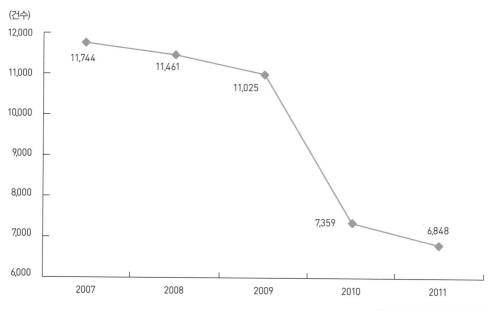

(건수)

자료: 경찰청, 여성청소년과(2012. 8)

(단위: 건)

구분＼연도	2007	2008	2009	2010	2011
검거 건수	11,744	11,461	11,025	7,359	6,848
전년 대비 (%)	–	−283 (−2.4)	−436 (−3.8)	−3,666 (−33.2)	−511 (−6.9)

■ 가정폭력은 가정 구성원 사이의 신체적·정신적·재산상 피해를 수반하는 행위를 이름. 검거 현황은 2008년에 전년 대비 2.4% 감소했고, 2009년에는 전년 대비 3.8% 감소했으며, 2010년에는 전년 대비 33.2%의 높은 감소율을 보였으며, 2011년에는 전년 대비 6.9% 감소함.

■ 가정폭력 송치 유형은 구속, 불구속, 계도, 가정보호 사건으로 구분되며 가정보호 사건은 사건의 성질, 동기, 행위자의 성행 등을 고려하여 가정법원이 접근금지·친권행사제한·치료위탁 등 보호처분을 결정함.

운전면허시험 간소화방안 시행효과

● 운전면허 취득자 수 대비 교통사고 발생 현황

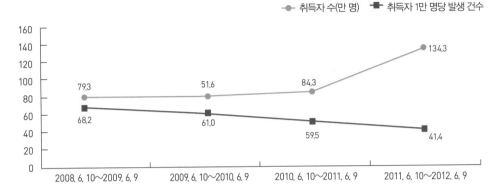

주: 1) 기간 중 1·2종 보통 운전면허 취득 후 발생한 교통사고 기준
　　2) 물적 피해 포함 벌점이 입력된 경우에 한함.

자료: 경찰청, 교통기획담당관

■ 운전면허 취득자 수는 운전면허 간소화 이전까지 완만한 증가 추세였으나, 2011년 6월 10일 제2차 간소화 시행 이후 급격히 증가했음.

　－ 1·2종 보통면허 취득자 수는 간소화 이후 1년간 1,342,778명이 취득하여 간소화 이전 3년 평균 818,226명 대비 64.1% 증가한 것으로 나타남.

■ 반면 운전면허 취득자 1만 명당 교통사고 발생 건수는 운전면허 간소화 이후에도 완만한 하향 추세를 유지함.

　－ 취득자 1만 명당 교통사고 발생 건수는 간

소화 이후 1년간 41.4명으로 간소화 이전 3년 평균 59.8명 대비 30.7% 감소한 것으로 나타남.

■ 또한 운전전문학원에서 법정 의무교육만 받은 도로주행시험 응시자 비율은 74.5%이며, 평균 수강료는 평균 74만 원에서 388,000원으로 47.6% 감소했음.

　－ 법정 의무교육 외 추가교육 이수자는 25.5% (도로주행 기준)로, 추가 교육시간은 평균 3.5시간, 수강료는 약 134,000원 추가되어 전체 취득자가 부담하는 평균 수강료는 약 429,000원으로 나타남.

최근 5년간 교통사고 사망자 감소 추이

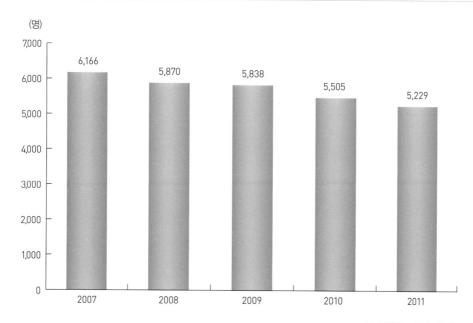

(명)

(단위: 명)

구분 \ 연도	2007	2008	2009	2010	2011
사망자	6,166	5,870	5,838	5,505	5,229
전년 대비 (%)	–	−296 (−4.8)	−32 (−0.5)	−333 (−5.7)	−276 (−5.0)

■ 이명박 정부는 정권 초부터 5년간 교통사고 사망자 50% 감소를 목표로 '교통사고 사상자 절반 줄이기 종합 시행계획'을 마련하여 추진해왔으며, 2008년부터 2011년까지 4년간 교통사고 사망자가 연평균 4.0% 감소하는 성과를 거두었음.

■ 연도별 교통사고 사망자는 2008년에 전년 대비 4.8% 감소하고, 2009년에는 전년 대비 0.5% 감소에 그쳐 다소 주춤했으나, 2010년과 2011년에는 각각 전년 대비 5% 대의 높은 감소율을 보임.

어린이 교통사고 발생 현황

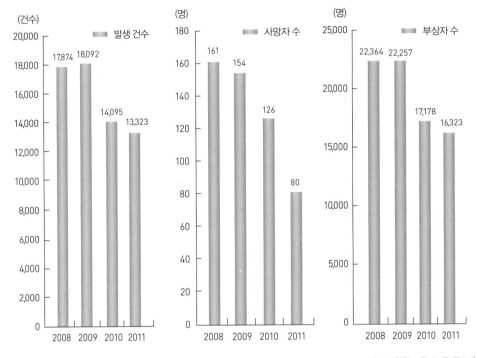

자료: 경찰청, 교통사고통계(2012)

(단위: 명)

구분 \ 연도	2008	2009	2010	2011
어린이 사망자	161	154	126	80
전년 대비 (%)		−7 (−4.3)	−28 (−18.2)	−46 (−36.5)

- 어린이 교통사고는 2009년에 전년 대비 발생 건수가 소폭(1.2%) 증가한 것 외에는 2008년부터 2011년까지 발생·사망·부상 모두 꾸준한 감소세를 나타내고 있음.

- 특히 2011년 어린이 교통사고 사망자는 전년 대비 36.5% 대폭 감소하는 성과를 보임.

보행자 교통사고 현황

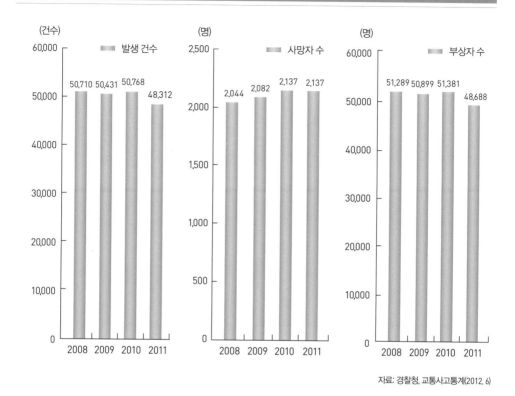

자료: 경찰청, 교통사고통계(2012. 6)

(단위: 명)

구분 \ 연도	2008	2009	2010	2011
보행 중 사망자	2,044	2,082	2,137	2,137
전년 대비 (%)	–	38 (1.9)	55 (2.6)	0 (0)

■ 2008년부터 2011년까지 보행 중 교통사고의 발생 건수와 부상자 수는 각각 연평균 1.6%, 1.7% 감소했으나, 사망자는 연평균 1.5% 증가했음.

■ 같은 기간 교통사고 사망자가 연평균 4.0% 감소했음에도 불구하고 보행 중 사망자가 증가한 것은 보행 중 사망자의 비중이 높아지고 있음을 보여줌.

자전거사고

● 자전거사고 건수 및 사망자 수 변화

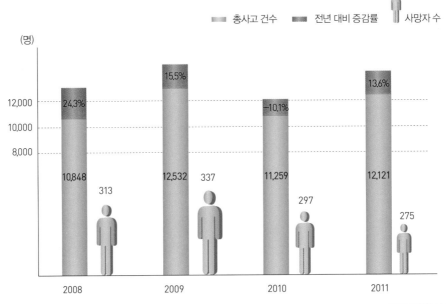

자료: 경찰청, 사고통계

■ 총자전거사고 건수는 2009년의 경우 전년 대비 약 1,684건이 증가했으나 이듬해에는 1,273건이 감소, 2011년에는 다시 소폭 증가세를 나타내고 있음.

　※ 자전거가 가해자 또는 피해자인 경우를 모두 포함하는 자전거 교통사고 건수임.

　- 자전거사고 건수의 전년 대비 증감률은 2010년까지 지속적으로 감소했으나, 2011년의 경우에는 사고 건수가 전년 대비 약 13.6% 증가했음.

■ 자전거 교통사고로 인한 사망자 수는 2009년 337명을 정점으로 2011년까지 지속적으로 감소세를 보임.

　- 특히 2011년의 경우 자전거사고 건수가 전년 대비 13.6% 증가했음에도 불구하고 사망자 수는 약 7.4%가량 감소하는 결과를 보였음.

자전거도로 연장

● 자전거도로 연장 변화

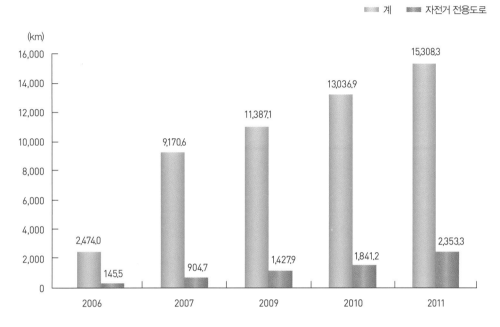

자료: 행정안전부, 통계연보(2008년 자료 누락)

■ 2011년 12월 31일 기준 전국 자전거도로 연장은 총 1만 5,308.3km이며, 이 중 자전거 전용도로는 2,353.3km임.

  ※ 자전거 전용도로란 자전거만 통행할 수 있도록 분리대·연석, 기타 이와 유사한 시설물에 의하여 차도 및 보도와 구분하여 설치된 자전거도로(「자전거이용 활성화에 관한 법률」 제3조)

■ 전국 자전거도로 중 자전거 전용도로의 비중은 2009년 12.5%에서 매년 증가해 2011년에는 15.4%로 나타남.

  – 또한 2006년과 비교했을 때 전국 자전거도로는 약 500% 증가했지만 자전거 전용도로는 약 1,500%의 증가율을 보임.

자연재난 피해액 및 복구액 현황

● 최근 4년간 자연재난 피해액 및 복구액 변화

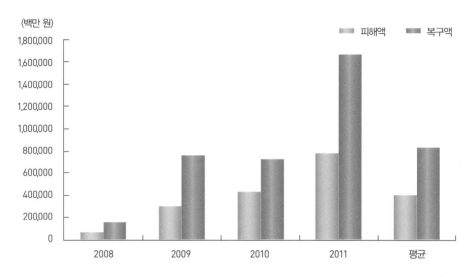

(단위: 백만 원)

구분	2008	2009	2010	2011	평균
피해액	63,703	298,808	426,782	794,200	395,873
복구액	147,620	773,534	715,406	1,654,029	822,647

자료: 소방방재청, 재해연보(2011)

■ 2011년도에는 제9호 태풍 '무이파' 등 총 13회의 자연재난으로 78명의 인명피해와 7,942억 원의 재산피해를 입었음.
 – 발생빈도를 보면 호우 6회, 대설 5회, 풍랑 1회, 태풍 1회로 총 13회의 자연재난이 발생했음.

■ 2011년 자연재난 중 재산피해 규모가 가장 컸던 7월 26~29일 사이 집중호우에 따른 피해 특성은 다음과 같음.
 – 장마기간 중 반복적인 선행강우로 토양이 포화되어 지반이 약화된 상태에서 집중호우가 내림에 따라 하천, 소하천, 도로 등에서 피해가 다수 발생했음.
 – 특히 대규모 산사태가 집중발생하여 대량의 토석류·유목 등으로 인한 대규모의 인명피해와 재산피해가 발생했음.

중앙 및 지방정부 간 관계

● 중앙 및 지방정부 간 관계 변화

구분 \ 연도	2007	2008	2009	2010	2011
행정권한 지방이양 (건)	88	54	697	481	277
지방교부금 (억 원)	198,421	227,234	220,847	232,403	257,755
인사교류 (명)	—	—	—	160	83

자료: 행정안전부, 행정안전통계연보

■ 중앙 및 지방정부 간 관계 변화와 관련해 행정권한의 지방이양 및 지방교부금 배정, 중앙·지방 간 인사교류 현황을 파악

■ 행정권한의 지방이양과 관련해, 2009년 697건으로 가장 많은 지방이양이 이뤄졌으며, 2007~2008년에 비해 2009년 이후 다소 줄어들고는 있으나 여전히 상당 규모의 지방이양이 진행되고 있음.

■ 지방교부금은 2007년 19조 8,000억 원에서 2011년 25조 8,000억 원 규모로 30% 정도 확대되었음.

■ 인사교류와 관련해 2010년부터 자료를 확인할 수 있으며, 2010년에는 중앙정부와 지방정부 간에 160명의 교류가 이루어졌고, 2011년에는 다소 축소된 83명의 교류가 이루어졌음.

지방자치단체 재정건전성

● 지방자치단체 재정자립도 변화

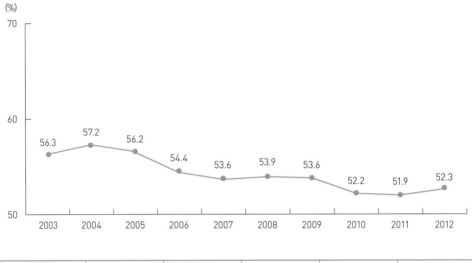

구분 \ 연도	2007	2008	2009	2010	2011
재정자립도 (%)	53.6	53.9	53.6	52.2	51.9
지방채무 (억 원)	182,076	190,486	255,531	289,933	281,518

자료: 행정안전부, 행정안전통계연보

■ 지자체의 재정자립도는 재정수입의 자체 충당능력을 나타내는 세입분석지표로, 일반회계의 세입 중 지방세와 세외수입의 비율로 측정하여 일반적으로 비율이 높을수록 세입징수기반이 좋은 것을 의미

■ 지자체의 평균 재정자립도는 지난 1997년 63.0%에서 2011년도 51.9%로 낮아져 중앙정부에 대한 의존도가 갈수록 심화되는 것으로 파악

■ 지방채무 규모도 2007년 18조 2,000억 원에서 2011년 28조 1,000억 원으로 54.6% 증가해 중앙정부에 대한 의존도와 함께 지자체의 채무 급증으로 재정건전성이 악화되고 있음을 확인

공무원 정원 및 현원 관리

● 공무원 정원 및 현원 규모 변화

(단위: 명)

구분 \ 연도	2007	2008	2009	2010	2011
공무원 정원(A) (증감률)	975,012 (1.9%)	968,684 (−0.6%)	970,690 (0.2%)	979,583 (0.9%)	981,927 (0.2%)
공무원 현원(B) (증감률)	963,132 (2.4%)	968,836 (0.6%)	978,087 (0.9%)	987,754 (1.0%)	989,138 (0.1%)
초과 현원 (C=B−A)	−11,880	152	7,397	8,171	7,211

자료: 행정안전부, 행정안전통계연보

■ 공무원 정원 및 현원 규모는 국가공무원 및 지방공무원을 합한 행정부 소속 공무원과 함께 입법부, 사법부, 헌법재판소, 중앙선거관리위원회 소속 공무원을 모두 합산한 결과

■ 이 가운데 행정부 공무원이 98% 가까이를 차지하고 있어 전체 공무원 정원 및 현원 규모는 행정부 소속 공무원의 변화 추이라고 볼 수 있음.

■ 이전 정부에 비해 공무원 정원 및 현원의 증감률이 축소되고 있음을 확인

■ 특히 2008년 공무원 정원이 유일하게 감소되었으나 이후 매년 정원 규모의 증가를 확인할 수 있으며, 공무원 현원 규모도 증가 추세를 보임.

■ 2008년의 경우 부처 통폐합, 하부조직 개편 등 정부조직 개편으로 공무원 정원이 대폭 감소되었으나, 전·의경의 단계적 감축·폐지에 따른 경찰공무원의 대체인력 증원 및 교원 증원에 따라 공무원 정원 규모의 감축이 완화되었으며, 이후의 정원 규모 증가에 주된 원인으로 작용

■ 공무원 현원 규모는 2007년에 2.4% 증감률을 보인 이후 매년 1% 이하의 증감률을 보이고 있으며, 공무원 정원보다 현원이 많아진 데 따른 초과현원 발생이 2008년부터 지속적으로 나타남.

정부위원회 수 변화

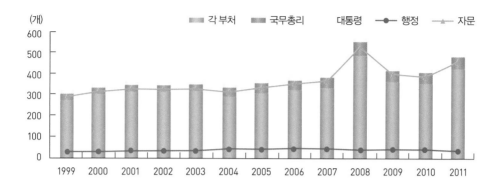

구분	2008. 2. 24 (노무현 정부 말)	2009. 8	2010. 6	2011. 6	2011. 12	비고
계	579	461	431	499※	499	대통령소속 위원회 20개 (행정 2, 자문 18) 총리소속 위원회 56개 (행정 12, 자문 44)
행정위	44	42	40	34	36	
자문위	535	419	391	465	463	

* 위원회 수가 499개로 증가한 내역: 2010년 실태조사 이후(2010. 7. 1~2011. 6. 30) 신설 위원회 30개와 폐지 위원회 11개를 반영, 법령 전수조사를 통해 장기간 활동이 없어 현황조사 과정에서 제외되었던 64개 위원회를 포함, 위원회법에 따라 헌법에 근거를 둔 위원회, 공무원으로만 구성된 협의체, 중앙행정기관인 행정위원회 등 19개 위원회를 제외하고, 각 부처 장관이 관리하던 소속기관에 설치한 4개를 관리강화 차원에서 포함

■ 2011년 12월 31일 기준 전체 정부위원회 수는 499개로 2008년 2월 24일 노무현 정부 말 579개 대비 80개가 감소했음.

　※대통령소속 위원회는 노무현 정부 말(30개) 대비 10개 감소, 행정위원회는 8개 감소

■ 정부는 위원회 남설방지를 위하여 위원회 신설에 대한 사전협의를 강화하고, 정부위원회 정비계획을 수립 및 시행하는 등 지속적으로 정부위원회를 엄격히 관리해나가고 있음.

정보격차지수

● 정보격차해소 정책지표 개선 추이

일반국민 대비 취약계층의 정보화 수준(%)

45.0 (2004) 62.0 (2006) 68.0 (2008) 69.7 (2009) 71.1 (2010) 72.4 (2011)

2004 2006 2008 2009 2010 2011

※ 일반국민의 수준을 100으로 가정

취약계층 인터넷 이용률(%)

24.9 (2004) 35.1 (2006) 41.7 (2008) 43.0 (2009) 44.3 (2010) 45.6 (2011)

2004 2006 2008 2009 2010 2011

※ 전체 국민 인터넷 이용률 78.3%

취약계층 가구PC 보유율(%)

48.7 (2004) 60.1 (2006) 65.1 (2008) 66.2 (2009) 67.2 (2010) 67.7 (2011)

2004 2006 2008 2009 2010 2011

※ 전체 국민 가구PC 보유율 81.9%

자료: 한국정보화진흥원, 정보격차지수 및 실태조사(2012)

주: 일반국민 대비 70% 이상으로 제고된 취약계층의 정보화 수준은 정보사회에서 낙오되지 않고 디지털 생존(digital-survival)에 필요한 기본적 정보 접근 및 활용 수준을 갖추게 된 것을 의미

■ 2011년 일반국민 대비 취약계층의 정보화 수준은 72.4%로, 전년(71.1%) 대비 1.3%p 향상, 조사가 시작된 2004년 대비 27.4%p 향상됨.

– 취약계층의 인터넷 용도별 이용률 증가 추이 (2005~2011년): 인터넷 쇼핑 13.1%p(17.7% → 30.8%), 전자정부 8.9%p(8.6% → 17.5%), 인터넷 뱅킹 9.6%p(11.7% → 21.3%) 상승

■ 2011년 취약계층 인터넷 이용률은 45.6%, 가구PC 보유율은 67.7%로 전체국민 78.3%,

81.9%에 비해 각각 32.7%p, 14.2%p 낮은 수준을 보임.

– 전년 대비 인터넷 이용률은 1.3%p, 가구PC 보유율은 0.5%p 향상됨.

■ 정보격차는 매년 개선 추세이나 스마트폰 보급 확산에 따라 기존 PC 및 유선 인터넷 기반의 정보격차가 스마트기기 및 모바일 인터넷 환경에서의 격차로 확대될 것으로 우려됨.

인터넷 중독률 현황

● 인터넷 중독률 변화

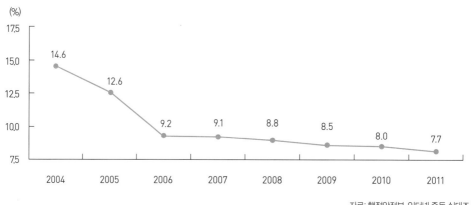

자료: 행정안전부, 인터넷 중독 실태조사

■ 인터넷 중독률은 전국 만 5~49세 인터넷 이용자를 대상으로 표준화된 인터넷 중독 진단척도를 활용하여 산출한 것

■ 인터넷을 과다 사용하여 인터넷 사용에 대한 금단과 내성을 지니고 있으며, 이로 인해 일상생활에서 장애가 유발되는 상태를 인터넷 중독으로 정의

■ 2011년 전국 만 5~49세 인터넷 중독률은 7.7%이며, 인터넷 중독자 수는 233만 9,000명에 달하는 것으로 파악

■ 인터넷 중독률을 대상별로 살펴보면, 유아동(만 5~9세)이 7.9%, 청소년(만 10~19세)이 10.4%, 성인(만 20~49세)이 6.8%로 파악

■ 2011년 인터넷 중독률은 전년 대비 0.3%p 감소했으나, 고위험군 중독자는 1.7%로 전년 대비 0.3%p 증가했으며, 유아동의 인터넷 중독률이 성인보다 높게 나타남.

■ 인터넷 중독률은 국가통계 승인이 된 2006년 대비 1.5%p 감소했으며, 매년 0.3%p 내외로 감소 추세를 보이나 고위험군은 증가 추세

전자정부 서비스 인지도 및 이용률

● 전자정부 서비스 인지도 및 이용률 추이

구분 \ 연도	2007	2008	2009	2010	2011
인지도	85.8%	92.7%	92.5%	92.6%	92.4%
이용률	41.1%	66.7%	60.2%	60.0%	63.5%

자료: 한국정보화진흥원, 전자정부 서비스 활용수준조사 결과 보고서(2011)

주: 1) 인지도: '전자정부 서비스에 대해 들어보거나 알고 있다'고 응답한 비율
2) 이용률: '최근 1년 동안 전자정부 서비스를 이용한 적이 있다'고 응답한 비율

■ 전자정부 서비스 인지도 및 이용률 지속 상승

- 정부의 전자정부 서비스 활성화 노력으로 전자정부 서비스 인지도는 2007년 85.8% 였으나 2011년에는 92.4% 수준으로 올라섰고, 전자정부 서비스 이용률도 2007년 41.1%에서 2011년 63.5%로 향상됨.
- 2012년 UN 전자정부평가에서 처음 신설된 '온라인참여 분야'의 평가에서 전자정부 발전지수와 함께 1위를 차지하며 전자정부의 구축 및 이용에서 국제경쟁력을 갖춤.

※ 전자정부 발전지수: 정부 서비스의 효과적 제공수단인 전자정부의 효율적 사용을 측정하는 것으로, 정부 주요 부처의 웹 사이트를 대상으로 평가
※ 온라인 참여지수: 시민들의 정책참여와 피드백 이 용이하게 이루어지는지를 평가

■ 다만 2011년 기준 인터넷을 이용하고 있는 63.5% 정도만 전자정부 서비스를 이용하고 있어, 국내 높은 인터넷 이용률을 감안할 때 전자정부 서비스 이용기반의 확충을 위한 지속적인 노력 필요

전자정부 국제지수 및 온라인 참여

● 전자정부 발전지수 종합순위 변화

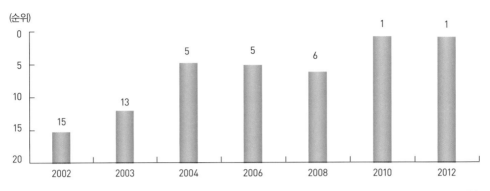

자료: UN, 경제사회처 공공행정국

구분 \ 연도	2004	2006	2008	2010	2012
전자정부 발전지수	5	5	6	1	1
온라인 서비스지수	4	4	6	1	1
정보통신 인프라지수	12	9	10	13	7
인적자본 지수	15	13	10	7	6
온라인 참여지수	6	4	2	1	1

자료: UN, 경제사회처 공공행정국

- 전자정부 발전지수는 UN 가입국인 세계 190여 개국에 대하여 전자정부지수를 온라인 서비스지수, 정보통신 인프라지수, 인적자본지수의 3개 하위지수로 나누어 종합적으로 평가

- 우리나라는 전체 193개국 중 2010년에 이어 2회 연속 세계 1위로 평가되어 세계 최고의 전자정부 선도국가임을 다시 한 번 확인

- 우리나라의 발전지수 부문 항목별 평가점수는 2010년에 비해 전반적으로 상승했으며, 온라인 참여지수는 네덜란드와 함께 공동 1위로 평가되어 온라인을 통한 시민 참여 기회보장에서도 세계 최선도국임을 입증

행정정보 공동이용 현황

● 행정정보 공동이용에 따른 구비서류 감축 변화

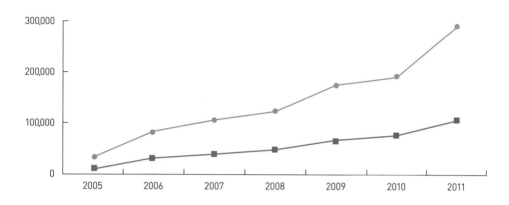

구분 \ 연도	2005	2006	2007	2008	2009	2010	2011
일평균 구비서류 감축(건)	31,681	82,040	105,882	115,035	167,806	183,105	290,502
연간 구비서류 감축(천 건)	11,563	29,945	38,640	41,988	61,249	66,833	106,033

자료: 행정안전부

■ 행정정보 공동이용이란 행정기관이 보유·관리하고 있는 행정정보를 다른 기관에서 제공받아 민원업무 및 행정업무에 이용하는 것을 의미

■ 행정정보 공동이용에 따라 국민들이 제출해야 할 구비서류의 부담이 완화

■ 2005년도 일평균 31,681건에 불과하던 구비서류 감축규모가 2007년에 10만 건을 넘어섰으며, 2011년에는 전년도에 비해 대폭 증대된 290,502건으로 확인

■ 연간 구비서류 감축규모도 2008년 41,988,000건에서 2011년에 106,033,000건으로 2배 이상 증대된 것으로 확인

온라인민원 서비스 및 정보공개

● 온라인민원 서비스 및 정보공개 변화

구분 \ 연도	2007	2008	2009	2010	2011
민원24 서비스(건)	38,362,993	66,217,997	83,320,500	88,716,580	102,456,887
민원서류 온라인발급(건)	10,429,787	14,725,444	22,193,291	27,446,358	32,729,317

자료: 행정안전부, 행정안전 통계연보

■ 민원24 서비스의 활용규모는 2007년 연간 3,800만 건에서 2011년에는 연간 1억 200만 건으로 167% 이상 확대된 것을 확인

■ 온라인민원 서비스와 관련해 민원서류 온라인발급 건수는 2007년 연간 1,000만 건에서 2011년에는 연간 3,300만 건으로 214% 이상 증대된 것을 확인

자원봉사 참여 수

● 자원봉사 참여 수 변화

구분 \ 연도	2007	2008	2009	2010	2011
총성인구(명)	37,188,043	37,618,582	38,038,526	38,931,267	39,377,310
자원봉사 참여인구(명)	2,548,599	3,294,204	3,879,489	4,634,597	5,077,428
참여율(%)	6.9	8.8	10.2	11.9	12.9
참여증가율(%)	21.1	29.3	17.8	19.5	9.6

자료: 행정안전부, 행정안전통계연보

■ 연도별 자원봉사 참여인구 수는 2007년 250만 명에서 2011년 510만 명으로 2배 이상 증가했으며, 참여율이 2007년 6.9%에서 2011년 12.9%로 상승

등록 자원봉사자 수 변화

● 전국 248개 자원봉사센터에 등록된 자원봉사자 수 변화

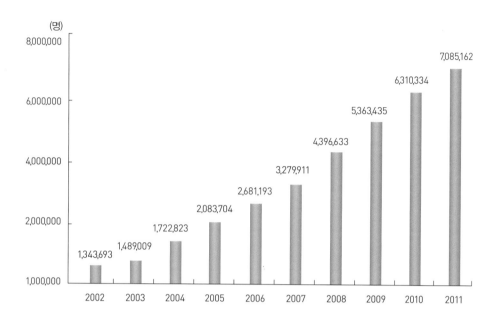

■ 연도별 전국자원봉사센터(248개) 등록 자원봉사자 수는 현재까지 지속적으로 증가하고 있으며, 2011년 12월 말 기준으로 700만 명을 넘어선 상태

■ 2011년 말 가입자 수는 2002년(1,343,693명)과 비교할 때 5배 이상 증가한 수치이며, 앞

으로도 등록 자원봉사자 수는 계속 증가할 것으로 보임.

■ 뉴거버넌스시대에 맞춘 자원봉사활동의 중요성 등을 고려하여 더 많은 자원봉사자가 등록하도록 앞으로도 다양한 자원봉사 지원전략을 강구해 나갈 계획

범죄피해자 구조금 지급 건수 증감 추세

● 범죄피해자 구조금 지급 건수

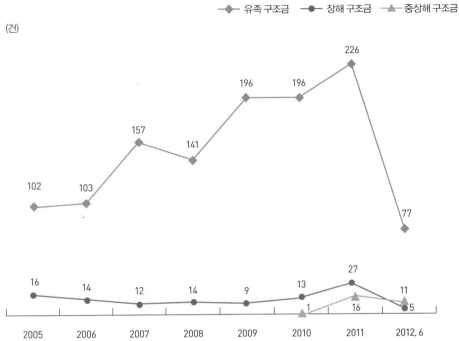

◆ 유족 구조금　　● 장해 구조금　　▲ 중상해 구조금

자료: 대검찰청, 구조금 지급 현황

■ 범죄피해자 구조금 지급 건수는 예산범위 내에서 집행되고 있고, 범죄발생률과도 관련이 있는 수치임.

– 2010년 8월 「범죄피해자보호법」 개정을 통해 구조금 지급 대상이 확대되고, 지급액의 상한이 증가했으며, 2011년 1월 「범죄피해자 보호기금법」 시행에 맞추어 구조금 지급 예산액이 대폭 확대됨에 따라 2010년부터 구조금 지급 건수가 증가하고 있음.

※ 구조금 지급액 변동 내역(2005~2012. 6)

1,065,133,000원(2005)

1,063,000,000원(2006)

1,607,000,000원(2007)

1,411,000,000원(2008)

2,204,833,000원(2009)

3,416,782,000원(2010)

5,363,675,000원(2011)

2,232,853,000원(2012. 6)

최근 4년간 3대 부패비리 단속 현황

범례: ■ 고위공직자 단속 ■ 공기업 및 정부투자기관 단속 ■ 지방자치단체 등 지역토착비리 단속 ■ 교육비리 단속

자료: 대검찰청, 중앙수사부 수사기획관실

- 부정부패를 척결하고 사회 전반의 투명성을 제고하기 위해 권력형비리·지역토착비리·교육비리 등 3대 중점 척결 대상 비리를 선정하여 전국 단위의 단속 활동 전개
- 2008년 이후 2012년 6월까지 3대 비리 집중단속을 통해 5,622명을 기소했고, 그중 1,665명을 구속 기소(교육비리는 2010년부터 단속)
- 최근 4년간 3급 이상 고위공직자는 130명, 공기업 및 정부투자기관 임직원 697명, 지방자치단체 등 지역토착비리 사범 4,463명, 교육비리 사범 362명을 기소

- 최근 4년간 3대 부패비리 단속 현황 분석
  - 3급 이상 고위공직자비리 단속 실적은 2008년 23명, 2009년 31명, 2010년 17명, 2011년 36명 기소하는 등 증가 추세
  - 2010년 대비 2011년 3대 비리 단속 실적 다소 감소, 2011년 3월 영업정지로 촉발된 저축은행 금융비리 수사에 주력한 결과로 분석됨.
  - ※ 2011년 3월부터 12월 부산·삼화 등 13개 저축은행 비리 수사 결과 금융비리 사범 185명 기소(92명 구속), 2012년에도 2011년 9월 영업정지된 제일 등 7개 저축은행과 2012년 5월 영업정지된 솔로몬 등 4개 저축은행 비리에 대해 계속 수사 중

【참고】 3대 부패범죄 단속성과 통계

(단위: 명)

연도\구분	고위공직자		공기업 및 정부투자기관		지방자치단체 등 지역토착비리		교육비리	
	단속	구속	단속	구속	단속	구속	단속	구속
2008	23	10	153	69	872	222	–	–
2009	31	11	214	52	1,122	376	–	–
2010	17	8	124	38	1,808	469	208	53
2011	36	10	74	28	432	134	105	19
2012. 6	23	10	132	57	229	80	49	19
계	130	49	697	244	4,463	1,281	362	91
총계	5,622(구속 1,665)							

3장

외교·안보

01

외교

우리나라 FTA 체결 현황

● FTA 특혜무역 비중

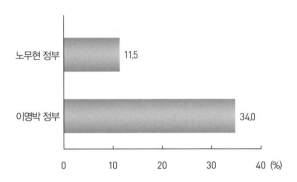

주: 한국과 리히텐슈타인 제외된 수치

● FTA 추진단계별 GDP 비중 현황

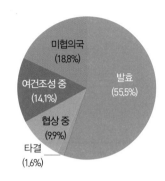

자료: IMF, World Economic Outlook Database

■ 우리나라 FTA 체결·타결국은 2004년 1건 (1개국)에서 2012년 10건(47개국)으로 확대
  – 동시에 전 세계 GDP에서도 2004년 약 2,500억 달러 규모에서 2012년 현재 약 39조 달러로 비약적으로 증가
  ※ 발효되지는 않았으나 FTA가 체결되거나 협상이 타결된 터키, 콜롬비아 포함

■ 전 세계 GDP의 절반 이상(57.1%)을 차지하는 국가들과 FTA가 발효·타결

– 우리 교역에서의 FTA 발효국과의 교역 비중은 34%이며, 협상 중인 국가의 교역 비중은 16.1%에 이름.

● FTA 추진단계별 교역 비중

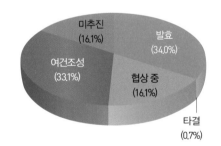

추진단계	FTA 추진 현황	건수
비준·발효	칠레(2004. 4), 싱가포르(2006. 3), EFTA(2006. 9), ASEAN(상품 2007. 6, 서비스 2009. 5, 투자 2009. 9), 인도(2010. 1), EU(2011. 7 잠정), 페루 (2011. 8), 미국 (2012. 3)	8건(45개국)
체결·타결	터키(2012. 3), 콜롬비아(2012. 6)	2건(2개국)
협상 중	중국, 호주, 뉴질랜드, GCC, 캐나다, 멕시코, 인도네시아	7건(11개국)
여건조성 중	일본, MERCOSUR, 이스라엘, 베트남, 몽골, 중미 5개국, 말레이시아	7건(14개국)
기타	한·중·일 FTA, RCEP, TPP 등	–

FTA 발효·비준

● 경제영토 확대(GDP 기준)

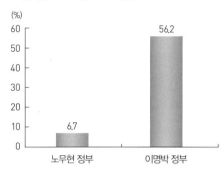

주: 리히텐슈타인 제외된 수치

● FTA 발효국 누적 GDP 규모

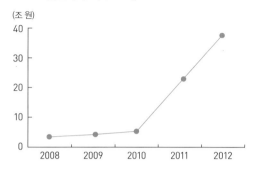

자료: IMF, World Economic Outlook Database

● 우리나라 FTA 발효·비준 현황

연도 \ 구분	발효·비준 FTA	비고
2003~2007	칠레(04.4월), 싱가포르(06.3월), EFTA(06.9월), ASEAN(상품 07.6월)	–
2008	–	–
2009	ASEAN 서비스(09.5월), 투자(09.9월)	–
2010	인도(10.1월)	–
2011	EU (11.7월 잠정), 페루 (11.8월)	–
2012	미국 (12.3월), 터키(12.3월), 콜롬비아(12.6월)	* 터키, 콜롬비아는 각각 가서명 및 타결 선언
–	–	–

■ 이명박 정부 들어 거대 선진경제권과의 FTA가 발효되어 경제영토 확대

- 전 세계 GDP의 6.7%에 불과하던 경제영토는 약 9배 증가(56.2%)

※ 협상이 체결·타결된 터키·콜롬비아 포함 시 약 57.8%

- 선진경제권과의 FTA는 해외시장의 안정적 확보 등 경제적 혜택 이외에도 산업 경쟁력 제고 및 구조조정 등 우리 경제의 선진화에 도움이 될 것으로 전망

■ 우리 기업이 진출할 수 있는 시장규모도 3.5조 달러에서 약 38조 달러로 증가하여 경제성장의 기반 마련

- 발효국의 누적 GDP 규모는 한·EU FTA 발효(2011년) 및 한·미 FTA 발효(2012년)로 비약적으로 증가

- 또한 유망시장 및 자원부국인 인도, 페루와의 FTA 체결로 진출 분야와 범위를 확대

FTA 발효국과 연평균 증가율

● FTA 발효국별 교역 증가율

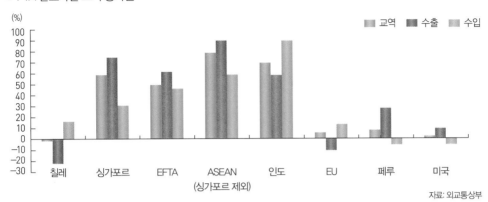

주: 1) 칠레, 싱가포르, EFTA, ASEAN(싱가포르 제외)은 2007년 대비 2011년 교역증가율, 인도는 2009년 대비 2011년 교역증가율
　　2) 최근 발효한 FTA의 경우 전년 동기 대비 비교 : 한·EU FTA(2011. 7~2012. 6), 한·페루 FTA(2011. 8~2012. 5), 한·미 FTA(2012. 3. 15~6. 15)

■ 2007년 대비 2011년 FTA 발효국(칠레, 싱가
포르, EFTA, ASEAN)과의 교역 증가율은 약
66%로서 수출 증가율(76.8%)이 수입 증가
율(54.6%)을 상회
 － 최근 발효한 페루, 미국의 경우에도 전년 동
　기대비 수출 증가율이 수입 증가율보다 더

높음.
 － 칠레, EU, 인도의 경우 수입 증가율이 더 높
　았으나, 칠레와 인도의 경우 원자재수입(구
　리, 합금철 등) 증가, EU는 경기침체의 여파
　때문인 것으로 관측

● FTA 발효국과의 연도별 교역 증가율

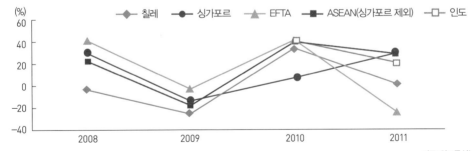

자료: 외교통상부

■ 글로벌 금융위기 여파가 본격적으로 나타
난 2009년에 FTA 체결국과의 교역 증가율
이 하락했다가 회복되고 있었으나, 2011년
전 세계적인 경기침체의 영향으로 다시 하

락세로 전환
 － 교역 증가율의 둔화에도 불구, 발효국들(5개
　국)과의 교역은 연평균 20~30%의 증가율
　을 시현

사증 면제 및 간소화 협정 체결 추이

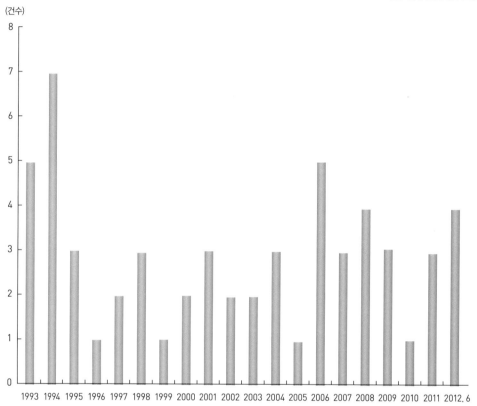

(건수)

자료: 외교통상부

- 이명박 정부 들어 총 15개의 사증 면제 및 간소화 협정을 체결하여 과거 정부에 비해 상대적으로 높은 수준을 기록했음.

- 사증 면제 및 간소화 협정 체결을 지속적으로 확대함으로써 우리 국민의 해외 입출국, 체류 관련 편의를 증진했음.

- 특히, 2008년 11월 미국 비자면제프로그램(VWP)에 가입함으로써 미국을 방문하는 우리 국민 대다수가 사증 없이 전자여행허가만으로 간편하게 미국 입국이 가능하게 되었음.

워킹홀리데이 협정 체결 추이

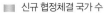

(개국)

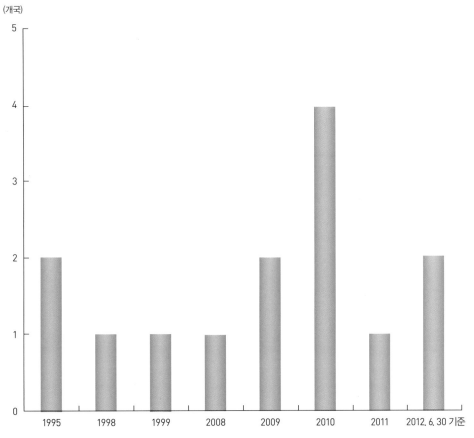

자료: 외교통상부

- 이명박 정부 들어 10개 국가와 워킹홀리데이 협정을 체결하여 과거 정부의 체결 국가 수(4개국)와 비교할 때 급격한 증가를 기록했으며, 연간 약 5만 명의 우리 청년들이 세계로 진출하는 토대를 마련함.

- 세계화가 가속화되어감에 따라 우리나라와의 워킹홀리데이 협정체결국은 지속적으로 증가할 것으로 전망됨.

해외파병

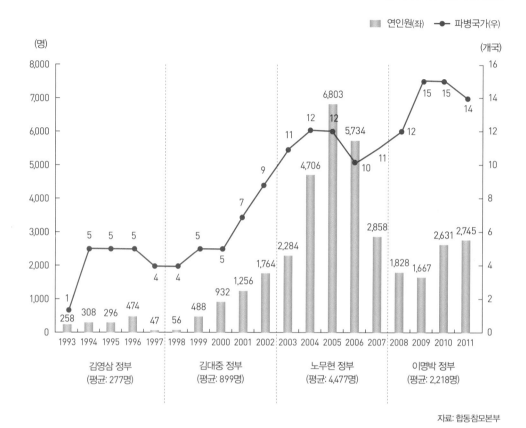

자료: 합동참모본부

■ 노무현 정부 들어 이라크 항구적 자유작전에 다국적군으로 참여한 결과 김영삼 정부, 김대중 정부 대비 파병국가 및 연인원이 대폭 증가했음.

■ 특히, 이명박 정부 들어서는 다국적군 참여보다 유엔 평화유지(UN PKO) 활동 참여 확대 추진으로 파병국가는 지속적으로 증가했음.

■ 앞으로도 국가위상에 걸맞은 국제평화유지활동 참여 확대 필요

● 연도별 해외파병국가 및 연인원 현황

구분		연도별 파병국가	연인원(명)
김영삼 정부	1993	소말리아 [1개국]	258
	1994	소말리아, 서부사하라, 그루지야, 인도, 파키스탄 [5개국]	308
	1995	서부사하라, 앙골라, 그루지야, 인도, 파키스탄 [5개국]	296
	1996	서부사하라, 앙골라, 그루지야, 인도, 파키스탄 [5개국]	474
	1997	서부사하라, 그루지야, 인도, 파키스탄 [4개국]	47
김대중 정부	1998	서부사하라, 그루지야, 인도, 파키스탄 [4개국]	56
	1999	서부사하라, 동티모르, 그루지야, 인도, 파키스탄 [4개국]	488
	2000	서부사하라, 동티모르, 그루지야, 인도, 파키스탄 [5개국]	932
	2001	싱가포르, 미국, 서부사하라, 동티모르, 그루지야, 인도, 파키스탄 [7개국]	1,256
	2002	싱가포르, 아프간, 미국, 서부사하라, 동티모르, 인도, 그루지야, 사이프러스, 파키스탄 [9개국]	1,764
노무현 정부	2003	이라크, 싱가포르, 아프간, 미국, 지브티, 서부사하라, 동티모르, 그루지야, 인도, 파키스탄, 라이베리아 [11개국]	2,284
	2004	이라크, 쿠웨이트, 아프간, 미국, 지브티, 동티모르, 서부사하라, 브룬디, 그루지야, 인도, 파키스탄, 라이베리아 [12개국]	4,706
	2005	이라크, 쿠웨이트, 아프간, 미국, 지브티, 그루지야, 서부사하라, 브룬디, 인도, 파키스탄, 라이베리아, 수단 [12개국]	6,803
	2006	이라크, 쿠웨이트, 아프간, 미국, 지브티, 그루지야, 인도, 파키스탄, 라이베리아, 수단 [10개국]	5,734
	2007	이라크, 쿠웨이트, 아프간, 미국, 지브티, 그루지야, 인도, 파키스탄, 라이베리아, 수단, 레바논 [11개국]	2,858
이명박 정부	2008	이라크, 쿠웨이트, 아프간, 지브티, 그루지야, 네팔, 인도, 파키스탄, 라이베리아, 수단, 레바논, 바레인 [12개국]	1,828
	2009	미국, 아프간, 지브티, 그루지야, 네팔, 인도, 파키스탄, 라이베리아, 코트디브아르, 서부사하라, 아이티, 수단, 레바논, 소말리아, 바레인 [15개국]	1,667
	2010	미국, 아프간, 지브티, 네팔, 인도, 파키스탄, 라이베리아, 코트디브아르, 서부사하라, 아이티, 레바논, 수단, 소말리아, 바레인, UAE [15개국]	2,631
	2011	미국, 아프간, 지브티, 인도, 파키스탄, 라이베리아, 코트디브아르, 서부사하라, 아이티, 수단, 소말리아, 레바논, 바레인, UAE [14개국]	2,745

해외 순방, 정상급 방한, 정상회담 개최

● 역대 정부별 대통령 방문국가 수

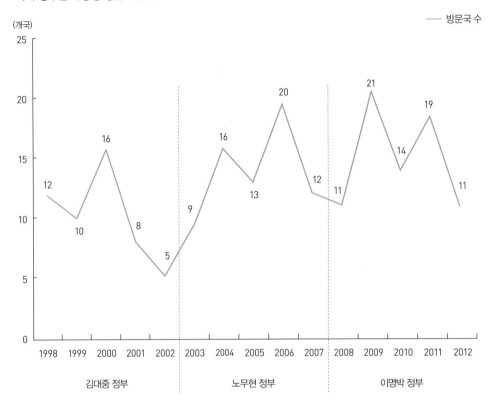

자료: 외교통상부, 의전장실

■ 이명박 정부는 대내외 도전 속에서 우리의 국익을 증진하기 위해 활발한 정상외교를 전개함.
  – 미국, 일본, 중국, 러시아 등 주변 4강뿐 아니라 중동, 중앙아시아, 중남미지역 등과의 전방위적인 정상외교활동을 통해 글로벌 네트워크를 강화
  – 이러한 노력은 이명박 정부 취임 후 지금까지 46회에 걸쳐 76개국의 순방외교를 실시한 데에서도 잘 나타남.

● 이명박 정부 정상회담 개최 실적

정상회담 개최 실적

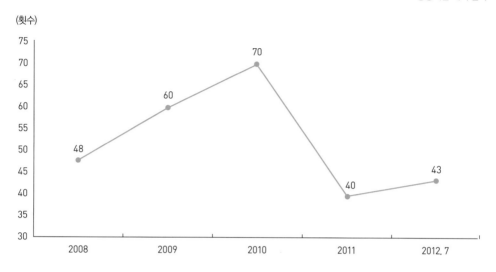

자료: 외교통상부, 의전장실

● 방문외교 및 방한외교

구분 \ 연도	2008	2009	2010	2011	2012.6	계
순방 횟수	8	13	10	11	4	46
방문국 수	11	20	14	19	11	76
방한국 수 (다자회의 계기 참석 정상 제외)	19	26	26	14	12	97

자료: 외교통상부, 의전장실

■ 한편 이명박 정부는 ASEM, APEC, ASEAN+3/EAS, G20, 다보스포럼 등 주요 다자정상회의에 적극 참여하는 한편, G20정상회의, 세계개발원조총회, 핵안보정상회의를 우리나라에서 개최하면서 글로벌 정상외교를 주도함.

ODA 규모

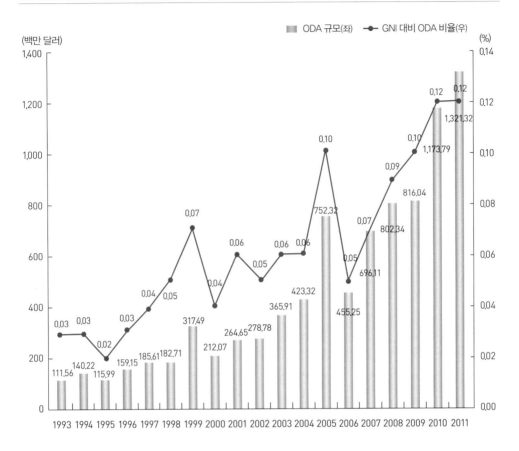

ODA 규모(좌)　　GNI 대비 ODA 비율(우)

주: 2011년 수치는 2012년 10월 현재 기준 잠정치임.　　　　　　　　　　　자료: OECD, DAC Statistics

- '중기ODA 확대계획'(2008. 8) 및 '국제개발 협력선진화방안'(2010. 10)을 채택, 우리의 경제수준에 부합하는 ODA 규모 달성을 위해 2015년까지 GNI 대비 ODA 비율을 0.25%로 확대키로 결정

- 2008년 이후 꾸준히 ODA 규모를 확대하여 이명박 정부 들어 0.09%(800만 달러 수준)에 불과하던 GNI 대비 ODA 비율은 2011년 기준 0.12%(13억 달러 수준)까지 상승

우리 국민의 국제기구 진출 현황

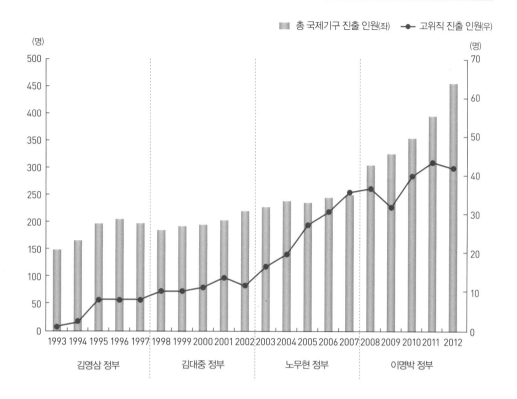

■ 총 국제기구 진출 인원(좌)　●─ 고위직 진출 인원(우)

자료: 외교통상부, 국제기구국

■ 국제기구에서 근무하는 전문직 이상 한국인 총 수는 2008년 305명에서 2012년 458명으로 1.5배 이상 증가했으며, 1991년 유엔 가입 당시와 비교하여 3배 이상 증가함.

■ 국제기구에서 근무하는 고위직 한국인의 수는 2010년 이후 지속적으로 증가해 40명을 넘고 있음.

■ 국제기구에서 근무하는 한국인의 수는 지속적으로 증가하고 있으나 국제기구의 전체 전문직 이상 직원 수에 비하면 아직도 지속적인 진출 지원이 필요한 상황임.

※ 유엔사무국 내 지역별 배분 직위에 대한 우리 국민의 적정 진출 수준은 42~56명이나, 현재 36명이 근무하고 있어 우리나라는 과소진출 국가로 분류

02

안보

방위산업 수출

● 방위산업 수출액

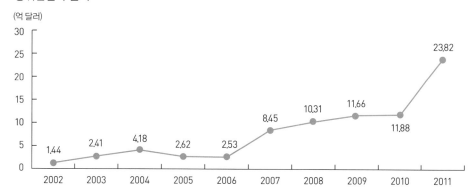

(억 달러)

2002 1.44
2003 2.41
2004 4.18
2005 2.62
2006 2.53
2007 8.45
2008 10.31
2009 11.66
2010 11.88
2011 23.82

● 방위산업 수출업체 및 수출대상국 수

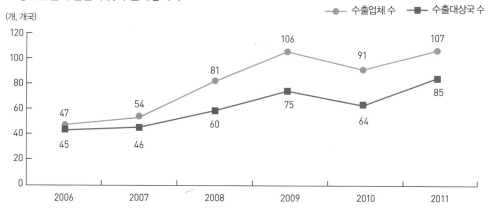

(개, 개국)

수출업체 수 ─●─ 수출대상국 수 ─■─

2006: 47 / 45
2007: 54 / 46
2008: 81 / 60
2009: 106 / 75
2010: 91 / 64
2011: 107 / 85

자료: 방위사업청, 통계연보(2011)

■ 방산수출은 2006년까지 탄약 및 일반 부품에 의존했으며 그 규모도 5억 달러 미만에 불과

– 2008년 이명박 정부가 출범하여 방위산업의 신경제 성장 동력화를 국정과제로 선정하고 방위산업의 경쟁력 강화를 적극 추진하면서 방산수출 규모도 획기적으로 성장하고 있음.

■ 2011년에는 인도네시아에 4억 달러 규모의 고등훈련기(T-50)와 10.8억 달러 규모의 잠수함 수출계약을 맺음으로써 첨단 완성제품을 수출하고 규모도 사상 최대인 약 24억 달러를 달성

– 방위산업의 본격적인 수출산업화의 토대를 마련한 것으로 평가되고 있음.

국방예산 중 R&D 예산 비중

● 국방예산 중 R&D 예산 비중

연도 \ 구분	국방예산(억 원)	R&D예산(억 원)	비율(%)
1993	92,154	2,891	3.10
1994	100,753	3,395	3.40
1995	110,744	3,332	3.00
1996	122,434	3,741	3.10
1997	137,865	4,180	3.00
1998	138,000	4,034	2.90
1999	137,490	4,041	2.90
2000	144,774	4,016	2.80
2001	153,884	4,177	2.70
2002	163,640	7,080	4.30
2003	175,148	7,218	4.10
2004	189,412	7,757	4.10
2005	211,026	9,087	4.30
2006	225,129	10,595	4.70
2007	244,972	12,584	5.10
2008	266,490	14,522	5.40
2009	285,326	16,090	5.60
2010	296,039	17,945	6.10
2011	314,031	20,164	6.40
2012	329,576	23,210	7.00

자료: 국방부

■ 국방예산은 2000년 이후 꾸준히 증가하고 있으며 국방 R&D 예산은 2001년 4,177억 원에서 2012년 23,210억 원으로 5배 이상 증가

■ 국방예산 중 R&D 예산 비중은 노무현 정부(2003~2007년)까지 4~5% 정도의 비율을 유지했으나 이명박 정부(2008~2012년)에는 5%를 시작으로 7%까지 증가했음.

교육·과학

01

초·중등교육

각급 학교 현황

● 유·초·중등학교 및 고등교육기관 학교 수

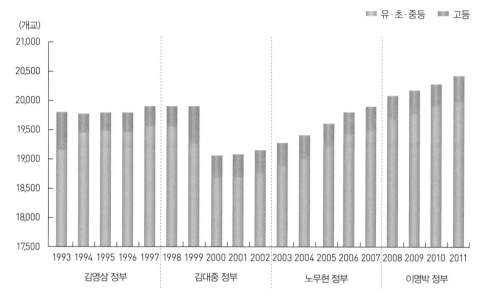

자료: 한국교육개발원, 교육기본통계

주: 1) 매년 4월 1일 기준
   2) 유·초·중등학교 수에는 분교, 폐교는 제외, 고등교육기관 수에는 폐교, 분교, 캠퍼스는 제외
   3) 유·초·중등학교: 유치원, 초등학교, 중학교, 고등학교, 공민학교, 고등공민학교, 고등기술학교, 각종학교, 특수학교, 방송통신고등학교를 포함(산업체부설학급 및 산업체부설학교는 제외)
   4) 고등교육기관: 전문대학, 교육대학, 대학, 각종학교, 방송통신대학, 산업대학, 기술대학, 사이버대학, 기능대학, 전공대학, 원격대학, 사내대학, 대학원을 포함

■ 초등학교, 중학교, 고등학교 학교 수는 2000년 이후 지속적으로 증가하는 추세이며, 유치원 수는 1997년부터 2004년까지 감소하다가 2006년 이후 소폭 증가하고 있음.
  – 2011년 4월 1일 기준 학교 수는 유치원은 8,424개교, 초등학교는 5,882개교, 중학교는 3,153개교, 고등학교는 2,282개교로 나타남.

■ 전문대학 수는 2000년대 이후 정체·감소하는 추세였다가 2011년 전년 대비 2개교 증가했고, 대학 및 대학원 수는 2000년 이후 전반적인 증가 추세임.
  – 2011년 4월 1일 기준 학교 수는 전문대학은 147개교, 대학(일반대학, 교육대학, 산업대학)은 202개교, 대학원대학은 41개교로 나타남.

● 유·초·중등학교 및 고등교육기관 학생 수

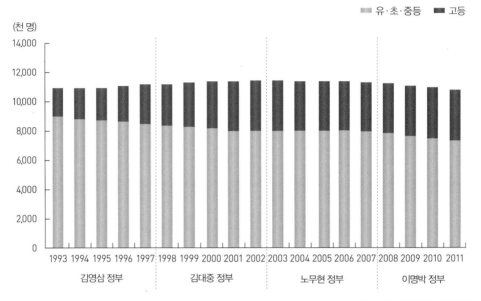

자료: 한국교육개발원, 교육기본통계

주: 1) 매년 4월 1일 기준
   2) 유·초·중등학교: 유치원, 초등학교, 중학교, 고등학교, 공민학교, 고등공민학교, 고등기술학교, 각종학교, 특수학교, 방송통신고등학교를 포함(산업체부설학급 및 산업체부설학교는 제외)
   3) 고등교육기관: 전문대학, 교육대학, 대학, 각종학교, 방송통신대학, 산업대학, 기술대학, 사이버대학, 기능대학, 전공대학, 원격대학, 사내대학, 대학원을 포함

■ 초등학교, 중학교, 고등학교 학생 수는 전반적인 감소 추세이며, 유치원 원아 수는 유치원 수의 증감과 유사한 궤도를 보이고 있음.
 - 2011년 4월 1일 기준 학생 수는 유치원은 564,834명, 초등학교는 3,132,477명, 중학교는 1,910,572명, 고등학교는 1,943,798명으로 나타남.

■ 전문대학 학생 수는 매년 감소 추세를 보이다가 2011년에는 전년 대비 증가했고, 대학 및 대학원 수는 매년 전반적인 증가 추세를 보임.
 - 2011년 4월 1일 기준 학생 수는 전문대학은 776,738명, 대학(일반대학, 교육대학, 산업대학)은 2,208,608명, 대학원(대학부설대학원 포함)은 329,933명으로 나타남.

교원 1인당 학생 수 추이

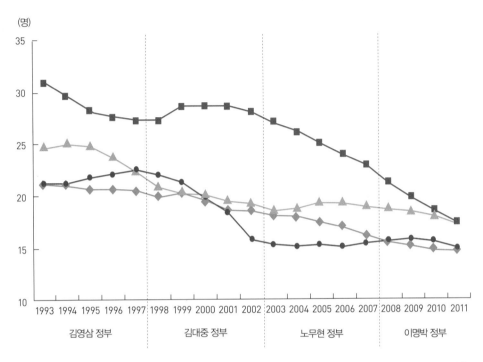

자료: 한국교육개발원, 교육기본통계

주: 매년 4월 1일 기준, 재적학생 수 대비 교원 수

■ '교원 1인당 학생 수'는 해당 학제의 재적학생 수 대비 교원 수로 정의되며, 연도별 추이를 살펴보면 지속적인 감소 추세임.

■ '교원 1인당 학생 수' 감소의 가장 큰 원인은 학생 수 감소와 교원 수 증가를 들 수 있음.

– 학생 수 감소는 저출산에 따른 학령인구의 감소로 인한 영향이 가장 큼.

■ 2011년 '교원 1인당 학생 수'는 유치원 14.6명, 초등학교 17.3명, 중학교 17.3명, 고등학교 14.8명으로 나타남.

학급당 학생 수 추이

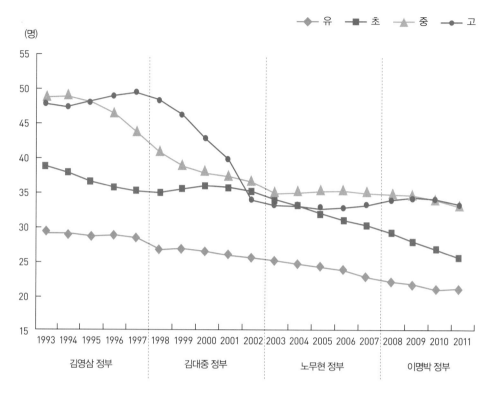

(명)

유 ◆ 초 ■ 중 ▲ 고 ●

자료: 한국교육개발원, 교육기본통계

주: 매년 4월 1일 기준, 재적학생 수 대비 학급 수

■ '학급당 학생 수'는 해당 학제의 재적학생 수 대비 학급 수로 정의되며, 2011년 '학급당 학생 수'는 유치원 20.9명, 초등학교 25.5명, 중학교 33.0명, 고등학교 33.1명으로 나타남.

■ 연도별 '학급당 학생 수' 추이를 살펴보면 전반적인 감소 추세로 지속적인 학생 수 감소와 투자 확대에 따른 교육여건 개선 등을 주 요인으로 볼 수 있음.

과밀학급 현황

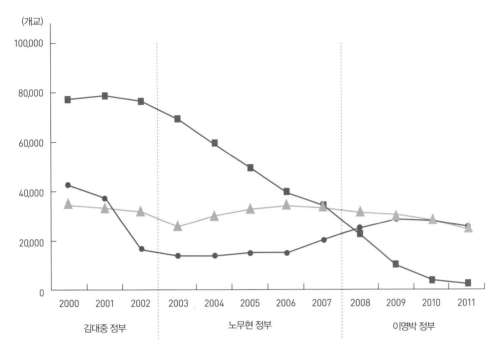

자료: 한국교육개발원, 교육기본통계

주: 1) 매년 4월 1일 기준
   2) 과밀학급은 학생수 36명 이상인 학급임.

- 과밀학급으로 분류하는 기준은 한 학급의 학생 수가 36명 이상인 학급임.
  - 2011년 기준으로 우리나라의 초등학교 평균 학급당 학생 수는 25.5명, 중학교는 33.0명, 고등학교는 33.1명임.
  - 학급당 정원이 36명이 넘어 과밀학급으로 분류된 학급 수는 초등학교 2,392개, 중학교 24,365개, 고등학교 25,408개임.

- 과밀학급 비율은 전체 학급 수에서 과밀학급 수를 나눠 산출하며, 2011년 과밀학급 비율은 초등학교 1.9%, 중학교 42.1%, 고등학교 43.3%임.
  - 초등학교·중학교의 과밀학급 비율은 2000년까지 약 70%, 고등학교는 약 90%에 달했으나, 2001년 '7·20 교육여건 개선사업'이 시행된 이후 지속적으로 감소하고 있음.

초·중·고 취학률 추이

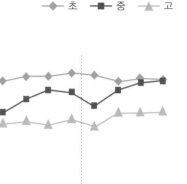

(%)

자료: 한국교육개발원, 교육기본통계. 통계청, 장래인구추계

주: 1) 취학률(%) = 취학 적령 재적 학생 수 / 취학 적령 인구 수×100
   2) 취학 적령 인구는 통계청(2006. 11)의 '장래추계인구'임.
   3) 취학 적령은 유치원의 경우 3~5세, 초등학교는 6~11세, 중학교는 12~14세, 고등학교는 15~17세임.

■ 취학률은 취학적령인구 중에서 각급 학교의 취학적령의 재적학생 수 비율을 나타내는 것으로, 취학률이 높을수록 많은 인구가 교육을 받고 있음을 의미함.

$$취학률 = \frac{취학적령의\ 재적학생\ 수}{취학적령인구} \times 100$$

■ 취학적령인구는 유치원 만 3~5세, 초등학교 만 6~11세, 중학교 만 12~14세, 고등학교 만 15~17세임.

– 2011년 초등학교, 중학교, 고등학교의 취학률은 90% 이상으로 거의 완전한 취학 상태에 도달함.

학생 1인당 공교육비

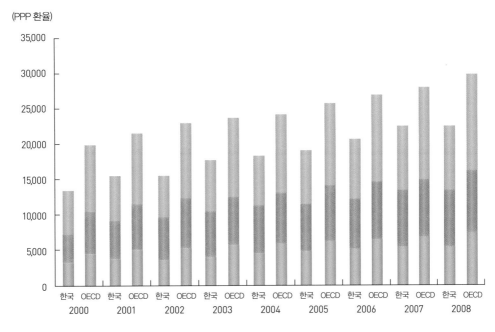

주: 1) 단위는 미국달러의 구매력지수임(2008년 PPP 환율은 1달러당 785.72원임).
   2) 학생 1인당 공교육비 = (경상비+자본비/학생 수)/PPP
   3) 2012년 현재 2008년도 자료가 '2011 OECD 교육지표'에 실린 최신 자료임.

■ '학생 1인당 공교육비'는 교육기관이 학생 1인당 지출하는 투자 정도를 나타내며, 해당 교육단계 교육기관이 지출한 경상비와 자본비 총액을 합한 값을 해당 교육단계 학생 수로 나눈 것으로 이를 US달러 기준 PPP 환산액으로 변환하여 산출함.

■ OECD 국가들은 평균적으로 고등교육 단계에서 지출하는 금액이 초등교육 단계에서 지출하는 것에 비해 2배 가까이 높은 것으로 나타남.

■ 우리나라 '학생 1인당 공교육비'는 연도별로 계속 증가하고 있는 추세이나 초등교육, 중등교육, 고등교육 단계에서 모두 OECD 평균보다 다소 낮게 나타남.

■ 초등교육 단계 및 중등교육 단계에서는 '학생 1인당 공교육비'가 해당 국가의 1인당 GDP와 강한 상관관계를 보였으나, 고등교육 단계에서는 이 두 요소의 연관성이 다소 약해지는 것으로 드러남.

외국교육기관 설립 승인 현황

구분		개교	정원	과정
고등 외국교육기관	광양 STC-Korea	2008. 3	40명	대학원대학(해운운송학)
	부산 FAU	2011. 3	100명	대학원대학(화학생명공학)
	한국뉴욕주립대학교	2012. 3	407명	대학원대학(컴퓨터공학, 기술경영 등)
초중등 외국교육기관	대구국제학교	2010. 8	580명	K-12
	채드윅 송도국제학교	2010. 9	2,080명	K-12

주: K-12는 유치원에서 고등학교까지의 미국교육과정을 의미　　　　　　　　　자료: 교육과학기술부

■ 2008년 이후 경제자유구역에 설립 신청한 5개 외국교육기관에 대한 설립심사를 추진하여 5개 기관 모두에 대해 설립승인을 완료했음.

수석교사 수 변화 추이

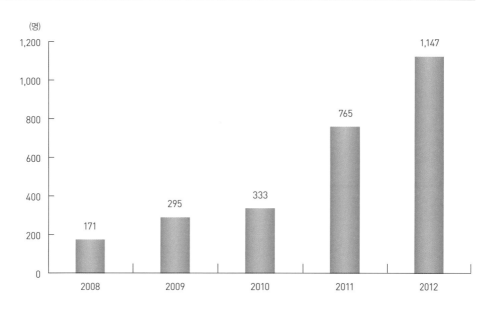

자료: 교육과학기술부

■ 30년간 교육계 숙원사업인 수석교사제는 4년간의 시범운영의 성과를 바탕으로 법제화(2011. 7. 25) 실시 기반을 구축함.
  – 2012년 수석교사를 1,147명 선발·배치함으로써 2011년(765명) 시범운영 대비 49.9% 확대됨.

■ 수석교사제가 법제화 및 확대 실시됨에 따라 교원의 수업전문성이 제고되어 전체 학교 교육의 질이 향상될 것으로 보임.
  – 수석교사 본인의 수업능력 향상뿐만 아니라, 수업노하우를 동료 교사와 공유함으로써 전체 수업의 질이 향상되어 학생 및 학부모의 수업만족도가 높아지게 될 것임.

■ 또한 '잘 가르치는 교사'가 우대받는 풍토가 조성되어 교직사회의 학습조직화 촉진
  – 교사에게 '가르치는 업무' 자체에서 기쁨과 보람을 얻을 수 있는 교직생활을 보장하고, 교사의 수업전문성을 존중하는 분위기를 형성하여 교직사회의 학습조직화를 촉진할 것으로 기대됨.

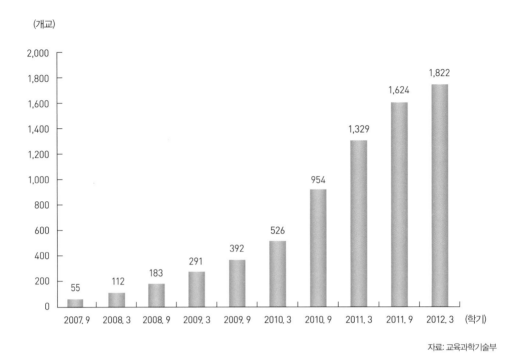

교장공모제 학교 수 증가 추이

(개교)

자료: 교육과학기술부

■ 2007년부터 도입된 교장공모제는 6차에 걸친 시범운영을 통해 안정적 실시 기반을 구축함.
- 2007년 9월에 55개교에서 2010년 3월에는 교장공모 학교 수가 총 526개교로 증가

■ 시범운영 중인 교장공모제 실시학교가 전체의 5%(526개교)에 그쳐 파급효과가 미약하다고 판단하여 2010년 9월 임용부터는 공모인원을 교장 퇴직인원의 50%로 확대
- 2010년 9월에만 교장공모제 학교 수가 428개교 증가해 전체 954개교로 확대됨.

■ 그러나 학령인구의 감소 등 시·도별로 실시 여건이 상이하여 일률적으로 교장 결원 인원의 50% 이상 교장공모제를 추진하는 데 어려움이 있다는 지적에 따라 10% 범위 내에서 조정할 수 있도록 함.
- 2011년 3월에 375개교, 2011년 9월에 295개교, 2012년 3월에 310개교에서 공모교장이 임용되어 2012년 6월 현재 교장공모제를 실시하는 학교는 총 1,822개교임.

교원능력개발평가에 따른 학생 및 학부모의 인식도 변화

● 교원의 전문성 신장

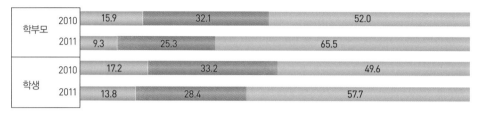

■ 부정 ■ 보통 ■ 긍정

		부정	보통	긍정
학부모	2010	15.9	32.1	52.0
	2011	9.3	25.3	65.5
학생	2010	17.2	33.2	49.6
	2011	13.8	28.4	57.7

● 교육발전에 기여

■ 부정 ■ 보통 ■ 긍정

		부정	보통	긍정
학부모	2010	15.7	33.8	50.5
	2011	9.9	28.3	61.9
학생	2010	22.0	38.9	39.2
	2011	20.2	35.3	44.5

● 교육계의 긍정적 변화

■ 부정 ■ 보통 ■ 긍정

		부정	보통	긍정
학부모	2010	17.8	39.6	42.6
	2011	11.3	32.2	56.5
학생	2010	19.2	34.8	46.0
	2011	14.6	29.7	55.7

자료: 교육과학기술부

■ 2011년 교원능력개발평가 시행 후 실시한 설문조사 결과에 따르면, 65.5%의 학부모와 57.7%의 학생이 교원능력개발평가를 통하여 교원의 전문성이 신장되고 있다고 응답했고, 61.9%의 학부모와 44.5%의 학생이 교원능력개발평가가 교육발전에 기여하고 있다고 응답했음. 또한 56.5%의 학부모와 55.7%의 학생은 교원능력개발평가가 교육계의 긍정적 변화를 이끌고 있다고 응답함.

■ 이는 2010년 교원능력개발평가 결과를 분석한 한국지방교육연구센터의 연구 결과와 비교할 때, 교원의 전문성 신장 부분에서는 평균 9%p, 교육발전에 대한 기여도 부분에서는 평균 8%p, 교육계의 긍정적 변화 부분에서는 평균 11%p 정도 긍정적 응답이 증가한 것으로, 교원능력개발평가를 통하여 학생 및 학부모의 교육 만족도가 높아지고 있다고 볼 수 있음.

배움터 지킴이 학교 수 및 배치인원

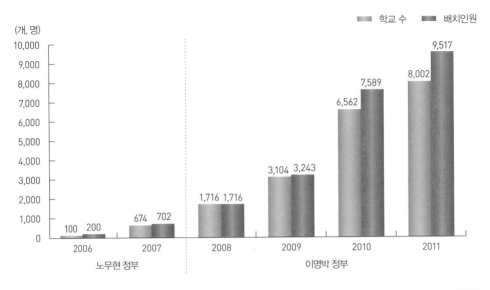

(개, 명)

■ 학교 수 ■ 배치인원

자료: 교육과학기술부

■ 주변환경이 열악하고 유해환경에 노출된 학교를 대상으로 학교폭력을 사전 차단하기 위하여 배움터 지킴이를 배치했음.

■ 2005년 11월 교과부 차원에서 시범운영 (70개교, 특별교부금 14억 원 지원)을 시작으로 2006년부터 특별교부금으로 사업을 진행하다 2008년 이후에는 시도자체 예산으로 사업을 진행함.

■ 이후 학교폭력 예방을 위한 배움터지킴이 사업의 효과가 입증되면서 사업이 확대되어 2011년 12월 31일 기준으로 8,002개 학교에 9,517명의 배움터 지킴이가 활동 중에 있음.

■ 시행 초기에는 학교폭력이 많이 발생하는 중·고등학교에 중심 배치되었으나, 성폭력 발생 및 예방을 위해 전국 초등학교에도 확대 배치를 추진하고 있음.

■ 초기에는 자원봉사 수준에 그쳤으나 점차 역할이 강화되어 학교 내외 순찰, 외부인 학교 출입 통제 등 학교 내 범죄 발생을 사전 차단하는 업무까지 확대됨.

■ 향후 역할강화에 따른 처우개선, 타 경비인력과의 업무분담 명확화를 통해 배움터 지킴이의 내실화가 필요함.

학교 스포츠클럽 활동 등록학생 수 및 등록률

● 학교 스포츠클럽 활동 등록학생 수

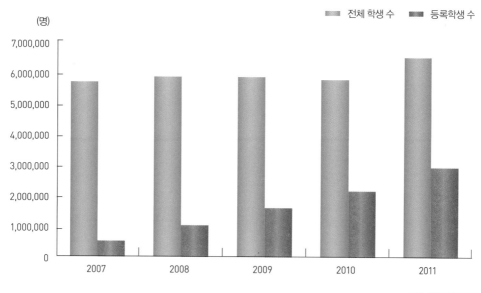

자료: 교육과학기술부

■ 학생들의 신체활동 부족으로 인한 체력저
하 및 건강상태 악화에 대한 사회적 우려
가 심화되어 '체육교육 활성화 사업추진계
획'을 발표(2008. 10)
  – 2008년부터 스포츠 활동에 취미가 있는 동
    일학교 학생(초2~고3, 대한체육회 등록선수
    제외)으로 구성하여 교육청에 등록하고 자
    율적으로 방과후학교 스포츠클럽을 본격
    운영함.
  – 2011년부터 교육행정정보시스템(NEIS)을
    구축하여 학교 스포츠클럽 등록 업무 지원

및 다양한 대회 정보 등의 자료가 제공되면
서 등록 학생 수가 증가함.

■ 자율적으로 운영되는 학교 스포츠클럽 활
동이 정착 및 운영되면서 학생들의 체력 증
진과 공동체의식 함양, 사제 동행 스포츠
활동을 통한 밝고 건강한 학교 풍토가 조
성되고 있음.
  – 아울러 스포츠 인구의 저변확대를 통한 스
    포츠 국가경쟁력 제고에도 기여

● 학교 스포츠클럽 활동 등록률

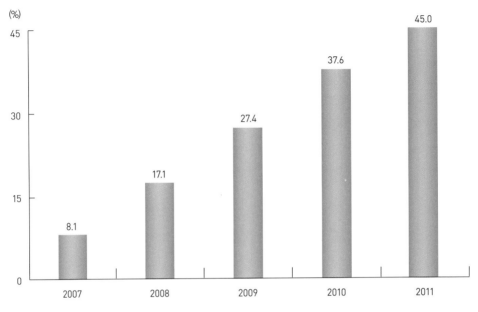

자료: 교육과학기술부

■ 학교 스포츠클럽 활동 등록률은 2007년 8.1%에서 2011년 45.0%로 상승하여 '보는 스포츠'에서 '하는 스포츠'로 전환됨.
  – 건강한 체질, 건강한 정신을 가질 수 있도록 올바른 습관을 형성시키는 건강교육이 강화됨.
  – 동료에 대한 존중과 배려, 겸손과 협동을 체험하는 인성교육이 학생들의 각 성장 단계에서 스포츠클럽 활동을 통해 지속적으로 일어남.

학교 스포츠클럽 대회 개최

2011년(10개 종목)	2012년(32개 종목)
축구, 농구, 야구, 배드민턴, 탁구, 핸드볼, 소프트볼, 피구, 배구, 줄넘기	검도, 게이트볼, 넷볼(여), 농구, 댄스스포츠, 배구, 배드민턴, 보디빌딩, 소프트볼, 수영, 스포츠줄다리기, 씨름, 연식야구, 유도, 육상/마라톤, 인라인롤러, 족구, 줄넘기, 창작댄스(힙합, 방송댄스, 치어리딩 포함), 체조, 축구, 탁구, 태권도, 테니스(프리테니스 포함), 티볼, 풋살, 플라잉디스크, 플로어볼, 피구, 핸드볼, 택견, 국궁(궁도)

- 2011년도를 학교스포츠클럽 활성화를 위한 도약의 해가 될 수 있도록 창의·인성 교육(리더십, 진취성, 배려와 나눔 등)을 지향하는 전국 학교 스포츠클럽 대회를 개최
  - 많은 학생들이 전국 학교 스포츠클럽 대회에 참가할 수 있도록 종목 확대
  - 여학생 선호 종목인 넷볼, 댄스스포츠, 창작댄스, 플로어볼 추가
- 교내 대회(상시)를 거쳐 시·도 대회 1~2위 팀이 전국 대회 토너먼트 개최

교육지원청 단위 학교 스포츠클럽 대회 리그 개최

구분	2011년도	2012년도 목표
스포츠 리그	서울 11개청, 23개 리그 (136팀, 595경기)	전국 178개청, 890개 리그 (7,120팀, 49,840경기)
종목	축구, 농구, 야구, 배드민턴, 티볼, 넷볼, 킨볼(7종목)	단체(팀) 스포츠 중심, 남·여 종목 고려 (1청당 5종목 이상)

- 주5일제수업 시행에 맞춰 학생들이 집 근처에서 상시 참여할 수 있는 학교 스포츠클럽 리그전 대폭 확대
  - 자율적으로 팀을 구성하고 단체복을 입고 마치 프로선수처럼 운동장 및 체육관에서 경기를 하면서 학업 중 소원했던 친구들과 소통이 이루어짐.
- 신체활동 욕구가 왕성하고, 자기정체성 확립 시기인 중학교 단계의 스포츠 활동을 장려하기 위해 중학교 교육지원청대회를 리그로 우선 전환(2012)하고, 초·중(2013)→초·중·고(2014)로 순차적으로 확대하면서 내실화 방안 마련

학교급식비 지원 현황

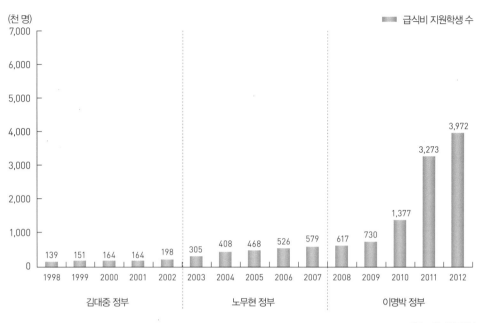

(천 명)

■ 급식비 지원학생 수

연도	지원학생 수
1998	139
1999	151
2000	164
2001	164
2002	198
2003	305
2004	408
2005	468
2006	526
2007	579
2008	617
2009	730
2010	1,377
2011	3,273
2012	3,972

김대중 정부 · 노무현 정부 · 이명박 정부

자료: 교육과학기술부

■ 학교급식비 지원사업은 23년 전인 1989년에 초등학교 결식아동을 대상으로 시작됐음.

■ 1989년 당시 지원대상이 9,000명이었으나, 학부모 부담경감 및 교육복지증진 차원에서 가정형편이 어려워 급식비 납부가 어려운 학생들까지 지원대상을 점진적으로 확대했음.

■ 국고보조 사업인 동 사업은 2004년 7월 정부혁신지방분권위원회 결정으로 지방으로 이양되어 시·도교육청이 소요예산을 확보하여 추진하고 있음.

■ 2010년 정부차원의 '학교급식 지원방안'을 발표(2010. 3. 18)하고, 시·도교육청에 정책방향을 제시하여, 최저생계비 130% 이하 저소득층과 생활환경이 열악한 농어촌지역 학생들까지 급식비 지원을 확대토록 요청했음.

■ 2010년 6월 지방선거 이후 일부 교육청과 지자체가 협의하여 저소득층뿐만 아니라 일반학생에 대한 무상급식이 확대되어, 2012년 6월 현재 전체 학생의 56.8%인 397만 명에게 학교급식비 1조 9,450억 원을 지원하고 있음.

초·중·고 학교폭력 현황

● 초등학교

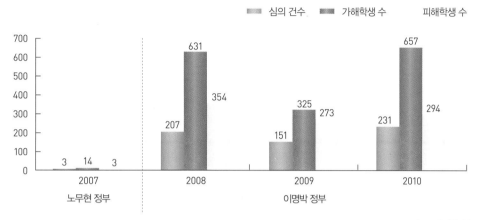

자료: 교육과학기술부

■ 초등학교 학교폭력 현황의 학교폭력대책 자치위원회 심의 건수는 2007년 3건에서 2008년 207건, 2009년 151건, 2010년 231건으로 변화함.

■ 가해학생 수는 2007년 14명, 2008년 631건, 2009년 325명, 2010년 657건으로 변화했으며 피해학생 수는 2007년 3명에서 2008년 354명, 2009년 273명, 2010년에는 294명으로 변화함.

● 중학교

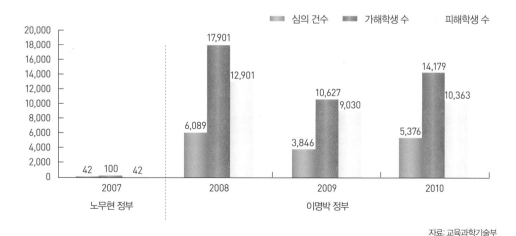

자료: 교육과학기술부

- 중학교 학교폭력 현황의 학교폭력자 치위원회 심의 건수는 2007년 42건에서 2008년 6,089건, 2009년 3,846건, 2010년 5,376건으로 점차적으로 증가함.

- 가해학생 수는 2007년 100명, 2008년 17,901건, 2009년 10,627명, 2010년 14,179건으로 나타났고 피해학생 수는 2007년 42명에서 2008년 12,901명, 2009년 9,030명, 2010년에는 10,363명으로 나타남.

● 고등학교

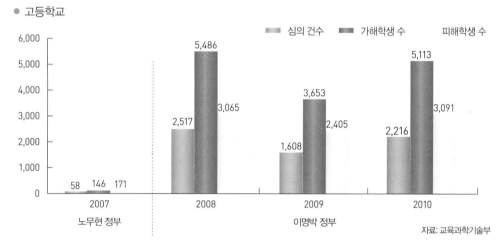

자료: 교육과학기술부

- 고등학교 학교폭력 현황의 학교폭력자 치위원회 심의건수는 2007년 58건에서 2008년 2,517건, 2009년 1,608건, 2010년 2,216건으로 점차적으로 증가함.

- 가해학생 수는 2007년 146명, 2008명 5,486명, 2009년 3,653명, 2010년 5,113명으로 나타났고, 피해학생 수는 2007년 171명에서 2008년 3,065명, 2009년 2,405명, 2010년에는 3,091명으로 나타남.

- 결론적으로 2007년까지는 학교폭력 현황이 공시되지 않아 문제점이 표면적으로 드러나지 않은 반면, 2008년 이후에는 학교폭력 현황이 정보공시 항목에 포함됨에 따라 학교폭력 현황이 공개되고 이에 따른 대책을 마련하는 계기가 되었음.

- 2012년부터는 학교폭력 은폐 시 엄중조치(4대 비위수준 징계)하도록 하여 학교폭력 문제를 적극적으로 드러내고 해결할 수 있는 기반을 마련

2012년도 학생오케스트라 사업 성과

● 학생오케스트라 확대 현황

자료: 교육과학기술부

■ 학생오케스트라 사업과 관련해 2011년 65개교가 선정·운영되었음. 2012년 상반기에는 추가로 85개 학교를 선정하여, 현재 77개 초등학교와 50개 중학교, 21개 고등학교 및 2개의 특수학교 등 90개 교육지원청의 150개 학교에서 총 12,000여 명의 학생이 학생오케스트라단 단원으로 활동하고 있음.

■ 또한 2012년 하반기에는 추가로 150개 학교를 선정(2012. 7)하여 총 300개의 학생오케스트라 사업을 운영(2012. 9)할 예정임.
- 이를 통하여 학생들의 문화예술활동이 강화될 것으로 전망됨.

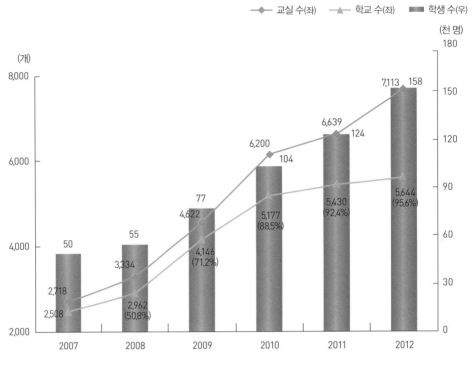

자료: 교육과학기술부, 현황조사

- 초등돌봄교실 수는 이명박 정부 초기인 2008년에 전국 초등학교의 50.8%(2,962개교)에 총 3,334교실이 설치되어 있었음.
  - 2008년 이후로 초등돌봄교실 수를 꾸준히 확대 설치하여 2012년에는 전국 초등학교의 95.6%(5,644개교)에서 총 7,113실의 초등돌봄교실을 운영하고 있음.

- 초등돌봄교실의 수혜를 받는 이용 학생 수도 이명박 정부 초기의 55,000명에서 158,000명으로 187% 증가했음.

- 초등돌봄교실 수는 2008년부터 2010년까지 비약적으로 확대되다가 이후 완만하게 증가하고 있는데, 이는 유휴교실의 부족에 따른 것임.

초·중·고 탈북학생 수

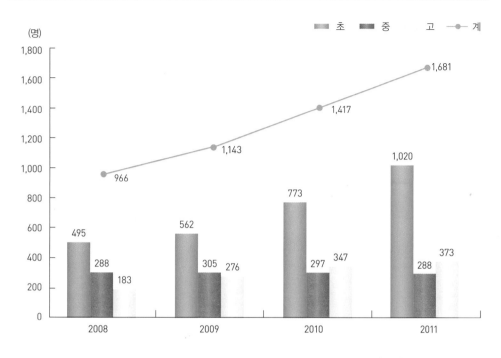

자료: 한국교육개발원, 탈북청소년교육지원센터

■ 북한이탈주민의 증가에 따라 탈북학생 수 도 매년 증가하고 있음.

– 탈북학생은 통일부 북한이탈주민정착지 원사무소(하나원)에서의 입국초기적응교육 (12주)을 받고 대부분 정착지 학교로 전학* 또는 편입학**하고 있음.

* 초등학생은 경기도 안성 하나원 인근 학교에 서 학적을 생성하고, 일반학생과의 통합교육 및 특별학급에서의 사회적응·교과보충 교육 실시 후 정착지 초등학교로 전학

** 중·고교 학생은 하나원 청소년반(하나둘학

교) 교육 수료 후 학력인정 절차를 거쳐 정착 지 중·고로 편입학

■ 이명박 정부는 탈북학생의 증가 추세에 적 극 대비하고, 탈북학생의 학교·사회 적응 력을 제고하기 위한 종합 대책으로 '탈북청 소년 교육 지원 계획(2009. 8)'을 수립

– 학생별 멘토링·교과보충 등 맞춤형교육, 입 국 초기 적응교육 강화, 체계적 지원을 위한 탈북청소년교육지원센터 운영 등을 통해 탈 북학생 교육지원 강화 정책 시행

탈북학생 학업중단율

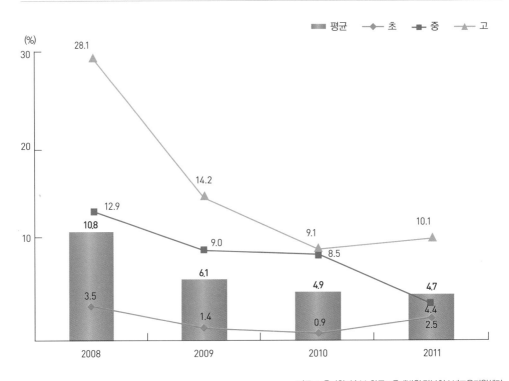

자료: 교육과학기술부, 한국교육개발원 탈북청소년교육지원센터

■ 탈북학생의 학업중단율은 2008년 10.8% 에서 2011년 4.7%로 지속적 감소 추세
  – 이는 입국 초기 적응교육 및 정규학교의 맞춤형교육 강화 등 탈북학생에 대한 교육지원 강화의 성과라 할 수 있음.
  – 다만 일반학생의 학업중단율(2011년 0.8%)에 비해 탈북학생의 학업중단율이 여전히 높은 상황인 점에 유의하여 지속적인 지원 강화·내실화 정책 추진이 필요

■ 탈북학생의 안정적 적응과 자발적 성장을 돕기 위해 초기교육 내실화 및 정규학교와의 연계 강화, 체계적·통합적 맞춤형교육 실시, 진로·직업교육 활성화, 탈북학생 친화적 교육기반 구축이 필요
  – 이와 같은 정책적 요구를 반영해 2012년 3월 '탈북학생 교육 발전 방안'을 수립

Wee 클래스, 센터, 스쿨 현황

● Wee 클래스

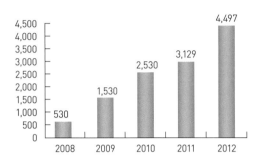

● Wee 센터

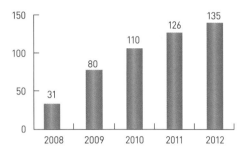

● Wee 스쿨

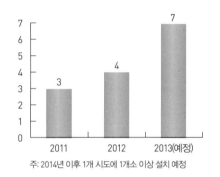

주: 2014년 이후 1개 시도에 1개소 이상 설치 예정

자료: 교육과학기술부(2012. 6. 15 조사)

■ 2008년부터 추진된 Wee 프로젝트는 위기 학생들에게 학교, 교육청, 지역사회가 연계하여 3단계 상담·치유 프로그램을 제공하는 학생종합안전망임.

 – Wee 클래스는 학교 단위에 설치되어 학교폭력 등 위기학생에 대한 초기 진단 및 대처 임무를 수행

 – Wee 센터는 교육지원청 단위에 설치되어 학교폭력 전문조사업무, 학교폭력 가·피해학생 상담치료 및 유관기관 네트워크 구축과 특별교육 운영, 학생정서·행동특성 3차 검사 및 상담·치유프로그램 운영(전문 병·의원과 연계) 등을 수행

 – Wee 스쿨은 시·도교육청 단위로 설치되어 고위기군 학생에 대한 기숙형 장기위탁 프로그램을 운영하고 있음.

■ 2012년 현재 Wee 클래스 설치학교는 4,497개교로 전체 초·중·고 11,360개교 대비 40%, Wee 센터는 135개가 운영 중으로 전체 178개 교육지원청 대비 76%, Wee 스쿨은 4개 교육청에서 운영 중으로 16개 시·도교육청 대비 25%에 이르고 있음.

■ 2015년까지 전 교육지원청과 시·도교육청에 Wee 센터와 Wee 스쿨 설립을 지원하고, 학교폭력 등 위기수요가 집중되는 중·고등학교는 점진적으로 모든 학교에 Wee 클래스를 설치하도록 추진할 계획임.

방과후학교 운영학교 수 및 참여학생 수

● 방과후학교 운영학교 수

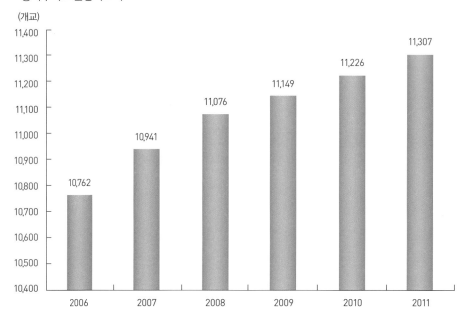

(개교)

주: 2007~2011년 방과후학교 운영통계(전수조사)   자료: 교육과학기술부

- 2011년 현재 방과후학교는 전국 11,307개 초·중·고등학교에서 운영 중이며, 그 비율은 전국 초·중·고등학교의 99.9%에 이름.
  - 방과후학교 수의 연도별 변화를 보면, 2006년 10,762개였던 학교 수가 2008년 10,941개, 2008년 11,076개, 2009년 11,149개, 2010년 11,226개, 2011년 11,307개로 해마다 증가하고 있음.

- 전체 학교 수 대비 참여 학교 비율은 2006년 98.9%에서 2007년 99.8%, 2008년 99.9%로 상승 이후 2012년 현재까지 99.9%를 유지하고 있음.
  - 전국 5,878개 초등학교에서 방과후교를 100% 운영하고 있고, 전체 중학교의 99.9%인 3,151개 학교에서 운영 중이며, 고등학교의 경우 전체 고등학교의 99.9%인 2,278개 교에서 방과후학교를 운영하고 있음.

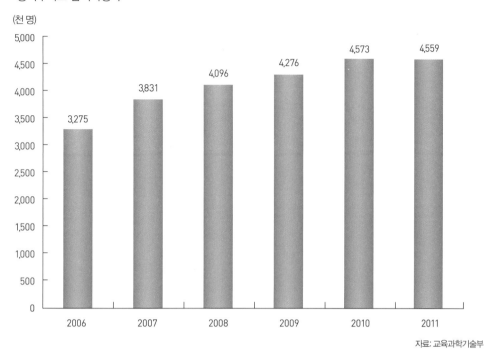

● 방과후학교 참여학생 수

(천 명)

자료: 교육과학기술부

■ 방과후학교에 참여하는 학생 수는 2011년
6월 현재 초·중·고 학생(6,986,853명)의
65.2%(4,558,656명)에 이름.

■ 2006년부터 2011년 6월까지 학생 참여율 변
화를 살펴보면, 2006년 42.7% (3,274,841명)에
서 2007년 49.8%(4,096,076명), 2008년 54.3%
(4,096,076명), 2009년 57.6% (4,276,476명), 2010년

63.3%(4,573,262명), 2011년 65.2% (4,558,656명)의
비율로 증가하고 있음. 방과후학교 학생참여
율은 2006년 42.7%에서 꾸준히 증가하여
2011년 6월 65.2%로 5년 동안 22.5%가 증가
하여 연평균 4.5% 증가율을 보이고 있음.

방과후학교 자유수강권 지원

● 방과후학교 자유수강권 지원금액

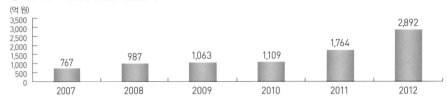

● 방과후학교 자유수강권 지원학생 수

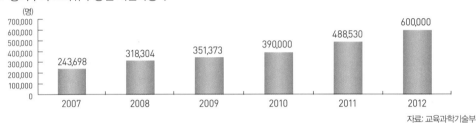

자료: 교육과학기술부

■ 방과후학교 자유수강권 제도는 저소득층 자녀에 방과후학교 참여 기회를 확대하여 교육의 공공성을 제고하고 계층 간 교육격차를 완화하기 위하여 도입한 제도임. 방과후학교 프로그램 무상제공을 통해 저소득층 자녀가 자기계발을 촉진하고, 저소득층 자녀의 방과후학교 프로그램 선택권을 강화하고 있음.

■ 방과후학교 자유수강권 제도는 2006년 10월~2007년 2월 기간 동안 2,373개교에서 시범 운영한 후 2007년도에 지원대상을 초·중·고 저소득층 자녀 약 30만 명으로 확대했으며 기초생활 수급자 우선 지원, 소년소녀가장, 새터민 자녀, 시설수용학생, 한부모 가정 자녀 등 학교에서 지원 필요성이 인정되는 자를 포함하되 담임의 추천에 따라 학교운영위원회의 심의를 거쳐 결정하도록 했음.

■ 방과후학교 사업은 2008년도에 시·도교육청에 이양되었으며, 2010년도에는 학생 39만 명을 대상으로 1인당 연간 30만 원(방학기간 제외) 내외를 지원했음. 2011년에는 49만 명을 대상으로 방학 기간(2개월)을 포함하여 학생 1인당 연간 36만 원으로 예산 지원을 확대했고, 2012년에는 기초수급자를 포함한 차상위계층 자녀의 70%까지인 60만여 명에 대해 월 4만 원씩 연간 48만 원 내외를 지원하고 있음.

■ 2007년에 비해 지원액은 387%, 지원학생 수는 246% 정도 증가. 학생 1인당 연간 지원액도 과거 30만 원에서 2012년에 48만 원으로 증액

특성화고 졸업생 취업률 추이

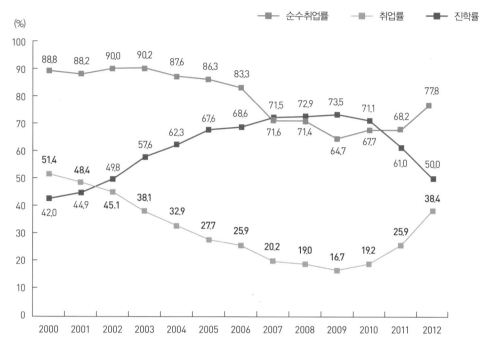

범례: 순수취업률 취업률 진학률

(%)

- 88.8 88.2 90.0 90.2 87.6 86.3 83.3
- 51.4 48.4 49.8 57.6 62.3 67.6 68.6 71.5 72.9 73.5 71.1 68.2 77.8
- 42.0 44.9 45.1 38.1 32.9 27.7 25.9 71.6 71.4 64.7 67.7 61.0 50.0
- 20.2 19.0 16.7 19.2 25.9 38.4

2000 2001 2002 2003 2004 2005 2006 2007 2008 2009 2010 2011 2012

자료: 교육과학기술부, 교육통계연보

주: 1) 진학률=진학자/졸업자x100, 취업률=취업자/졸업자x100, 순수취업률=취업자/(졸업자−진학자−입대자)×100

　　2) 2010년 초·중등교육법 시행령 개정에 따라 2011년부터는 종합고를 제외한 자료임.

■ '고교 직업교육 선진화 방안(2010. 5)'에 따라 마이스터고와 특성화고를 취업 명품 학교로 키우고, 취업 중심의 고교 직업교육을 강화함에 따라 특성화고의 취업률은 2009년 이후 지속적으로 상승하여 2012년 현재 38.4%를 기록하고 있음.

- 취업률이 다시 상승하는 추세는 졸업자에서 진학자 및 입대자를 제외한 순수취업률에서도 동일하게 나타남. 순수취업률은 2009년 64.7%로 저점을 찍은 후 지속적으로 상승하여 2012년에는 77.8%를 기록함.

- 최근 금융권, 대기업을 중심으로 고졸 채용 분위기가 형성되고, 공공부문에서도 고졸 일자리 확대된 것이 취업률 상승을 견인함.

- 학생·학부모의 인식 개선으로 특성화고 취업희망자도 늘어나고 있는 추세임.

■ 학생과 학부모들은 취업을 목적으로 특성화고를 선택하고 있어 진학률이 2009년을 기점으로 급락하고 있음.

특성화고 취업희망률

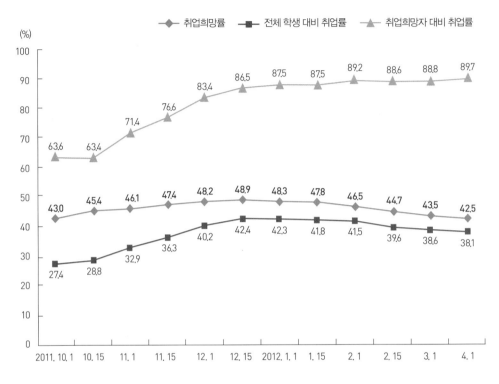

범례: ◆ 취업희망률　■ 전체 학생 대비 취업률　▲ 취업희망자 대비 취업률

(%)

취업희망자 대비 취업률(▲): 63.6, 63.4, 71.4, 76.6, 83.4, 86.5, 87.5, 87.5, 89.2, 88.6, 88.8, 89.7

취업희망률(◆): 43.0, 45.4, 46.1, 47.4, 48.2, 48.9, 48.3, 47.8, 46.5, 44.7, 43.5, 42.5

전체 학생 대비 취업률(■): 27.4, 28.8, 32.9, 36.3, 40.2, 42.4, 42.3, 41.8, 41.5, 39.6, 38.6, 38.1

가로축: 2011. 10. 1 / 10. 15 / 11. 1 / 11. 15 / 12. 1 / 12. 15 / 2012. 1. 1 / 1. 15 / 2. 1 / 2. 15 / 3. 1 / 4. 1

자료: 교육과학기술부, 특성화고 취업 모니터링

주: 취업희망률=취업희망자/전체 학생 수×100

- ■ 특성화고를 취업 중심의 명품 직업교육기관으로 육성하기 위해서는 취업희망자 확보가 중요함.

- ■ 2011년 10월부터 모니터링 차원에서 확인되는 취업희망률은 12월 말까지 43.0~48.9% 수준으로 상승하다가 취업을 비롯한 진로 의사결정이 어느 정도 완료된 이후 소폭 감소하는 추세를 보이고 있음.

- – 취업희망자 가운데 취업에 성공한 비율은 조사기간(2011. 10~2012. 4) 동안 계속 상승하며 2012년 4월 기준 89.7%를 기록하고 있음.

- – 취업희망자 대비 취업률은 전체 학생 대비 취업률과는 다른 양상을 보이는데, 특히 2012년 이후 전체 학생 대비 취업률이 다시 감소하는 추세와는 다른 양상을 나타냄.

- ■ 이를 토대로 할 때, 취업에 대한 믿음과 확신을 갖도록 하는 진로지도가 요구됨.

마이스터고 재학생 취업 약정 추이

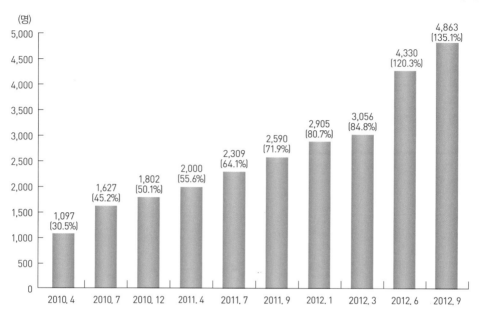

자료: 교육과학기술부, 취업 약정 현황 모니터링

■ 마이스터고는 개교 이래 교육과정과 연관
된 산업체와 협약을 체결하고 산학연계 교
육, 교원의 산업체 연수, 학생 산업체 현장
체험 등 다양한 협력을 진행하여 기업이 원
하는 우수한 인력을 육성해옴.

■ 그 결과 기업에서는 졸업생이 배출되기도
전에 학생들을 채용 약정의 형식으로 선점
하고, 졸업 후 곧바로 채용할 계획

■ 2013년 2월 졸업하게 될 마이스터고 1기
생의 2010년 4월 채용 약정률은 3,600명
정원의 30.5%(1,097명), 2011년 4월에는
55.6%(2,000명), 2012년 9월에는 135.1%
(4,863명)로 지속 확대되어 마이스터교는 취
업명품학교로서의 순조로운 정착 단계에
진입함.

EBS 수능강의 사교육비 경감 추정액

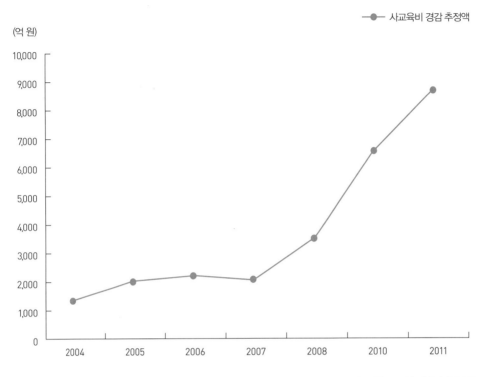

(억 원)

사교육비 경감 추정액

자료: 한국교육개발원, EBS 수능강의 성과분석 연구

■ EBS 수능강의로 인한 사교육비 경감 추정액은 연간 3,000억 원 이하 수준에 머물러 있었으나, 수능─EBS 연계율을 70%로 강화한 이후 2010년 6,529억 원, 2011년 8,729억 원으로 나타나 EBS 수능강의가 사교육비 지출을 억제하는 데 효과가 높음을 보여주고 있음.

■ 사교육비 부담이 사회문제가 되고 있으며, 이에 따라 지역 간·계층 간 교육격차 문제가 대두되고 있는 상황을 비추어볼 때, EBS 수능강의의 긍정적인 효과가 더욱 확산될 수 있도록 EBS 수능강의 서비스를 지속적으로 발전시켜 나갈 필요가 있음.

EBS 수능강의 온라인 사이트 점유율

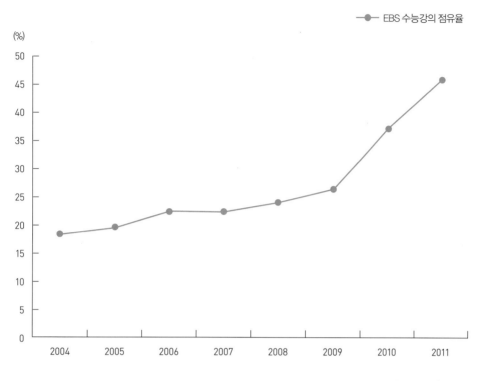

EBS 수능강의 점유율

자료: 랭키닷컴(Rankey.com)

■ 수능/대학입시 분야 사이트 중 EBS 수능강의 전문 홈페이지인 EBSi 사이트의 시장 점유율은 연평균 20~30% 수준이었으나, 수능−EBS 연계율을 70%로 강화한 이후 2010년 37.0%, 2011년 45.7%로 급격히 상승하는 등 EBS 수능강의 이용량이 급증하고 있는 것으로 파악됨.

■ 이는 EBS 수능강의(EBSi)의 활용률이 높아짐을 보여줌과 동시에 사교육에 대한 의존도가 낮아지고 있음을 방증함.

사교육비 총규모

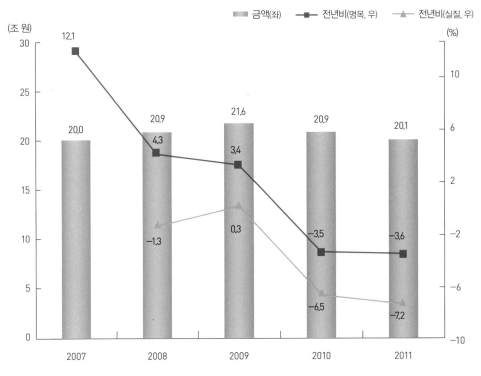

자료: 통계청, 사교육비조사 결과(2011)

■ 공교육 강화 – 사교육 경감 정책을 지속 추진한 결과 2011년 사교육비 총규모는 약 20조 1,000억 원으로 2010년 대비 3.6% 감소하여 2년 연속 감소했으며, 사교육비 물가지수를 감안한 실질 사교육비 총 규모 또한 전년 대비 7.2% 감소. 그러나 이는 학생 수가 3.4% 줄어든 데 기인한 것이기도 함.

■ 사교육비 지출액을 학급별로 보면 초등학교 9조 461억 원, 중학교 6조 6억 원, 고등학교 5조 799억 원으로 전년 대비 각각 6.8%, 0.6%, 0.9% 감소

■ 초등학교 1학년에서 3학년까지는 사교육비 지출액이 증가하다 4학년에서 감소한 후 다시 중학교 1학년까지 지속 증가. 이후 고등학교 3학년까지 하락함.

■ 과목별로 보면 수학은 초등학교 1학년부터 고등학교 1학년까지 지속적으로 증가한 후 고등학교 3학년까지 하락하고, 영어는 초등학교 1학년부터 증가했다가 중학교 1학년을 정점으로 고등학교 3학년까지 하락함.

학생 1인당 월평균 사교육비

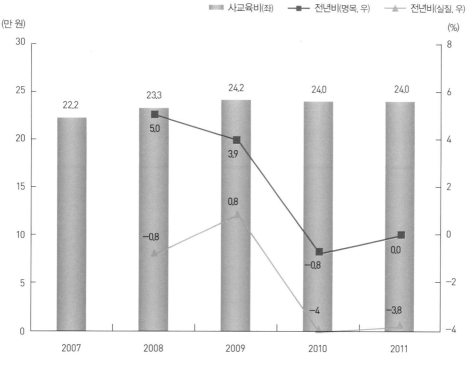

자료: 통계청, 사교육비조사 결과(2011)

■ 2011년 학생 1인당 월평균 사교육비는 24만 원으로 전년 수준을 유지했으나, 실질 사교육비는 23만 1,000원으로 2010년 대비 3.8% 감소해 2년 연속 감소 추세를 보임.

– 학교급별로 보면, 초등학생은 전년 대비 1.6% 감소하여 2007년 통계청 조사 이래 첫 감소세를 보였으며, 중학생은 2.7% 증가, 고등학생은 전년과 동일

– 사교육 관련 물가지수를 감안한 실질 사교육비는 초·중·고등학생 모두 각각 5.3%, 1.2%, 3.8% 감소

사교육 참여율

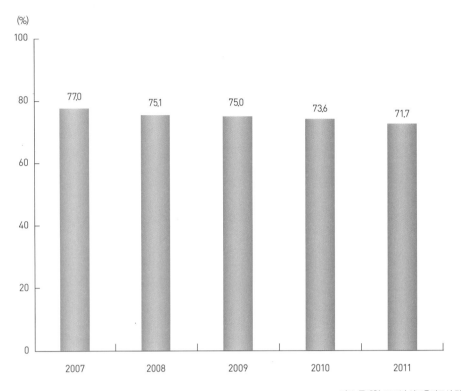

(%)

자료: 통계청, 2011년 사교육비조사 결과

■ 사교육 참여율은 2007년 이후 매년 하락하며 2011년 71.7%로 전년 대비 1.9%p 하락한 것으로 나타남.

– 학교급별로 보면, 초등학생 사교육 참여율이 84.6%로 가장 높고, 중학생 참여율이 71.0%, 일반고 고등학생 참여율이 58.7%를 기록해 상급학교일수록 참여율이 낮음.

– 초·중·고등학교 학생의 사교육 참여율 모두 2010년에 비해 각각 2.2%p, 1.2%p, 1.2%p 하락함.

특수교육대상 학생 수

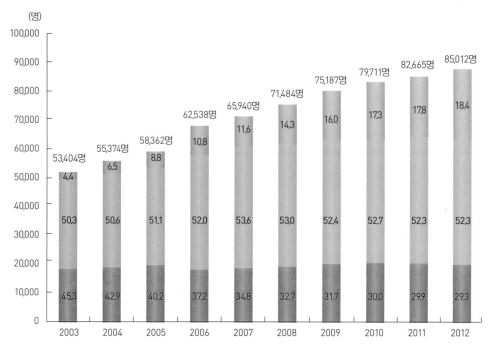

자료: 교육과학기술부, 특수교육통계

주: 매년 4월 1일 기준

■ 2012년 전국의 특수교육대상 학생 수는 85,012명이고, 이 중 특수학교에 24,932명(29.3%), 일반학교의 특수학교 및 일반학급에 60,080명(70.7%)이 재학하고 있음.

   – 전년 대비 특수교육대상 학생 수는 2008년 이후 연평균 3,814명(약 5.2%)씩 증가함. 특히 일반학교의 특수학급과 일반학급에서 통합교육을 받는 특수교육대상 학생 수는 2012년 70.7%로, 2003년 54.7%에 비해 큰 폭으로 증가함.

   – 이는 「장애인 등에 대한 특수교육법(2008. 5. 26)」의 시행으로 장애학생 의무교육이 유치원부터 고등학교까지 확대되고, 국가의 무상교육 실시에 따른 것으로 볼 수 있음.

특수교육기관 현황

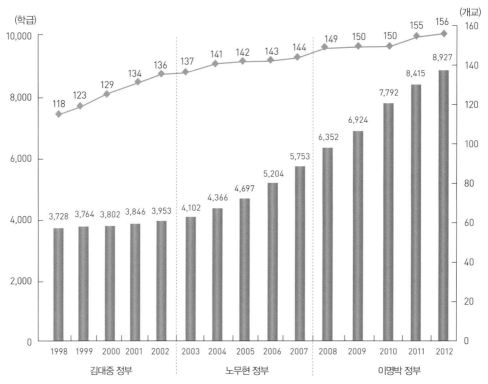

■ 특수학급 수(좌)   ◆ 특수학교 수(우)

주: 매년 4월 1일 기준

자료: 교육과학기술부, 특수교육통계

■ 2012년 장애학생 교육을 위한 특수학교
   가 156개교, 일반학교에 설치된 특수학급
   이 8,927개로, 2007년 대비 특수학교는
   12개교, 일반학교에 설치된 특수학급은
   3,174학급이 증가함.

– 이는 이명박 정부 들어 특수교육 대상학생
   의 장애 정도에 따른 적절한 지원을 위해 특
   수학교 및 일반학교의 학급 증설 등 교육여
   건 개선을 추진한 효과로 판단됨.

기초학력 미달 비율 추이

● 학교급별·교과별 기초학력 미달 비율의 연도별 추이(2009~2011)

초등학교
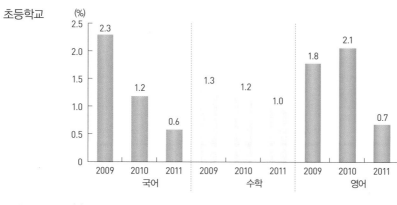

중학교
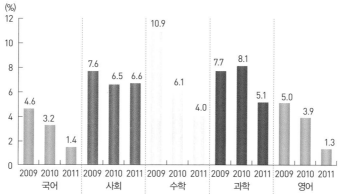

고등학교
(일반계)
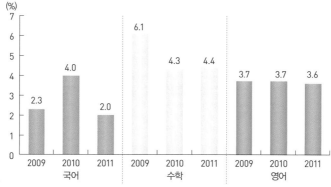

자료: 교육과학기술부

■ 초등학교, 중학교, 고등학교의 기초학력 미달 비율은 매년 감소하는 추세를 보임.

■ 특히 초등학교는 교과별 기초학력 미달 비율이 1% 이하 수준임.

학력수준 현황

● 학교별·교과별 성취수준 비율의 연도별 추이(2009~2011)

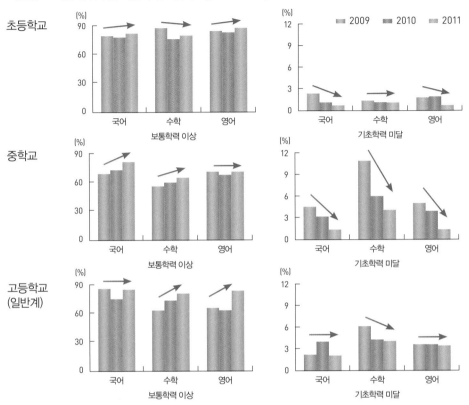

학교급	성취수준	국어			수학			영어		
		2009년	2010년	2011년	2009년	2010년	2011년	2009년	2010년	2011년
초등학교	보통학력 이상	80.1	78.8	82.9	87.5	76.4	80.0	84.4	83.1	88.4
	기초학력 미달	2.3	1.2	0.6	1.3	1.2	1.0	1.8	2.1	0.7
중학교	보통학력 이상	68.9	73.1	81.4	56.2	59.3	64.5	71.2	67.8	70.6
	기초학력 미달	4.6	3.2	1.4	10.9	6.1	4.0	5.0	3.9	1.3
고등학교 (일반계)	보통학력 이상	86.2	75.5	85.2	64.0	73.5	80.9	65.8	64.3	83.4
	기초학력 미달	2.3	4.0	2.0	6.1	4.3	4.4	3.7	3.7	3.6

자료: 교육과학기술부

■ 전반적으로 기초학력 미달 비율은 줄어들고 보통학력 이상 비율은 늘어나 초·중·고등학교 학생들의 학력수준이 높아지는 경향을 보이고 있음.

■ 초등학교와 중학교는 국어에서, 고등학교는 수학에서 학력 상향경향이 뚜렷이 나타남.

학력격차 추이

● 지역별 학력격차 추이(2009~2011)

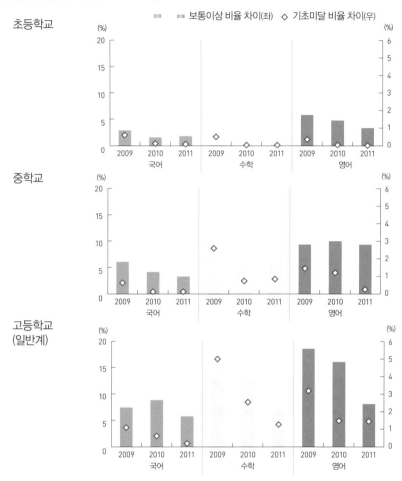

자료: 한국교육과정평가원

■ 학교의 소재지를 대도시, 중소도시, 읍면 지역으로 구분하여 지역 간 학력수준의 차이 중 큰 값을 산출함.

  – 학력수준은 보통학력 이상 비율과 기초학력 미달 비율을 가리킴.

■ 지역 간 학력격차 최근 3년간 완화되고 있음.

– 지역 간 기초학력 미달 비율 차이와 보통학력 이상 비율 차이가 매년 감소하는 추세임.

■ 전반적으로 읍면지역 학생의 학력수준이 더 낮음을 고려할 때, 읍면지역 학생의 학력수준 상승폭이 다른 지역보다 더 크다고 할 수 있음.

● 학력의 상향평준화 현황 추이(2009~2011)

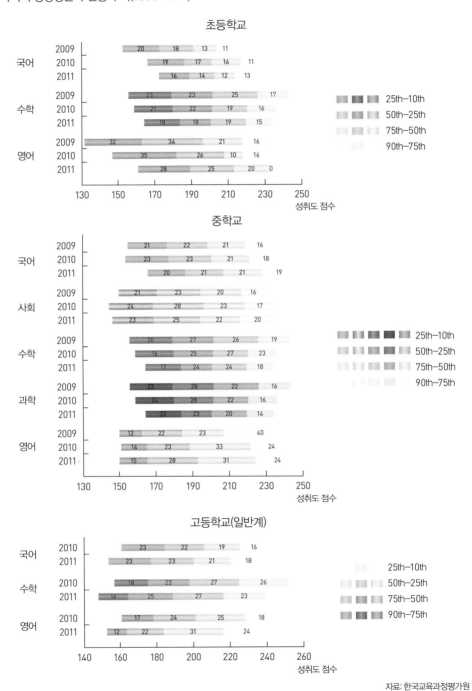

초등학교

중학교

고등학교(일반계)

자료: 한국교육과정평가원

- 학력평준화 현황은 최상·최하위집단 간 학력 차이로 나타냄.
  - 학업성취도 상위 10%를 최상위집단으로, 하위 10%를 최하위집단으로 구분하고, 최상·최하위집단 간 학력 차이는 '90-백분위점수'와 '10-백분위점수' 간 차이로 산출함.
  - 백분위 10%, 25%, 50%, 75%, 90%에 해당하는 성취도점수를 나타낸 막대그래프의 전체 길이는 '10-백분위점수'부터 '90-백분위점수'까지의 범위를 나타냄.

- 초등학교는 최상·최하위집단 간 학력 차이가 최근 3년 간 완화됨. 특히 영어에서 최상·최하위집단 간 학력 차이가 크게 감소함.
  - 국어: 62(2009)→63(2010)→55(2011)
  - 수학: 88(2009)→78(2010)→70(2011)
  - 영어: 103(2009)→87(2010)→73(2011)

- 중학교는 최상·최하위집단 간 학력 차이 추이가 교과에 따라 다르게 나타남. 수학, 과학에서는 학력 차이가 완화되었으나, 국어에서는 큰 변화를 보이지 않았고, 사회와 영어에서는 학력 차이가 확대됨.
  - 국어: 80(2009)→85(2010)→81(2011)
  - 사회: 80(2009)→92(2010)→90(2011)
  - 수학: 92(2009)→91(2010)→83(2011)
  - 과학: 89(2009)→90(2010)→79(2011)
  - 영어: 94(2009)→89(2010)→100(2011)

- 고등학교는 최상·최하위집단 간 학력 차이가 최근 2년 간 완화됨.
  - 국어: 80(2010)→60(2011)
  - 수학: 94(2010)→78(2011)
  - 영어: 84(2010)→67(2011)

  ※고등학교는 2010년에 평가대상 학년을 고1에서 고2로 조정함.

- 기초학력 미달 비율 추이와 보통학력 이상 비율 추이에서 매년 학력수준이 향상되는 경향을 확인할 수 있음.

- 종합적으로 학력의 상향평준화현상이 지속적으로 나타남.

● 지역별 학력불균등지수(2011)

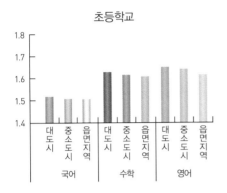

초등학교

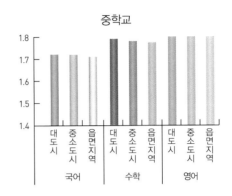

중학교

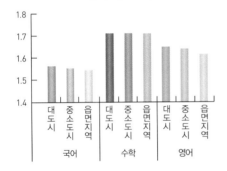

고등학교(일반계)

자료: 한국교육과정평가원

- 학교의 소재지를 대도시, 중소도시, 읍면 지역으로 구분하여 지역별 학력격차를 학력불균등지수로 나타냄.
  - 학력불균등지수는 교과별 학업성취도 상위 10% 학생들의 평균을 하위 10% 학생의 평균으로 나눈 값임.

- 전반적으로 지역 규모에 따른 학력불균등 지수는 큰 차이를 보이지는 않음.
  - 대도시에서의 학력불균등지수가 가장 크고, 읍면지역에서 가장 작은 편임.

● 학력불균등지수 추이(2009∼2011)

국어　영어　수학

초등학교

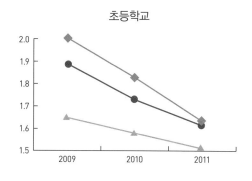

중학교

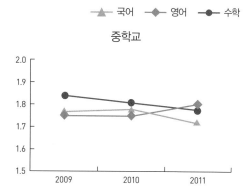

고등학교(일반계)

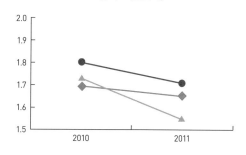

자료: 한국교육과정평가원

주: 고등학교는 2010년에 평가대상 학년을 고1에서 고2로 조정함.

■ 초등학교와 고등학교의 모든 교과에서 학력불균등지수가 2009년부터 2011년까지 지속적으로 감소되어 성취도 상·하위 학생들 간 격차가 감소한 것으로 나타남.

■ 초등학교는 영어, 중학교는 수학, 고등학교는 국어에서 상·하위 학생들 간의 학력불균등지수가 감소하는 추세가 뚜렷하게 나타남.

■ 중학교 영어의 학력불균등지수가 증가한 것은 상·하위 학생들의 성적이 모두 향상되었으나 상위 학생들의 향상 정도가 하위 학생들의 향상 정도보다 큰 것에 기인함.

학교향상도

● 2011년 고등학교 향상도

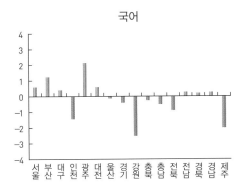

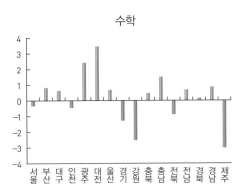

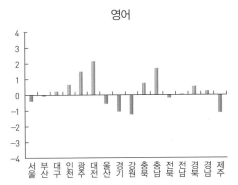

자료: 교육과학기술부

■ '국가수준 학업성취도 평가결과 향상도(이하 학교향상도)'는 개별 학교의 교육성과를 판단할 수 있는 지표임.

■ 학교향상도는 입학 당시 학생의 학업성취도를 통해 학교가 올해 성취할 것이라 예상되는 기대 점수와 그 학교가 성취한 실제 점수의 차이로서 학교가 학생의 학력향상에 기여한 정도를 나타냄.

– 고등학교 입학 당시의 성취도를 고려했을 때, 기대 이상의 향상을 보인 지역은 광주,

대전 교육청으로 국어, 수학, 영어 3개 교과에서 높은 향상도를 나타냄.

– 반면 경기, 강원, 제주 교육청은 3개 교과에서 낮은 향상도를 나타냄.

■ 학교향상도는 학업성취도 평가결과 현황과 함께 매년 11월 '학교알리미' 사이트에 공시함.

– 2011년에는 고등학교를 대상으로 학교 향상도를 처음으로 산출하여 공시했고 2012년부터는 중학교로 확대·적용함.

수능 EBS 연계 비율

● 2011~2012학년도 대학수학능력시험 영역별 문항의 EBS 연계율

| 학년도 | 언어 | 수리 | | 외국어
(영어) | 사회
탐구 | 과학
탐구 | 직업
탐구 | 제2외국
어/한문 |
		'가'형	'나'형					
2011	72.0	72.5	80.0	70.0	70.9	70.0	71.5	70.4
2012	74.0	70.0	70.0	70.0	70.9	70.0	71.5	70.0

자료: 교육과학기술부

■ '공교육을 보완하는 수능-EBS 연계정책'(2011년 2월 17일 발표)에 따라 수능의 전체 영역 및 과목의 문항 중 70%(목표연계율) 이상을 EBS 교재 및 강의와 연계하여 출제함.

■ 수능 EBS 연계를 수험생이 체감할 수 있도록 연계효과가 높은 유형의 문항 비중을 확대하고 지나치게 변형하지 않고 출제함.

수능 만점자 비율

● 2012학년도 대학수학능력시험 영역별 만점자 비율

영역		응시자(명)	만점자(명)	비율(%)
언어		648,180	1,825	0.28
수리	'가'형	154,482	482	0.31
	'나'형	451,485	4,397	0.97
외국어(영어)		638,385	17,049	2.67
전체 평균		–	–	1.06

자료: 교육과학기술부

■ '수능 적정 난이도 유지정책'(2011년 2월 17일 발표)에 따라 영역별 만점자가 1% 수준이 유지되도록 문항을 출제함.
  - 2012학년도 수능의 영역별 만점자 비율은 전체 평균 1.06%임.

■ 수능 영역별 만점자가 1% 수준을 유지하기 위해 난이도를 일관성 있게 출제함.

수능 응시 현황

● 연도별 대학수학능력시험 응시자 수

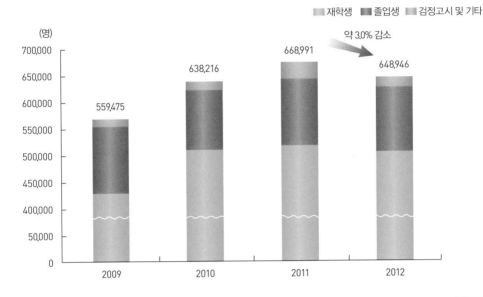

학년도 학력*	2009		2010		2011		2012	
	인원(명)	비율(%)	인원(명)	비율(%)	인원(명)	비율(%)	인원(명)	비율(%)
재학	427,623	76.43	503,092	78.83	510,893	76.37	494,057	76.13
졸업	120,179	21.48	121,877	19.10	144,056	21.53	141,211	21.76
검정고시	11,457	2.05	12,969	2.03	14,042	2.10	13,678	2.11
기타**	216	0.04	278	0.04	–	–	–	–
합계	559,475	–	638,216	–	668,991	–	648,946	–

※　2011학년도부터 '기타'에 해당하는 응시자를 별도로 구분하지 않고, 재학, 졸업, 검정고시에 포함시킴.

※※　'기타'는 초·중등교육법시행령 제98조에 의거 고등학교 졸업자와 동등의 학력이 있다고 인정되는 자로, 외국 또는 군사분계선 이북 지역에서 12년 이상의 학교 교육과정을 수료한 자, 교육과학기술부장관이 지정한 사회교육 시설에서 고등학교 교육과정에 상응하는 교육과정을 이수한 자 등을 지칭함.

자료: 교육과학기술부

■ 수능 전체 응시자 수는 2009학년도 이후 2011학년도까지 증가했으나 2012학년도에 재학생 및 졸업생 모두 감소함.
- 전년도 대비 재학생은 15,442명이 감소한 510,976명(76.4%), 졸업생은 9,326명이 감소한 142,561명(21.3%), 검정 등 기타 지원자가 336명이 감소한 14,990명(2.3%)임.

■ 쉬운 수능정책의 효과로 수능 재수생 비율이 감소한 것으로 보임.

02

고등교육

고등교육기관 입학자 및 졸업자 수

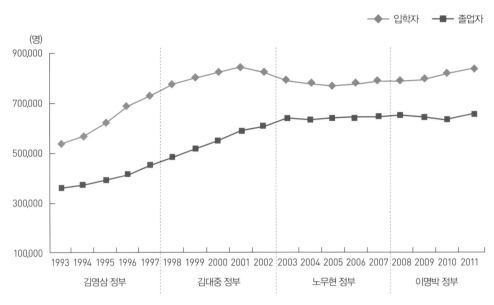

주: 1) 자료기준일: 입학자는 3월 기준, 졸업자는 전년도 8월 및 당해연도 2월 졸업자를 포함
　 2) 고등교육기관은 전문대학, 기술대학, 각종학교, 원격대학, 사이버대학, 사내대학, 전공대학, 기능대학, 교육대학, 대학, 산업대학, 방송통신대학 및
　　 대학원을 모두 포함
　 3) 전문대학은 학사학위전공심화과정을 포함

■ 고등교육기관 입학자 수는 각 연도 3월 기준
　 이며, 연도별 추이를 살펴보면 2002~2005년
　 을 제외하고 전반적인 증가 추세를 보임.
　 − 2011년 고등교육기관 전체 입학자 수는
　　 832,631명으로, 전문대학은 249,693명, 대학
　　 (일반대학, 교육대학, 산업대학)은 381,663명,
　　 대학원은 126,872명으로 나타남.

■ 고등교육기관 졸업자 수는 전년도 8월 및
　 당해연도 2월 졸업자를 포함한 수치이며,
　 2009~2010년을 제외하고 전반적인 증가
　 추세를 보임.
　 − 2011년 고등교육기관 전체 졸업자 수는
　　 653,118명으로, 전문대학은 188,216명, 대학
　　 (일반대학, 교육대학, 산업대학)은 320,880명,
　　 대학원은 91,048명으로 나타남.

대학원 학위취득자 수 추이

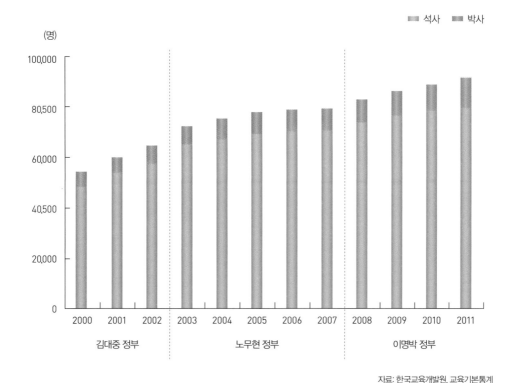

자료: 한국교육개발원, 교육기본통계

주: 1) 전년도 8월 및 당해연도 2월 학위취득자를 포함
   2) 대학원은 일반대학원, 전문대학원, 특수대학원을 포함

■ 대학원 학위취득자 수는 전년도 8월 및 당해연도 2월 학위취득자 기준이며, 석사 및 박사 학위 취득자 수는 2000년 이후 지속 증가 추세임.

- 2011년 석사 학위 취득자는 79,403명으로 2010년 대비 2,075명 증가했음.
- 2011년 박사 학위 취득자는 11,645명으로 2010년 대비 1,103명 증가했음.

입학정원 변동 추이

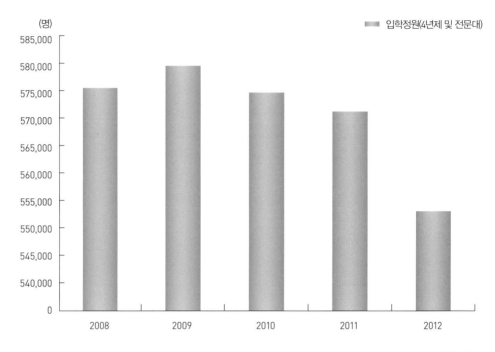

(명)

585,000
580,000
575,000
570,000
565,000
560,000
555,000
550,000
545,000
540,000
0

2008 2009 2010 2011 2012

■ 입학정원(4년제 및 전문대)

자료: 교육과학기술부

■ 그동안 대학 입학정원은 대학설립준칙주의 등 자율화 정책에 따라 지속적으로 증가 추세였으나 학령인구 감소 등 고등교육 환경변화에 따라 2002학년도(입학정원 656,000명)를 정점으로 감소 추세로 전환되었음.

■ 특히 이명박 정부 들어 자율과 선택에 기반한 대학 선진화와 학령인구 감소에 대응한 상시적 구조개혁 토대를 마련하고, 교육역량 강화사업 등을 통해 대학 특성화를 유도한 결과 2012학년도 입학정원은 정부 출범 직후(2009학년도)에 비해 약 4.1%(23,800명) 감소했음.

【참고】 연도별 대학, 전문대학 입학정원 변동 현황(1965~2012)

연도	대학(A)				전문대학 (B)	계 (C=A+B)	증감
	대학	교대	산업대	소계			
1965	28,410	1,400	–	29,810	–	29,810	–
1970	37,190	6,000	–	43,190	–	43,190	13,380
1975	52,200	3,400	–	55,640	1979년부터 전문대학 설립	55,719	12,529
1980	116,700	4,680	–	121,380	84,455	205,835	150,116
1985	165,630	3,220	5,360	174,210	97,070	271,280	65,445
1988	186,590	3,220	7,060	196,870	107,010	303,880	32,600
1989	192,340	3,220	8,130	203,690	114,700	318,390	14,510
1990	196,340	3,220	9,220	208,990	130,520	339,510	21,120
1991	202,070	3,940	11,420	217,430	141,090	358,520	19,010
1992	211,740	4,300	12,722	228,402	159,410	387,812	29,292
1993	219,890	4,980	16,622	240,812	174,490	415,302	27,490
1994	232,555	4,980	20,992	258,527	193,070	451,597	36,295
1995	253,180	4,980	24,620	282,780	215,470	498,250	46,653
1996	266,015	4,980	24,760	295,755	234,275	530,030	31,780
1997	282,660	4,285	27,470	314,415	248,850	563,265	33,235
1998	305,595	4,285	30,310	4,190	278,630	618,820	55,555
1999	311,240	4,285	32,705	348,230	294,250	642,480	23,660
2000	314,410	4,735	32,955	352,100	294,175	646,275	3,795
2001	316,780	4,735	33,220	354,735	292,035	646,770	495
2002	324,309	4,855	34,445	363,609	293,174	656,783	10,013
2003	327,040	5,015	35,193	367,248	285,922	653,170	−3,613
2004	327,740	5,615	31,678	365,033	277,223	642,256	−10,914
2005	329,643	6,015	22,585	358,243	6,090	624,333	−17,923
2006	321,307	6,015	21,587	248,909	247,604	596,513	−27,820
2007	319,842	5,529	21,309	346,680	238,069	584,749	−11,764
2008	319,755	5,227	18,066	343,048	233,727	576,775	−7,974
2009	324,721	4,900	18,575	348,196	231,791	579,987	3,212
2010	331,607	4,496	16,407	352,510	223,356	575,866	−4,121
2011	333,405	4,052	14,411	351,868	220,778	572,646	−7,341
2012	340,758	3,583	2,840	347,181	208,993	556,174	−19,692

자료: 교육과학기술부

대학진학률

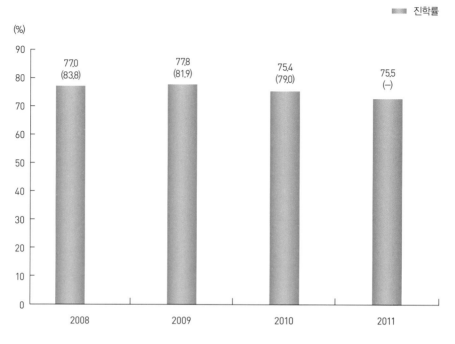

주: 1) 2011년부터 진학자의 조사 기준이 '4월 기준 대학등록자'로 변경됨(종전: 2월 말 기준 대학합격자).
   2) 괄호 안은 대학진학자의 종전 기준(2월 말 기준 대학합격자)에 따라 산출한 진학률임.
   3) 2011년은 대학진학자의 기준 변경으로, 대학합격자 기준 진학률은 조사되지 않음.

■ 대학진학률은 고등학교 및 고등학교 과정
의 졸업자 중 고등교육기관으로 진학한 학
생 비율을 나타냄.

$$진학률 = \frac{진학자\ 수}{졸업자\ 수} \times 100$$

■ 2011년에는 정확한 대학진학률 산출을 위
해 진학자의 조사기준을 종전의 '2월 졸업
당시 대학합격자'에서 '4월 1일 현재 대학등
록자'로 조정함.

입학사정관제 도입 및 운용 현황

● 연도별 입학사정관제 선발 학생 수

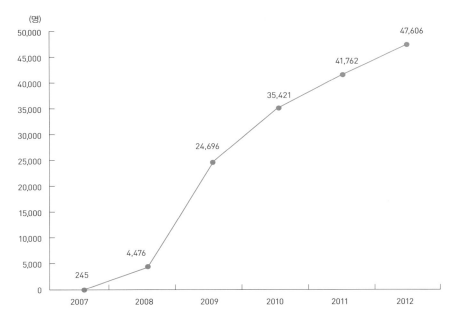

(명)

- 2007: 245
- 2008: 4,476
- 2009: 24,696
- 2010: 35,421
- 2011: 41,762
- 2012: 47,606

■ 입학사정관제 도입 후 학교현장에서는 교과활동뿐만 아니라 비교과·진로활동 등이 활성화되고 있으며, 대학에서는 대입 자율화와 적성과 소질을 고려한 학생 선발 확대에 기여한다고 평가되는 등 다양한 긍정적인 변화가 나타남에 따라 대학에서는 입학사정관 전형 선발 규모를 자율적으로 확대하고 있음.

● 연도별 논술 실시 대학 추이

(단위: 개교)

구분 \ 학년도	2008	2009	2010	2011	2012	2013
수시	36	41	37	39	33	26
정시	65	8	8	7	5	1

■ 재정지원사업 등을 통한 논술 비중 축소 정책에 따라 대학에서는 논술전형을 폐지 또는 축소하고 있음.

● 연도별 전임사정관 수

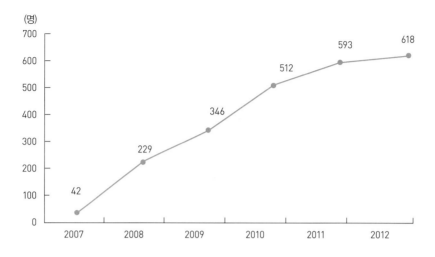

■ 재정지원사업 등을 통한 전임사정관 확대 정책에 따라 대학별 전임사정관 수가 매년 증가하여 입학사정관 전형의 공정성·신뢰성이 제고되고 있음.

● 신입생 구성 다양성 변화

구분	도입 전 평균	도입 후 평균	비 고
고교의 다양성 (합격자 배출 고교 수)	674개교	750개교	76개교 증가
지역적 다양성 (합격자 배출 시·군·구 수)	162개	173개	11개교 증가
경제적 다양성 (기초생활수급자 수)	49명	71명	22명 증가

주: 2012년 정부재정지원대학 66개교 기준

■ 입학사정관제 도입 후 고교·지역 등을 고려한 선발로 대학의 신입생 구성의 다양성이 확대되어 어려운 환경에서 자기주도적으로 학습한 학생들의 선발이 확대되고 있음.

주요국 등록금 현황

(단위: 미국 달러)

구분	미국	한국	일본	호주	캐나다	뉴질랜드	아일랜드	이탈리아	오스트리아	아이슬란드
국공립등록금	6,312	**5,315**	4,602	4,140	3,774	3,019	2,800~10,000	1,281	853	–
사립대등록금	22,852	**9,586**	7,247	8,933	–	4,519	–	4,713	235~11,735	8,433~12,650
순위	1	**2**	3	4	5	6	8	7	9	10

자료: OECD, 교육지표(2011)

주: 2009년 기준, PPP(Purchasing Power Parity: 구매력지수 기준 국민소득) 기준

- 우리나라 학생 1인당 등록금은 소득수준을 고려할 때 OECD 회원국 중 2위를 차지할 정도로 세계적으로 높은 수준
  - 한국의 국공립대 5,315달러, 사립대 9,586달러 수준으로, 자료가 가용한 OECD 22개국 중 미국에 이어 국공립 및 사립대 모두 2위 수준
  - 경기침체로 취업난이 가중되어 대학생들의 등록금 부담이 사회문제로 대두됨.
  - 또한 등록금 부담 완화와 연계하여 대학경쟁력 강화를 위해 대학 구조개혁에 대한 요구는 더욱 확산

- 2011년 9월 8일 정부는 '국가장학금 지원 사업 기본계획'을 통해 저소득층 등록금 부담 완화를 위한 국가장학금 지원 계획을 발표
  - 당초 발표된 국가장학금 1조 5,000억 원 규모는 2012년도 국회 예산심의를 거쳐 2,500억 원이 증액된 1조 7,500억 원의 규모로 확정
  - 기존 저소득층 장학금(3,313억 원)을 국가장학금 사업으로 통합·개편하고 등록금 부담이 큰 저소득층 학생에 대한 장학금 지원을 강화

등록금 인상 현황

● 대학등록금 인상률 및 물가상승률

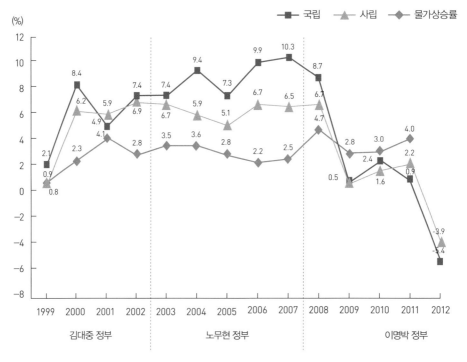

자료: '대학정보공시' 사이트, 통계청

■ 이명박 정부 출범 이후 대학 등록금 인상률을 억제하기 위하여 등록금인상률상한제, 등록금심의위원회제도, 등록금 산정근거 정보공시 등 다양한 제도적 수단을 도입 또는 정비했고, 대학 총장 간담회 등을 통해 대학의 협조를 구함.

– 이에 따라 2008년 이전까지는 물가상승률을 상회하는 수준으로 등록금이 인상되었으나 정부의 노력과 대학의 협조를 바탕으로 2009년 이후에는 물가상승률 이내에서 등록금 수준이 안정화되는 성과가 나타남.

2012학년도 국가장학금 지원체계 개편

구분	규모	지급률	지원경로
국가장학금 I 유형 (소득분위 최저지원)	0.75조 원	기초수급자: 450만 원의 100% 1분위 50%, 2분위 30%, 3분위 20%	국가장학금 전체를 대학을 경유하여 학생에게 지원
국가장학금 II 유형 (자체노력 연계 추가지원)	1조 원	소득 7분위 이하 학생에 대해 대학이 자율적으로 결정	

자료: 교육과학기술부, 2012학년도 국가장학금 기본계획

- 국가장학금은 I·II유형으로 구분되며, 지원대상 및 지급방식에 따라 구분
  - I유형은 소득 3분위 이하 대학생에게 소득분위별 지급률에 따라 지원하고, II유형은 대학 자체노력*과 연계하되 소득 7분위 이하 대학생에게 지원
  ※ 등록금 인하, 장학금 추가 확충을 통한 대학 스스로의 등록금 부담 경감 노력

- 2012학년도 1학기 국가장학생으로 약 83만여 명을 선발하고 약 8,137억 원의 장학금을 지급
  - 장학금 유형별로 구분하면 I유형으로 53.9만여 명, II유형으로 73.0만여 명 지원

국가장학금 지원에 따른 대학생 학비부담 완화효과

(단위: 백만 원)

소득분위	2011년 총등록금 (ⓐ)	등록금 부담완화 노력			등록금 완화효과 (ⓔ=ⓓ/ⓐ×100)
		국가장학금 (ⓑ)	대학 자체 노력 (ⓒ)	합계 (ⓓ=ⓑ+ⓒ)	
3분위 이하	6,082,919	1,454,537	411,698	1,866,235	30.7%
7분위 이하	9,488,806	1,750,000	642,212	2,392,212	25.2%
전체	14,050,190	1,750,000	950,931	2,700,931	19.2%

자료: 한국장학재단, 국가장학금 결과보고(2012)

- 총 1.75조 원 규모의 재정투입과 0.95조 원 이상의 대학 자체노력을 통해 전체 대학생에게 19% 이상의 등록금 부담 완화 효과 발생 예상
  - 소득 7분위 이하 대학생 기준으로는 평균 약 25% 이상의 등록금 부담 완화 효과

- Ⅱ유형 국가장학금과 연계하여 대학의 명목등록금 인하를 유도한 것은 주목할 만한 성과
  - 대학의 명목등록금 자체를 인하(4.3%)하는 것은 처음 있는 일로 대학등록금 책정 추세를 변화(인상→인하) 시킬 수 있는 계기 마련

든든학자금과 일반상환학자금 비교

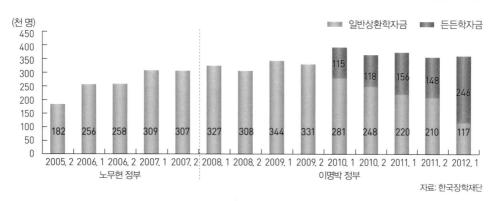

(천 명)

일반상환학자금 ■ 든든학자금

	2005. 2	2006. 1	2006. 2	2007. 1	2007. 2	2008. 1	2008. 2	2009. 1	2009. 2	2010. 1	2010. 2	2011. 1	2011. 2	2012. 1
일반상환	182	256	258	309	307	327	308	344	331	281	248	220	210	117
든든										115	118	156	148	246

노무현 정부 / 이명박 정부

자료: 한국장학재단

- 일반상환학자금대출(이하 '일반학자금')은 2005년 2학기부터 시행되었으며, 이후 이명박 정부는 학생·학부모의 학자금 부담 완화를 위하여 취업 후 상환 학자금대출(이하 '든든학자금')을 도입

- 일반학자금은 대출 받는 학생이 거치기간(이자 납입 기간)과 상환기간(원리금 납입 기간)을 선택 가능함.
  - 재학 여부에 관계없이 거치기간 동안은 금리에 따른 이자 납입을 해야 하며, 상환기간이 도래하면 원리금을 함께 납부해야 함.
  - 이는 재학 중 학자금대출 상환에 대한 부담을 지우게 됨.

- 이러한 문제점을 해결하고 학업 중단 및 신용불량자 양산 방지를 위하여 든든학자금을 시행
  - 든든학자금은 대학을 졸업하여 취업 후 일정 소득 발생 시까지 원리금 납부가 유예되며, 일정 소득 발생 시 소득의 일부 금액이

국세청을 통해 원천징수됨.

- 일반학자금은 학부·대학원 과정에 관계없이 지원 가능한 반면, 든든학자금은 학부생만 지원 가능

- 또한 든든학자금은 소득분위 7분위 이하 가정의 대학생 자녀가 받을 수 있으나, 일반학자금은 8~10분위 가정의 대학생 자녀가 받을 수 있음.

- 든든학자금의 성적기준 완화로, 2012년도 1학기부터 든든·일반 동일하게 재학생 성적 70/100점 이상(신입생은 성적 기준 폐지), 12학점 이상 이수할 경우 지원 가능

- 든든학자금 도입 이후 일반학자금은 꾸준한 감소세를 보인 반면, 든든학자금은 지속적으로 증가
  - 2012년 1학기 든든학자금 약 24만 6,000명, 일반학자금 약 11만 7,000명이 학자금대출을 받음.

학자금대출 금리 인하

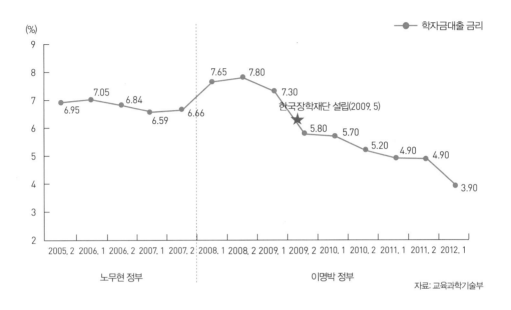

■ 2005년 2학기 학자금대출이 시행된 이후, 학자금대출 금리가 소폭 인하되었으나 이명박 정부 초기에는 다소 높게 나타남.
  – 이는 시중 은행에서 학생에게 학자금대출을 해주고, 정부에서 보증을 해주는 시스템으로 인한 것이며 이에 따른 학생 및 학부모의 부담이 가중됨.

■ 이러한 높은 금리 문제를 해소하고, 산발적으로 운영되던 장학금, 학자금대출 사업에 대한 통합 운영·관리를 위하여 2009년 5월 한국장학재단 설립
  – 한국장학재단 설립 전 약 8%에 가깝던 학자금대출 금리는 재단 설립 이후 5%대로 인하됨.
  ※ 2009년 1학기 7.3% → 2009년 2학기 5.8%로

1.5%p 인하

■ 이후 한국장학재단에서의 직접대출이 시행되며, 재단채 발행 등을 통한 재원 마련으로 지속적인 금리 인하가 이루어짐.
  ※ 2010년 5%대 → 2011년 4%대 → 2012년 3%대 기록

■ 2012년도 1학기 학자금대출 금리는 대출 종류(든든·일반)와 상관없이 동일한 3.9%이고, 앞으로는 다자녀 가구의 경우 소득 8분위 이상이라도 모든 자녀에게 든든학자금 대출 자격이 주어짐.
  – 단, 든든학자금은 매 학기 변동금리이며, 일반학자금은 대출학기 고정금리로 운영됨.

IMD 교육경쟁력 순위

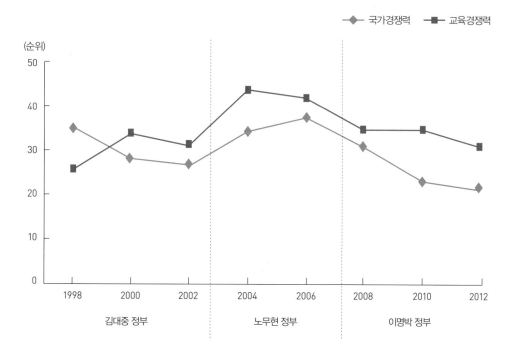

자료: IMD, World Competitiveness Yearbook

주: 1) 스위스 로잔의 국제경영대학원이 매년 발표하는 국가경쟁력 및 교육경쟁력 순위임.

    2) 연도별 전체 참여국가 수는 다르며, 2008년 55개국, 2010년 57개국, 2012년 59개국을 대상으로 함.

■ 국제경영대학원(International Institute for Management Development; IMD)은 스위스 로잔에 위치하고 있는 경영전문 연구 및 교육 기관으로 1989년부터 매년 전 세계 국가 및 지역을 대상으로 국가경쟁력을 측정하고 이를 기초로 세계경쟁력연감(World Competitiveness Yearbook: WCY)을 발표함.

■ IMD에서는 매년 세계경쟁력연감(WCY)을 통해 국가경쟁력과 국가경쟁력 하위 요소 중 하나로 교육경쟁력을 발표하고 있음.

- 2012년 IMD 발표 결과, 우리나라의 국가경쟁력 순위는 22위(전체 59개국)로 2011년과 동일한 순위를 기록했으나, 교육경쟁력 순위는 31위(전체 59개국)로 2011년보다 약간 하락하였음.

SCI 논문 국가순위 및 피인용 횟수

● 최근 4년간 논문 현황

구분\연도	2007	2008	2009	2010
SCI 논문 수(편)	27,407	35,624	38,647	39,843
세계점유율(%)	2.19	2.41	2.54	2.61
세계순위	12	12	11	11
최근 5년간 논문 1편당 피인용 횟수(회)	3.11	3.29	3.48	3.57
세계순위	31	30	30	30

자료: 국가과학기술위원회, 과학기술논문(SCI) 분석연구(2011)

● 주요 국가별 비교(2010)

구분\국가	한국	미국	일본	독일	영국	중국
논문 수(편)	39,843	338,784	72,882	88,420	93,092	135,375
세계순위	11	1	5	4	3	2
총 피인용 횟수(회)	13,227	238,493	34,805	65,005	70,493	46,699
세계점유율(%)	1.52	27.25	3.98	7.43	8.05	5.34
세계순위	14	1	7	3	2	4
최근 5년간 논문 1편당 피인용 횟수(회)	3.57	6.96	4.84	6.42	6.74	3.42
세계순위	30	4	22	8	6	35

자료: 국가과학기술위원회, 과학기술논문(SCI) 분석연구(2011)

■ 2010년 우리나라 논문 발표 수는 국가별 논문 수 합계 1,528,033편의 2.61%인 39,843편이며, 2009년 대비 논문 수는 3.09% 증가했으며, 세계순위는 전년도와 동일한 11위를 차지했음.
- 우리나라 논문 수의 증가율은 세계 상위 수준으로 세계 평균 증가율보다 높음.

■ 2010년 총 피인용 횟수는 미국이 238,493회로 가장 많고 영국, 독일 순으로 나타났으며 우리나라는 13,227회로 14위를 차지함.

■ 우리나라 평균 피인용 횟수는 매년 증가하는 추세이며, 최근 5년간(2006~2010) 우리나라의 논문 1편당 평균 피인용 횟수 순위는 30위를 나타내고 있음.

고등교육기관 외국인 유학생

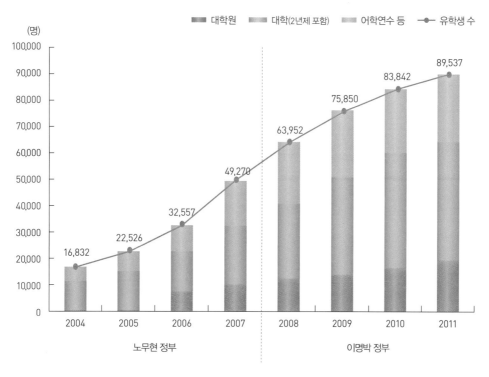

(명)

범례: 대학원 ▬ 대학(2년제 포함) ▬ 어학연수 등 ▬ 유학생 수 ●

- 2004: 16,832
- 2005: 22,526
- 2006: 32,557
- 2007: 49,270
- 2008: 63,952
- 2009: 75,850
- 2010: 83,842
- 2011: 89,537

노무현 정부 | 이명박 정부

자료: 한국교육개발원, 고등교육통계

주: 매년 4월 1일 기준, 대학에 재적 중인 외국인 유학생 수

■ 고등교육기관 외국인 유학생 수는 중국 등 개도국의 고등교육 수요증대와 한류(韓流) 확산, 정부·대학의 유학생 유치 노력 등에 힘입어 급격히 증가
- 2004년 대비 2011년 유학생 수는 약 5배 이상이 증가해 고등교육기관 외국인 유학생 10만 명 시대의 개막을 예고

■ 대학의 외국인 유학생 수가 가장 큰 증가 추이를 보이고 있으며 대학원, 어학연수 과정에서도 유학생 수가 꾸준히 증가
- 고등교육기관 외국인 유학생 수는 매년 증가하고 있으나, 증가율은 둔화되고 있어 앞으로도 다양한 외국인 유학생 유치·지원 전략을 강구해 나갈 필요가 있음.

고등교육기관 졸업자 취업통계조사

● 고등교육기관 졸업자 취업률

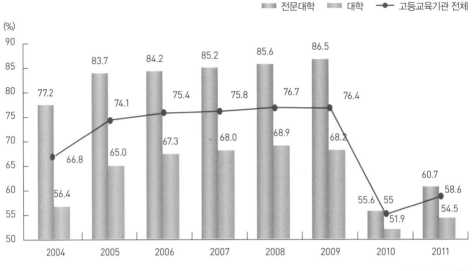

자료: 한국교육개발원

■ 고등교육기관 졸업자 취업률은 고등교육기관 졸업자 중 취업 가능한 졸업자가 취업한 비율을 나타내는 것으로, 2004년부터 2008년까지 지속적으로 증가했음.
　– 세부적으로 보면 전문대학은 2004년 77.2%에서 2009년 86.5%로 증가했고, 대학은 2004년 56.4%에서 2009년 68.2%로 증가했음.

■ 2009년 이후 취업률이 급격히 하락한 것은 취업률 조사방식이 변경(건강보험가입자 비율)되었기 때문으로, 대학졸업자의 취업상

황이 악화되어 낮아진 것으로 판단하기 어려움.
　– 실제로 2011년은 2010년에 비해 전체 고등교육기관 졸업자 취업률은 3.6%p, 대학은 2.6%p, 전문대학은 5.1%p 상승했음.

■ 이처럼 고등교육기관 졸업자 취업률이 지속적으로 상승한 것은 교육역량 강화사업 등의 객관적 지표에 의한 대규모 재정지원과 지역산업 기반과 연계한 산학협력 재정지원 사업에 기인한 것으로 판단됨.

재직자 특별전형 도입대학 현황

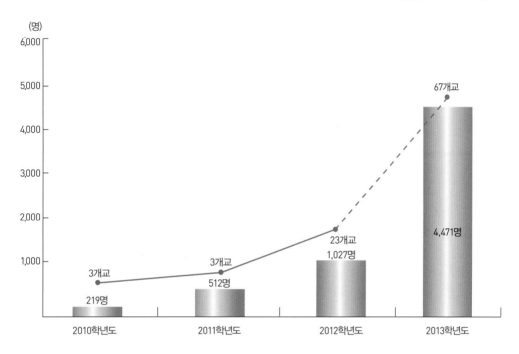

자료: 교육과학기술부

■ 특성화고 및 마이스터고를 졸업하고 취업한 재직근로자의 후진학 고등교육기회 확대를 위하여 2009년 재직자 특별전형 제도를 도입했음.

   – 재직자 특별전형 제도는 고교 직업교육 선진화 방안의 선취업–후진학을 촉진하는 핵심적인 제도 가운데 하나임.

■ 제도를 도입한 첫해인 2010년에는 3개 대학에서 219명을 모집하는 데 불과했으나, 이후 급격하게 확대되어 2012년에는 23개 대학에서 1,027명을 모집했으며, 2013년에는 67개 대학(47개 대학교, 20개 전문대학)에서 4,471명을 모집할 계획임.

   – 이와 함께 재직자 특별전형을 통해 모집하는 학과의 유형도 공업계열로 확대하는 정책이 추진되고 있음.

03

청소년

청소년수련시설 수

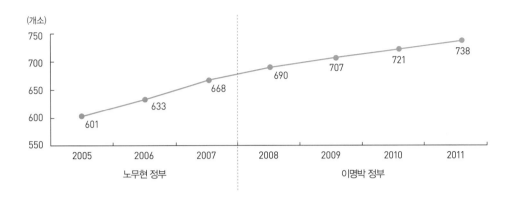

(개소)

구분 \ 연도	2005	2006	2007	2008	2009	2010	2011
청소년수련시설 수	601	633	668	690	707	721	738
전년 대비(%)	—	32(5.3%)	35(5.5%)	22(3.3%)	17(2.5%)	14(2.0%)	17(2.4%)

자료: 여성가족부, 청소년수련시설 현황(2012)

- ▣ 청소년수련시설: 수련활동, 교류활동, 문화활동 등 청소년활동을 위해 청소년활동진흥법에 따라 허가·등록절차를 거쳐 운영되는 시설
- ▣ 청소년수련시설 유형
  - 가. 청소년수련관: 다양한 수련거리를 실시할 수 있는 각종 시설 및 설비를 갖춘 종합수련시설
  - 나. 청소년수련원: 숙박기능을 갖춘 생활관과 다양한 수련거리를 실시할 수 있는 각종 시설 및 설비를 갖춘 종합수련시설
  - 다. 청소년문화의 집: 간단한 수련활동을 실시할 수 있는 시설 및 설비를 갖춘 정보·문화·예술중심의 수련시설
  - 라. 청소년특화시설: 청소년의 직업체험·문화예술·과학정보·환경 등 특정 목적의 청소년활동을 전문적으로 실시할 수 있는 시설과 설비를 갖춘 수련시설
  - 마. 청소년야영장: 야영에 적합한 시설 및 설비를 갖추고 수련거리 또는 야영편의를 제공하는 수련시설
  - 바. 유스호스텔: 청소년의 숙박 및 체재에 적합한 시설, 설비와 부대, 편익시설을 갖추고 숙식편의제공, 여행청소년의 활동지원 등을 주된 기능으로 하는 시설

- ■ 청소년들이 다양한 활동을 즐길 수 있는 체험공간인 청소년수련시설은 2005년 이후 매년 2~5% 수준의 꾸준한 증가 추세를 나타내고 있음.

- ■ 2011년 12월 기준 전국의 청소년수련시설 수는 738개소로서 이명박 정부 출범 이전과 비교(2007년, 668개소)하여 약 10.5% 증가한 것으로 나타남.

청소년수련시설 유형별 변동 추이

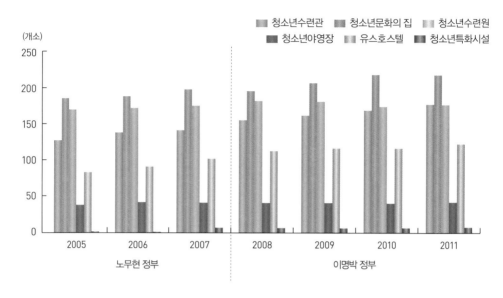

시설＼연도	2005	2006	2007	2008	2009	2010	2011
청소년수련관	128	140	143	154	160	168	176
청소년문화의 집	185	188	198	195	205	216	215
청소년수련원	169	171	176	182	179	174	176
청소년야영장	36	43	43	41	42	41	43
유스호스텔	83	91	102	112	115	116	121
청소년특화시설	0	0	6	6	6	6	7

자료: 여성가족부, 청소년수련시설 현황(2012)

■ 시설유형별 수련시설 수의 변화를 보면, 2011년 기준 생활권 수련시설인 청소년수련관은 176개소, 청소년문화의 집은 215개소로서 2007년과 비교하여 각각 23.1%, 8.6%의 증가율을 나타내었음.

■ 자연권 수련시설은 2011년 기준 청소년수련원이 176개소, 청소년야영장이 43개소로서 2007년과 변화가 없는 반면, 유스호스텔은 121개소로서 2007년 대비 18.6%가 증가

■ 2012년 주 5일 수업제의 전면 시행에 따라 청소년들의 여가시간이 증가할 것으로 예상됨. 향후 청소년들이 생활 주변에서 다양한 체험활동을 즐길 수 있도록 도심, 주택가, 학교 인근 등 접근성이 뛰어난 곳에 중·소 규모의 청소년시설을 확대할 필요가 있음.

지역사회 청소년 통합지원체계(CYS-Net) 구축 현황

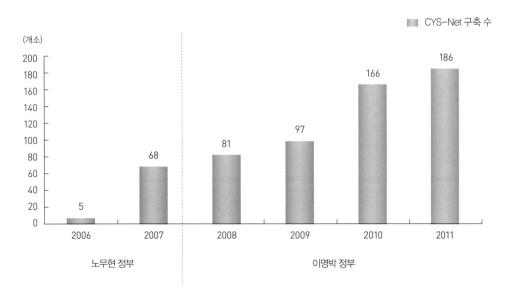

구분 \ 연도	2006	2007	2008	2009	2010	2011
CYS-Net 구축 수	5	68	81	97	166	186
전년 대비(%)	–	63	13 (19.1%)	16 (19.8%)	69 (71.1%)	20 (12.0%)

자료: 여성가족부, CYS-Net 구축 현황(2011)

■ 지역사회 청소년 통합지원체계(Community Youth Safety-Net; CYS-Net)는 지역사회내 시민과 청소년 관련 기관, 단체들이 위기상황에 빠진 청소년들의 발견·구조·치료에 동참할 수 있도록 하는 사회적 안전망으로서 2006년 5개소의 시범운영을 통해 사업이 시작되었음.

■ 가정해체 등 전통적 가족기능이 약화됨에 따라 경제적, 심리적으로 위기상황에 처한 청소년 수가 증가하면서 이들에게 통합적 서비스를 제공하는 CYS-Net의 전국적인 확대가 추진되었음.

■ 이명박 정부의 100대 국정과제('여성과 어린이가 걱정없이 다닐 수 있는 나라로 만들겠습니다')로 채택된 이후 CYS-Net 구축 수는 매년 높은 증가율을 나타냄. 2011년 기준 전국에 186개소의 CYS-Net이 운영되어 2007년 대비 약 3배 수준으로 확대되었음.

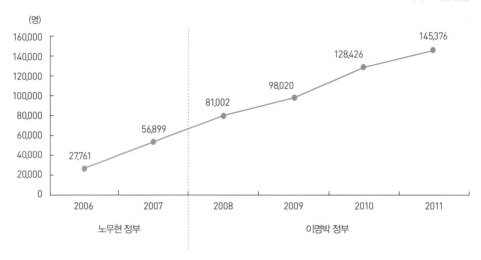

연도 구분	2006	2007	2008	2009	2010	2011
CYS-Net 지원 인원	27,761	56,899	81,002	98,020	128,426	145,376
전년 대비 (%)	-	29,138 (105.0%)	24,103 (42.4%)	17,018 (21.0%)	30,406 (31.0%)	16,950 (13.2%)

자료: 여성가족부, CYS-Net 서비스 지원 현황(2011)

- CYS-Net은 위기청소년에 대한 맞춤형 One-Stop 서비스를 제공하고 있음. 서비스의 내용은 상담 및 정서적 지원, 기초생활 및 경제적 지원, 교육 및 학업지원, 의료지원, 법률자문 및 권리구제지원, 여가 및 문화활동 등 다양한 영역을 포괄하고 있음.

- CYS-Net 서비스 이용(수혜) 인원은 정부의 지속적인 관심과 예산·인력지원으로 매년 2~3만 명 수준의 높은 증가 추세를 나타내고 있음.

- 2011년 이용 인원은 145,376명으로서 이명박 정부 출범 이전(2007년 56,899명)과 비교하여 약 155% 증가한 것으로 나타남.

특별지원청소년 연도별 지원 현황

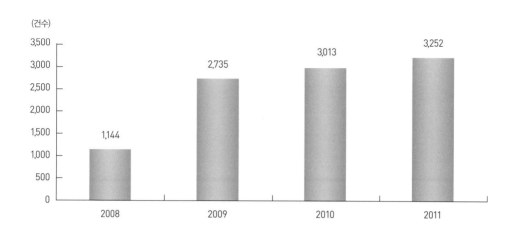

구분 \ 연도	2008	2009	2010	2011
지원 건수	1,144	2,735	3,013	3,252
전년 대비 (%)	–	1,591 (139.1%)	278 (10.2%)	239 (7.9%)

자료: 여성가족부, 연도별 특별지원청소년 지원 현황(2011)

■ 특별지원청소년제도는 빈곤과 가족해체, 가출 등 실질적인 보호자의 부재 등으로 사회적·경제적 지원이 필요한 청소년 중 다른 제도 및 법에 의한 지원을 받지 못하는 청소년들을 지원하기 위한 제도로서, 청소년 개인에게 초점을 맞추어 필요한 지원을 제공한다는 점에서 기존의 복지지원 체계와 차별화되는 제도임.

■ 2008년 7월 시범사업(8개 시·도)을 시작으로 매년 지원대상과 인원이 확대되었음.

2011년에는 학업중단청소년, 부모방임·학대 청소년 등을 포함한 총 3,252명을 지원하여 2008년 대비 지원인원이 약 3배 수준으로 증가했음.

■ 향후, 특별지원청소년제도의 지속적인 확대를 통해 국가·사회의 특별한 보호와 지원이 필요한 청소년들에게 건강한 사회구성원으로 성장할 수 있도록 기반을 마련하는 노력이 필요함.

● 특별지원청소년 지원 유형

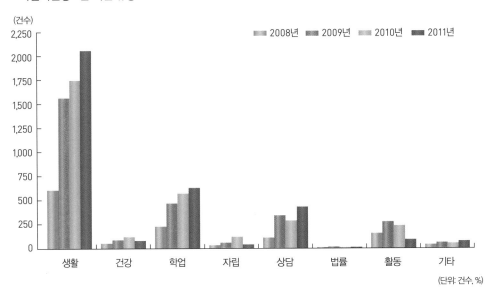

(단위: 건수, %)

구분		생활지원	건강지원	학업지원	자립지원	상담지원	법률지원	활동지원	기타	총계
2008	건수	599	42	216	26	96	–	138	27	1,144
	비율	52.3	3.7	18.9	2.2	8.4	–	12.1	2.4	
2009	건수	1,544	67	448	43	327	1	259	46	2,735
	비율	56.5	2.4	16.3	1.6	12.0	–	9.5	1.7	
2010	건수	1,726	86	554	100	276	–	228	43	3,013
	비율	57.3	2.8	18.4	3.3	9.2	–	7.6	1.4	
2011	건수	2,026	53	613	30	406	–	64	60	3,252
	비율	62.3	1.6	18.8	0.9	12.5	–	2.0	1.8	

자료: 여성가족부, 연도별 특별지원청소년 지원 현황(2011)

■ 특별지원사업 지원대상 연령은 만 9세 이상~만 18세 이하 청소년이며, 지원유형으로는 생활, 건강, 학업, 자립, 상담, 법률, 활동지원 등이 있음.

■ 2008~2011년 기간 중 생활지원이 전체 지원유형에서 가장 높은 비중을 차지하며 매년 증가하는 추세임.

– 이는 최근 가족해체, 가출 등으로 실질적인 보호자가 없는 청소년이 늘어나고 있어 의·식·주 등 생계비 위주의 지원 수요가 증가하고 있음을 의미함.

청소년 인터넷중독 예방·상담·치료 서비스 실적

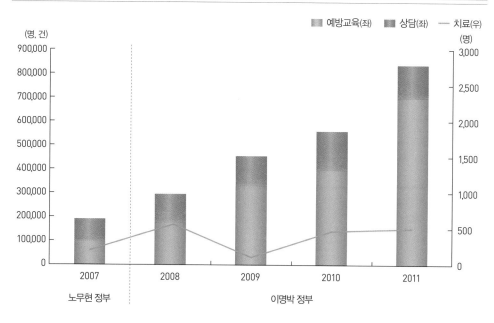

구분 \ 연도	2007	2008	2009	2010	2011
예방교육(명)	105,000	177,000	326,216	386,495	674,578
상담(건)	83,000	110,599	113,194	154,620	132,136
치료(명)	223	566	130	483	515

자료: 한국청소년상담원(2011)

■ 여성가족부는 인터넷중독 위험군 청소년들을 대상으로 전국 186개 청소년상담지원센터와 179개 치료협력병원을 통해 2007년부터 위험수준별 예방교육·상담·치료지원 서비스를 제공하고 있음.

■ 사업 첫해인 2007년에는 약 19만 건의 서비스를 제공했고, 지속적인 사업확대를 통해 2011년에는 80만 건의 예방·상담·치료지원 서비스를 제공함.

■ 특히, 2009년부터는 전수조사를 통해 발굴된 고위험군 청소년들에게 공존질환검사를 실시하여 인터넷중독 외의 공존질환 발견 시 치료를 받을 수 있도록 치료협력병원을 연결하고, 치료비(30~50만 원)를 지원함.

■ 앞으로도 부처 간 긴밀한 협조를 통해 인터넷 중독 고위험군 청소년들이 적기에 필요한 서비스를 받을 수 있도록 적극적인 지원이 필요함.

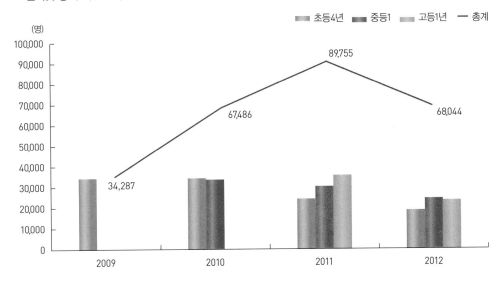

● 인터넷 중독 위험군 청소년 발굴 실적

구분 \ 연도	2009	2010	2011	2012
계(명)	34,287	67,486	89,755	68,044
초등학교 4학년	34,287	33,841	23,985	19,174
중학교 1학년	–	33,645	30,197	24,779
고등학교 1학년	–	–	35,573	24,091

자료 : 여성가족부, 청소년 인터넷 이용습관 진단 전수조사(2012)

■ 인터넷중독 청소년들의 적기 발굴을 통한 시의성 있는 상담·치료 서비스 제공을 위하여 2009년부터 인터넷 이용습관 진단 전수조사를 실시함.

■ 2009년 1개 학년(초4)을 시작으로, 2010년 2개 학년(초4, 중1), 2011년 3개 학년(초4, 중1, 고1)으로 조사대상이 점차 확대됨.

■ 인터넷중독 위험군 청소년은 3개 학년이 모두 매년 감소 추세를 보이고 있으나, 2012년 현재 위험군으로 분류된 청소년이 6만 8,000여 명에 달하여 지속적 상담 및 치료 서비스 제공이 필요함.

■ 또한 매년 전수조사를 통해 발굴된 위험군 청소년들이 충분한 상담 및 치료 서비스를 받을 수 있도록 관련 인적 인프라 확충 필요

아동·청소년 대상 성범죄자 신상정보 등록 건수

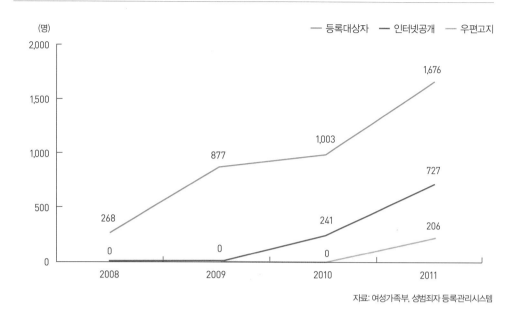

자료: 여성가족부, 성범죄자 등록관리시스템

- 아동·청소년 대상 성범죄로 유죄판결이 확정된 자는 성범죄자 신상정보 등록대상자가 됨.
  - 여성가족부는 성범죄자의 신체정보, 사진, 주소 등을 성범죄자 등록관리시스템을 통하여 등록관리하고 각급 경찰서에서는 동 시스템을 통해 관할지역 성범죄자의 현황을 관리하고 있음.

- 2008년부터 법원선고로 아동·청소년 대상 성범죄자 신상정보가 등록관리되었으며 그 수가 해마다 증가하여 2011년까지 총 3,824명에 달함.
  - 2010년 4월부터는 등록기간을 기존 10년에서 20년으로 확대하여 성범죄자 신상정보

관리 연한을 대폭 강화했음.

- 또한 2010년부터 성범죄자 신상정보를 인터넷을 통해 공개하여 정보열람 편의성을 증진
  - 2010년 개설 이후 성범죄자 신상정보 공개사이트인 '성범죄자 알림e' 접속자 수는 1,100만 명에 달함.
  - 2012년 3월부터는 성범죄자 알림e 열람권자를 미성년자까지 확대하여 성범죄 예방효과 증진
  - 아울러 성범죄자 알림e 학교 반경 1Km 검색기능 확대 시행(기존 초등학교 검색 가능에서 어린이집, 유치원, 초·중·고등학교로 확대하여 교육시설 부근의 성범죄자 검색이 용이해짐)

아동·청소년 대상 성범죄 추세

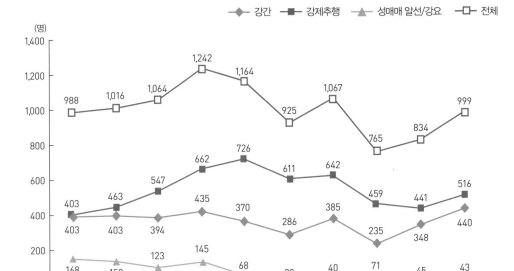

범례: ◆ 강간 ■ 강제추행 ▲ 성매매 알선/강요 □ 전체

(명)

	2001	2002	2003	2004	2005	2006	2007	2008	2009	2010
전체	988	1,016	1,064	1,242	1,164	925	1,067	765	834	999
강제추행	403	463	547	662	726	611	642	459	441	516
강간	403	403	394	435	370	286	385	235	348	440
성매매 알선/강요	168	150	123	145	68	28	40	71	45	43

자료: 여성가족부, 아동·청소년 대상 성범죄 발생추세와 동향분석(2011)

■ 2011년에는 성범죄자 신상정보(상세주소 포함)를 지역주민에게 우편으로 보내주는 우편고지제도가 새롭게 도입되어 아동·청소년 대상 성범죄의 적극적 예방 및 재범 방지의 실효성을 강화했음.

　－ 성범죄자가 거주하는 지역주민들에게 신청을 통해 고지정보서 내용을 인터넷을 통하여 열람할 수 있는 정보통신망고지제도 실행.

　－ 2012년 3월부터 교육시설의 장에게도 우편고지를 확대 실시함.

■ 아동·청소년 관련 시설의 성범죄 예방을 위하여 성범죄자의 취업을 제한하는 성범죄자 취업제한제도 시행

　－ 성범죄로 형 또는 치료감호를 선고받아 확정된 자는 10년간 아동·청소년 관련 교육기관 등에 취업이 금지됨.

　－ 아동·청소년 관련 교육기관의 장은 취업자에 대한 성범죄 경력을 확인해야 함.

아동·청소년 대상 성범죄자 동종 전과자 비율 추이

● 성폭력범죄자 동종전과자 비율

자료: 여성가족부, 아동·청소년대상 성범죄 발생추세와 동향분석(2011)

■ 아동·청소년 대상 성폭력 범죄자는 2001년부터 2007년까지 신상정보공개 대상자로 적용되다가 이 제도가 2008년부터는 신상정보등록 대상자로 바뀌었음.
  – 이 결과는 2001년까지는 신상정보공개 대상자를, 2008년 이후는 신상정보등록 대상자의 자료에서 동종전과자 비율, 이종전과자 비율을 분석한 것임.

■ 아동·청소년 대상 성폭력 범죄자의 재범률을 감소시키기 위한 정책으로 2001년부터 아동청소년 대상 성범죄자에 대하여 신상공개제도를 운영하고 있고, 2010년부터 인터넷을 통한 성범죄자 신상정보공개 성범죄자 알림e(www.sexoffender.go.kr)를 운영하고 있음.

■ 신상정보등록 대상자 및 성범죄자알림e 정책을 통한 사회적 경각심과 감시기회를 증대시킴으로써, 성범죄자의 재범률을 감소시키려는 정책목표를 갖고 있음.

■ 신상정보등록제도가 2008년 이후 아동·청소년 범죄자의 이종전과 비율이 감소하는 추세를 보이고 있고, 동종전과자의 비율도 2007년 17.62%에서 2010년 13.81%로 감소하는 추세를 보이고 있음.

04

과학기술

IMD 과학기술경쟁력

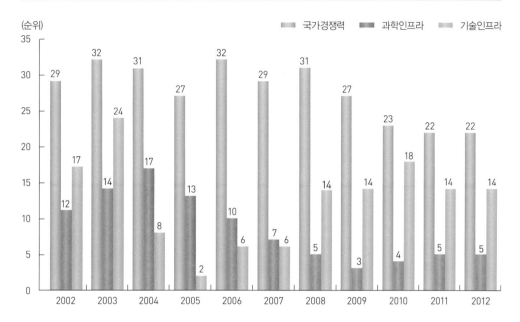

자료: IMD, The World competitiveness Yearboook

■ 국가경쟁력, 기술인프라, 과학인프라의 세
  계 순위가 전반적으로 상승

　– IMD(국제경영개발원)가 발표하는 국가경쟁
　　력, 과학인프라, 기술인프라에서 한국의 순
　　위는 꾸준히 상승해왔으며, 국가경쟁력은 다
　　소의 유동성이 있었지만 2002년과 2007년
　　도는 29위를 기록한 바 있으며 2010년도에
　　는 23위로 급속히 순위가 올라감.

■ 특히 기술인프라와 과학인프라는 과학국
  가경쟁력 전반의 순위보다도 위에 있고 역
  시 상승세에 있음.

　– 기술인프라는 2002년 17위에서 2007년도
　　6위를 기록한 바 있으며 2008년과 2012년
　　은 14위를 기록함.

　– 과학인프라는 순위가 더 높아서, 2002년도
　　12위, 2007년도 7위, 2009년도엔 3위로 최
　　고 순위를 기록한 바 있으며 2012년도 5위
　　로서 2008년도 이후 5위 이상을 유지함.

● 최근 6년간 과학인프라 상위 20위 국가

국가명	2007	2008	2009	2010	2011	2012
미국	1	1	1	1	1	1
일본	2	2	2	2	2	2
독일	3	3	4	3	3	3
이스라엘	9	9	13	6	4	4
한국	**7**	**5**	**3**	**4**	**5**	**5**
스위스	4	7	7	9	6	6
대만	6	4	8	5	7	7
중국	15	10	6	10	10	8
스웨덴	5	6	5	7	8	9
영국	8	13	10	8	9	10
캐나다	16	15	16	14	11	11
프랑스	10	12	11	11	15	12
싱가포르	13	8	12	12	14	13
핀란드	11	11	9	13	12	14
호주	20	18	18	16	13	15
덴마크	14	16	15	19	17	16
오스트리아	19	17	17	15	16	17
네덜란드	17	21	21	17	19	18
노르웨이	21	20	19	18	18	19
이탈리아	28	30	34	20	21	20

● 최근 6년간 기술인프라 상위 20위 국가

국가명	2007	2008	2009	2010	2011	2012
홍콩	3	8	6	3	1	1
미국	1	1	1	1	2	2
싱가포르	2	2	2	2	3	3
대만	15	5	11	5	6	4
이스라엘	5	11	12	4	5	5
스웨덴	7	3	3	8	7	6
덴마크	4	9	5	6	4	7
스위스	11	4	9	14	16	8
아이슬란드	–	–	–	7	10	9
캐나다	10	10	10	9	9	10
네덜란드	9	7	4	12	11	11
핀란드	13	13	8	15	15	12
독일	8	6	7	16	13	13
한국	**6**	**14**	**14**	**18**	**14**	**14**
영국	17	12	13	13	17	15
말레이시아	18	18	17	19	18	16
노르웨이	14	15	15	11	12	17
프랑스	22	19	20	20	21	18
아일랜드	23	23	22	27	27	19
룩셈부르크	16	17	18	10	8	20

연도별 정부 R&D 투자규모

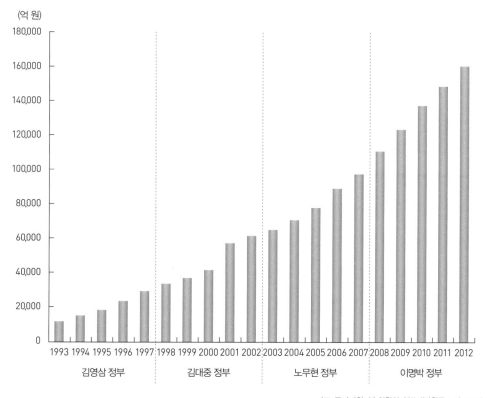

(억 원)

자료: 국가과학기술위원회, 연구개발활동조사보고서

■ 이명박 정부는 미래성장잠재력 확충을 위해 R&D 분야에 2008~2012년간 총 68조원을 투자

  – 이는 김대중 정부(23조 원)와 노무현 정부(40.1조 원)가 10년간 R&D분야에 투자한 총 금액(63.1조 원)보다도 4.9조 원 많은 수준

  – 연평균 증가율(2008~2012년간 9.6%)로도 중국(2008~2010년간 22.3%)에 이어 세계에서 두 번째로 높은 수준

■ 특히 미래핵심기술 선점 및 신산업 창출을 위해 기초·원천연구 분야에 투자를 확대

  – R&D 예산에서 기초·원천연구 투자비중이 2012년에 처음으로 50%를 돌파

  – 중이온가속기 등 세계적 수준의 기초과학 연구거점 마련을 위한 국제과학비즈니스벨트 사업 추진

국가연구개발투자와 증가율

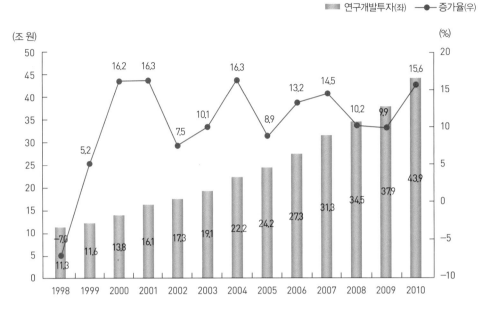

자료: 국가과학기술위원회, 연구개발활동조사보고서

■ 국가연구개발투자는 지속적으로 확대
 – 우리나라는 국가 전체의 연구개발투자를 적
  극적으로 확대해옴. 대체적으로 연간 성장
  률이 10%를 넘었다고 할 수 있음.
 – 특히 노무현 정부가 적극적인 연구개발 확
  대정책을 펼쳤으며 이어서 이명박 정부 역시
  연구개발투자 확대 의지를 표명했음.
 – 이명박 정부의 과학기술기본계획에서도 국가
  연구개발투자가 2012년에 GDP의 5%에 이르
  게 하겠다는 목표를 제시함(2008년도 수립된
  이명박 정부의 과학기술기본계획에서 제시).

 – 노무현 정부 시기에 있어서는 국가연구개
  발투자는 정권 출범 직전 연도인 2002년
  17.3조 원에서 2007년 31.3조 원으로 국가
  연구개발투자가 증가하여 이를 연평균으로
  환산하면 연간 약 12.6%의 증가율을 보였다
  고 할 수 있음.
 – 이명박 정부 시기에 있어서는 통계집계가 가
  능한 연도인 2010년에 43.9조 원이 투자되
  어 연간증가율로 환산하면 연간 11.9%의 증
  가율을 보임.

국가별 정부 R&D 투자규모 및 증가율 비교

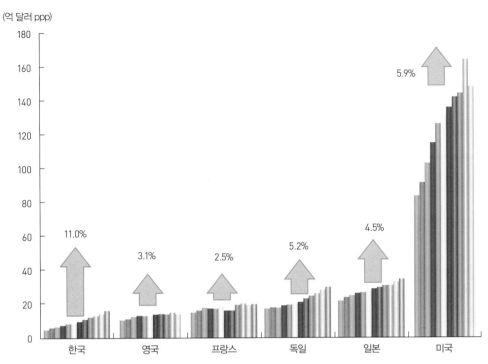

■ 2000 ■ 2001 ■ 2002 ■ 2003 ■ 2004　2005 ■ 2006 ■ 2007 ■ 2008 ⅲ 2009 ⅲ 2010 ⅲ 2011

(억 달러 ppp)

자료: OECD, Main science and Technology Indicators 2011-2

■ 주요 선진국들은 미래 성장동력 확보를 위하여 R&D 분야에 지속적으로 투자를 확대(연평균 3~5%)하고 있음.

 다만, 글로벌 경제 불황 이후 대부분 국가들의 R&D 투자가 다소 주춤한 모습을 보이고 있으나, 중국의 경우 연평균 21.8%(2001~2009년)의 증가율로 R&D 분야에 공격적으로 투자를 확대하고 있음.

■ 우리나라는 2000~2011년간 연평균 11.0% 수준으로 R&D 분야에 투자를 확대해오고 있으며, 이는 중국을 제외하면 세계에서 가장 높은 수준임.

특허출원 건수

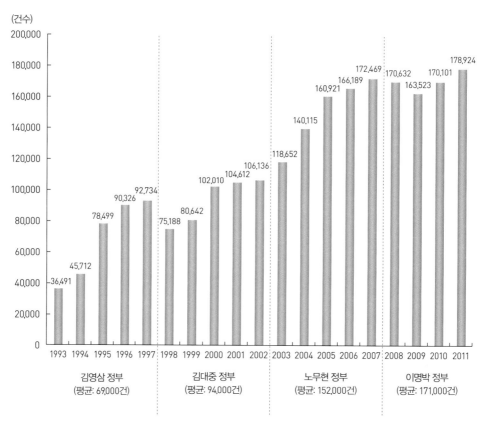

(건수)

자료: 특허청, 지식재산통계연보

- 특허출원 건수는 IMF경제위기를 극복한 이후 지속적으로 증가하는 추세에 있으며, 2000년 특허출원 10만 건을 돌파한 이래 2011년에는 약 18만 건의 특허가 출원되어 연평균 5.2%의 출원증가율을 보이고 있음.

  - 다만, 2008년 글로벌금융위기를 겪으면서 특허출원이 감소했으나, 2010년부터 다시 증가하고 있음.

연구원 1인당 연구개발비 및 국제비교

● 연구원 1인당 연구개발비

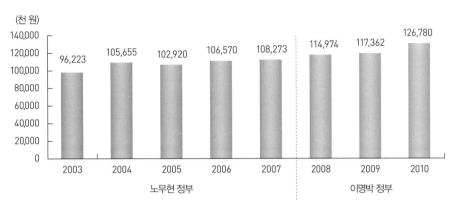

(천 원)

자료: 국가과학기술위원회, 연구개발활동조사보고서

● 연구원(FTE) 1인당 연구개발비 국제비교

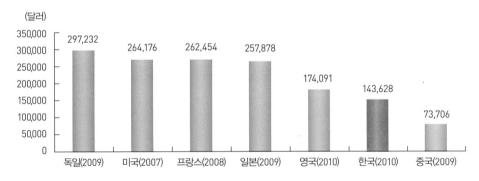

(달러)

자료: OECD, Main Science & Technology Indicators 2011-1

■ 우리나라의 연구원(FTE) 1인당 연구개발비
는 지속적으로 증가 추세
- 2001년 이후 연구원 1인당 연구개발비의 연
평균 증가율은 3.9%
- 2010년 기준으로 연구원 1인당 연구개발비
는 1억 2,680만 원
※ 위의 연구원은 연구활동 참여율을 고려하지
않은 머릿수 기준임.

■ 연구참여율을 고려한 우리나라의 연구원
1인당 연구개발비는 14.4만 달러 수준
- 미국(26.4만 달러), 프랑스(26.2만 달러), 독일
(29.7만 달러) 등 보다는 낮은 수준
※ 위의 연구원은 각 연구원의 연구활동 참여율
을 고려한 연구원 수 기준임.

인구 만 명당 과학기술논문 수

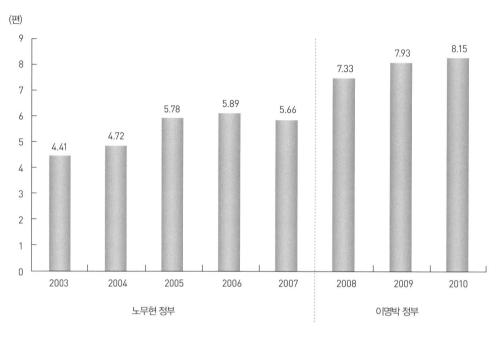

(편)

노무현 정부: 2003 4.41, 2004 4.72, 2005 5.78, 2006 5.89, 2007 5.66

이명박 정부: 2008 7.33, 2009 7.93, 2010 8.15

자료: 국가과학기술위원회, 과학기술논문(SCI) 분석 연구

■ 우리나라의 인구 만 명당 과학기술논문 (SCI) 수는 2008년 7.33편에서 2010년에 7.89편으로 증가
  – 2001년 이후 인구 만 명당 과학기술논문 수는 연평균 10% 증가
  ※ 2010년 기준으로 볼 때 인구 만 명당 과학기술논문 수는 영국이 가장 높은 14.97편을 기록, 그 다음으로 미국 10.92편, 독일 10.81편, 프랑스 9.81편 순

■ 우리나라가 발표한 SCI논문 수는 매년 증가.
  – 2001년 이후 매년 190.7% 증가
  – 2010년 기준으로 볼 때, 우리나라 논문 수는 39,843편으로 세계 총 논문 수의 3.37%에 해당하며, 세계 11위 수준을 기록
  ※ SCI: 미국 톰슨사가 학술적 기여도가 높은 학술지를 엄선하여 매년 구축한 DB

SCI 논문 수

■ 논문 수 ─●─ 국가순위

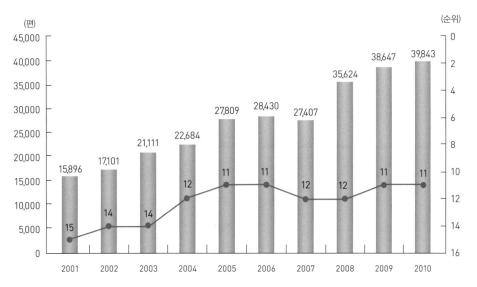

자료: KISTEP, 통계브리프

■ 기초연구의 성과를 보여주는 SCI 논문 수에서 꾸준한 성장세를 보여 2010년에 한국인 저자가 참여한 SCI 논문은 약 40,000건에 이르며, 이는 세계에서 11위에 해당하는 수준임.

– 2001년도 약 16,000건으로 15위를 했던 것에 비해 성장세가 두드러진다고 할 수 있으나, 외형적 성장세에 비해 내실의 발전 여지가 더 많다고 할 수 있음.

논문 한 편당 피인용 수

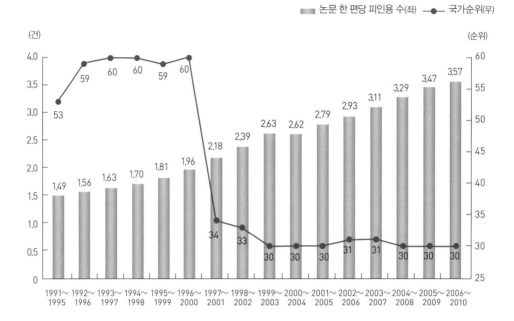

■ 논문 한 편당 피인용 수(좌) ━●━ 국가순위(우)

자료: 과학기술부, 과학기술위원회

주: 1991~2000년 국가순위는 논문 수 상위 100개 국가 중 순위이며, 2001~2010년 국가순위는 논문 수 10,000편 이상인 국가중 순위임.

■ 논문 질의 대표적인 지표로 활용되는 논문 한 편당 피인용 수(논문 출판 후 5년 기간 기준)는 3.57(2006~2010년도 피인용 기준)로 30위로서 논문 총수에 비해 질을 뜻하는 피인용 수는 미진하다고 할 수 있음.

　- 2001~2005년 기간 논문 한 편당 피인용 수 2.79편에 비해서 질적인 발전을 이룩했다고

할 수 있으나 각 국별 지표가 전반적으로 발전하고 있으나 순위 변동은 부족하다고 할 수 있지만, 좀 더 과거인 1995~1999년도 기준에서는 1.81로 59위에 불과했다는 점에서 피인용 수에서도 꾸준히 발전해오고 있음.

GDP 대비 연구개발투자

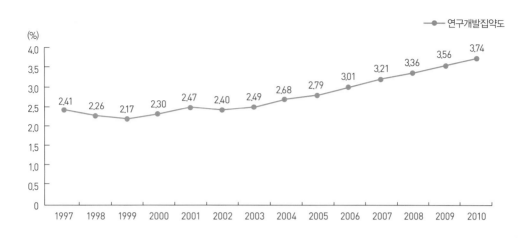

구분	미국 (2008)	일본 (2009)	독일 (2009)	중국 (2009)	프랑스 (2009)	영국 (2010)	한국 (2010)	이스라엘 (2010)	핀란드 (2010)
연구개발비(백만 달러)	398,194	169,047	92,593	84,933	58,458	40,976	37,935	9,224	9,173
GDP 대비 연구개발비 비중(%)	2.79	3.33	2.78	1.70	2.21	1.82	3.74	4.25	3.84

자료: 국가과학기술위원회, 연구개발활동조사보고서

■ 연구개발집약도(GDP 대비 연구개발투자)로 살펴보면, 노무현 정부 시기는 2002년도 2.40%에서 2007년도 3.21%로서 5년간 0.81%p만큼 집약도가 증가함. 이를 연평균으로 환산하면 0.16%p만큼 증가
  – 이명박 정부는 2010년 3.74%의 집약도를 보여서 3년간 0.53%p만큼 증가했고 이를 연평균으로 환산하면 0.18%p만큼 증가함. 이를 기반으로 2012년도 연구개발집약도는 4.10%로 추정됨. 이는 이명박 정부가 목표로 했던 5.0%에는 이르지 못하지만 4.10% 역시 상당히 높은 수치임.

– 통계가 확인 가능한 가장 최근 시점에서 4.0%를 넘는 집약도를 보이는 국가는 이스라엘에 불과하며(2010년도 4.25%), 3.5%를 넘는 국가도 우리나라를 제외하면 핀란드(2010년도 3.84%)와 스웨덴(2009년도 3.62%)의 두 개 국가뿐임. 그러므로 이명박 정부의 2012년도 5%의 집약도 목표는 목표가 지나치게 낙관적이었다고 할 수 있었을 뿐이지, 이명박 정부 시기 연구개발투자가 소극적이었다고는 할 수 없음. 그 반대로 국가가 감당할 수 있는 범위에서 상당히 빠르게 성장했다고 할 수 있음.

정부/지자체 연구개발투자

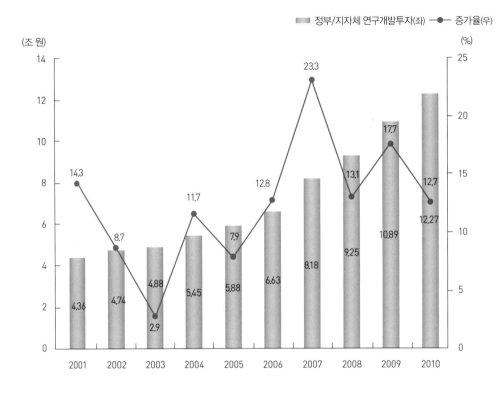

정부/지자체 연구개발투자(좌) ● 증가율(우)

자료: 국가과학기술위원회, 연구개발활동조사보고서

■ 노무현 정부와 이명박 정부의 연구개발투자에 대한 의지는 국가연구개발투자에서 정부/지자체가 투자하는 연구개발투자의 증가에서 보다 직접적으로 확인되는데 특히 이명박 정부에서 그러함.

  – 노무현 정부 시기 정부재원 연구개발투자는 2002년 4.7조 원에서 2007년도 8.2조 원으로 증가하여 이를 연평균 증가율로 환산하면 11.5%의 증가율을 보임.

– 이명박 정부 시기에 있어서는 2010년도에 12.27조 원의 정부재원 연구개발투자를 했고 이를 연평균 증가율로 환산하면 14.5%의 증가율이라고 할 수 있음. 다소간의 차이가 있지만 노무현 정부와 이명박 정부 모두 대단히 의욕적으로 연구개발투자를 증가시켜 왔다고 할 수 있음.

총연구개발인력

자료: 국가과학기술위원회, 연구개발활동조사보고서

■ 연구개발투자와 더불어 총연구개발인력도 지속적으로 확대되어옴.

  – 2002년도 28만 명에서 2007년도 42.2만 명, 2010년도에는 50만 명으로 빠른 속도로 증가. 2002년도를 기점으로 2007년도까지의 성장을 연평균으로 환산하면 8.5%, 2007년도를 기점으로 2010년도까지의 성장을 연평균으로 환산하면 5.8%임.

  – 양 기간의 연구개발투자가 비슷한 12% 수준이라고 할 수 있는 데 반해 연구개발인력의 증가율은 다소 차이가 나는데 이에 대해서는 연구개발 자체의 질적 제고(1인당 연구비의 증가)의 측면과 더불어 연구개발투자에 비해 연구개발인력의 공급이 미진한 측면 두 가지로 해석이 가능

  – 현재로서는 양자의 해석이 모두 가능함. 전자와 관련해서는 물가수준을 반영했을 때도 국민 1인당 연구개발투자가 미국 등 선진국에 비해 적은 수준으로 1인당 연구개발투자의 확대 가능성과 필요성이 있다고 할 것임. 또한 노무현 정부 시기에 의욕적인 연구개발투자의 확대는 인력의 증가와 결합될 수 있었지만, 인력의 증가가 상대적으로 쉽지 않음을 고려할 때 이명박 정부 시기에는 인력의 증가가 더 이상 확대되기 어려웠을 가능성이 있음.

정부의 중소기업 R&D 지원규모

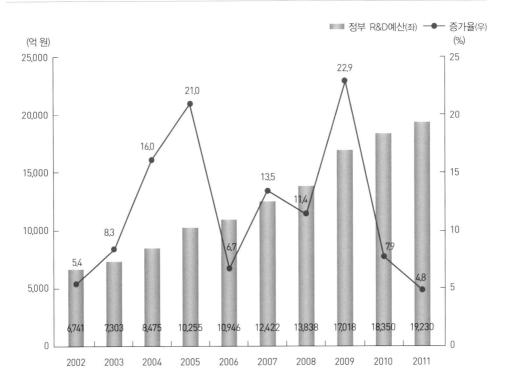

자료: 중소기업청

■ 중소기업, 창업벤처기업에 대한 정부의 연구개발지원도 확대

– 정부와 공공기관(공기업 등)이 중소기업 또는 창업벤처기업에 대해 지원하는 금액 역시 꾸준히 확대되어옴(중소기업에 대한 지원을 장려하는 제도를 KOSBIR이라고 함).

– 2002년도 약 6,700억 원에서 2007년도 약 1조 2,000억 원, 2011년도엔 1조 9,000억 원으로 증가

– 2002년도에서 2007년도의 연평균 환산 증가율은 13.0%이고 2007년도에서 2011년도의 연평균 환산 증가율은 11.5%인데, 이러한 증가율은 정부의 연구개발투자 증가율과 유사하여 정부의 연구개발투자 증가에서 중소기업이 소외되지 않았음을 뜻함.

PCT 출원 건수

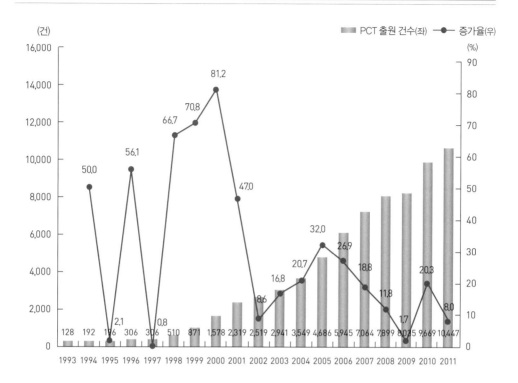

자료: 국가과학기술위원회, 연구개발활동조사보고서

■ 우리나라는 특허출원 분야에서 꾸준히 발전을 보임.

- PCT 특허출원(국제특허기구인 WIPO에의 출원)은 2002년 약 2,500건에서 2007년 약 7,000건으로 증가하여 연평균으로 환산하면 22.9%의 성장률을 보임. 다시 2011년에는 약 10,000 건을 넘어서서 연평균 성장률 10.3%를 보임.

- 후자의 시기 성장률도 상당히 고무적인 것이지만 전자에 비해 상대적으로 부족한 것은 특허출원의 전략성의 측면에서 해석해볼 수 있음.

- 최근 10여년 동안 특허출원의 의지가 높았지만 최근 들어서 기업들은 특허출원에 대해 전략성이 높은 것을 중심으로 출원하는 경향이 있으므로 특허출원 성장률의 상대적 둔화에 대해 특허의 양적인 확대의 단계를 넘어서서 질적인 단계에 들어가는 시기적 특성으로 해석해볼 수 있음.

기술무역 추이

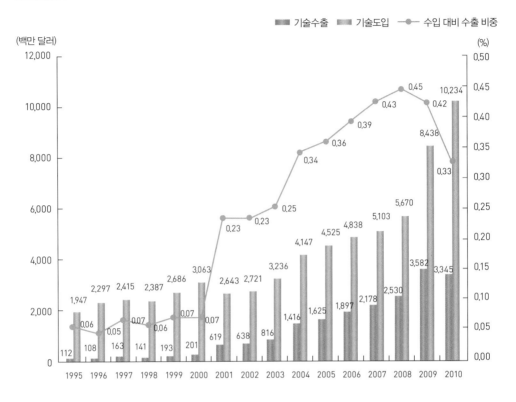

범례: 기술수출 · 기술도입 · 수입 대비 수출 비중

(백만 달러) / (%)

자료: 교육과학기술부, 기술무역통계 조사

■ 기술수출은 2002년도 6억 3,800만 달러에서 2007년도 21억 7,800만 달러로 증가하여 연평균 28.3%의 높은 성장률을 보였으며, 다시 2009년도에 35억 8,200만 달러로 증가하여 연평균 28.2%로 유사하게 높은 성장률을 보이고 있음.

- 기술수출은 한국이 보유한 기술의 국제경쟁력을 경제적 가치로 환산한 것으로 볼 수 있어서 기술수출의 급속한 증가는 한국의 기술의 경쟁력의 증가로 볼 수 있음.

- 다만, 한국은 작은 경제규모이고 개방경제로서 수출과 수입의 비중이 대단히 큰 나라로서 기술수출뿐만 아니라 기술수입도 역시 증가하고 있으나, 수입 대비 수출 비중이 계속 증가하여 2002년도 0.23에서 2007년도 0.43, 2008년도 0.45까지 커짐. 다만 2009년도에 0.42로 떨어졌는데 이는 2009년도 수입액이 이례적으로 증가한 데 기인함.

천억 매출 벤처기업 수

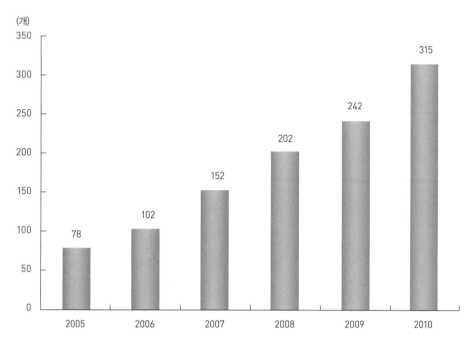

(개)

자료: 벤처기업협회, 벤처천억기업조사

■ 중소기업과 창업벤처에 대한 격려와 지원 확대로 기술 중심 기업인 벤처기업의 수가 급속하게 증가했음.
 – 2002년도 약 8,800개에서 2007년도 약 14,000개, 2011년도 26,148개로 벤처기업의 수가 증가했고 이를 연평균으로 환산하면 앞의 기간에는 9.8%, 뒤의 기간에는 16.9%의 성장을 보임.
 – 벤처기업은 수의 증가뿐만 아니라 기업의 성장에서도 괄목할 성과를 보였는데, 2005년도엔 매출 1,000억 원을 넘는 벤처 또는 벤처 출신 기업의 수가 78개에 불과했으나 2010년에는 315개로 급속하게 커졌고 1조 원의 매출이 넘는 기업도 3개나 되었음.
 – 중소기업의 성장동력에 대한 우려의 목소리가 높지만, 이처럼 기존 인식의 벽을 넘어서서 고무적인 성과를 거둔 기업들이 있다는 점에서 기업의 혁신이 꾸준히 이루어지고 있음을 알 수 있음.

5장

문화·체육·관광

01

문화

문화예술 지원 현황

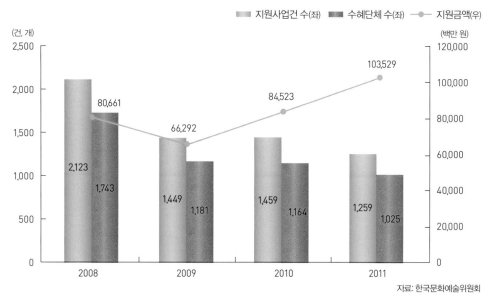

범례: 지원사업건 수(좌) ■ 수혜단체 수(좌) ● 지원금액(우)

(건, 개)

(백만 원)

자료: 한국문화예술위원회

주: 문화예술진흥기금사업 현황을 토대로 작성되었음.

■ 한국문화예술위원회의 문화예술진흥기금사업을 통한 문화예술 분야 지원금액은 2008년 806억 6,100만 원에서 2009년 662억 9,200만 원으로 감소했음. 2010년부터 다시 증가하여 2011년에는 1,035억 2,900만 원으로 나타남.

■ 한편 동 기금을 통해 지원을 받은 사업 건수와 수혜단체 수는 2008년 2,123개 사업, 1,743개 단체에서 2009년 상당폭 감소하여 2011년에는 1,259개 사업을 통해 1,025개 단체가 수혜를 받음.

■ 지원사업의 수혜를 받은 단체당 지원금액은 2008년 4,600만 원에서 점차 증가하여

2011년에는 1억 100만 원으로 나타났으며 사업 건당 지원금액 역시 2008년 3,800만 원에서 2011년 8,200만 원으로 증가함.

■ 이러한 변화는 문화예술지원의 원칙이 '소액 다건 위주의 지원'에서 '다액 소건 위주의 지원'으로 변화한 것과 맥을 같이함.

■ 즉 한정된 재원 하에서 보다 많은 문화예술단체 및 사업을 지원하여 다양한 문화예술활동 및 작품의 생산을 유도한 과거의 지원 경향이 '소수의, 보다 가능성 있는 문화예술활동 및 작품'에 대한 지원에서 '선택과 집중'에 기반한 지원방식으로 전환된 것으로 보임.

학교 문화예술교육 실적

● 예술강사 지원사업 참여학교 수

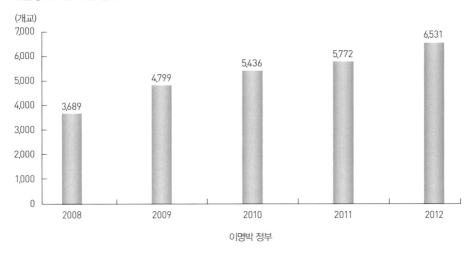

(개교)

연도	참여학교 수
2008	3,689
2009	4,799
2010	5,436
2011	5,772
2012	6,531

이명박 정부

■ 예술강사 지원사업 참여학교 수는 이명박 정부 들어 양적으로 비약적인 팽창을 기록함.
  – 2008년 3,689개교 대비 2012년은 총 6,531개교에 지원함으로써, 취임 초인 2008년 대비 77%의 양적 성장률을 보임.

■ 특히 2012년에는 전국 학교 수(11,550개교) 대비 57%의 학교에 예술강사를 파견함으로써, 절반 이상의 국내 초·중·고등학교에서 문화예술교육이 활성화되었음.

■ 2008년 문화체육관광부–교육과학기술부 간 업무협약(MOU) 체결 이후 16개 시·도 교육청의 지방교육재정 예산이 예술강사 지원사업에 투입되기 시작하면서 예술강사 지원사업이 비약적으로 성장함.

※ 문화체육관광부–교육과학기술부 간 문화예술·체육교육 활성화를 위한 업무협약(2008. 10. 15) 주요 내용
– 예술강사 지원, 체육 보조강사 배치, 다양한 학교운동장 조성, 다목적 학교 체육관 건립

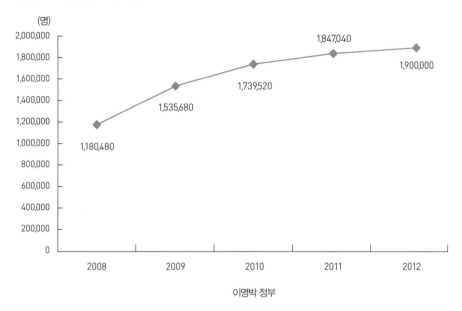

● 예술강사 지원사업 수혜학생 수

(명)

2,000,000				1,847,040	
1,800,000					1,900,000
1,600,000		1,535,680	1,739,520		
1,400,000					
1,200,000	1,180,480				
1,000,000					
800,000					
600,000					
400,000					
200,000					
0					
	2008	2009	2010	2011	2012

이명박 정부

자료: 문화체육관광부

■ 예술강사 지원사업의 학교 수 증가와 동시에 학교 문화예술교육을 체험하는 학생 수도 매년 증가하고 있음.

– 2008년 1,180,480명 대비 2012년은 1,900,000명이 수혜를 받음으로써 예술강사 지원사업을 통한 학교 문화예술교육의 수혜자는 5년간 1.6배의 증가 추세를 보임.

■ 2012년에는 전국 학생의 27%의 학생이 학교 문화예술교육을 체험하고 있음.

※ 전국 초중고등학교 학생 수:
  총 7,036,832명(2011 교육통계 서비스)

● 활동 예술강사 수

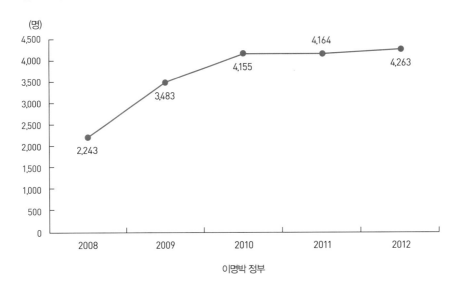

(명)

자료: 문화체육관광부

■ 국가 전반에 걸쳐 노동시장 침체를 보이고 있으나 문화예술 분야 전공자의 취업 문제는 보다 심각한 가운데, 예술강사 지원사업은 문화예술 분야 일자리 창출에도 기여함.

※ 문화예술인 창착활동과 관련, 월평균 수입액 100만 원 이하 문화예술인은 전체 예술인의 66%로, 37.4%는 관련 수입이 전혀 없다고 응답(2009년 문화예술인실태조사 결과)

■ 예술강사 지원사업은 문화예술교육을 필요로 하는 초중고등학교에 전문 예술가를 파견함으로써, 문화예술 분야 전문가들이 양질의 문화예술교육을 통해 국내 교육계의 문화예술교육 활성화에 기여하고 있음.
– 2008년 2,243명 대비 2012년은 총 4,263명이 활동함으로써 취임 초인 2008년 대비 90%의 활동률 증가를 보임.

사회 문화예술교육 실적

● 사회 문화예술교육 지원사업 수혜시설 수

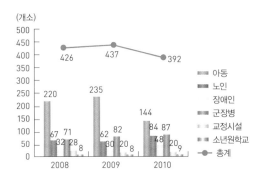

● 사회 문화예술교육 지원사업 수혜자 수

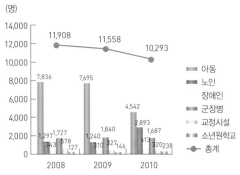

자료: 문화체육관광부, 문화예술정책백서

■ 사회 문화예술교육은 소외된 계층에게 보다 많은 문화예술교육 기회를 제공하여 삶의 질을 향상시키기 위한 사업으로 아동양육시설 문화예술교육 지원사업, 노인·장애인 복지관 문화예술교육 지원사업, 군 문화예술교육 지원사업, 교정시설·소년원학교 문화예술교육 지원사업, 소외아동청소년 문화예술 돌봄 프로젝트 등이 이에 해당함.

■ 사회 문화예술교육 지원사업의 수혜시설 수는 2008년 426개소에서 2009년 437개소, 2010년 392개소로 나타남.
  – 수혜시설의 유형별로는 아동양육시설의 비율이 37~54%로 가장 크게 나타나며, 군 시설이 17~22%, 노인복지관이 14~21%, 장애인복지관이 7~12%의 비율로 나타남.

– 특히 2005년 12월 문화체육관광부와 국방부가 문화예술교육 지원 등에 대한 업무협력합의서(MOU)를 체결하면서 군 시설에 대한 문화예술교육이 지속적으로 확대되고 있으며, 이를 통해 병영문화 개선과 병사들의 자기계발 및 감수성 증진에도 큰 효과가 기대됨.

■ 사회 문화예술교육 지원사업의 수혜자 수는 2008년 11,908명에서 2009년 11,558명, 2010년 10,293명으로 나타남.
  – 사회 문화예술교육 지원사업의 수혜자는 전 시기에 걸쳐 아동의 비율이 가장 크게 나타나고 있으나, 2010년 들어 노인 및 장애인의 비율이 2~3배까지 크게 증가하여 소외계층에 해당하는 노인 및 장애인의 문화예술교육 기회가 크게 확대되었음.

문화기반시설 현황

● 전국 문화기반시설 연도별 현황

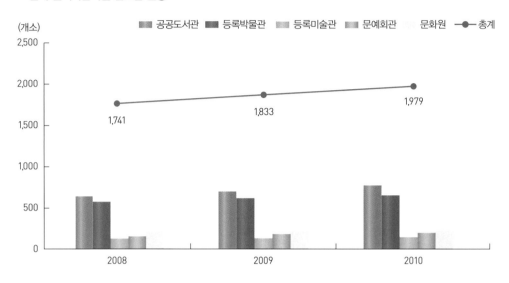

연도	총계	공공도서관	등록박물관	등록미술관	문예회관	지방문화원
2010	1,979	759	655	145	192	228
2009	1,883	703	630	141	182	227
2008	1,741	644	579	128	167	223

자료: 문화체육관광부, 문화기반시설 총람(2011)

■ 문화기반시설은 매년 꾸준하게 증가하고 있으며, 공공도서관·등록박물관 등의 증가율이 높은 것으로 나타남.

■ 문화기반시설의 인프라 확충과 더불어 운영활성화를 위한 노력 동반

■ 지역의 문화 인프라 확충 재원을 지속적으로 투입하고, 이미 조성된 지역문화시설의 운영 활성화를 위하여 공연장 상주단체 지원, 국립예술단체 순회공연, 문화시설을 연계한 문화예술 교육 사업 등을 확대해 나갈 필요가 있음.

문화예술 분야 사회공헌(메세나) 실적

● 기업의 문화예술 및 체육 분야 사회공헌 현황

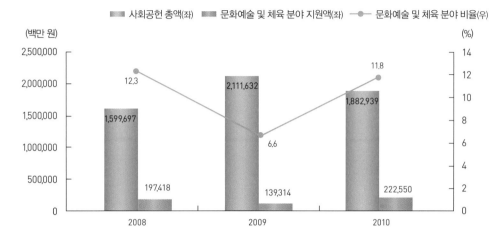

자료: 전국경제인연합회, 기업재단 사회공헌백서

주: 1) 기업의 사회공헌 현황은 전국경제인연합회 회원사 등 일정 매출액 이상 기업을 대상으로 한 설문조사 결과임(각 연도 설문 응답 기업 수가 다르므로 총액 증감 비교·분석하는 것에 유의).
2) 기업의 사회공헌 총액은 각 기업의 직접운영 프로그램 비용과 기부금의 합임(직접운영 프로그램 비용은 기업이 직접 수행한 사회공헌 사업비용 및 임직원의 봉사활동 사용 경비이고, 기부금은 직접운영 프로그램을 제외한 지출액 중 손금산입 등으로 세금혜택을 받는 금액).

■ 기업의 문화예술 및 체육 분야에 대한 지원액의 규모는 2008년 1,974억 1,800만 원에서 2010년 2,225억 5,000만 원으로 증가했으며, 전체 사회공헌에서 문화예술 및 체육 분야에 대한 지원액이 차지하는 비율은 2008년 12.3%, 2010년 11.8% 수준임.
- 문화예술 및 체육 분야 지원 비율은 세계금융위기가 발생한 2009년 6.6%로 급감함.
- 이는 금융위기로 인한 서민경제 위기 극복을 위해 사회복지분야에 대한 기업의 지원이 증가하여 문화예술 및 체육분야에 대한 지원이 상대적으로 감소했기 때문임.

- 그러나 세계경기 회복에 따른 수출증가 등 기업의 영업이익이 상승하면서 2010년에는 문화예술 및 체육 분야에 대한 사회공헌 비율이 11.8%로 예년의 수준을 회복함.

■ 문화예술 분야에 대한 공공지출이 근본적 한계가 있는 상황에서 민간기업을 통한 문화예술 분야 지원의 증가는 앞으로 문화예술 분야의 활력 및 경쟁력 제고를 위한 중요한 대체재원으로 기능할 것으로 기대됨.

● 한국메세나협의회의 문화예술 분야 지원실적

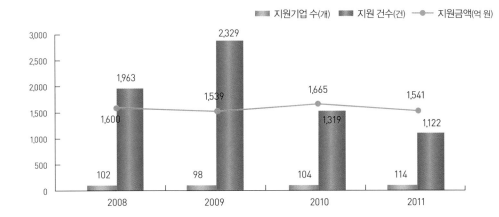

연도 \ 구분	2008	2009	2010	2011
지원기업 수(개)	102	98	104	114
지원금액(억 원)	1,600	1,539	1,665	1,541
지원 건수(건)	1,963	2,329	1,319	1,122
기업당 지원금액(억 원)	15.7	15.7	16.0	13.5
기업당 지원 건수(건)	19.2	23.8	12.7	9.8
건당 지원금액(억원)	0.82	0.66	1.26	1.37

자료: 한국메세나협의회, 연차보고서(2011)

주: 기업의 자체 지원 현황은 한국메세나협의회가 각 연도에 국내매출액 상위 500대 기업 및 기업 출연 문화재단, 한국메세나협의회 회원사 등을 대상
　　으로 문화예술 분야 지원실적을 설문을 통해 조사한 수치로 한국문화예술위원회 기부 실적을 제외한 기업들의 자체 지원 실적임(문화예술단체에
　　대한 기업의 직접 지원 및 후원, 공연, 전시회 등 기업의 자체 기획 프로그램 등임).

■ 한국메세나협의회에서 매년 발표하는 연
차보고서에 따르면 문화예술분야에 대한
지원액은 2008년 이후 유사한 규모를 보이
고 있음.
　– 지원기업당 지원금액은 2008년 15.7억 원
　　이후 유사한 수준을 보이다가 2011년에는

13.5억원으로 감소했음.
– 그러나 건당 지원금액은 2008년 8,200만 원
　에서 2011년 1억 3,700만 원으로 증가한 것
　으로 나타나, 문화예술 분야에 대한 기업의
　메세나 활동의 내실화가 진행되고 있는 것
　으로 판단됨.

● 한국문화예술위원회 조건부 기부금 지원

지원기업 수(좌)　　지원 건수(좌)　　지원 금액(우)

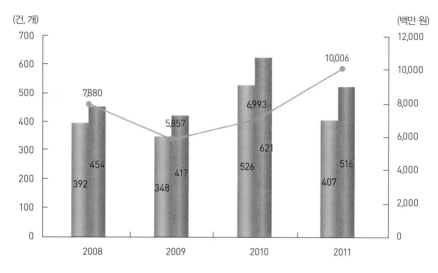

자료: 한국메세나협의회, 연차보고서(2011)

주: 1) 한국문화예술위원회 조건부 기부금은 기업들의 자체 문화예술 분야 직접 지원금 외에 기업들이 한국문화예술위원회에 특정 문화예술단체 지원
　　 을 조건으로 기탁한 기부금
　 2) 2003년은 한국문화예술진흥원에 조건부 기부한 현황

■ 기업들이 한국문화예술위원회에 특정 문화예술단체 지원을 조건으로 기탁한 조건부 기부금은 2009년 글로벌 금융위기가 발생한 시기를 제외하고는 2008년 78억 8,000만 원에서 2011년 100억 600만 원으로 증가했음.

■ 또한 지원기업 수와 지원 건수 역시 증가하는 경향을 보이고 있음.

■ 이러한 결과는 2010년 이후 경기가 회복세로 돌아선 것에도 일부 기인할 것이나 한국문화예술위원회가 조직개편을 통해 기업의 문화예술 기부금 유치활동을 위한 전담부서(예술나눔부)를 신설함으로써 예술분야 나눔 및 기부 활성화에 노력을 기울인 결과로도 볼 수 있을 것임.

문화예술 관람 현황

● 연간 문화예술행사 관람률

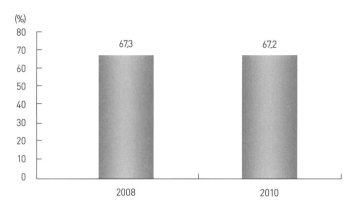

● 장르별 문화예술행사 관람률

(단위: %)

구분 연도	문학행사	미술전시회	클래식 음악회/오페라	전통예술	연극	무용	영화	대중가요콘서트/ 연예
2008	4.0	8.4	4.9	4.4	11.0	0.9	61.5	8.2
2010	3.8	9.5	4.8	5.7	11.2	1.4	60.3	7.6

자료: 문화관광체육부, 문화향수실태조사

주: 중복응답 허용

■ 국민의 문화예술 향유 수준을 보여주는 '연간 문화예술행사 관람률'은 2008년 67.3%, 2010년 67.2%로 유사한 수준을 보이고 있음.

■ 2010년 1년 동안 문화예술행사를 단 한 번도 관람하지 않은 이들의 비율이 32.8%나 되며, 저소득계층이나 도서산간벽지에 거주하는 사람들, 장애인이나 노인 계층이 많은 비중을 차지한다는 점에서 문화소외계층에 대한 문화복지 사업의 수행을 통해 이들의 문화예술 향유 기회를 확대하기 위한 정책적 노력이 필요함.

■ '장르별 연간 문화예술행사 관람률'에 따르면 장르별 관람률의 편중이 나타나고 있음.
 - 가장 높은 관람률을 보이고 있는 장르는 '영화'로 2010년 영화 관람률은 60.3%에 달함.
 - 그러나 기타 장르의 관람률은 대부분 10% 이하로 나타나고 있으며 특히 무용 분야 관람률은 1.4%에 불과해 순수 문화예술행사에 대한 관람률은 낮은 편임을 알 수 있음.

문화바우처 사업

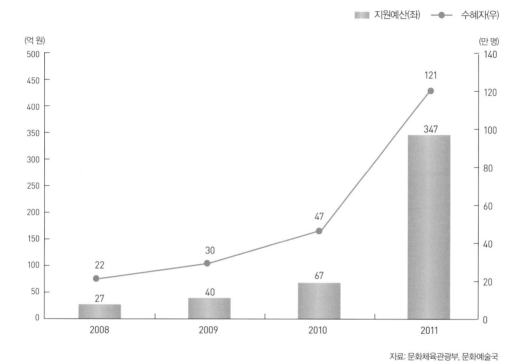

자료: 문화체육관광부, 문화예술국

■ 문화바우처 사업은 저소득층의 문화예술 향유 기회 확대를 통해 삶의 질 향상을 꾀하는 대표적인 문화복지 사업의 하나로서 2006년부터 시행되었음.

■ 문화바우처 사업 예산액은 2006년부터 서서히 증가하다가 이명박 정부 들어 2011년 347억 원으로 대폭 증액되었으며, 2012년에도 지속적으로 증가하는 추세를 보임.

■ 예산액의 증액에 힘입어 문화바우처 사업의 수혜자 수 역시 2008년 22만 명에서 2011년 121만 명으로 큰 폭으로 증가하여 기초생활수급자 및 법정차상위계층의 약 37%가 문화바우처 사업을 통해 문화예술 향유 기회를 얻음.

■ 문화바우처 사업은 저소득계층에 최소한의 문화예술 향유 기회를 확보해줌으로써 소득수준에 따른 문화적 양극화 완화에 크게 기여한 것으로 평가됨.

해외 한국문화원 확충 현황

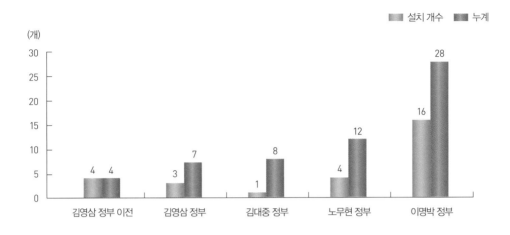

설치 개수　누계

(개)

- 김영삼 정부 이전: 4, 4
- 김영삼 정부: 3, 7
- 김대중 정부: 1, 8
- 노무현 정부: 4, 12
- 이명박 정부: 16, 28

자료: 문화체육관광부, 문화예술국

■ 한국문화를 전 세계에 알리고 문화교류·협력의 거점 역할을 수행하는 해외문화원의 수는 꾸준히 증가하여 노무현 정부 시기 12개에서 2012년 현재 29개로 크게 확대됨.
  - 특히 이명박 정부 들어 16개(5개는 현재 설치 중)의 해외문화원이 설치되어 지난 정부에 비해 해외문화원의 수가 급격히 증가되었음.
  - K-POP, 드라마의 지속적인 해외진출로 한류가 전 세계로 확산됨에 따라 세계 각국의 한국문화 수요가 증가했고, 높아진 국격에 걸맞은 국가 이미지 제고를 위해 우리 문화를 해외에 보급하는 해외문화원을 확충하고자 하는 이명박 정부의 의지가 반영된 것임.

■ 지난 정부에서는 미주, 유럽, 중국, 일본 등 선진국 위주로 해외문화원을 설치했으나 이번 정부 들어서는 아시아, 중동, 중남미 등 제3세계 국가로 설치지역을 다변화하고 있는 것이 특징임.
  - 이는 선진국에 편중되어 있는 문화교류 협력을 다변화시키고, 문화 동반성장의 파트너로서 저개발국가와의 문화교류활동을 통하여 우리 문화의 보급을 확대하기 위함임.

■ 이러한 해외문화원의 확충과 운영을 통해 쌍방향적인 문화교류 및 협력이 보다 활성화되고 우리 문화의 우수성을 전 세계에 알려 국가 이미지 제고 및 경쟁력 제고에 기여할 것으로 기대함.

세종학당 지정 현황

● 세종학당 운영 수

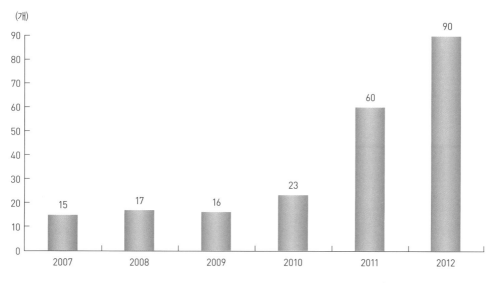

(개)

주: 연도별 개소 수는 누계 기준임.

자료: 문화체육관광부, 문화예술국

■ 세종학당은 외국어 또는 제2언어로서 한국어를 배우고자 하는 자를 대상으로 한국어와 한국문화를 교육하는 기관으로 2007년 15개소를 시작으로 2012년 9월 학기제 기준 90개소로 크게 증가함.
  – 우리나라의 국력 증진, 한국 기업 해외 진출 확대, 취업·결혼 이주 증가에 따른 한국어 학습 수요가 증가했으며, 한국어 보급을 통해 언어문화 권역 확대 및 국가경쟁력 제고 기반을 마련하기 위해 세종학당이 단계적으로 확대됨.

■ 한편 2012년 개정된 「국어기본법」에 따라 해외 한국어 교육을 총괄 지원하는 중추 기관으로 '세종학당재단' 이 설립됨.
  – 세종학당재단은 한국어 교육을 전문적·체계적으로 지원하여 세종학당을 한국어 교육 기관의 대표 브랜드로 육성 및 한국어 세계화의 기반을 마련하는 데 기여할 것임.

■ 한편 세종학당의 단계적 확대에 따라 2014년까지 160개소로 확대 운영할 예정이며, 특히 북유럽, 미주, 중남미 등 한류 확산 지역에 세종학당을 전략적으로 확대할 예정으로, 이를 통해 한국에 대한 이해 및 국가 이미지 제고가 기대됨.

콘텐츠산업 현황

● 콘텐츠산업 매출액 현황

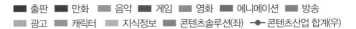

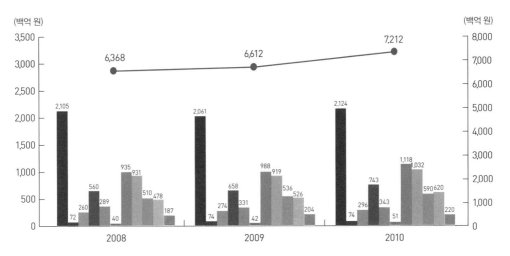

자료: 한국콘텐츠진흥원, 콘텐츠산업통계(2011)

주: 1) 만화산업 2005년 현황은 어린이·학습만화 매출액 미포함
   2) 음악산업은 2006년부터 노래연습장 운영업, 음악행사, 음악공연업, 인터넷 음반 소매업, 음반 도매업, 인터넷/모바일 음악콘텐츠제작 및 제공업
      (CP) 매출액 포함
   3) 영화산업 현황은 애니메이션 극장 매출액 제외
   4) 애니메이션산업 매출액은 2006년부터 애니메이션 극장 매출액 및 방송사 수출액 포함; 2005년에는 서울지역 관객 수만을 계상했으나 2006년부
      터 전국 관객 수를 계상
   5) 2008년부터 방송산업 매출액은 방송사업 수익만을 포함했으므로 이전 년도와 직접비교 불가

■ 콘텐츠산업 매출액은 2008년 64조 원에서 2010년에는 72조 원으로 증가했음.

■ 2010년 기준 가장 높은 매출 규모를 나타낸 산업은 출판 산업(21조 2,437억 원, 29.5%)이며, 그 다음으로 방송산업(11조 1,764억 원, 15.5%), 광고산업(10조 3231억 원, 14.3%) 등의 순으로 나타남.

■ 콘텐츠산업 매출액은 2008년부터 2010년까지의 연평균 성장률이 6.4%로 나타나 이명박 정부 출범 이후 콘텐츠산업은 빠르게 성장하고 있는 것으로 해석됨.

■ 콘텐츠산업 중 캐릭터산업의 연평균 성장률이 23.2%로 가장 높았고, 애니메이션산업이 17.1%로 두 번째로 높은 성장률을 보였으며, 방송산업이 13.1%로 그 다음 높은 성장률을 보였음.

● 콘텐츠산업 수출액 현황

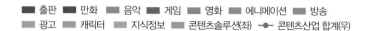

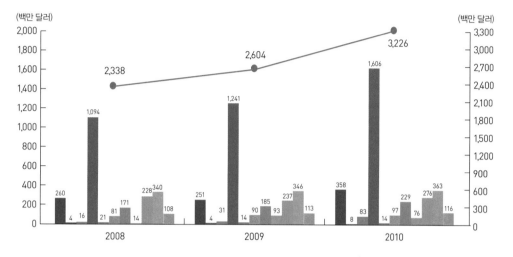

자료: 한국콘텐츠진흥원, 콘텐츠산업통계(2011)

■ 콘텐츠산업 수출액은 2008년 23억 3,760만 달러를 나타냈으나, 이후 급격하게 수출액이 증가하여 2010년에는 32억 2,609만 달러를 기록했음.

■ 2010년 기준 가장 높은 수출 규모를 나타낸 산업은 게임 산업으로 16억 610만 달러를 기록하며 전체 콘텐츠산업 수출액의 49.8%를 차지한 것으로 나타내고 있으며, 두 번째로 높은 수출 규모를 나타낸 산업은 지식정보 산업으로 3억 6,328만 달러를 나타냈으며, 다음은 출판산업으로 3억 5,788만 달러를 기록했음.

■ 2008년부터 2010년까지의 콘텐츠산업 수출액의 연평균 성장률은 6.4%로 나타나 이명박 정부 출범 이후 콘텐츠산업은 빠르게 성장하고 있는 것으로 나타남.

■ 이명박 정부(2008년 이후)와 노무현 정부(2005~2007년)의 콘텐츠산업 수출액의 연평균 증감률을 비교한 결과 출판·만화·음악·게임·영화·애니메이션·방송 산업은 이명박 정부 이후 더 높은 성장을 한 것으로 나타났고, 광고·캐릭터·지식정보·콘텐츠솔루션 산업은 더 낮은 성장을 한 것으로 나타남.

● 콘텐츠산업 종사자 현황

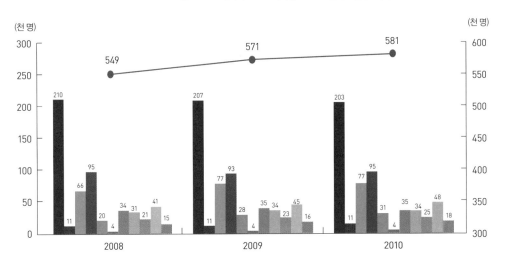

자료: 한국콘텐츠진흥원, 콘텐츠산업통계(2011)

■ 콘텐츠산업 종사자 수는 2008년 약 55만 명에서 지속적으로 증가하여 2010년에는 약 58만 명이 되었음.

■ 2010년 기준 가장 많은 종사자가 근무 중인 산업은 출판산업으로 약 20만 명(35%)으로 나타났으며, 두 번째로 많은 종사자가 근무하는 산업은 게임산업으로 약 9만 명,

음악산업이 약 7만 명으로 그 뒤를 따르고 있음.

■ 2008년부터 2010년까지의 콘텐츠산업 종사자 수의 연평균 성장률은 2.9%로 이명박 정부 출범 이후 콘텐츠산업의 종사자가 지속적으로 늘어나고 있는 것으로 나타남.

문화기술(CT) R&D 예산

● 문화기술 R&D 예산

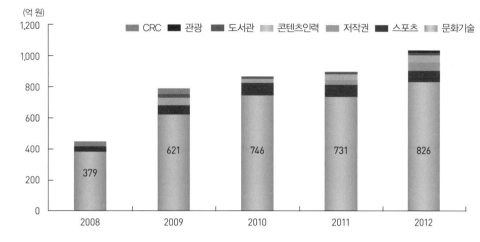

	2008	2009	2010	2011	2012
문화기술	378.7	621	745.6	731.1	825.8
스포츠	30	60	70	70	72
저작권	–	–	–	30	50
콘텐츠인력	–	45	33.8	44.8	47.7
도서관	–	5	10	9.5	10
관광	–	–	–	–	10
CRC	30	28.5	–	–	–
소계	438.7	759.5	859.4	885.4	1,015.5

자료: 문화체육관광부

■ 문화기술 R&D 예산은 현 정부 초기의 2008년 379억 규모에서 2012년 825억으로 투가 규모가 118% 확대되었음.

 – 정부의 문화기술 R&D 투자는 2003년 100억 원을 시작으로 점차 증가하여 현 정부에 들어 높은 증가율을 기록하고 있음.

 – 하지만 국가 전체 R&D 투자 규모로 보았을 때 0.5% 수준으로 차세대유망기술 6T(IT·BT·NT·ST·ET·CT) 가운데 투자 규모가 가장 낮으며, 미래의 주력산업인 점과 콘텐츠 산업의 부가가치를 고려해 보았을 때 지속적인 투자확대가 필요함.

■ 최근에는 문화기술 R&D에 대한 투자뿐만이 아니라 스포츠·저작권·도서관·관광 등 문화 영역 전반에 걸친 정부 R&D 투자가 확대되고 있음.

세계유산 등재 현황

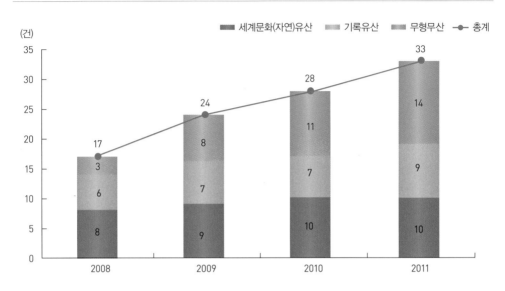

주: 1) 등재 현황 수치는 누계임.
    2) 세계유산에는 문화유산, 자연유산, 복합유산이 포함됨.

자료: 문화재청

■ UNESCO 세계유산 등재 건수는 문화유산의 우수성을 가늠할 수 있는 지표로 우리나라는 1995년 세계유산 3건 등재를 시작으로 기록유산 및 무형유산 등 등재범위를 확대하고 지정 건수를 꾸준히 증가시켜 2012년 현재 세계유산 10건, 기록유산 9건, 인류무형유산 14건 등 총 33건을 유네스코 세계유산에 등재함.

– 특히 이명박 정부 들어 총 16건(문화유산 2건, 기록유산 3건, 무형유산 11건)의 세계유산이 등재되었는데, 이는 전체 등재 건수인 33건의 48.5%를 차지함.

– 한국의 세계유산 등재 실적은 세계평균(세계유산 6.1건, 기록유산 2.4건, 무형유산 2.5건)과 비교하여도 손색이 없는 수준으로, 한국 문화의 우수성과 탁월성을 전 세계에 알리는 데 크게 기여한 것으로 평가됨.

국가지정문화재 현황

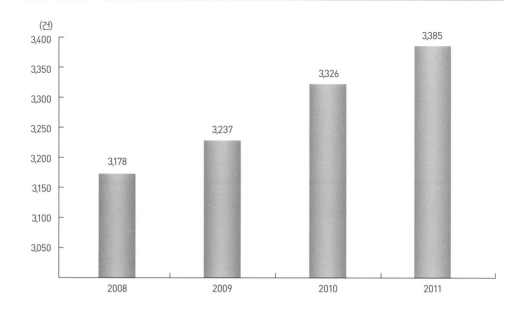

(건)

자료: 문화재청

주: 각 연도별 국가지정문화재 현황은 국보, 보물, 사적, 사적 및 명승, 명승, 천연기념물, 중요 무형문화재, 중요민속문화재 지정건수의 누계

■ 우리 문화유산의 보존과 창조적 계승을 위한 노력의 수준을 나타내는 국가지정문화재의 누계는 2008년 3,178개에서 2011년 3,385개로 꾸준히 증가함.

■ 이명박 정부가 들어선 2008~2011년 중 국가지정문화재 증가율은 예년의 수준 (1.7~1.8%)과 비슷했고, 2008년과 2010년 에는 예년 수준보다 높은 각각 2.9%와 2.7%를 기록함.

■ 문화재 지정대상의 다변화 등으로 국가지정문화재는 지속적으로 증가할 것으로 전망됨.

국외문화재 환수 현황

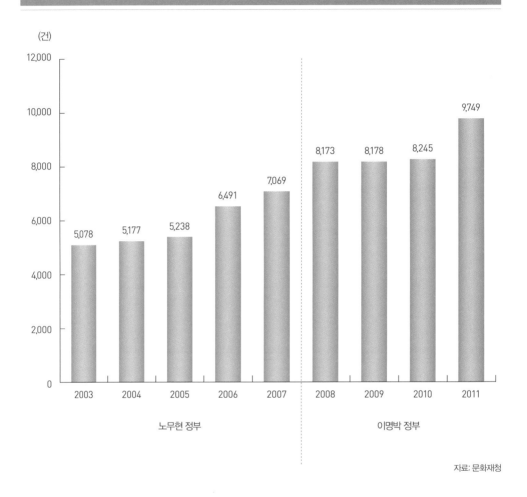

(건)

자료: 문화재청

■ 국외문화재 환수는 2011년에 프랑스 외 규장각 도서 297권, 일본 궁내청 소장 조선왕조 도서 1,205권 등 역대 최대 규모인 1,504건의 환수 실적을 기록하여 큰 폭으로 증가

‒ 국외문화재 출처조사와 정부/민간 협력체계 강화 등 체계적인 환수 활동을 통해 국외문화재 환수를 지속적으로 증가시켜야 함.

02

체육

생활체육 참여율

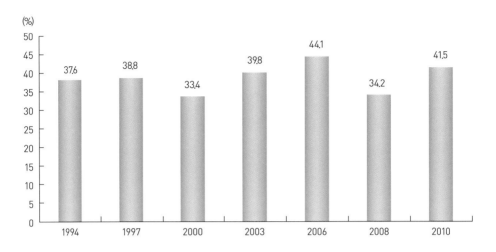

자료: 체육과학연구원, 국민생활체육 참여 실태조사

■ 국민의 생활체육 참여율(주 2회 이상 규칙적 운동)은 경제위기의 영향으로 2008년 34.2%로 하락했으나, '누구나 쉽게 문화·체육·관광생활을 누리는 환경 조성'이라는 정부의 체육정책에 기반하여 공공체육시설 확충과 다양한 생활체육프로그램 보급 및 생활체육지도자 배치 확대를 통해 2010년도에는 41.5%로 7.3%p 증가함.

– 생활체육지도자: 1,550명(2008) → 1,950명(2010)

■ 생활체육 활성화를 위해 생활체육 활동 단위로서의 지역 스포츠클럽의 활성화 등이 필요함.

소외계층 체육활동 참여율

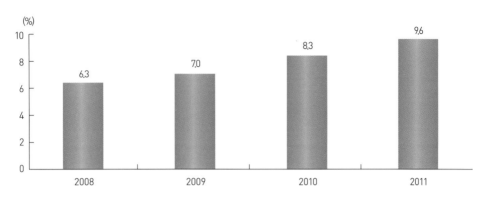

자료: 대한장애인체육회, 장애인생활체육 참여 실태조사

- 장애인 체육 업무가 보건복지부에서 문화체육관광부로 이관된(2005. 12) 이후 장애인 생활체육 지원이 강화되면서 연평균 1% 수준으로 꾸준히 증가되었고 2011년 9.6%로 증가함.
  - 예산: 2006년 22억 원 → 2011년 75억 원
  - 장애인 생활체육지도자: 2008년 32명(최초) → 2011년 172명

- 그러나 2010년도 비장애인 생활체육 참여율 41.5%에는 현저히 미치지 못함.
  - 장애인 생활체육 인식 개선, 공공체육 시설의 장애인 이용환경 개선 및 장애인 생활체육지도자 확대 배치 등 지속적인 장애인 생활체육 지원 강화 등이 필요함.

- 한편 소외계층의 체육활동을 지원하기 위하여 2009년부터 체육활동 기회가 없는 저소득층 유·청소년을 대상으로 체육강좌 수강의 기회를 부여하는 스포츠바우처 사업을 실시하고 있음.
  - 2009년 9,000여 명을 시작으로 2012년 3만 6,000여 명까지 총 8만 8,000여 명이 현재까지 스포츠강습의 기회를 제공받음(사업대상인 36만여 명의 24.4%).

- 낙인효과 없이 소외계층 청소년의 체력과 행복감을 증진키시는 효과가 매우 크므로 수혜 대상 청소년 모두가 혜택을 누리도록 예산 확충이 필요함.

국제스포츠대회 순위

● 국제 올림픽 성적

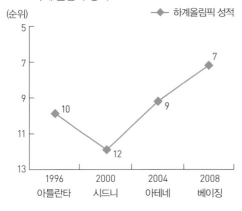

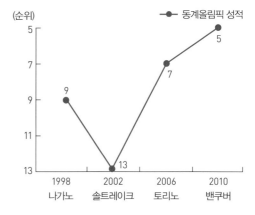

자료: 대한체육회

■ 국가대표 지원체계 정비, 스포츠과학 활용 등 국제수준의 경기력 유지를 위한 지속적인 지원을 바탕으로 2008베이징 올림픽 대회와 2010밴쿠버 올림픽 대회에서 역대 올림픽 사상 최다 금메달과 최고 성적을 거두는 쾌거를 달성했음.
  – 2008베이징 올림픽: 종합 7위(금메달 13개)
  – 2010밴쿠버 올림픽: 종합 5위(금메달 6개)

■ 특히 베이징 올림픽에서는 과거 10~11개에 이르던 메달 종목이 14개 종목으로 확대되어 메달 종목이 다변화를 이루었음.

■ 밴쿠버 올림픽에서는 불모지로 평가되던 동계종목에 대한 지속적인 투자로 경기력 향상을 이루어 역대 최고성적인 5위를 차지함.

■ 동·하계 올림픽에서 동시에 역대 최고 성적을 거둬 스포츠경기력 G7의 지위를 달성하여 한국 스포츠의 국제적 위상을 드높임과 동시에 다가오는 2018평창 올림픽의 개최국으로서 동계스포츠 강국으로의 도약에 발판을 마련하는 계기가 되었음.
  – 2010밴쿠버 동계올림픽 5위 달성으로 기업 매출 증대효과(14조 8,308억 원) 외에 대외 언론 노출로 인한 국가 홍보효과(1조 2,096억 원), 국민 사기진작 효과(3조 2,964억 원) 등 무형의 파급효과를 창출했음(2010. 3, 삼성경제연구소).

■ 다만, 메달종목 다변화에도 불구하고 육상, 체조, 수영 등 기초종목에서의 열세가 지속되어 기초종목에 대한 투자가 필요함.

스포츠산업 규모

● 연도별 GDP 대비 스포츠산업 규모 비율

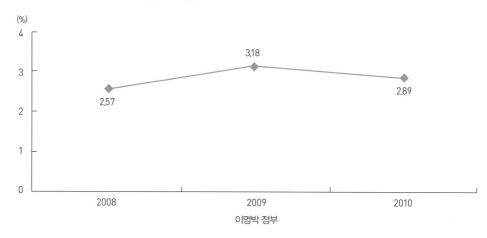

이명박 정부

구분 / 연도	2008	2009	2010
GDP(천억 원)	10,239	10,500	11,720
스포츠산업 규모(천억 원)	264	335	339
GDP대비 스포츠산업 비율(%)	2.57	3.18	2.89
증가율(%)	13.3	26.9	1.4
평균 증가율(%)	이명박 정부 평균 증가율 14.0		

자료 : 체육과학연구원, 스포츠산업경영정보조사

■ 스포츠산업은 부가가치 유발효과 및 고용
창출효과가 높은 서비스산업으로 경제성
장 및 일자리 창출을 동시에 달성할 수 있
는 차세대 산업임.

■ 스포츠산업은 여가시간 확대와 다양한 스
포츠문화의 파생, 프로스포츠의 국민적
관심 증대 등으로 인해 2008년 이후 규모
면에서 평균 14% 이상 증가했고, GDP 대

비 스포츠산업 규모 비율 역시 2.88%로 성
장했음.

■ 인천 아시아경기대회(2014년), 광주 유니버시
아드대회(2015년), 평창 동계올림픽(2018년)
등 국제행사를 계기로 국내 스포츠산업의
확대가 예상됨에 따라 기술개발, 인프라 확
충 등 선진스포츠 환경 조성을 위한 스포츠
산업 증대를 위한 전략 강구가 필요함.

전국 공공체육시설 현황 및 국민 1인당 체육시설 면적

● 전국 공공체육시설 현황

(단위: 개소)

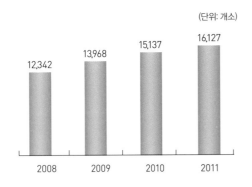

● 국민 1인당 체육시설 면적

(단위: ㎡)

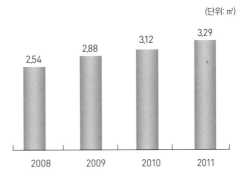

자료: 문화체육관광부

■ 국민소득의 향상과 여가시간의 확대, 건강에 대한 관심 증대로 국민의 지속적인 체육활동에 대한 욕구를 충족하기 위해 공공체육시설 확충을 지속 추진함.

■ 이에 따라 전국 공공체육시설 현황(개소) 및 국민 1인당 체육시설 면적은 2008년 이후 꾸준히 증가했음.
  － 전국 공공체육시설 :
    2008년 12,342개소 → 2011년 16,127개소
  － 국민 1인당 체육시설 면적:
    2008년 2.54㎡ → 2011년 3.29㎡

■ 주요 시설별로는 2011년 말 기준 간이운동장(마을체육시설) 12,194개소, 게이트볼장 818개소, 테니스장 565개소, 축구장 649개소, 체육관 681개소, 수영장 292개소, 육상경기장 216개소, 야구장 101개소임.

■ 국민이 손쉽게 접근할 수 있도록 거주지 주변에 간이운동시설을 집중 설치하여 간이운동장, 게이트볼장, 실내체육시설(체육관·수영장)과 같은 각종 생활체육시설이 급증하게 되었으며, 앞으로도 수요자 중심의 다양한 공공체육시설을 적재적소에 배치할 필요가 있음.

03

관광

외래 관광객 입국자 수

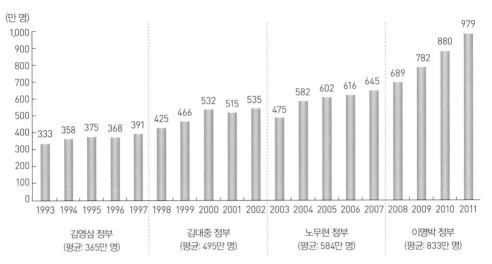

(만 명)

1993: 333, 1994: 358, 1995: 375, 1996: 368, 1997: 391
김영삼 정부 (평균: 365만 명)

1998: 425, 1999: 466, 2000: 532, 2001: 515, 2002: 535
김대중 정부 (평균: 495만 명)

2003: 475, 2004: 582, 2005: 602, 2006: 616, 2007: 645
노무현 정부 (평균: 584만 명)

2008: 689, 2009: 782, 2010: 880, 2011: 979
이명박 정부 (평균: 833만 명)

자료: 문화체육관광부

■ 이명박 정부는 2008년을 관광산업 선진화 원년으로 선포하고 외국인 출입국 서비스와 비자제도 개선 등 정책 추진, 국제적 행사 유치, '2010~2012 한국방문의 해' 지정 등 적극적인 정책을 추진했음.

■ 방한 외래 관광객은 정부의 적극적인 노력과 함께 한류 확산, 각종 국제행사 증가, 새로운 관광콘텐츠 발굴과 관광서비스의 질적 향상, 적극적인 관광마케팅 등으로 2008년 이후 매년 10% 이상의 증가율을 보임.

■ 특히 매년 100만 명씩 증가해 방한 외래객 수요는 2012년 말에는 우리나라 인바운드 집계 사상 처음으로 외래객 1,000만 명을 넘어설 것으로 전망됨.

■ 중국을 비롯해 동남아·서남아 지역 비자제도의 대폭적인 개선(2009~2011년)은 방한 외래 관광객이 크게 증가한 주요 요인이었으며, 숙박시설 부족에 적극 대응한 것도 관광객 증대에 일조함.

■ 한류는 일본·중국·동남아 등 한류상품을 매개로 하는 관광객 유치 확대에 긍정적인 결과를 가져왔으며, 최근 태국·말레이시아·싱가포르 등 동남아 국가 방문객 수가 증가하는 등 인바운드 시장의 구성 또한 다변화하고 있음.

■ 앞으로도 의료관광객과 크루즈관광객 유치를 강화하는 등 다양한 외래 관광객 유치 전략을 강구해나갈 필요가 있음.

내국인 출국자 수

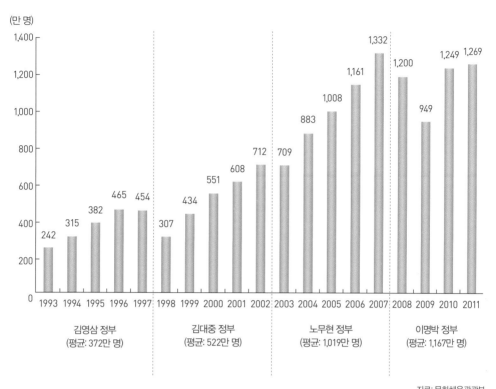

(만 명)

김영삼 정부
(평균: 372만 명)

김대중 정부
(평균: 522만 명)

노무현 정부
(평균: 1,019만 명)

이명박 정부
(평균: 1,167만 명)

자료: 문화체육관광부

- IMF 경제위기(1997~1998년), 9·11테러(2001년)와 사스(2003년) 같은 안전 문제 등에도 지속적으로 증가하던 국민 해외여행객 수는 2008년 이후 1,200만 명대의 수준을 유지하고 있음.

- 이는 리먼브라더스 사태와 유럽발 금융위기 등 전 세계적인 경제 불안정성이 해외여행 심리 위축에 영향을 미쳤기 때문인 것으로 판단됨.

- 특히 2011년은 세계경제의 불안 이외에 일본 대지진과 원전사고에 따른 일본 방면 수요의 위축으로 성장 둔화를 나타냄.

관광수지

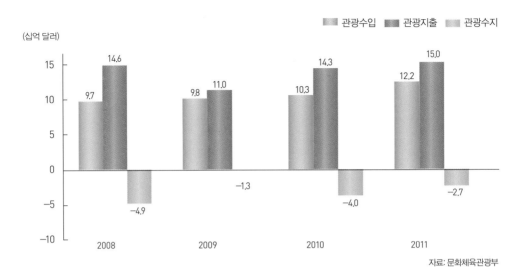

(십억 달러)

■ 관광수입 ■ 관광지출 ■ 관광수지

| | 2008 | 2009 | 2010 | 2011 |
관광수입: 9.7, 9.8, 10.3, 12.2
관광지출: 14.6, 11.0, 14.3, 15.0
관광수지: −4.9, −1.3, −4.0, −2.7

자료: 문화체육관광부

■ 2008년 이후 방한 외래 관광객 수가 빠르게 증가함에 따라 관광수입도 급증하고 있음.
  - 이명박 정부가 출범한 2008년에는 환율 매력으로 쇼핑 관광객이 급증하면서 관광수입이 90억 달러대에 진입함.
  - 이후 관광수입이 점점 증가하여 2010년에는 처음으로 100억 달러를 넘어섰으며, 2011년에는 18.4% 증가율을 보이며 약 122억 달러를 기록함.
  - 2012년 상반기 기준 전년동기 대비 38.2%의 증가율을 보이며 관광수입이 급증함에 따라 2012년 말에는 약 150억 달러에 달할 것으로 전망됨.

■ 2008년 이후 국민 해외여행객이 일정한 수준을 유지함에 따라 관광지출도 약 14억 달러 수준을 보이고 있음.

■ 관광수지는 2008년 이후 개선되기 시작했지만 여전히 적자 상황임. 관광수지 개선을 위해 국민의 해외관광 수요를 국내로 전환하는 정책적 조치와 함께 고부가가치 관광산업 육성을 위한 중장기 계획을 수립하고 정부지원체계를 구축할 필요가 있음.

국내 관광여행 경험률

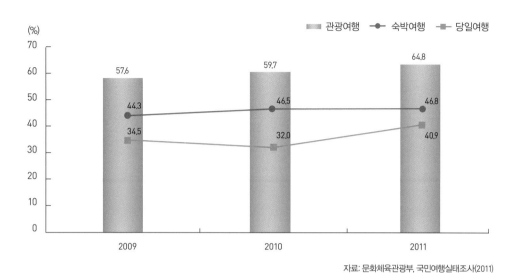

자료: 문화체육관광부, 국민여행실태조사(2011)

■ 국내외 경기침체와 소비 양극화 등 국내관광 환경을 둘러싼 부정적인 요인이 있었음에도 불구하고 주5일근무제와 주5일수업제 등 여가시간 증가로 국민의 수요가 확대됨에 따라 국내관광 활성화 사업을 활발히 수행했음.

■ 기존의 '대한민국 구석구석 캠페인'과 함께 스마트폰 및 SNS를 통한 소비자 참여형 마케팅을 통해 국내여행 촉진 캠페인을 확대 실시하고, 전략적 관광소재를 발굴·홍보하는 등 다양한 사업을 전개함.

■ 또한 정부는 친서민 복지정책에 따라 여행 바우처 사업과 소외계층을 대상으로 한 다양한 여행 이벤트를 실시하여 관광 소외계층의 여행기회를 확대했음.

■ 이러한 국민 국내관광 활성화 정책을 기반으로 2011년 만 15세 이상 국민의 관광여행 경험률은 64.8%로 2010년과 비교하여 5.1%p 증가했음.

■ 세부적으로는 숙박여행과 당일여행 모두 상승했으며, 특히 당일여행의 상승폭이 더 크게 나타남.
  – 국내 숙박여행의 경우 2010년 46.5%에서 2011년 46.8%로 증가
  – 국내 당일여행의 경우 2010년 32.0%에서 2011년 40.9%로 증가

관광호텔 객실 수

● 연도별 관광호텔 객실 증가 추이

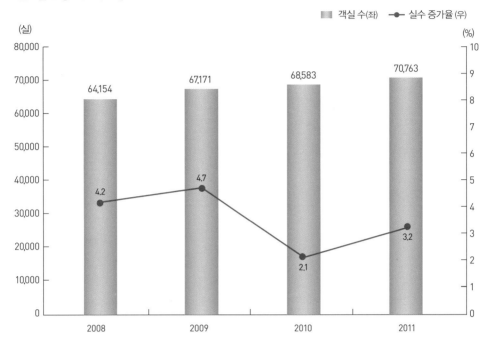

- 이명박 정부에서 2008년 미국 금융위기 및 2010년 유로존 위기 등 대외악재에도 불구하고 외국인 관광객 증가(원화 약세 및 중국 관광객 증가 등)에 따른 관광호텔 규모는 매년 성장하고 있음.
  - 관광호텔 객실 수는 2008년 64,154실에서 2011년 70,763실로 증가(10.3%)했음.
  - 또한 최근 중국 관광객 급증과 함께 한류 및 K-POP 등으로 한국을 찾는 외국인 관광객은 2011년 기준 980만 명으로 2012년에는 최초로 1,000만 명 이상이 예상되고 있음.

- 반면 최근 급증하는 외국인 관광객에 비해 수도권 숙박시설 부족 등으로 인해 2012년 「관광숙박시설 확충을 위한 특별법」(7월 27일 시행)을 제정하여 외국인 관광객 유치를 위해 노력하고 있음.

- 관광호텔에 대한 정부의 세제지원으로는 재산세 감면, 전력요금 산업용 요금 적용, 관광진흥개발기금 등이 이루어지고 있음.

의료관광객 수

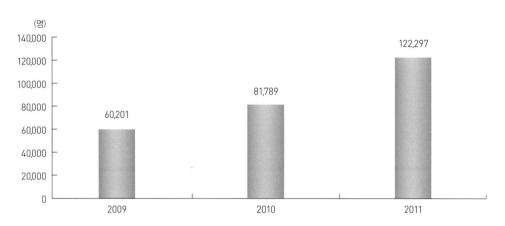

(명)

자료: 보건복지부

■ 한국에서 의료관광은 의료법 개정, 의료비자 신설 등의 제도적 기반을 갖추고 2009년 5월 1일부터 실시됨.

■ 2011년 의료관광객 수는 122,297명으로 2010년 대비 49.5%가 증가했음. 연환자 기준으로 보면 344,407명으로 2010년 대비 53.6%가 증가했음.

■ 2011년 진료비 수익은 총 1,809억 원으로 2010년 대비 75.3% 증가했음.
  - 1인당 평균 진료비는 149만 원으로 2010년 평균 진료비(131만 원)보다 증가했고, 입원환자 평균 진료비는 662만 원으로 2010년 (583만 원)보다 79만 원 증가했음.

■ 한류에 힘입은 미용·성형 분야 인기의 지속과 더불어 극동러시아, 몽골, 중앙아시아(카자흐스탄 등)의 신흥시장 비중이 늘어난 것이 특징임.
  - 이러한 신흥시장의 개척은 해외 현지 한국 의료관광 설명회 개최, 언론매체를 활용한 한국의료 홍보, 정부 간 환자송출 MOU 체결 등 민관 협력의 성과임.

■ 한국 의료관광객 수는 급성장했으나, 아직 초기 단계로 태국(2010년 156만 명), 인도 (2010년 73.1만 명), 싱가포르(2010년 72.5만 명) 등 의료관광 선진국과 비교 시 성장잠재력이 무궁무진한 것으로 평가됨.
  - 정부는 한국 의료의 대외인지도 제고, 의료관광 전문인력 양성, 의료관광 수용태세 개선 등 육성책을 지속 추진할 계획임.

관광진흥개발기금 현황

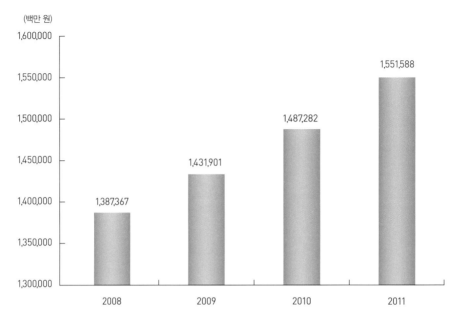

(백만 원)

2008: 1,387,367
2009: 1,431,901
2010: 1,487,282
2011: 1,551,588

자료: 문화체육관광부

■ 관광진흥개발기금은 관광산업의 효율적 발전과 관광외화수입 증대에 기여하기 위한 공공재원임.

■ 관광진흥개발기금은 관광기반시설과 관광숙박업·휴양업 등 관광객 이용시설의 확충, 관광사업체 운영 등에 융자지원되고 있으며 국내 관광 활성화 및 외래 관광객 유치사업에도 지원되고 있음.

■ 2012년까지 1,000만 명 이상의 외국인 관광객 유치를 목표로 외국인 관광객의 전략적 유치를 위한 차별화된 마케팅 수행과 국제회의 유치, 의료관광 등 고부가가치 관광산업의 주요 재원으로 활용되고 있음.

■ 관광진흥개발기금은 2008년 1조 3,874억 원에서 지속적으로 증가하여 2011년에는 1조 5,516억 원으로 증가했음.

우리나라 국제회의 개최 건수 및 순위

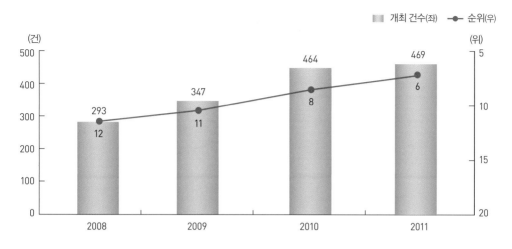

자료: 국제협회연합(UIA)

■ 2009년 1월 국제회의산업을 신성장동력산업으로 지정하고, 2010년 6월 '전시 및 회의산업 발전방안'을 발표하는 등 정부의 꾸준한 행정적·재정적 지원을 시행했음.

■ 이러한 노력의 결과로 2011년 우리나라는 국제회의 개최 건수 기준 세계 6위의 국제회의 강국으로 성장했음.
  - 2008년 우리나라에서 개최된 국제회의는 293건(세계 12위)이었으나 2011년에는 469건을 개최했음.
  - 특히 세계 국제회의 개최 건수는 최근 3년간 11,000여 건으로 정체상태를 보이고 있으나, 우리나라의 국제회의 개최 건수는 지속적으로 증가하는 추세임.

■ 이명박 정부에서는 서울 G20 정상회의(2010), UNWTO 세계관광기구 경주총회(2011), 서울 핵안보 정상회의(2012)와 같은 각국 정상 및 고위 관료들이 참석하는 대형 국제회의를 연속하여 유치, 성공적으로 개최함으로써 대한민국 국가브랜드의 가치를 높이고 경제적 파급효과를 가져온 것으로 평가됨.

■ 2012년을 '한국 컨벤션의 해'로 지정하고 공격적 해외마케팅을 통하여 대형 컨벤션 유치·개최를 지원하고 있음.
  - 2012부산 국제라이온스클럽 세계대회, 2012제주 세계자연보전 총회 등을 개최했음.

주요 국가별 국제회의 개최순위

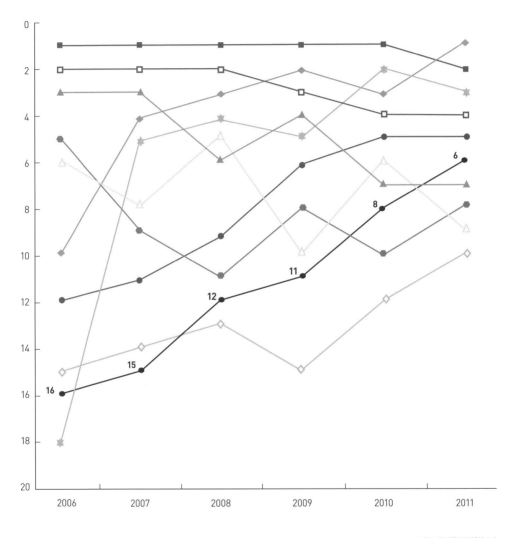

범례: 싱가포르 · 미국 · 일본 · 프랑스 · 벨기에 · 한국 · 독일 · 오스트리아 · 스페인 · 오스트레일리아

자료: 국제협회연합(UIA)

■ 국제회의는 미국·일본·싱가포르·프랑스·벨기에 등 컨벤션 선진국이라 하는 상위 5개국이 전 세계 국제회의의 40%를 차지하고 있으나, 우리나라는 최근 몇 년간 눈부신 성장을 거듭하여 2011년 469건 4.4% 점유율로 세계 6위의 성과를 거둠.

■ 세계 주요 국가별 개최 순위를 보면, 싱가포르가 919건으로 1위를 기록하여 지난해 3위에서 두 단계 상승했으며, 미국이 744건으로 2위, 일본이 598건으로 지난해보다 각각 1단계 하락한 순위를 기록함.

4위 프랑스(557건), 5위 벨기에(533건)는 작년과 같은 등수를 유지했으나 개최 건수는 줄어들고, 한국은 2단계 상승한 6위(469건)를 기록함.

3

정책분야별
정책성과 평가

3부 '정책분야별 정책성과 평가'에서는 24개 연구기관들이 이명박 정부 기간 동안에 추진된 관련
분야 정책에 대한 성과 평가와 향후 과제들을 기술하고 있다.

거시경제 부문 정책성과 평가

글로벌 금융위기로 침체된 국내경기 부양과 거시경제적인 안정성 회복

■ 미국의 서브프라임 부동산 대출에서 시작된 2008 글로벌 금융위기는 미국의 금융시장뿐 아니라 국제 금융시장으로까지 확산되어 전 세계 실물경기를 위축시켰다. 소규모 개방국가인 우리나라는 2008년 이후 전개되었던 국제 금융위기의 여파에서 벗어날 수 없었기 때문에 현 정부의 거시경제정책의 상당 부분은 국제 금융위기를 극복하기 위한 노력에 초점이 맞춰져 있었다고 볼 수 있다. 따라서 현 정부의 거시경제정책의 평가는 세계 경제위기로 침체된 국내경기 부양과 거시경제적인 안정성 회복의 관점에서 이루어져야 할 것이다.

적극적 경기안정화정책으로 국내경기 빠른 회복세

■ 세계 경제위기는 2007년 이후 오랜 기간 지속해오던 저유가가 급등하면서 받은 공급충격으로부터 시작되었다. 이후 2008년 9월 미국의 대형투자은행인 리먼브라더스가 파산하면서 전 세계는 금융위기를 경험하게 되었다. 당시 우리나라에서도 환율과 환율변동성 모두 급등했으며 외환보유액이 감소하는 등 외환건전성이 악화되는 모습을 보였다. 이와 함께 국내 종합주가지수가 급락하고 부동산가격이 하락하는 등 자산시장 또한 급속히 위축되었다.

■ 전 세계적인 경기위축은 우리나라를 둘러싼 대외수요의 위축을 야기했고, 이는 우리 경제의 중요한 축인 수출실적을 악화시켰다. 당시 IMF 등 주요 해외전망기관들은 우리 경제 내 불확실성을 반영하여 경제성장률을 하향 조정했다. 그러나 우리 경제는 예상보다 빠른 회복세를 보였다. 이는 정부의 적극적인 경기안정화정책과 조기에 회복된 수출이 경제성장률의 하락세를 반전시킨 것으로 볼 수 있다.

■ 우리 경제는 2008년 1/4분기를 정점으로 경기순환주기상의 하강 국면으로 진입했는데, 2008년 하반기부터 시행된 정부의 적극적인 재정지출 확대효과에 기인하여 2009년 주변 신흥국들이 경험한 마이너스 성장을 피할 수 있었다. 이와 함께 위기 전후인 2007~2010년까지의 평균 성장률을 계산해보면, 우리 경제는 선진국과 신흥국의 평균치를 나타냈다. 이

는 우리 경제의 거시경제적 안정성이 비교적 잘 유지되었기 때문이라 할 수 있을 것이다. 또한 위기 이후 거시경제지표들이 정부의 적극적인 경제정책으로 빠르게 회복되는 모습을 보이면서 2012년 9월 세계 3대 국제신용평가사들이 국가신용등급을 상향 조정하는 등 거시경제 전반에 대하여 긍정적인 평가를 내렸다.

과감한 재정확대정책으로 위기에 적시적 대응

■ 전 세계적으로 다양한 방식의 확장적 재정정책이 시행된 가운데, 우리 정부는 감세와 재정지출을 비슷한 규모로 동시에 추진하는 방식으로 재정확장정책을 시행했다. 이러한 조치는 재정지출확대와 감세 조치가 어떠한 경로로 어느 정도의 부양효과를 나타낼 것인가에 대한 정량적인 판단이 불확실한 상황에서 경기안정화를 위해 적절한 방안이었던 것으로 평가할 수 있겠다. 결과적으로도 재정지출효과와 감세효과의 적절한 배분은 우리 경제가 예상보다 빠르게 회복하는 데 기여했다.

■ IMF에서 제시한 주요국의 확장적 재정정책규모에 관한 분석에 따를 때, 이명박 정부의 재정확대규모는 상대적으로 큰 수준이었으며 정책결정은 내부 및 외부 시차를 감안하여 신속하게 이루어졌다. 과감한 재정확대규모의 결정은 글로벌 금융위기로 인한 경제충격의 크기를 고려할 때 적절했으며 위기대응의 적시성 측면에서 또한 적절했던 것으로 평가할 수 있을 것이다. 확장적 재정지출의 규모는 2008~2010년 기간 중 30.5조 원으로 파악된다. 구체적으로, 정부는 2008년 고유가 종합대책 및 추경을 통해 4.6조 원의 지출을 확대했고 2008년 말에는 2009년 당초 예산을 수정하여 10.7조 원의 추가적인 지출을 마련했다. 이후 2009년 4월에 추경을 통해 총 17.2조 원의 지출을 확대함과 동시에 재정조기집행을 독려하여 경기반등을 시도했다. 재정조기집행은 당시 경기침체의 정도와 속도에 따라 부양조치의 실제 효과를 조절하기 위한 조치였다는 측면에서 긍정적으로 평가할 수 있을 것이다.

■ 정부의 지출 확대 외에도 다양한 세제개편을 통한 감세정책도 동시에 이루어졌다. 2008년에는 투자를 촉진하기 위해 법인세율을 인하하고 에너지 관련 투자세액공제율을 확대했다. 또한 유가환급금 지급을 비롯하여 소득세율을 인하하고 공제체계를 개편했으며 종합부동산

세율과 양도소득세율을 하향 조정했다. 2009년에도 세제개편은 지속되었는데, 승용차 구매와 관련한 소비세를 감면하고 투자촉진을 위해 법인세를 개편하는 가운데, 소득세와 법인세의 최고세율 인하정책을 2년간 유예했다. 이러한 세제개편정책을 통해 2008년, 2009년, 2010년에 각각 6.2조 원, 10.2조 원, 13.2조 원의 감세효과가 나타난 것으로 추정된다.

■ 지금까지 언급한 대로 정부는 지출 확대와 감세정책을 통해 경기안정화에 기여하고자 했으며, 실제로 2008년 4/4분기 이후 이루어진 확장적 재정정책은 우리 경제의 성장률 하락을 완충하는 데 상당 수준 기여한 것으로 보인다. 재정정책 변화에 따른 거시변수의 동태적 변화를 거시모형을 통해 살펴보면, 정책의 효과는 주로 2009년에 집중된 모습을 보였다. 재정확장정책은 2008년 4/4분기에는 성장률을 0.5%p만큼 추가적으로 상승시켰으며, 2009년에는 연간 1.9%p 정도 실질 GDP 증가율을 추가적으로 상승시킨 것으로 분석된다. 이 중 일시적 재정지출 확대의 효과는 1.1%p이고 감세로 인한 효과는 0.8%p로 나타났다.

■ 2010년에는 연간 0.7%p의 성장률 제고효과를 나타낸 가운데, 재정 조기집행기조에 기인하여 주로 상반기에 성장률 제고효과가 나타나 2010년 4/4분기에는 (−)효과를 기록했다. 이와 같이 정부의 적극적인 재정정책은 분명 우리 경제가 위기에서 보다 빠르게 회복하는 데 기여한 것으로 판단할 수 있다. 한편, 확장적 재정정책의 결과 재정건전성은 다소 훼손되었는데, 그 결과 우리나라의 국가채무가 증가하는 모습을 보였다(299.2조 원(2007) → 392.8조 원(2010)). 따라서 향후에는 한시적으로 도입되었던 지출확대정책을 축소하는 등 재정정책의 정상화 노력을 통해 국가채무 관리를 강화하여 재정건전성을 개선하기 위한 노력이 필요할 것이다.

확장적 통화정책으로 금융위기의 충격 완화

■ 전 세계 금융시장은 리먼브라더스의 파산을 기점으로 확산되기 시작한 미국발 글로벌 금융위기로 경색되는 모습을 보였다. 이에 선진국 금융기관들은 자본확충 및 부채감소를 위해 대외투자자금을 급격히 회수했는데, 그 결과 각국의 외환시장과 주식시장에서 환율이 급등하고 주가가 폭락하는 현상이 발생했다. 물론, 당시 우리나라의 금융시장도 글로벌 금융

위기의 여파로 비슷한 현상을 경험하고 있었다. 국제 금융시장이 경색됨에 따라 외국인에 의한 외화자금 유출이 이루어짐으로써 원화가치는 주변 신흥국들의 통화가치보다도 큰 폭으로 빠르게 하락하는 모습을 나타냈다. 이는 국내 외환시장에 충격을 주는 동시에 국내 금융시장의 자금 공급을 축소시키는 요인으로 작용하여 원화자금시장 또한 경색시키는 결과를 낳았다.

■ 이런 상황에서 정부는 외환시장의 안정을 회복하기 위해 2008년 10월 중 총 1,300억 달러 규모의 금융안정 종합대책을 발표했다. 동시에 한국은행은 긴급하게 필요한 원화를 유동적으로 공급하기 위하여 금융시장에서 환매조건부채권 매입과 국채 직매입, 통안증권 중도상환을 시행한 가운데, 공개시장조작 대상증권에 은행채와 일부 특수채가 포함될 수 있도록 하는 비상대책을 발표했다. 한편, 한국은행의 거시적·전통적 통화정책방법인 기준금리인하를 통해 2009년 중 2%까지 금리인하를 단행했다. 이처럼 대규모 자금 유출과 이에 따른 국내 자금시장의 경색에 대응하기 위하여 정부의 적극적인 유동성 공급 확대 및 기준금리인하정책이 시행되었다. 그 결과 국내 금융시장의 금리는 하락하는 모습을 보였으나, 환율에 추가적인 상승압력이 발생하게 되었다. 이에 정부는 2008년 10월 29일, 미국 연준과 300억 달러 규모의 통화스왑계약을 체결했는데, 이는 우리나라의 외화유동성 경색에 대한 우려를 해소시켜 줌으로써 외환시장이 안정을 찾는 데 크게 기여한 것으로 판단된다.

■ 위기기간 동안 이루어진 우리 정부의 적극적인 확장적 통화정책은 상당한 규모의 경기부양 효과를 나타내면서 급속한 경기침체를 상쇄시키는 데 기여한 것으로 평가된다. 이에 대한 정량적인 판단을 위해 기준금리의 경로를 바탕으로 분석한 모형 시뮬레이션을 적용하여 위기기간 동안 기준금리인하 등의 통화정책 효과를 평가한 결과는 다음과 같다. 금리인하를 시작한 2008년 3/4분기 이후 1년간 통화정책의 GDP 증가율에 대한 확장효과는 약 0.36%p 정도로 나타났다. 2009년 2/4분기 이후에는 금리가 2% 수준으로 급속히 인하되었는데 이는 이후 1년간 약 1.77%p 정도의 GDP 성장률 효과를 나타냈다. 2010년 3/4분기 이후에는 기준금리가 서서히 인상되었는데 이것이 이후 최근까지 GDP 성장률에 미친 확대효과는 약 1.29%p로 소폭 축소되는 것으로 나타났다. 결과적으로 통화당국의 확장적 통화정책은 금융위기의 충격을 완화하는 데 일정 수준 기여한 것으로 평가할 수 있다. 그러나 이러한 효과

는 몇 가지 비용을 수반했는데, 그중 하나가 바로 2010년 2/4분기 이후 나타난 물가상승압력의 확대다. 경제 내 성장세가 유지됨에 따라 총수요압력이 빠르게 증대되면서 물가불안이 지속되는 현상이 발생한 것이다. 이러한 점은 물가안정목표제를 채택하고 있는 통화정책이 본연의 목적을 충실하게 수행하지 못하고 있음을 의미한다. 또 다른 비용은 가계부채 증가다. 가계 부문의 가처분소득 대비 부채 비율이 여타 선진국들과는 달리 2008년 위기 이후 지속적으로 증가하는 모습을 보였다. 이는 향후 금리가 적정 수준으로 정상화되지 않을 경우 가계 부문의 부채조정을 지연시키면서 거시경제적 안정성을 저해할 위험으로 작용할 수 있음을 시사하고 있다.

■ 따라서 경제가 위기로부터 회복되어 정상화되고 있는 상황에서 기준금리를 상향 조정하는 가운데, 향후 통화정책 방향에 대한 모색이 필요할 것이다. 금리인상이 과도하게 지연될 경우 물가불안 및 자산가격 상승 등의 부작용이 발생할 수 있다. 그렇다고 금리인상이 급하게 추진되면 경제에 불필요한 부담이 발생할 가능성이 있다. 그러므로 점진적인 정상화를 도모하는 차원에서 경기회복 국면에서의 확장적인 정책기조가 장기간 유지될 경우에 나타날 수 있는 부작용과 이에 따른 경기불안 가능성에 대해 선제적으로 대응해야 한다.

■ 자산가격의 변동과 관련해서는 향후 통화당국이 거시금융위험에 대해 보다 주의하고 기민하게 반응할 필요가 있다. 이상적인 변동이 관측되는 경우 변동의 원인을 파악하고 그에 대한 대응책을 준비하는 가운데, 앞으로 통화정책의 정책수단을 체계적으로 정립하려는 노력이 필요할 것이다. 이는 거시건전성 제고를 위해 통화정책에 적절한 정책수단을 부여하는 문제와 관련된다. 이에 대해서는 통화정책 환경이 복잡하게 변하고 있는 상황에서 기존의 통화정책수단만을 유지하기보다는 그 외에 일정한 범위의 금융정책수단을 혼합하여 다양한 전달경로를 활용함으로써 복합적인 금융시장의 불안을 사전적으로 방지하는 것이 바람직할 것이다.

안정적 경제성장 위해 경기안정화와 균형 있는 산업구조 지향

■ 최근 연구결과들에 따르면, 우리나라의 잠재성장률은 금융위기 이전에 이미 4%대 초반으로 낮아진 상태이며 위기 이후 대외여건의 악화가 지속되는 상황에서 우리 경제의 중장기 성장률 전망은 더욱 악화될 가능성이 높다. 이처럼 잠재성장률에 대한 불확실성이 높은 경우, 거시경제적 안정성을 추구하는 것은 단기적으로 경기변동의 손실을 감소시키고 장기적인 경제성장에 긍정적인 영향을 미친다. 따라서 산출 수준의 변동성을 관리하는 정책 외에도 물가, 재정, 환율 등의 변동성을 완화하여 경기안정에 기여할 수 있는 거시경제정책을 모색할 필요가 있다.

■ 아울러 우리 경제 전반의 안정성을 높이는 가운데 장기 성장을 추구하기 위해서는 현재 제조업 중심의 교역재 부문이 지나치게 특화된 산업구조 전반을 개선해야 할 것이다. 상대적으로 낙후된 서비스산업의 경쟁력을 향상시킨다면 대외충격에 따른 내적 변동성을 줄이고 경제 전반의 생산성을 높임으로써 우리 경제의 성장과 안정을 동시에 도모할 수 있을 것이다.

재정건전성 회복 및 중앙·지방 간 재원 조정 노력

■ 이명박 정부의 재정정책에 대한 평가는 2008년 세계적인 금융위기에 대한 대응정책과 그 이후 재정건전성 회복을 위한 노력, 그리고 중앙—지방 간 재원조정 노력 중심으로 이루어질 수 있다. 경제위기와 그 이후 과정에서 보여준 재정관리 노력은 국가운영 능력에 대한 평가 기준이 될 수 있다. 즉, 위기상황에서 경제회복을 위해 적극적인 재정정책을 활용하는 것도 중요하지만, 위기상황 이후 지출규모를 축소하고 건전한 재정기조로 돌아서는 것은 더욱 어려운 일이기 때문이다. 증가된 정부의 재량적 지출 수혜자가 느끼는 경기상황 개선이 크지 않다면 정부지출 축소에 저항할 수 있기 때문이다.

■ 전반적인 재정관리 노력을 나타내는 지표로는 재정수지와 국가부채 수준 등이 있다. 재정수지는 한 연도의 단기적 재정관리 노력을 평가할 수 있는 지표이며, 국가부채 수준은 중장기적인 재정관리 노력을 보여준다. 전반적인 재정관리지표와 함께 세입 부문에 대한 구체적 재정관리도 중요하다. 구조적으로 늘어날 수밖에 없는 재정수요에 대응하기 위해서는 세입 부문의 노력이 중요하기 때문이다. 전반적인 국민부담률, 조세부담률은 정부 크기를 대변하는 지표가 될 수 있으며 세원조달 구조는 조세행정의 효율성과 형평성에 중요한 영향을 미친다. 이러한 세입 부문의 지표와 재정수지 관련 변화는 재정정책 평가에 있어 매우 중요하다.

■ 재정관리 노력을 평가하기 위해서는 절대적인 수치도 중요하지만 외국과의 상대적인 비교도 중요하다. 정부재정 현황이 국제금융시장에서 중요한 지표로 이용되고 있다는 현실을 감안하면 절대적 수준에 대한 관리와 함께 외국과 비교한 상대적인 관점에서의 평가도 중요하기 때문이다. 또한 재정수지 개선 노력을 평가하기 위해 재정수지 개선폭을 외국과 비교하는 것도 의미가 있다. 이는 재정수지 회복을 위해 정부가 얼마나 적극적으로 노력했는가를 보여주는 지표가 된다.

■ 한편 중앙—지방 간 재원조정 노력도 중요한 평가기준이 될 수 있다. 전체 재정지출 중 지방자치단체의 비중이 높고 각 재정지출에서 지방자치단체의 자율적 역할이 증대된다면 이에 상당하는 재원배분 노력이 필요할 수 있기 때문이다. 중앙—지방 간 사무의 배분이 이루어졌

다면 자율적인 지방사무의 범위가 결정될 수 있고 이 경우 그 사무배분을 뒷받침할 수 있는 재원구성이 필요하다.

금융위기에 대응한 확장적 재정정책 추진

■ 우리나라는 2007년 재정상황의 빠른 개선을 바탕으로 개인소득세율과 법인소득세율 인하 등 감세정책을 추진하는 상황에서 미국 금융위기로 촉발된 국제적 위기상황을 맞았다. 이로 인해 재정수지는 2009년 −4.1%(관리대상수지)까지 악화되었으나 선제적인 정책대응으로 외국에 비해 상대적으로 빠른 경기회복을 달성할 수 있었다. 자동차에 대한 개별소비세율 인하, 실업급여기간 확대 등 일시적인 재정정책도 강화했으나 전반적인 세율인하정책의 영향도 상당한 것으로 평가된다. 이는 우리나라 위기대응 재정투입량이 외국에 비해 큰 요인이 되기도 했지만 빠른 경기회복을 유도하는 촉진제의 역할을 했다.

■ 확장적 재정정책은 경기회복세가 완연해진 2010년부터 축소되기 시작하여 관리대상수지가 −1.1% 수준으로 개선되었다. 재정수지의 개선 노력과 함께 경제위기로 인해 높아진 복지요구에 대응하기 위해 개인소득세율과 법인소득세율 인하정책은 당초 계획보다 축소된 형태로 조정되었다. 우리나라의 개인소득세수 비중이 외국에 비해 상대적으로 낮고 소득재분배에 가장 효율적인 세목이 개인소득세인 점을 감안하여 2011년 말 최고세율 38% 구간을 신설했다. 재정수지가 큰 폭의 적자를 시현함에 따라 국가부채규모도 크게 증가했다. 2008년 GDP 대비 30.7% 수준인 국가채무가 국채를 통한 재정지출 조달로 2012년에는 33.3% 수준까지 증가했다. GDP 대비 −4.1% 수지적자를 기록했던 2009년 국가채무는 33.8% 수준까지 증가했다. 이후 경제성장과 −1% 내외의 관리대상수지 적자로 정체 내지 소폭 하향하는 추세를 보여주고 있다.

2010년부터는 재정수지 개선 노력

■ 이러한 재정관리 노력으로 우리나라 재정수지 개선폭은 주요 선진국들에 비해 크게 나타나고 있다. 2009년 대비 2011년 재정수지 개선폭은 우리나라는 3.0%p(−4.1%→−1.1%)로 일

본 −0.7%p(−8.8%→−9.5%), 영국 2.6%p (−11.0%→−8.4%), 독일 −2.2%p(−3.2%→−1.0%), 미국 1.9%p(−11.6%→−9.7%)보다 높은 수준이다. 이에 따라 국가채무 증가폭도 주요 선진국에 비해 작은 편이다. 2008년 대비 2011년의 GDP 대비 국가채무 증가폭은 3.9%p(30.1%→34.0%)로 일본 34.3%p(171.2%→205.5%), 영국 40.5%p(57.1%→97.9%), 독일 17.5%p(69.7%→87.2%), 미국 26.8%p(75.9%→102.7%)보다 월등히 낮은 수준이다.

■ 세입 측면에서 조세부담률은 개인소득세 및 법인세율 인하와 경기침체로 하락했다. 조세부담률은 2007년 GDP 대비 21.0%에서 2011년 19.3%까지 낮아졌다. 세율인하와 경기침체로 인한 소득 감소로 소득 관련 과세의 역할이 약화되었기 때문이다. 이러한 세율인하 정책은 2004~2007년 기간 급속하게 높아진 조세부담률에 대한 반작용도 있다. 조세부담률은 2004년 GDP 대비 18.4%(국민부담률 23.3%)에서 2007년 21.0%(국민부담률 26.5%)로 2.6%p(국민부담률은 3.2%p) 증가하여 경제주체들의 체감부담이 높아지는 상황이었다. 조세부담률에 사회보장부담률을 추가한 국민부담률이 이명박 정부 기간 동안 낮아졌지만 그 폭은 조세부담률에 비해 줄어들었다. 사회보장부담률이 지속적으로 높아졌기 때문이다. 사회보장부담률은 2007년 GDP 대비 5.4%에서 2011년에는 5.8%로 0.4%p 증가하여 전체 국민부담률 하락폭을 축소시켰다.

■ 세부담 수준의 변화 과정에서 나타난 세원별 세수비중 변화는 소득과세의 비중축소와 소비과세의 비중증가로 요약될 수 있다. 소득과세의 비중축소는 개인소득세와 법인세율 인하의 영향이었는데 과거 노무현 정부 시절 보여주었던 비중증가 추세가 완화된 것이다. 소득과세 비중은 2007년 전체 세수의 41.1%에서 세율인하로 2010년 37.8%까지 하락했다가 2011년에는 40.8%로 회복되었다. 절대적인 수준에서는 약 0.3%p 하락했지만 그 변화폭은 미미하다. 전반적으로 소득세제를 통한 소득재분배 기능강화 추세가 경제위기 극복을 위한 노력 과정에서 다소 정체된 시기로 평가할 수 있다.

지자체 재정능력 향상 위해 부가가치세의 일정 부분 배분

■ 국세−지방세의 비중은 지방세에서 큰 비중을 차지하고 있는 부동산 관련 세수성장의 부진

으로 노무현 정부 시기에 비해 소폭 낮아진 상황이다. 이명박 정부 기간 동안 지방세 비중은 21% 수준에서 일정하게 유지되고 있는 상황이지만 노무현 정부 시절 평균 22% 수준(2007년에는 취득세율 인하로 21.2%로 하락)보다는 낮다. 지방자치단체의 자율적 재정능력을 향상시키기 위해 2010년부터 부가가치세의 일정 부분을 지방에 배분하는 지방소비세를 도입한 것은 중요한 변화라 할 수 있다. 전체 세수입 중에서 지방세 비중에 큰 변화가 없는 가운데 지방의 재정지출은 복지정책 강화로 증가하여 재정자립도는 하락 추세에 있다. 지방자치단체의 재정자립도는 1998년 63.4%에서 2002년 54.8%로 하락했다가 노무현 정부 시절 57.2%(2004)까지 회복했고, 다시 2007년에는 53.6%로 낮아졌다. 재정자립도 하락 추세는 이명박 정부 기간 동안에도 나타났는데 2009년 53.6%에서 지출증가 추세를 따르지 못하는 자체세수 증가로 2010년에는 52.2%로 낮아졌다.

■ 지방세 납부체계의 혁신은 납세자의 편의성 제고에 크게 기여했다. 고지서를 지참하지 않고 은행 방문만을 통해 지방세를 확인할 수 있도록 한 것과 납부수단을 신용카드로 다양화한 것은 납세자들의 행정만족도를 높일 수 있는 중요한 진전이라고 할 수 있다.

대외경제 부문 정책성과 평가

대외경제정책연구원

교역량 1조 달러 달성으로 선진경제권 진입 교두보 마련

교역 및 외국인직접투자 분야

■ 이명박 정부가 출범한 2008년 2월은 미국발 금융위기가 심화되는 시점이었다. 세계 여론은 무역의존도(GDP 대비 수출입 비중)가 75%를 넘는 한국 경제에 대해 원화가치 폭락과 금융위기 가능성을 경고하기도 했다. 한편으로는 미국발 금융위기가 글로벌 금융위기로 확산되고 세계적인 경기침체가 심화되면서, 미국, 중국, EU 등 세계 주요국들은 보조금 지급, 수입관세 인상, 수출금지 등 자국 산업의 보호를 위한 보호무역주의적 정책을 앞다퉈 도입하기 시작했다. 특히 미국의 'Buy American'과 같은 반(反)자유무역주의 정책은 프랑스판 'Buy French'로 확산되기도 했다.

■ 이와 같은 상황에서 정부는 세계 주요국의 보호무역주의적 조치들을 경고하면서 이를 저지하기 위한 국제적 공조를 역설하고 이를 실행에 옮기는 데 정책 초점을 맞추었다. 이명박대통령은 2008년 11월 개최된 제1차 워싱턴 G20 정상회의에서 보호무역조치 동결(standstill)을 제안했고, 2009년 9월 UN 총회 기존연설이나 같은 해 11월 APEC CEO Summit 기존연설, 그리고 2010년 1월 다보스 포럼 특별연설 등과 같이 기회 있을 때마다 세계 각국에 보호무역주의 확대를 경고하는 메시지를 전달했다. 이러한 노력은 2012년 6월 개최된 제7차 로스까보스 G20 정상회의에서 일정한 성과를 거두었다고 볼 수 있다. 이 자리에서 G20 정상들은 모든 형태의 보호주의를 배격하겠다는 의지를 표명했고, 상기 동결 약속을 2014년까지 연장했다. 또한 그간 새로이 도입된 보호무역조치를 원상회복(roll back)하기로 한 약속을 재확인했고, 보호무역주의에 대한 WTO, UNCTAD, OECD의 감시활동 강화에도 합의했다.

■ 교역 분야에서의 무역자유주의정책 효과는 간접적으로나마 우리나라의 교역량 추세로 확인할 수 있다. 노무현 정부 시절이었던 2003년부터 2007년까지 우리나라의 총 교역규모는 3,730억 달러에서 7,280억 달러로 늘어났는데, 현 정부가 출범한 2008년부터 2011년까지는 8,570억 달러→6,870억 달러→8,920억 달러→1조 800억 달러로 급신장했다. 세계경제가

호황 국면이었던 노무현 정부 시절과는 달리, 2008년 글로벌 금융위기로 세계경제가 동반 침체를 겪는 가운데 2009년 세계 전체의 교역규모가 전년 대비 20% 정도 감소한 것을 고려하면 우리나라의 교역량 확대가 경제위기 극복에 크게 기여했음은 쉽게 짐작할 수 있다.

- 특히 2011년에는 미국, 독일, 중국, 일본 등에 이어 9번째로 선진경제권의 교두보라 간주해온 교역량 1조 달러를 달성하는 성과를 남기기도 했다. 우리나라가 경제개발에 착수한 1962년 당시의 교역량이 5억 달러였음을 감안하면 쾌거라 할 수 있을 것이다. 우리나라가 교역량 1조 달러를 달성할 수 있게 된 중요한 배경에는 중국을 비롯한 신흥지역에 대한 수출확대가 있다. 우리나라 전체 수출액 중 신흥지역이 차지하는 비중은 2000년을 기점으로 50%를 초과했는데, 이명박 정부 출범 이후에는 2008년 68.9%에서 2011년에는 무려 72.4%까지 확대되었다.

- 이명박 정부는 5대 국정지표 가운데 하나로 '활기찬 시장경제'를 표방하면서 그 세부 국정과제로 외국인 투자환경 개선을 제시했다. 이어서 지식경제부는 2009년 1월 정부 각 부처가 소관 업종 분야의 유망 프로젝트를 직접 발굴하여 투자유치를 추진하고, 제도상의 걸림돌을 소관 부처 책임하에 개선하도록 하겠다는 계획을 담은 '전 부처 외국인 투자유치 확대방안'을 발표했다. 외국인 투자유치 분야는 M&A형이나 Greenfield형, 투자신고 후 규제문제 등으로 투자가 실현되지 않고 있는 프로젝트에 중점을 두겠다는 점도 눈에 띄었다.

- 이명박 정부의 외국인 직접투자유치실적을 보면, 정권 출범 첫해인 2008년 117.1억 달러(신고액 기준, 이하 동일)에서 2009년 114.8억 달러, 2010년 130.7억 달러, 그리고 2011년에는 136.7억 달러로 확대되었다. 노무현 정부 시절 중 외국인 직접투자유치가 가장 많았던 2004년의 128억 달러에 비하면 크게 개선되었다고 평가할 수 있다. 그러나 1997년 외환위기 이후 글로벌 기업들의 신규진출이 잇따랐던 1999년과 2000년의 실적이 150억 달러 수준이었음을 감안하면 투자환경 개선을 통한 유치노력이 더욱 요구된다 하겠다.

무역·투자 자유화 분야

■ 정부 출범과 때를 같이하여 확산된 글로벌 금융위기는 세계경제의 지속 가능한 성장과 경기 회복, 그리고 고용창출 및 개발을 위해서는 무역 및 투자 개방이 필수조건이라는 인식을 확인시켜 주는 계기가 되었다. 그러나 이러한 인식에도 현 정부 출범 당시의 국제적 환경은 글로벌 금융위기 이후 세계 주요국의 보호무역주의정책이 거의 주류를 이루었다고 해도 과언이 아닐 것이다. 물론 앞에서 언급한 대로 G20 정상회의는 보호무역조치의 동결(stand-still) 원칙에 합의했으나, 실제 반덤핑·위생검역·기술규제·환경 관련 각종 비관세조치들을 규제할 수 있는 구체적인 실행방안은 미비하다고 할 수 있다. 이와 같은 상황에서 우리나라로서는 미국, EU 등 세계 선진경제권과 FTA를 추진하면서도 중국을 비롯한 신흥경제권의 부상에 어떻게 대응하느냐에 통상정책의 초점이 맞춰져 있었다고 해도 과언이 아니었다.

■ 이와 같은 시대적 요청에 부응하여, 정부는 FTA 비준·발효 국가·지역을 미국(2012. 3), EU(2011. 7월 잠정) 등 거대 선진경제권뿐만 아니라 ASEAN(상품 2007. 6, 서비스 2009. 5, 투자 2009. 9), 인도(2010. 1) 등 신흥경제권까지 확대했다. 이로써 우리나라는 미국, EU, ASEAN 등 3개 경제블록과 FTA를 체결한 유일한 국가로서 명실상부한 FTA 허브국가로 발돋움했다고 할 수 있다. 일본이 우리나라의 FTA 체결 확대를 주시하면서 자국기업의 불리한 조건을 상쇄하기 위해 미국이 협상에 참여하고 있는 TPP나 EU와의 FTA에 적극적인 태도를 보이고 있음은 시사하는 바가 크다 하겠다.

■ 우리나라의 FTA 체결·타결국은 2004년 1건(1개국)에서 2012년 9월 기준 10건(47개국)으로 확대되었는데, 우리나라 교역에서 FTA 발효국이 차지하는 비중은 34%에 이르고 현재 협상 중인 국가도 포함하면 50.1%에 이르게 되었다. 특히 한·미 FTA는 상품, 서비스, 투자, 지식재산권 등 다양한 범위에서 무역·투자 자유화에 관한 원칙을 이끌어냈다는 점과 우리 경제의 체질개선을 통한 국제경쟁력 강화의 발판을 마련했다는 점에서 의의가 크다. 한·EU FTA 역시 특히 서비스와 투자 분야 제도의 선진화 관점에서 한·미 FTA 못지않게 중요한 협정으로 평가할 수 있다.

우리나라의 FTA 추진 현황(2012년 9월 기준)

추진 단계	대상 국가·지역	건수
비준·발효	칠레(2004. 4), 싱가포르(2006. 3), EFTA(2006. 9), ASEAN(상품 2007. 6, 서비스 2009. 5, 투자 2009. 9), 인도(2010. 1), EU(2011. 7 잠정), 페루 (2011. 8), 미국 (2012. 3)	8건 (45개국)
체결·타결	터키(2012. 3), 콜롬비아(2012. 6)	2건 (2개국)
협상 중	중국, 호주, 뉴질랜드, GCC, 캐나다, 멕시코, 인도네시아	7건 (11개국)
여건조성 중	일본, MERCOSUR, 이스라엘, 베트남, 몽골, 중미 5개국, 말레이시아	7건 (14개국)
기타	한·중·일 FTA, RCEP, TPP 등	–

자료: 외교통상부

국제개발협력 분야

■ 우리나라의 국제개발협력 분야에서 이명박 정부가 가장 역점을 두었던 정책목표는 원조선진국 클럽으로 불리는 OECD DAC(Development Assistance Committee) 가입이라 할 수 있다. 우리나라는 1996년 OECD에 가입한 이후 OECD 산하 위원회 중 유일하게 DAC에만 가입하지 못했다. 원조규모가 GNI 대비 0.2% 이상 또는 원조규모가 1억 달러 이상이어야 하고, 원조조직·정책과 전략, 원조 평가시스템을 갖추어야 한다는 DAC 규정 때문이었다. 물론 우리나라가 DAC 가입을 본격적으로 고려한 시점은 DAC에 특별검토 수검신청서를 제출한 2006년으로 거슬러 올라가지만, 2008년부터 2009년까지 2년 동안 DAC 가입심사가 이루어졌다는 점과, 2009년 1월 우리 정부가 공식 가입신청서를 제출한 데 이어 2010년 1월 공식 DAC 회원국이 되었다는 점에서 현 정부의 큰 성과라 할 수 있다. 우리나라의 DAC 가입은 세계 각국으로부터 원조혜택을 받아왔던 개도국이 '신흥공여국' 반열에 올랐다는 점과, 이제는 ODA 효과성 제고 등 질적 측면에서의 개선을 통해 명실상부한 원조선진국으로 도약할 수 있는 발판을 제공했다는 점에서 매우 값진 것이라 할 수 있다.

■ 이명박 정부는 OECD 가입 차원에서 2008년 8월 'ODA 중기계획'을 발표했고, 2010년 10월에는 '국제개발협력 선진화방안'을 발표했다. ODA 중기계획은 우리나라의 ODA 추진 2단계(1단계: ODA 기반 조성 단계(2008~2010년), 2단계: 원조의 선진화 단계(2011~2015년)) 중 1단계에 해당하는 것이지만, 이 무렵부터 2000년 UN이 설정한 MDGs(Millennium Development

Goals)를 2015년에 달성하겠다는 목표하에 우리나라의 ODA 정책과 전략, 그리고 실행계획을 구체적으로 논의했다는 점에서 큰 의의가 있다. 특히, 현 정부는 2007년 당시 우리나라의 ODA 규모가 GNI 대비 0.07%에 불과했으나 2010년까지는 그 비율을 0.109%로 끌어올리고, MDGs 최종연도인 2015년에는 그 비율을 0.25%로 설정했다. 2010년 10월 발표된 국제개발협력선진화 방안은 이와 같은 수치목표를 재확인했으며 한걸음 더 나아가 우리나라 ODA의 유·무상 비율을 4:6 내외로 맞추고, 비구속성원조(non-tied aid) 비율을 75%로 끌어올려 DAC 회원국으로서 의무를 준수하겠다는 의지를 표명했다.

■ 우리나라의 ODA 규모만을 놓고 보았을 때 현 정부의 ODA 공여계획은 성사된 것으로 보인다. 연도별로 보았을 때, 우리나라의 ODA/GNI 비율은 노무현 정부 출범 첫해였던 2003년 0.06%(ODA 규모: 약 3.7억 달러), 그리고 말년이었던 2007년에는 0.07%(ODA 규모: 약 7억 달러)에 불과했으나, 현 정부 출범 첫해였던 2008년에는 0.09%(ODA 규모: 약 8억 달러)로 늘어났고, 2010년에는 0.12%(ODA 규모: 약 11.7억 달러)를 기록함으로써 2008년 8월 발표한 중기계획상의 2010년 목표치 0.109%를 초과하게 되었다. 2011년에도 ODA/GNI 비율은 0.12%(ODA 규모: 약 13.2억 달러)를 유지했다.

대외경제정책의 보완·개선을 통해 효과성 극대화

국제적 협력 강화에 역점 둔 교역활성화 논의

■ 향후 우리나라의 교역활성화를 위한 과제는 주로 국제적 협력 강화에 집중되어야 할 것으로 보인다. 글로벌 금융위기 이후 세계 각국의 보호무역주의 경향이 수그러들지 않고 있는 상황에서, 우리 정부로서는 국제무대에서 자유무역주의를 옹호하고 구체적 실행방안을 도출하는 역할에 주력할 필요가 있다. 예를 들면, 구체적인 교역 활성화조치로서는 통관절차 간소화, 무역 관련 규정의 투명성 제고, 대(對)개도국 기술 지원 및 능력배양 강화, 세관 당국 간 협력 강화 등이 주요 의제가 될 것으로 보인다.

■ 외국인 직접투자의 유치 확대를 위해서는 그간 지식경제부를 중심으로 지자체, 인베스트

코리아, 해외무역관 등이 정책 시행의 주도적 역할을 수행하고 다른 정부부처는 외국인 투자환경·제도 개선에 중점을 두어왔으나, 향후에는 모든 정부부처들이 외국기업의 투자의사 결정에 필요한 각종 정보의 신속한 제공이나 투자자가 제기하는 규제문제 해결에 더욱 적극적인 자세로 임해야 할 필요가 있는 것으로 보인다.

FTA효과 극대화를 위한 제도 보완

■ 이명박 정부의 FTA 정책이 향후에도 더욱 실효성 있는 성과를 내기 위해서는 대내외적으로 그간 노출되었던 정책의 한계를 극복할 필요가 있다. 우선 대내적으로는 시장개방화에 대한 불안감을 해소하고 FTA 네크워크의 확대 필요성을 공감할 수 있도록 정부가 다각도의 노력을 기울일 필요가 있고, 기존 FTA 체결 시 수립한 국내 피해 부문·계층 지원대책의 성과를 평가하고 보완하는 작업에 만전을 기해 재정운영의 효율성을 제고할 필요도 있다. 그리고 시장개방 혜택이 국내 소비자에게 돌아갈 수 있도록 경쟁적 시장구조의 조성 등 제도 개선도 필요하고, 우리 기업들이 기존 FTA를 적극 활용할 수 있도록 정부가 다각도의 노력을 경주할 필요도 있다. 일례로 한·ASEAN FTA의 경우 상품교역과 서비스교역 분야의 자유화가 각각 2007년 6월과 2009년 5월부터 시행되었지만, 기업들의 수출활용률(특혜관세 대상품목 대비 실제 적용품목의 비율)은 10%에도 미치지 못하고 있다.

■ 대외적으로는 우리나라 FTA 추진의 거의 마무리 단계라고 볼 수 있는 중국, 일본과의 FTA 추진에 대한 방향성과 전략을 수립할 필요가 있다. 특히, 한·미 FTA와 한·EU FTA가 발효됨에 따라 향후 일본과의 양자 간 FTA는 물론이고, 한·중·일 FTA나 RCEP, TPP와 같은 아시아 지역을 포함한 FTA 정책에 대한 전략 수립이 무엇보다 요구되는 시점이다.

ODA 추진체계 정비

■ 우리나라는 2010년 1월부터 공식적으로 OECD DAC 회원국이 되었고, 2008년 8월 중기계획에서 약속한 ODA 확대계획도 꾸준히 이행되고 있다. 2012년 9월 기준 우리나라의 ODA 공여국은 104개 국가에 이르고 60개 국제기구에서 1,073개 사업을 추진 중이다. 그러나 그

간 우리나라의 ODA 추진과정에서 나타난 문제점들을 되돌아보면, 향후 과제는 ODA 추진 체계나 정책방향의 두 가지 관점에서 검토할 필요가 있다.

■ 우선 국내 ODA 추진체계에서 나타난 원조사업의 분절화 문제를 해소하는 것이다. 그간 우리나라의 ODA 공여가 한정된 재원으로 수많은 국가·국제기관에 너무 많은 사업을 지원하다 보니 효율성이 낮을 수밖에 없고, 사업중복 문제도 심심찮게 지적되었다. 이러한 원조사업의 '분절화' 문제를 해결하기 위해 국무총무실 산하로 유·무상 통합추진체계를 구축하는 방법이 제기되고 있다. 그럼에도 과연 국무총리실이 국제개발 협력정책의 종합적 지휘소 기능을 제대로 수행하기 위해서는 어떠한 작업이 필요한지에 대한 논의가 필요한 것도 사실이다. 아울러 구체적인 ODA 정책의 수립과 집행 과정에서 민관협력체제를 구축하는 작업도 요구되고 있다.

■ 마지막으로 우리나라의 ODA 정책 방향과 관련해서는, 찬반양론이 팽팽한 상황에서 이른바 한국형 ODA의 효과성에 대한 검토가 필요하다. 우리나라의 개발경험을 개도국과 공유하여 국제사회에 기여한다는 취지에 대해서는 이론의 여지가 없지만, ODA 수원국 사정과 맥락에 맞는 효과적인 원조계획 수립 역시 중요한 것으로 보인다. 특히, 원조효과성(Aid Effectiveness) 제고와 MDGs 목표달성을 위한 구체적 실행방안 등에 대해서는 진지한 검토가 필요한 시점인 것 같다.

◆ 신성장동력 산업 정책

경제의 지속 성장을 위한 신성장동력산업의 육성

■ 최근 수년간 우리나라는 범정부적 차원에서 신성장동력 육성사업을 추진해오고 있다. 기존 주력산업이 성숙 단계로 진입하면서 경제 전반의 저성장 및 고용창출 여력이 저하되고 산업 활력이 떨어짐에 따라 새로운 성장동력을 모색할 필요성이 높아졌기 때문이다. 또한 글로벌 자원·환경 위기 및 초고령사회에 대비한 미래 준비와 녹색성장의 추진, 글로벌 금융위기 이후 경제성장을 지속하기 위한 신산업의 필요성 등이 신성장동력산업 육성정책을 추진하게 된 배경이다. 이를 통해 기존 산업 내 기술혁신, 융합, 서비스화 등 다양한 변화를 촉진하여 성장성을 높이며 지속적인 고부가가치화를 달성할 수 있는 새로운 성장동력 발굴과 육성을 위한 다각적인 방법을 모색하겠다는 것이다. 정부는 녹색, 융합 등 세계적 트렌드에 대응하고, 산업발전 모델을 추격형(catch-up model)에서 선도형(trend-setter model)으로 전환하며, 일자리 창출을 동반한 질 좋은 경제성장을 실현하기 위한 목적 아래 다양한 신성장동력 산업정책을 실행해오고 있다.

신성장동력 종합추진계획 발표

■ 이의 일환으로 2009년 1월 '신성장동력 비전과 전략'을 발표하여 녹색, 융합, 서비스 등 3대 분야 17개 신성장동력을 정했다. 후속조치로 11개 부처가 작업하여 동력별·기능별 정책들을 망라한 17개 신성장동력을 세분화하고 62개 스타브랜드를 정하는 '신성장동력 종합추진계획'을 발표했다. 종합추진계획은 신성장동력 세부추진계획(Action plan), 기술전략지도, 인력양성 종합대책, 중소기업 지원방안 등 4가지 계획으로 구성되어 있다. 그간 정부는 신성장동력에 2012년까지 총 8.8조 원의 예산을 투입하고, 융합화에 대응하여 '저탄소 녹색성장 기본법', '산업융합촉진법' 등 39개의 핵심법령을 선제적으로 정비했다. 인력양성 종합계획을 통해서는 신성장동력 분야에서 향후 10년간 70만 명 규모의 핵심인력 양성을 목표로 하는 고등교육 특화사업 등 4개 과제를 추진할 계획을 밝히는 한편, 오는 2013년까지 세계 시장 10위 이내, 수출 5천만 달러 이상의 중소기업을 의미하는 신성장동력 글로벌 중소기업

<table>
<tr><td colspan="2" align="center">17개 신성장동력 구분</td></tr>
<tr><td>녹색기술(6개)</td><td>신재생에너지, 탄소저감에너지, 고도물처리, LED 응용, 그린수송시스템, 첨단그린도시</td></tr>
<tr><td>첨단융합(6개)</td><td>방송통신융합, IT융합시스템, 로봇응용, 신소재·나노융합, 바이오제약·의료기기, 고부가식품</td></tr>
<tr><td>고부가 서비스(5개)</td><td>글로벌 헬스케어, 글로벌 교육 서비스, 녹색금융, 콘텐츠·SW, MICE·관광</td></tr>
</table>

300개 창출을 목표로 한 기술개발, 상용화, 자금지원 등 중소기업 육성과 관련된 105개 과제를 신성장동력 200개 과제에 포함시켜 발표했다.

산업 전반을 아우르는 성장동력 제시

정부의 신성장동력 창출전략에 있어 과거와 차별되는 점을 정리하면 다음과 같다. 첫째, 과거 신성장동력 창출전략은 주로 IT, BT 등 특정기술 중심이었으나, 이번의 경우는 제조업과 서비스를 아우르는 산업 전반에 걸쳐 성장동력을 제시하고 있다는 점이다. 특히, 과거와는 달리 새로운 글로벌 트렌드가 제공하는 기회를 확보하는 동시에 새로운 경제발전 패러다임으로 제시된 녹색성장기조에 부합되는 녹색기술 분야와 첨단기술과 산업 차원의 융합화에 부응하는 첨단융합 분야, 그리고 경제발전에 따른 서비스수요 증대에 부응하는 고부가가치 분야에서 우리 기업들의 새로운 성장기회를 확보할 수 있는 비즈니스환경 조성에 중점을 두고 있다는 것이 가장 두드러진다고 할 수 있다. 둘째, 이번 정부의 신성장동력 창출전략은 역대 어떤 정부보다 광범위한 분야에 걸쳐 신성장동력을 발굴·제시하고 있으며, 발굴된 성장동력의 대부분이 기술 간, 산업 간 융합을 전제로 하고 있어 산업 전반의 발전 방향과 트렌드를 잘 반영하고 있다고 할 수 있다. 특히 이전의 정부에서는 미래 신산업으로 주로 제조업 또는 특정 분야의 신성장동력에 주목했다면 이번의 경우는 제조업과 서비스, 특히 녹색성장 관련 분야의 성장유망 분야에 주목하고 있다. 이는 최근의 산업발전이 녹색성장과 융합 방향에서 이뤄지고 있는 시대적 흐름을 잘 포착했다는 평가를 내릴 수 있다. 셋째, 과거 정부와는 달리 세부 추진계획에서 기술전략지도 작성 외에도 인력 양성, 중소기업 지원방안 등 다양한 보완적 조치와 함께 2009년 11월 국무총리실과 관련 부처가 합동으로 신성장동력 확충을 위한 175개의 규제개혁과제 발굴의 예에서 볼 수 있듯이 보다 체계적이고 실질적인 접근이 이루어지고 있다.

신성장동력 분야 투자·시장규모·수출 확대

▪ 지난 3년간 민관이 합심하여 신성장동력을 육성한 결과, 투자 증가, 시장 확대, 수출 증가, 첨단기술 확보 등 괄목할 만한 성과를 창출하고 있다. 신성장동력 분야 투자에 2011년 전년 대비 8% 증가하는 등 매년 증가세를 기록하여 지난 3년간 민간기업에서 총 62조 원을 투자했다. LED, 로봇 등의 분야에서 시장규모가 급격히 성장하여 2010년 LED 매출규모가 전년 대비 두 배 증가하고 세계 제2위의 LED소자 생산국으로 부상했으며, 산업용 로봇, 청소 로봇 수요 확대로 2010년 국내 로봇생산액이 전년 대비 75% 성장한 1.8조 원을 기록했다. 대규모 투자로 인해 생산력이 확보된 태양광, 2차전지 분야에서는 수출이 크게 증가하고 있다. 신성장동력의 산업화 역량 강화를 위한 R&D 등 재정사업을 통해 세계 최초 160KWh급의 대용량 2차전지 개발, Wibro 적용 디지털 조선소 세계 최초 개발, 세계 최고의 스마트강판 소재와 초경량 마그네슘 소재 개발 등 세계적인 기술개발 성과를 거두었다.

▪ 성장동력 창출을 통한 신성장산업의 육성이라는 과제는 기본적으로 그 성과가 오랜 기간이 경과한 뒤에나 나타나는 장기과제이므로 아직 그 성과를 평가하기는 이르다. 그러나 신성장동력 창출전략의 목적이 미래 성장유망산업을 발굴하고 그 분야의 비즈니스여건을 개선함으로써 기업진입과 투자를 유도하는 데 있다는 점을 상기할 때 지난 3년간 정부노력의 성과를 평가해봄 직하다.

경제사회 발전 단계에 맞춘 전략 마련

▪ 향후 신성장동력 창출을 통한 신성장산업의 효과적이고 바람직한 전략을 모색하기 위해서는 무엇보다 먼저 우리 경제사회의 발전 단계별로 어떤 관점에서 어떤 내용의 성장동력을 정의하고 이를 신성장산업으로 육성할 것인지에 대해 고민해봐야 할 것이다.

▪ 신성장동력의 발굴과 선정, 그리고 산업화 이전의 도입기에서는 우선 주기적인 '선택과 집중'의 선별작업을 추진할 필요가 있다. 신성장동력의 발굴 및 중점정책 대상 선정과 관련하여 대외여건 변화와 국내외 기업의 해당 분야 진출 및 투자성과 등을 반영하여 신성장동력의

재선정 작업을 주기적으로 추진할 필요가 있다. 다음으로 분야별 핵심원천기술 확보와 함께 관련 분야의 핵심기술과 보완재산업의 발전을 가능케 하는 인프라, 핵심소재와 부품기술 등 융합기술에 R&D 과제 발굴과 지원도 동시에 추진해야 한다. 이는 신성장동력의 대부분이 특성상 특정 분야 제품의 핵심기술이 확보되더라도 부품소재 또는 해당 핵심 인프라의 구축이 지연되거나 불가능할 경우 산업화가 불가능하기 때문이다.

■ 산업생태계 활성화 차원의 정책과제 개발 및 제도개선이 긴요하다. 신산업의 등장과 발전은 새로운 기술의 등장으로 시작되지만 실제로는 새로운 기술이 기존 기술을 대체하는 것이 아니라, 새로운 기술의 산업화가 가능하도록 하는 새로운 시스템이 기존 시스템을 대체하면서 새로운 산업으로 발전하는 것이 일반적이기 때문이다. 또한 신성장동력 분야의 새로운 비즈니스 모델 구축이 가능한 여건을 조성해야 한다. 혁신적 기술 개발을 통한 신제품 개발이 성공적으로 이루어졌다 하더라도, R&D 결과를 상업화하고 조기에 산업화하기 위해서는 기존 고객이 기대하는 가치를 높이고 기업의 입장에서 수익성을 확보할 수 있는 비즈니스 모델이 제시되어야 한다. 이를 위해 신성장동력의 유형별로 차별적 발전전략과 정책과제를 추진해야 한다. 특히 발전 단계상 초기 단계에 있는 신성장동력의 경우 최초 시장 형성과 글로벌시장의 중요성을 인식하는 것이 필요하다. 신성장동력의 국내시장 형성에 제약이 있을 경우 소득 수준이 높고 어느 정도 시장이 형성된 선진국 시장으로의 전략적 진입을 모색할 필요가 있기 때문이다. 신성장동력 주요 제품들이 대부분 새로운 기술과 서비스에 기반을 두고 있으며, 기존 제품과 서비스를 대체하는 경향이 커서 관련 규제나 제도가 새로운 제품의 시장 형성을 방해할 수도 있으므로 이들 제품의 초기 시장 형성을 막고 있는 규제나 제도를 확인하여 개선해야 한다.

■ 성장기에 진입하는 신성장동력의 경우 창업과 금융기관의 과감한 투자를 유도하는 전략이 필요하다. 이를 위해서는 신성장동력에 관한 보다 상세한 정보와 분석이 이루어져야 한다. 기술적 가능성에 기초한 낙관적인 미래만 제시할 것이 아니라, 선택 가능한 다양한 기술 가운데 우리 기업여건과 장점에 비추어 신성장동력화가 가능한 기술은 무엇인지, 그리고 해당 기술을 기반으로 새로운 성공 모델을 성공적으로 구축할 수 있는 분야에 대한 객관적인 평가 및 검토가 필요하다.

◆ 중소기업 정책

우리 경제의 중장기적 발전 위해 동반성장은 필수

■ 2008년 하반기에 발생한 글로벌 금융위기를 극복하는 과정에서 우리 경제에 양극화현상이 노정되었고, 2010년 중반부터 대·중소기업 관계가 주요 정책적 관심사가 되면서 동반성장 정책이 추진되기 시작했다. 2010년 7월 이명박 대통령이 동반성장의 필요성을 제기한 데 이어 8·15 광복절 경축사에서 '공정한 사회'를 제기한 것이 동반성장정책의 출발점이었다고 볼 수 있다. 동반성장정책은 정부가 2010년 9월에 '대·중소기업 동반성장 추진대책'을 발표하고 동반성장을 위한 4개 부문 15개 과제를 제시하면서 본격적으로 추진되었다. '동반성장위원회'가 출범했고 「유통산업발전법」, 「대·중소기업 상생협력 촉진법」, 「하도급거래 공정화에 관한 법률」이 연이어 개정되었다. 개별 산업별로 동반성장 추진대책이 만들어졌고, 동반성장지수 작성과 중소기업 적합 업종·품목 선정이 추진되었다.

■ 동반성장정책이 추진되면서 가장 큰 성과는 동반성장의 필요성에 대해 우리 사회의 공감대가 형성되었다는 점이다. 산업연구원(KIET)이 실시한 설문조사(2011. 8)에서 대기업의 90.9%, 중소기업의 93.8%가 우리 경제의 지속발전을 위해 동반성장이 중요하다고 평가했다. 또한 동반성장을 통해 대·중소기업 간 거래관계나 협력관계가 상당한 진전을 이룬 것으로 평가된다. 이는 정부, 대기업 측, 중소기업 측의 다양한 조사에서 확인되고 있다.

■ 민간 자율의 동반성장 문화 확산을 유도하기 위해 도입된 '공정거래 및 동반성장협약' 제도가 2011년 「하도급거래 공정화에 관한 법률」에 명시되었다. 이를 계기로 협약 체결이 확산되고 있다. 2011년 총 110개 대기업이 29,148개 중소협력사와 협약을 체결했으며, 2012년 6월 말 기준 83개 대기업이 총 24,703개 중소협력사와 협약 체결을 마쳤다. 또한 30대 그룹을 중심으로 민간 부문의 동반성장 참여가 확산되어 가는 추세다. 2011년 30대 그룹의 동반성장 지원규모는 2010년 대비 72.1% 증가했으며, 2012년(계획)에는 2011년 대비 16.6% 증가할 것으로 예상된다. 한편 2010년 이후 동반성장 추진 확산으로 중소기업 현장의 동반성장 체감도가 높아지는 움직임을 보이고 있다. 관계부처 합동으로 실시한 동반성장 실태조사 결과,

중소기업의 긍정적 평가 비중이 2010년 대비 크게 높아진 것으로 나타났다. 동반성장 분위기(23.9%p 상승), 거래공정성(12.1%p 상승), 기술보호(5.4%p 상승), 합리적 납품단가 조정(5.1p% 상승), 수·위탁기업 간 협력(9.6%p 상승) 등에서 모두 긍정적 평가가 높아진 것으로 나타났다.

중소기업제품 공공구매제도 개선

▪ 공공기관의 중소기업제품 구매 촉진을 통한 중소기업 지원을 위하여 정부는 지속적인 노력을 기울여왔다. 종전 「중소기업 진흥 및 제품구매 촉진에 관한 법률」에서 판로 지원과 관련된 부분을 분리하여 「중소기업제품 구매 촉진 및 판로 지원에 관한 법률」을 2009년 5월 제정했다. 이와 함께 중소기업 정책기조가 기존의 보호 위주에서 경쟁과 차별적 지원으로 전환되면서 중소기업 공공구매지원제도도 변화를 맞게 되었다. 특히 그동안 중소기업제품 공공구매의 가장 중요한 지원제도였던 단체수의계약제도가 완전히 폐지되면서 그 보완대책으로 중소기업에 대한 새로운 공공구매지원제도가 다각적으로 도입·추진되었다.

▪ 우선 중소기업제품의 공공구매제도의 전반적인 관리를 위해 구축된 공공구매 종합정보망(www.smpp.go.kr)의 기능이 매년 강화되고 지원 서비스도 확대되고 있다. 공공기관의 중소기업제품 구매목표 비율을 총 구매금액의 50% 이상으로 규정하고 있으며, 목표 비율은 물품, 공사, 용역 등 구매특성별로 설정하도록 하고 있다. 한편 기술개발제품 구매목표 비율은 2009년 이후 중소기업 물품 구매액의 10% 이상으로 높였다. 기술개발제품 구매를 지원하기 위해 기술개발제품 우선구매제도, 우수제품지정제도, 구매조건부 신제품개발사업, 성능인증·보험제도 등을 확대하고 있다. 공공구매지원관제도가 중소기업제품 공공구매지원제도의 보다 효율적인 시행을 도모하기 위해 2009년부터 도입되어 운영되고 있다.

▪ 이와 함께 공공구매 점검기관 수를 2008년 163개에서 2012년 495개로 확대하는 한편 기관별 구매목표 비율 달성의 내실화를 추진했다. 이러한 노력에 힘입어 공공 부문의 중소기업제품 구매액은 2008년 61.3조 원에서 2011년 67.7조 원으로 크게 증가했다. 총 구매액에서 차지하는 중소기업 비중 또한 동 기간 중 60.7%에서 67.8%로 7.1%p 확대되었다. 최근에는 공공구매가 단순히 중소기업의 판로 안정에 기여하는 데서 벗어나 기술혁신의 촉매제 역할

을 강화하고자 노력하고 있다.

동반성장 위한 대·중소기업의 협력 활성화

■ 동반성장과 관련하여 대기업 및 중소기업이 그 필요성에 공감하고 있지만 아직도 상당한 인식의 간극이 상존하고 있는 것이 현실이다. 동반성장이 우리 경제의 중장기적 발전을 위해 필요한 과제라면 동반성장에 관한 이해의 차이를 좁히기 위한 지속적인 대화와 노력이 요구된다. 대기업의 동반성장 지원규모 확산은 긍정적으로 평가되나 협력업체의 수요에 맞춰 대기업의 협력형태와 지원방식을 지속적으로 개선해나가는 노력이 필요하다. 대기업이 동반성장을 위한 협력을 활성화하기 위해서는 중소기업의 수요를 고려하고 자사의 성과만이 아니라 중소기업의 성과도 함께 고려한 프로그램을 발굴·제시하려는 노력이 요구된다. 이와 함께 기업 내부에서 동반성장에 호의적인 내부적 유인체계를 구축할 필요가 있다. 대기업은 사내에서 동반성장을 총괄하는 조직이나 직원뿐만 아니라 현업부서에서 동반성장 프로그램을 진행하는 조직 또는 직원에 대한 성과보상체계를 마련해야 할 것이다. 정부는 공정한 시장경제질서가 유지될 수 있도록 법·제도 정비와 감시자 역할 수행과 함께 협력활동이 활발하게 이루어질 수 있도록 관행과 인식을 바꾸는 생태계 조성자 역할을 수행해야 할 것이다.

■ 공공구매와 관련하여 무엇보다 먼저 공공기관의 중소기업제품 구매제도에 대한 인식이 높아져야 한다. 공공기관의 구매담당자뿐만 아니라 기관장에 대한 인식 제고 노력을 병행하여 추진할 필요성이 있다. 또한 중소기업제품 구매목표제도의 실효성을 제고하기 위해 사후관리를 더욱 강화할 필요성이 있다. 중소기업제품의 공공구매가 지속적으로 활성화되기 위해서는 공공기관의 수요가 반영된 구매활동이 전제되어야 하며, 그 방법으로 구매와 기술개발의 효과적인 상호 연계가 매우 중요할 것으로 판단된다. 이를 위해 공공기관의 입장에서 필요한 구매품목을 미리 설정하고 이를 기술개발과 연계하여 추진하는 노력의 확산이 요망된다. 특히 방산 분야에 기술집약적 중소기업의 참여가 확대될 수 있도록 정보교류의 확대가 중요할 것으로 판단된다.

노동 부문 정책성과 평가

한국노동연구원

일자리 창출 및 고용 서비스의 선진화

글로벌 금융위기 여파로 낮아진 고용률 회복

■ 경제활동 참가율(구직활동기간 1주 기준)은 2008년 61.4%, 2009년 60.7%, 2010년 60.8%, 2011년 60.9% 등 지난 4년간 평균 61.0%로서 이전 정부 평균 61.7%에 비하여 다소 낮은 데, 이는 글로벌 금융위기에 따른 경제여건의 급격한 악화와 그 이후 완만한 회복에 상당 부분 기인한다. 이를 연령계층별로 살펴보면, 29세 이하 청년층의 경제활동 참가율은 2008년 44.6%에서 2011년 43.4%로 하락한 반면, 50세 이상 (준)고령층의 경제활동 참가율은 2008년 53.5%에서 2011년의 54.1%로 상승했다. 이러한 상반된 추세는 신규대졸자의 고용사정 악화와 노동시장 참가가 높은 베이비붐 세대의 (준)고령화에 일정 부분 기인한다.

■ 2008년 145,000명 증가에 그쳤던 취업자 수는 2009년에는 글로벌 금융위기의 여파로 72,000명 감소했다. 그러나 금융위기 직후 빠른 경기회복으로 취업자 수는 2010년에 323,000명, 2011년에 415,000명 증가했으며, 이와 같은 고용호조세는 2012년 경제성장률의 둔화에도 지속되고 있다. 비록 지난 4년간 연평균 취업자 수 증가는 203,000명으로 이전 정부 평균 253,000명보다 다소 낮지만, 2012년에도 지속되고 있는 고용호조세로 지난 5년간 취업자 수 증가는 이전 정부와 비슷한 수준으로 예측된다. 이와 같은 취업동향을 반영하여 고용률은 지난 4년간 평균 59.0%로 이전 정부 평균 59.7%에 비해서는 다소 낮지만, 글로벌 금융위기 이후 고용률은 2009년 58.6%, 2010년 58.7%, 2011년 59.1%로 지속적으로 높아 졌고, 2012년에도 고용호조세의 지속으로 2011년보다 높아질 전망이다.

비정규직 비율 감소 등 고용의 질 개선

■ 전반적으로 고용의 양적 지표를 요약하면, 2009년 글로벌 금융위기에 따른 노동수요의 급격한 감소로 취업자가 감소하고 이에 따라 크게 낮아졌던 고용률이 그 이후 경기회복에 따라 지속적으로 높아지고 있다. 그러나 2010년 국가고용전략회의에서 경제정책의 핵심지표로 설정된 고용률은 여전히 글로벌 금융위기 이전 수준에 미치지 못하고 있다. 그러나 고용

의 질을 대표할 수 있는 비정규직 비율을 살펴보면, 지난 5년간 평균 33.9%로서 이전 정부 평균 35.5%에 비하여 다소 낮아졌다. 또한 지난 5년간 연도별로 살펴보면 2008년 33.8%, 2009년 34.9%, 2010년 33.3%, 2011년 34.2%, 2012년 33.3%(3월 기준)로 대체로 34% 전후 하여 등락을 거듭하고 있다. 이와 같이 2004년 37.0%라는 정점 이후 비정규직 비율의 감소 및 최근의 안정적인 비율의 유지는 비정규직 보호입법, 산업구조의 변화, 경기적 요인 등에 복합적으로 영향을 받은 것으로 보인다.

■ 이와 더불어 실업급여 이외에 고용안정사업, 직업능력개발사업 등 적극적 노동시장정책을 위한 고용보험 가입사업장 수는 2007년 1,288,000개소에서 2011년 1,509,000개소로 증가 했으며, 상용 피보험자 수도 2007년의 8,942,000명에서 2011년 10,675,000명으로 지난 4년 간 연평균 각각 4.2% 및 4.5% 증가했다. 그럼에도 고용보험가입 적용 제외를 고려하더라도 고용보험에 가입되지 않은 임금근로자가 일정 부분 여전히 존재하고 있다.

명목임금 상승률이 노동생산성 증가율보다 둔화

■ 2008년 이후 2011년까지 명목임금 상승률(10인 이상 사업체 상용근로자 기준)은 2008년 4.1%, 2009년 2.1%, 2010년 6.5%, 2011년 −0.6% 등 지난 4년간 평균 3.0%로서 이전 정부 평균 6.8%에 비하여 다소 낮은데, 이는 글로벌 금융위기와 중장기적인 경제성장률 둔화 등에 상 당 부분 기인한다.

■ 명목임금 상승률과 비교 가능한 명목노동생산성(취업자 1인당 명목GDP) 증가율은 지난 4년 간 평균 5.0%로서 이전 정부 평균 4.8%에 비하여 약간 높아졌지만, 중장기적으로는 감소 추 세를 보이고 있다. 이와 같이 지난 4년간 명목임금 상승률을 상회하는 실질노동생산성 증가 율로 단위노동비용은 낮아진 것으로 평가된다. 그리고 명목임금의 실질구매력을 반영하는 실질임금은 낮아진 명목임금 상승률과 높아진 소비자물가 상승률이 결합되어 지난 4년간 평균 0.5% 감소하여, 이전 정부 평균 3.7%뿐만 아니라 그 이전의 어느 시기보다 현저하게 낮 아졌다. 이는 임금의 실질구매력 제고를 위한 물가안정이 보다 중요함을 시사한다.

■ 한편, 영세사업체 종사자, 비정규직 근로자 및 외국인 근로자에게 주요한 임금인상기제인 최저임금 인상률은 2008년 8.3%, 2009년 6.1%, 2010년 2.8%, 2011년 5.1%, 2012년 6.0%로 지난 5년간 평균 5.7%를 기록했다. 이는 이례적으로 높았던 이전 정부 평균 10.1%에 비하여 현저하게 낮을 뿐만 아니라 명목임금 상승률의 중장기적인 감소 추세와 마찬가지로 낮아진 수치다. 이와 같은 최저임금 인상률의 둔화는 시간당 임금상승률의 둔화와 결합되어, 결과적으로 최저임금의 상대적 수준은 2008년 이후 안정적으로 유지되고 있으며, 이에 따라 최저임금 미만 근로자 비율도 10% 내외에서 등락을 거듭하고 있다. 이와 같이 높은 최저임금 미만율은 최저임금제도 개선뿐만 아니라 최저임금 준수를 위한 정책이 보다 강화되어야 함을 시사한다.

■ 전반적으로 임금 및 이와 관련된 주요한 지표를 요약하면, 2009년 글로벌 금융위기와 중장기적인 저성장 등에 따라 명목임금 상승률이 노동생산성 증가율보다 둔화되어 단위노동비용이 낮아지고, 최근 소비자물가가 크게 상승하여 임금의 실질구매력이 낮아지기도 했다. 또한 최저임금 상승률이 명목임금 상승률과 마찬가지로 둔화되었고, 여전히 최저임금 미만 근로자의 비율도 상당 부분 차지하고 있다.

근로시간 단축 및 산업안전 제고 노력

■ 2010년 기준 우리나라 근로자의 연간 실 근로시간은 2,111시간으로 OECD 평균값 1,692시간에 비해 419시간 긴 데 반해 고용률은 63.3%로서 OECD 평균값 64.6%에 비해 1.3%p 낮다. 이와 같은 장시간 근로는 근로자의 건강을 위협하고 낮은 노동생산성과 능력개발 기회의 축소 등 다양한 문제점을 안고 있다.

■ 2004년 6월 말 이후 대규모 기업부터 순차적으로 도입된 주 40시간 제도가 2011년 6월 말까지 5인 이상 사업체까지 확대 적용되었다. 그 결과 월평균 총 근로시간(사업체 10인 이상 상용근로자 기준)이 2008년 184.3시간, 2009년 183.8시간, 2010년 184.4시간, 2011년 181.9시간으로 단축되어, 지난 4년간 평균 183.6시간으로 이전 정부 평균 194.8시간에 비하여 현저하게 단축되었다. 그럼에도 4인 이하 사업체의 주 40시간 법정기준근로시간 적용 제외, 광범위

한 연장근로 특례업종, 휴일근로의 연장근로 포함, 낮은 연차휴가 사용률 등으로 실 근로시간은 여전히 길다. 이에 노사정위원회는 2020년까지 연간 근로시간을 1,800시간대로 단축하기로 합의하고, 고용노동부도 장시간 근로개선 종합대책을 마련하여 실 근로시간의 단축을 지속적으로 추진하고 있다.

▪ 장시간 노동과 더불어 빈발한 산업재해도 우리 나라의 열악한 근로조건의 한 단면을 보여주고 있다. 고용노동부도 외환위기 이후 0.7%대에서 정체되어 있는 산업재해율을 감소시키기 위하여 재해다발 부문을 선택하여 집중 관리하고 있다. 이에 따라 산업재해율 및 사망만인율은 지난 4년간 평균 0.69% 및 1.00%로 이전 시기에 비하여 낮아졌다. 그러나 2011년 기준 산업재해에 따른 근로손실일수가 54,777,000일로 노사분규에 따른 손실일수 429,000일의 128배에 이를 뿐만 아니라 국제비교가 비교적 용이한 사망사고율도 2008년 기준 1.07%로 일본 0.23%, 미국 0.38% 등에 비하여 현저하게 높다. 이는 산업재해에 따른 노동력 손실이 매우 심각하여 향후 산업안전 제고를 위한 정책적 노력이 배가되어야 함을 시사한다.

노사관계의 안정화

▪ 지난 5년간 '법과 원칙, 노사자율 해결'이라는 정책기조하에서 2010년 7월 이후 근로시간 면제제도, 2011년 7월 이후 복수노조 교섭창구 단일화제도의 시행으로 이전과는 다른 새로운 노동관계법이 기존의 노사관계를 변화시키고 있다. 이에 선행하여 노동조합 조직률(임금근로자수 대비)은 1989년의 18.6%를 정점으로 그 이후 지속적으로 감소하여 2010년에는 9.7%로 낮아졌다. 특히 지난 3년간 노동조합 조직률은 2008년 10.3%, 2009년 10.0%, 2010년 9.7%로 낮아졌는데, 이는 조합원 수의 감소보다는 임금근로자 수의 증가에 보다 기인하고 있다. 특히 조합원 수의 감소는 중장기적인 산업 및 고용구조의 변화뿐만 아니라 사회경제적 여건 변화에 따른 노동조합 가입성향의 변화에도 일정 부분 기인한다. 그러나 2010년 기준 노동조합 조직률은 9.7%로서 OECD 평균 17.5%에 비하여 현저하게 낮을 뿐만 아니라 노동조합이 조직되어 있지 않은 대다수의 중소기업, 비정규직 근로자들의 고충 처리, 근로조건 개선 등을 위하여 이들을 적절하게 대변할 수 있는 방안(voice)이 모색되어야 할 것이다.

■ 최근 산업현장의 노사관계는 전반적으로 안정기조를 유지하여 지난 4년간 노동쟁의 조정신청 건수, 노사분규 발생 건수, 분규참가자수, 근로손실일수 모두 감소했다. 예컨대, 노사분규 발생 건수는 2008년 108건에서 2011년 65건으로, 근로손실일수는 2008년 809,000일에서 2011년 429,000일로 크게 감소했다. 특히 '파업으로 인한 사회적 손실'을 나타내는 파업성향(임금근로자 1,000인당 근로손실일수)도 1987년의 755.8일에서 그 이후 약간의 등락을 거듭하면서도 지속적으로 감소하여 2011년에는 24.7일로 낮아졌다. 지난 4년간 파업성향을 살펴보면 2008년 49.9일, 2009년 38.1일, 2010년 30.1일, 2011년 24.7일로 낮아져 지난 4년간 파업성향은 평균 35.7일로서 노무현 정부 평균 67.5일, 김대중 정부 평균 111.7일에 비하여 1/2~1/3 낮아졌다.

■ 전반적으로 최근 노사관계는 외형적으로 안정화되고 있지만 불안정요인이 잠재되어 있을 뿐만 아니라 노동시장의 이중구조화에 기인한 사회양극화에 따른 취약계층의 고용불안 가중, 이들의 사회안전망 등 복지요구의 증대 등 새로운 환경변화에 적응하여야 할 것이다.

성장친화적인 노동시장의 구축

■ 향후에도 노동시장정책, 나아가 국정운영의 주된 목표는 일자리 창출·유지이며 이를 원활하게 하기 위한 고용 서비스의 선진화가 추진되어야 한다. 물론 고용률 제고, 취업자 수 증가와 같은 고용의 양적 확대뿐만 아니라 비정규직 종합대책의 지속적인 추진을 통한 고용의 질적 개선도 동시에 추진되어야 한다. 특히 고용정책의 기본 틀은 고용창출역량을 극대화하는 방향으로 경제정책을 수립하도록 하고, 고용의 질과 기술수준 향상을 통하여 경제효율성과 생산성을 제고하는 방향으로 성장친화적인 노동시장의 구축이 필요하다. 이와 더불어 복지-고용 연계 강화를 통하여 복지수요를 낮추고 정부의 재정부담을 완화시키면서, 필요한 복지 서비스를 제공하여 근로빈곤 완화와 사회적 형평성을 제고시켜야 한다.

■ 이와 같은 고용친화적 정책의 수립·운영을 위하여 고용영향평가가 보다 내실화되어야 하며, 재정지원 일자리사업의 효율화를 위한 유사·중복사업 간 조정 및 연계 강화, '취약계층' 중심의 직접 일자리 사업 운영, 사회적 기업의 지속적 운용을 위한 지역사회와의 네트워크

강화, 일자리사업의 범정부 정보 제공 등 수요자의 이용편의성 제공, 사업추진체계의 정비 등도 보다 지속적으로 추진되어야 한다. 또한 고용의 질적 개선을 위해서 단체교섭에서 충분하게 대변되지 않고 고용 가능성도 상대적으로 낮은 기간제·단시간, 연소자, 외국인, 장애인, 여성 등 소위 취약계층에 대한 법적으로 부여된 근로조건 보호 강화와 더불어 비정규직 종합대책 등과 같이 이들의 근로조건 개선을 위한 정책도 추진되어야 한다.

■ 외환위기 이후 노동시장의 양극화로 임금/소득 불평등이 심화되었으며, 근로빈곤의 문제도 그다지 개선되고 있지 않다. 물론 개별 기업의 임금결정과정에 객관적인 정보 제공 이외에 국가의 정책은 그다지 필요하지 않지만, 저임금근로자 및 근로빈곤가구의 생활보장을 위한 노동정책은 필요하다. 특히 최저임금의 적정한 인상 못지 않게 최저임금 이행 제고를 위한 보다 획기적인 정책이 고질적인 체불임금 해소대책과 더불어 추진되어야 한다. 또한 최저임금 이외에 근로빈곤을 완화시키는 데 보완적인 근로장려금(EITC)의 지급기준 개선도 병행되어야 한다.

■ 2004년 이후 주 40시간으로의 법정기준근로시간 단축 및 휴일·휴가제도 개선에도 불구하고 우리나라 근로자들은 여전히 장시간 근로하고 있다. 향후 산업안전의 제고와 마찬가지로 실 근로시간 단축을 위하여 4인 이하 사업체에 대한 주 40시간 법정기준근로시간 적용, 공휴일 규정 통합·적용 및 대체공휴일제 실시, 특례업종의 합리화 및 연장근로 한도 설정, 연장근로 및 미사용 연차휴가의 금전적 보상 이외 근로시간 저축휴가제 선택, 교대제 전환 사업체 지원 등이 필요하다.

■ 비록 최근 노사관계는 외형적으로 안정화되어 있지만 노동시장의 이중구조화 등으로 불안정한 요인이 여전히 잠재되어 있다. 따라서 향후의 노사관계는 고용-복지 친화적인 노사관계를 지향하며, 이를 위한 정책방향은 근로능력 유무에 따른 차등화된 복지정책, 적극적 노동시장정책을 활용한 고용 중심의 복지 확충, 노동시장 이중구조의 완화, 현실정합적인 노동시장 유연안전화, 노사정 협의를 통한 청사진 마련 및 단계적 이행 등이 되어야 할 것이다.

정보통신 부문 정책성과 평가

통신·방송·정보 서비스의 이용 환경 개선 및 ICT산업의 국가 경제 기여도 제고

가계통신비 완화를 위한 지속적 정책 추진

■ 통신 서비스 이용자의 지속적 증가에 따라 저렴한 요금수준으로 통신 서비스가 제공되고, 이용자 편익이 확대될 수 있도록 다양한 노력을 지속해왔다. 2008년 방송통신위원회 출범 이후 시행된 대표적 요금인하 정책으로는 '가입비 및 기본료 인하 유도', '초당 과금제 도입', '청소년·노인층 전용 스마트폰 요금제 도입', '다양한 결합상품 출시 유도 및 할인율 확대', '저소득층 요금감면 확대', '단말기 유통구조 개선' 등이 있다. 이러한 통신요금 부담경감 노력으로 요금수준이 낮아져 국가 전체 물가지수는 2007년 90.3에서 2011년 104.0으로 증가한 반면, 통신 물가지수는 102.6에서 98.4로 낮아졌으며, 이 기간 동안 전체 소비지출 중 통신비(2인 도시가구) 비중도 2007년 6.43%에서 2011년 5.80%로 감소했다.

■ 통신요금은 국민의 통신비 부담 경감과 ICT산업 발전, 인프라 고도화 등을 종합적으로 고려하여 결정할 필요가 있으며, 일률적이고 인위적인 요금인하보다는 경쟁을 통해 시장 자율적으로 요금이 인하되도록 하는 것이 바람직하다. 앞으로도 방송통신위원회는 재판매 사업환경 개선을 통해 이동통신 재판매사업자(MVNO)를 활성화하여 이동통신시장의 요금경쟁을 촉발하고, 단말기 자급제도를 활성화하여 단말기 유통시장의 경쟁을 확대하고 중저가 스마트폰의 유통이 확대될 수 있는 환경을 조성해나갈 필요가 있다. 아울러 이용자가 자신의 이용 패턴에 맞게 통신 서비스를 이용할 수 있도록 이용자의 선택권을 지속적으로 확대해 나가는 것이 중요하다.

스마트폰 대중화를 통한 국민의 통신 서비스 이용 편익 확대

■ 2008년 12월 위피 탑재 의무 폐지 등 정부의 규제완화와 경쟁촉진정책으로 아이폰이 출시(2009년 11월)된 이후 스마트폰 가입자가 빠르게 증가했다. 단기간에 우리나라 스마트폰 가입자가 증가할 수 있었던 이유로는 새로운 기기·서비스에 대한 수요 촉발, 국내 제조업체의 시장경쟁력 확보, 무선인터넷 사용에 적합한 요금제 출시, 국내의 우수한 네트워크 환경 등을

들 수 있다. 이러한 스마트폰 대중화는 국민생활, 사회·문화, 국가경제 등 우리나라 사회 전반의 큰 변화를 가져오고 있으며, 무선인터넷 활성화 등에 따라 1990년대 후반의 유선인터넷 확산으로 인한 벤처 붐과 유사한 형태의 새로운 벤처 붐 촉발이 기대되고, 스마트폰을 기업의 생산·영업 활동 등에 활용하여 기업의 업무 효율성·생산성을 제고하고 있다.

■ 스마트폰 보급 확산으로 인한 국민생활, 사회·문화, 국가경제 등 우리 사회 전반의 변화에 능동적으로 대응하고, 스마트폰 대중화의 긍정적 가치가 확대·재생산될 수 있는 제반여건을 조성할 필요가 있다. 또한 스마트폰 중심으로 급변하는 이동통신산업의 경쟁력을 높이고, 스마트기기의 확산에 따른 모바일 트래픽의 폭발적 증가에 대응하기 위한 방안 마련이 필요하다. 세계적으로 공통적인 관심사항이 된 모바일 광대역 주파수의 확보 문제에 적극적으로 대응하여 새로운 주파수 대역을 발굴하고, 국제적인 추세 및 기술발전 동향 등을 고려하여 추가 주파수의 공급, 이용 계획 및 시기 등에 대한 방안을 꾸준히 검토할 필요가 있다.

전 국민 디지털수신기기 보급을 통해 성공적 디지털 전환 추진

■ 2012년 12월 31일 아날로그 방송이 종료됨에 따라 방송통신위원회는 각 세대의 디지털 전환이 성공적으로 이루어질 수 있도록 노력했다. 성공적 디지털 전환을 위한 첫 번째 정책으로 디지털전환특별법 제정을 통해, 성공적인 디지털방송 전환을 위한 관련법 제도를 개선한 점을 들 수 있다. 두 번째 정책은 디지털방송 수신환경의 정비로, 여기에는 디지털 난시청 지역 개선, 공청시설의 정비 등이 있다. 세 번째 정책은 디지털 전환 지원사업으로, 방송통신위원회는 기초생활 수급권자, 국가유공자, 시청각 장애인 등 취약계층 중 현재 아날로그TV로 직접 수신하는 가정에 한해 디지털TV 구매비용 10만 원 혹은 디지털 컨버터를 지원하고 있으며, 2012년 초부터는 이를 일반 가구로 확대하여 지원하고 있다. 이러한 방송통신위원회의 노력을 통해 2012년 6월 기준 가구별 디지털방송 수신기기 보급률이 97.7%를 달성하여 현재까지 디지털 전환 대응에 적절히 대처하고 있다는 평가다.

■ 2012년 12월 31일 아날로그 방송 종료 시 디지털 미대응 가구가 최소화될 수 있도록 적극적으로 홍보하고, 저소득층 및 일반 가구에 대한 지원사업을 지속할 필요가 있다. 또한 아날

로그 방송 종료 후에도 발생할 수 있는 문제점(디지털 난시청 지역, 케이블 아날로그 가입자의 디지털 전환 등)에 대해서도 대책을 수립해야 한다.

정보 소외계층을 위한 정보화격차 해소정책 성공적 실시

■ 정부는 정보화 취약계층의 정보화 이용 접근환경 마련과 정보화 교육을 통한 정보이용능력 향상을 목표로 정보격차 해소정책을 지속적으로 추진했다. 장애인의 웹 접근 제고, 중고 PC 및 통신중계 서비스 제공, 시각장애인용 휴대용 멀티미디어플레이어 등 정보통신기기 지원, 4대 정보취약계층(장애인·저소득층·고령층·농어민)을 중심으로 한 정보화교육 등이 시행되었다. 그 결과 2011년 일반국민 대비 취약계층의 정보화 수준은 72.4%로, 전년(71.1%) 대비 1.3%p, 조사가 시작된 2004년 대비 27.4%p 향상되는 가시적인 성과를 이루었다. 이와 같은 정보격차해소정책의 성과를 이어가기 위해서는 현 PC 중심의 정보화를 스마트기기로 확대할 필요가 있다. 2011년 말 기준, 소외계층의 스마트폰 보유율은 8.6%로 전체 국민(39.6%)의 1/4 수준에 불과하여 모바일 정보화 격차가 우려된다. 향후 스마트폰뿐만 아니라 스마트 TV, 태블릿PC 등 다양한 스마트기기의 보급이 확대될 것으로 전망됨에 따라 이에 대응한 스마트기기 기반 정보격차 해소정책이 요구된다.

세계 최고 수준의 전자정부 구축 및 이용 수준 달성

■ 2008년부터 전자정부정책은 세계 수준으로 구축된 전자정부 활용도를 높이는 데 초점을 두고 전자정부 서비스 및 시스템 간 연계·통합을 통한 행정 서비스를 강화했다(행정정보 공동이용체계 구축, 주민 서비스 통합시스템 구축 등). 이러한 전자정부 서비스 이용 활성화 노력으로 전자정부 인지도는 2007년 85.8%에서 2011년에는 92.4% 수준으로 올라섰고, 전자정부 서비스 이용률도 2007년 41.1%에서 2011년 63.5%로 향상되었다. 또한 2012년 UN 전자정부 평가에서 처음 신설된 '온라인참여 분야'의 평가에서 전자정부발전지수와 함께 1위를 차지하며 전자정부의 구축 및 이용에서 국제경쟁력을 갖추게 되었다.

■ 국내 전자정부 이용률이 지속적으로 개선되고 있으나, 2011년 기준 전자정부 인식도 92.4%

에 비해 실질적인 서비스 이용도는 63.5%로 낮은 수준이다. 이에 따라 전자정부 이용 확대를 위해서는 웹·휴대폰·디지털TV·콜센터·공중전화 박스 등 다양한 매체에 의한 접근성 제고, 민관협약을 통해 국민들이 자주 이용하는 민간포털에 행정기관 홈페이지 연계 실시, 전자정부 서비스 이용에 대한 다양한 인센티브 개발·제공 등 수요자 중심의 전자정부 서비스 제공 지원 정책이 중요하다.

국민경제에서 ICT산업 위상 강화

- ICT산업은 우리 경제의 성장동력으로서 경제의 성장에 주도적 역할을 수행했다. ICT산업의 GDP 비중(실질)은 2007년 9.5%에서 2011년 11.8%로 지속 성장했으며, 경제성장 기여율은 2007년 14.5%에서 2011년 18.9%로 확대되었다. 그러나 ICT산업의 성장률은 2007년 8.7%에서 2011년 7.9%로 성장이 둔화되었다. 이는 대외적으로 글로벌 ICT시장의 성숙에 대한 성장률 둔화와 내부적으로는 ICT 생태계를 총괄해오던 주무부처(정통부)의 해체에 따라 각 분야별로 관장 부처가 분산됨으로써 신성장 ICT산업 발굴 및 통합적 산업지원정책의 수립이 어려웠기 때문인 것으로 분석된다.

- 우리나라 ICT산업은 ICT기기 및 부품 제조업에 크게 편중된 산업구조로 소프트웨어 및 관련 서비스 산업이 경제 내에서 차지하는 비중은 낮은 편이다. ICT산업의 성장축은 점차 하드웨어 부문에서 소프트웨어, 서비스 부문으로 옮겨감에 따라 소프트웨어와 서비스 분야의 경쟁력 향상을 위한 전 부처의 집중적·통합적 산업지원정책이 필요하다.

기후변화 대응 위한 효과적 환경정책 추진

온실가스의 효율적 감축

■ '저탄소 녹색성장' 국가비전 선언 이래, 기후변화에 효율적으로 대응하기 위한 다양한 정책 대안이 수립되었다. 특히 효율적 온실가스 감축 및 관리를 위하여 2009년 11월 '국가 온실가스 중기감축목표'를 설정했고, 2010년 6월 국제표준 온실가스 통계작성 및 관리를 위한 '온실가스종합정보센터'를 설립했으며, 같은 해 10월에는 공공기관과 사업장을 대상으로 온실가스 목표관리제를 도입했다.

■ 국가 온실가스 총배출량은 에너지, 산업공정, 농업, 폐기물의 부문별 배출량의 합이며, 포함된 온실가스는 CO_2, CH_4, N_2O, HFCs, PFCs, SF6 등 6개다. 온실가스 배출량은 경제상황과 밀접한 연관이 있으므로, 대표적 지표로서 온실가스 집약도(Greenhouse Gas Intensity)를 활용하고 있으며 실질 국내총생산(GDP) 대비 온실가스 총배출량, 즉 tonCO2eq./10억 원으로 계산된다. 1990~1996년 기간 동안 총배출량은 4.0%의 증가율을 나타내고 있으며, 같은 기간 GDP는 5.4%의 증가율을 보이고 있다. 또한 1997~2009년 기간 동안 총배출량은 1.8%의 증가율을 나타내고 있으며, 같은 기간 GDP는 4.2%의 성장률을 보이고 있다.

■ 1990년 이후 GDP 성장률 대비 총배출량 증가율이 감소하고 있으며, 따라서 온실가스 집약도가 개선되고 있음을 보여주고 있다. 이와 같은 온실가스 집약도의 개선은 환경부담을 완화하면서 성장을 도모하는 녹색성장 기본방향으로 경제가 움직이고 있음을 보여준다. 또한 온실가스 집약도 개선은 1990년대 후반부터 지속 추진해온 다양한 에너지 절약정책 예를 들면, 에너지사용량 신고제도, 에너지진단제도, ESCO사업 등과 온실가스 관리정책의 예를 들면, 온실가스관리 표준화제도, 온실가스 목표관리제, 배출권거래제 시범사업 등의 누적된 성과로 평가할 수 있다.

■ 그러나 온실가스 배출량은 GDP뿐 아니라, 인구, 에너지 소비구조 등 복합적 요인에 영향을 받기 때문에 향후 온실가스 감축부문의 성과평가는 온실가스 집약도와 같은 단일지표보다

는 인당 배출량(tCO2/인), 탄소집약도(tCO2/에너지소비량)과 같은 복합적인 지표를 동시에 고려하는 것이 필요하다.

대기환경 개선

■ 대기환경 보전정책의 기본목표는 맑고 깨끗한 대기환경을 유지하여 국민의 건강을 보호하고 국민이 쾌적한 환경에서 생활하도록 하는 데 있다. 2011년 3월 기준 대기환경기준에는 이산화황(SO_2), 일산화탄소(CO), 이산화질소(NO_2), 미세먼지(PM-10; PM-2.5), 오존(O_3), 납(Pb), 벤젠 등의 오염물질이 포함되어 있으며, 각 오염물질별로 적정 수준을 설정하여 적용하고 있다. 특히 인구과밀지역인 수도권의 경우, 배출허용기준만으로는 근본적인 문제해결이 어렵다는 인식하에 수도권 내 배출되는 오염물질의 총량관리(사전예방적 대기질 관리체계) 필요성이 대두되었으며, 환경부는 「수도권 대기환경개선에 관한 특별법(2003)」과 '수도권 대기환경관리 기본계획(2005)'을 수립하여 수도권 특별대책의 추진기반을 마련했다.

■ 주요 지표인 미세먼지(PM-10) 연평균 대기환경기준은 50$\mu g/m^3$이고, 24시간 대기환경기준은 100$\mu g/m^3$이다. 2001년부터 2010년까지 서울시의 미세먼지(PM-10) 농도는 2007년을 제외하고 지속적으로 감소하고 있으며, 2009년 이후에는 대기환경기준 50$\mu g/m^3$을 밑돌고 있다. 또한 농도 일수에서도 100$\mu g/m^3$을 초과하는 고농도 일수가 2007년을 제외하고 지속적으로 감소하고 있다. 한편 이산화황(SO_2)의 연평균 농도는 2001년 이후 5~6ppb로 일정한 수준을 보여주고 있으며, 환경기준 이내로 유지되고 있다.

■ 이는 '수도권대기환경관리기본계획(2005)'하에 기존의 배출농도 규제를 총량규제로 전환하여 2014년까지 배출량을 미세먼지 9천톤, 이산화황 43천톤 수준으로 설정하고 세부대책 즉, 2009년 이후 저황유 공급지역과 사용시설 확대, 제작차 배출허용 기준의 강화, 운행차에 대해 배출가스저감장치 부착, 중소사업장에 저녹스버너 보급, 친환경도료 보급, 주유소 유증기 회수장치 보급 등의 정책수단을 확대해온 결과라 볼 수 있다. 그러나 주요 지표로 사용된 미세먼지(PM-10)와 아황산가스(SO_2) 오염도는 크게 개선되었으나, 생활 수준 향상에 따른 자동차 대수 증가 등으로 인한 이산화질소(NO_2)와 2차 오염물질인 오존(O_3)의 연평균

농도는 개선되고 있지 않다. 따라서 향후에는 미세먼지(PM-10)와 아황산가스(SO2)뿐만 아니라 이산화질소(NO2), 오존(O3), 초미세먼지(PM2.5) 등을 복합적으로 고려할 수 있는 지표의 개발이 요구된다.

맑은 물환경 조성

■ 물환경 부문의 주요 정책으로는 '맑은물 공급종합대책(1989-1997)', '4대강 물관리 종합대책(1998-2005)', '물환경관리 기본계획(2006-2015)'을 들 수 있으며, 정책목표 역시 하수처리장 건설을 주요 내용으로 하는 수질개선, 지속 가능한 유역관리체계로의 전환, 생태적으로 건강하고 안전한 물환경 조성으로 진화해왔다고 볼 수 있다. 수질부문의 주요 지표로는 BOD 기준 '좋은 물' 달성비율과 4대강 주요 지점의 수질을 들 수 있다.

■ BOD 기준 '좋은 물' 달성비율이란 전국 115개 중권역 중 실측 수질이 BOD 기준 3mg/L보다 좋은 중권역의 숫자로 정의된다. 전국 하천의 '좋은 물' 달성비율은 2001년 69.4%에서 2011년 81.6%로 증가했으며, 4대강 주요 지점(상수원 수질개선)의 BOD 역시 2001년 이후 낙동강을 제외하고는 대부분의 지점에서 '매우 좋음(BOD 1mg/L)' 또는 '좋음(BOD 2mg/L)'을 보여주고 있다.

■ 이와 같은 수질개선은 환경기초시설 투자와 수질개선정책 노력으로 수체로 유입되는 오염부하량이 지속적으로 감소한 때문이라 해석할 수 있다. 특히 '맑은 물 공급종합대책(1989, 1996년까지 2.16조 투자)', '수질관리개선대책(1994, 1996~2005년 동안 약 27조 투입)', '수계별 물관리종합대책(1998~2000)'을 기반으로 하수처리장 등을 포함한 환경기초시설에의 지속적인 투자가 기여한 것으로 보인다. 또한 대규모 상수원 지역을 대상으로 차별화된 오염원 관리를 도모한 특별대책지역 지정, 수질개선목표 달성범위 내에서 선(先)환경보전 후(後)개발이 되도록 오염부하량 관리를 유도한 수질오염 총량관리제, 주요 오염배출원에 실시간 수질감시기기를 설치하여 오염부하량 저하를 꾀한 실시간 수질감시 등 다양한 정책이 지속적으로 추진된 결과라 할 수 있다.

■ 그러나 현재 수질개선 지표는 BOD에 의존하고 있는 상황이라 향후에는 기존의 이·화학적 오염물질 관리에서 탈피하여 BOD를 포함한 종합적 수질지표에 의한 달성비율 방식의 도입을 고려해야 하며, 동시에 국민의 생활 및 의식 수준 향상에 따른 다양한 요구를 반영할 수 있는 물관리 정책으로의 전환이 요구된다.

자원순환성 제고

■ 이미 G20 선진국은 강도 높은 자원순환정책을 시행하고 있으며, 우리나라도 발생된 폐기물 처리 위주의 정책을 넘어서 모든 폐자원이 재순환되는 자원순환사회로의 전환을 추진하고 있다. 특히 2011년 9월에는 국가 자원순환정책의 장기비전과 2015년까지의 목표를 포함한 제1차 자원순환기본계획(2011~2015)을 수립했다.

■ 현행 '폐기물관리법'에서는 폐기물을 '생활폐기물'과 '사업장폐기물'로 크게 구분하고 있으며, 생활폐기물 발생량은 2003년 이후 증감을 반복하고 있으나, 생활폐기물 재활용률은 지속적으로 증가하고 있는 추세. 이명박 정부 기간(2008~2010) 동안 생활폐기물발생량 감소율은 5.6%에 이르며, 생활폐기물 재활용률은 증가 추세에 있으나 2010년 소폭 감소를 보이고 있다. 한편 사업장폐기물은 지속적인 증가 추세에 있으나, 재활용률 역시 증가하여 2009년에는 재활용률이 85.2%에 이른다.

■ 생활폐기물 및 사업장폐기물의 재활용률의 지속적인 증가는 분리수거 활성화, 음식물폐기물 자원화 및 재활용 기술개발, 생산자책임재활용제도(EPR), 전자제품 환경성보장제 등의 다양한 환경순환정책 추진 결과로 해석할 수 있다. 특히 향후에는 자원순환사회로의 이행을 전제로 하는 폐기물 정책의 패러다임 전환을 염두에 둔 재활용품 품질 인증제도, 폐자원·바이오매스의 확대, 폐자원의 에너지화 등 보다 선진적인 정책의 도입이 요구된다.

주거안정 및 국가균형발전의 추진

서민층 주거안정과 미분양주택 해소에 역점

■ 그간 우리나라의 절대적인 주택 부족 문제는 지속적인 공급을 통해 해소되었다. 우리나라의 주택보급률은 구(舊)주택보급률 기준으로 2002년, 신(新)주택보급률 기준으로 2008년에 100%를 초과했다. 최근에는 과거에 비해 주택공급 물량이 많이 줄었으나, 중장기 신규주택 수요 40만 호 내외 수준에서 주택이 공급되고 있다. 주택의 절대적 부족 문제는 일단 해소되었으나, 주거패턴의 변화, 도시재생의 활성화 등을 고려하여 현재와 같이 적정 주택수요에 맞는 지속적인 주택공급은 필요하다. 또한 1천 명당 주택 수는 외국에 비해 낮은 상황으로 주택시장의 중장기 안정을 위해서도 수요에 맞는 주택공급이 요구된다.

■ 자가점유율은 지속적으로 증가하는 추세에 있으나, 최근 2010년에는 54.2%로 2005년에 비해 소폭 줄어든 것으로 나타났다. 한편 자가소유율은 2010년 61.3%로 2005년에 비해 소폭 증가한 것으로 나타났다. 최근 이 두 지표의 움직임이 비교적 정체되어 있다고 볼 수 있는데, 이에 대한 원인은 여러 가지가 있으나 가장 중요한 원인은 주택가격 상승에 대한 기대가 줄어들면서 자가소유보다 임차를 선호하는 가구가 많아지고 있기 때문이다. 그리고 경기침체로 주택을 구매할 수 있는 유효수요계층이 점차 줄어드는 것도 매우 중요한 원인이다. 자가점유와 소유는 가구의 주거 안정에 매우 중요한 요소다. 따라서 가계의 주거비용을 줄여주면서 이들 지표를 개선할 수 있는 방안을 모색하는 것이 필요하다. 자가점유율과 자가소유율이 반대로 움직인 원인은 주택의 소유와 이용 측면에서 약간의 괴리가 발생하고 있다는 것을 의미한다. 직장, 교육 등의 이유로 주거 지역과 소유 지역이 다른 것도 중요한 원인이지만, 주택경기 침체로 주택거래가 줄어든 것도 중요한 원인이다. 장기적으로 이러한 주택의 소유와 이용 간 괴리를 해소할 수 있는 방안을 마련해야 한다.

■ 2007년 미국발 서브프라임 모기지 사태, 2008년 글로벌 금융위기 등의 여파로 주택경기는 침체 상황이다. 이로 인해 미분양주택이 늘어나고, 건설업체의 유동성 악화로 많은 수의 업체가 도산했다. 미분양주택 수는 2008년에는 16만 6천 호까지 급격히 확대되었으며,

이는 1990년대 말 외환위기 당시의 미분양주택 수를 웃도는 수준이다. 정부는 2008년 9월 ~2009년 3월에 걸쳐 다양한 부동산시장 활성화대책을 수립했으며, 이로 인해 미분양주택 수는 2011년 기준 7만 호 수준까지 감소했다. 그러나 정부의 미분양주택 해소대책은 수도권 에서 큰 효과를 얻지 못했다. 수도권 미분양주택은 현재 3만 호 수준에서 적체가 지속되고 있다.

■ 주택가격도 2008년 글로벌 금융위기 이후 약세를 면치 못하고 있다. 특히 수도권에서 주택 가격의 약세가 뚜렷하게 나타나고 있다. 그러나 개발호재가 있고 주택가격이 상대적으로 저 렴한 일부 지방의 경우에는 매매가격이 상승했다. 전세가격은 모든 지역에서 전반적으로 상 승했다. 수도권에서 매매가격 안정, 전세가격 상승이라는 매매가격과 전세가격의 탈동조화 현상이 발생했는데, 이는 높은 주택가격으로 인한 불확실성, 주택가격 상승기대 감소 등에 따라 상대적으로 임차수요가 증가한 데 기인한다. 도시형생활주택, 임대사업 완화 등으로 전세가격의 상승세는 최근에 다소 완화되었으나, 서민층이 저렴하게 거주할 수 있는 임차주 택의 공급은 지속적인 정부의 과제로 남아있다.

국가균형발전의 틀 내에서 수도권 집중 억제 및 인구·산업 분산의 지속적 추진

■ 정부는 1980년대부터 수도권과 지방 간의 격차를 완화시키기 위해 수도권의 집중 억제 및 인구·산업 분산, 지방의 인구·산업 정착 등에 관한 다양한 정책을 추진해왔다. 그 대표적 인 예로 수도권 내 공장 신·증설 규제, 지방에의 국가·일반산업단지와 농공단지 조성을 들 수 있다. 이러한 수도권 대 지방의 격차 완화 노력은 국가균형발전정책의 핵심적 내용이 되 었으며, 특히 2000년대 중반부터는 수도권 소재 행정·공공기관의 지방이전과 그에 따른 세 종시 및 혁신도시 건설을 정부가 추진해오고 있다.

■ 그러나 수도권 집중 억제와 인구·산업 분산에 관한 다양한 정책이 집행되어 왔음에도 불 구하고, 지난 5년간(2007~2011년) 수도권의 인구집중도는 조금씩 증가해왔다. 또한 2006~ 2010년에 수도권의 사업체 및 종사자 집중도도 상승세를 보여왔다. 이러한 수도권 집중의 심화는 그간의 수도권 집중 억제 및 인구·산업 분산 정책이 전반적으로는 의미 있는 효과

가 없었음을 시사한다. 하지만 구체적으로 살펴보면, 수도권 정책이 제한적이지만 효과가 있었음을 볼 수 있다. 우선 수도권으로의 순전입인구가 2002년 약 21만 명을 정점으로 매년 감소해왔으며, 2011년에는 8,000여 명의 순전출을 기록했다. 게다가 지방에서 수도권으로의 전입인구와 수도권에서 지방으로의 전출인구가 2000~2011년에 연도마다 등락은 있지만, 각각 감소세와 증가세를 나타냈다. 또한 수도권의 제조업체 및 제조업체 종사자 비중이 2006~2010년에 감소세를 보였다. 특히 수도권의 제조업체 종사자 비중은 2009년까지 계속 줄어들었으며, 2010년에는 2009년과 비슷한 수준으로 정체하고 있는 상황이다.

■ 이상의 내용으로부터 수도권 집중 억제 및 인구·산업 분산 정책이 제한적이기는 하지만 어느 정도 효과가 있었다고 볼 수 있다. 그러나 해당 정책의 효과에 대한 보다 면밀한 분석이 요구된다. 특히 수도권 제조업체 및 제조업체 종사자 비중 감소 추세가 수도권 내 부지확보 곤란과 지가상승 압력의 결과일 수도 있으므로, 인구집중유발시설인 공장의 신·증설 제한, 공장총량제, 공업지역·산업단지 지정 제한 등 수도권 공장입지 규제의 실질적인 영향을 구체적으로 분석할 필요가 있고, 그러한 맥락에서 성과지표의 개발이 요구된다.

간선도로 간 연계성 강화와 도로성능 제고

■ 도로 인프라에 관한 지표분석에서 기술했듯이, 정부 및 지자체는 1970년대 경부고속도로 건설을 기점으로 1990년대까지 고속도로, 국도, 주요 지방도 등 간선도로의 건설·확충 등 도로 인프라의 양적 공급에 주력했다. 2000년 이후에는 신규 간선도로망 확충의 비중을 줄이고 전국간선도로(고속도로, 국도)와 지역간선도로(국가지원지방도, 지방도) 간의 연계성을 강화하는 사업과 도로 확장 등 기존도로 개량사업을 중점적으로 추진했다. 한편 혼잡관리 등 도로 이용의 효율성을 제고하고 안전성 및 편의성을 높이기 위하여 첨단교통정보시스템 (ITS)을 적극적으로 활용했으며, 이러한 정책들은 도로의 성능 향상을 가져왔다.

■ 무엇보다 전국간선도로와 지역간선도로 간의 연계성 강화사업을 통해 최근 10년간 전국 간선도로로부터 지역 간선도로로의 교통량이 분산되는 효과가 나타났다. 같은 기간에 도로 총 연장 대비 자동차 등록 대수가 증가하여 도로교통량 증가 가능성이 높아졌음에도 불구

하고, 전국간선도로인 고속도로와 국도의 평균 일 교통량은 대체로 감소세 또는 정체를 보였으며, 국가지원지방도와 지방도의 평균 일 교통량은 대체로 증가세를 보였다(지방도의 평균 일 교통량은 21%나 증가). 이는 기존의 도로망체계에 다수의 미연결구간이 있어 지역 간 교통량의 대부분이 전국간선도로인 고속도로와 국도에 편중되었으나, 지방 간선도로와의 연계성 강화 및 도로성능 제고 등으로 하위 도로의 도로 이용성이 증가했기에 나타난 현상으로 해석할 수 있다. 따라서 앞으로도 도로의 연계성 강화를 통하여 도로 이용의 편중을 계속 완화시키고 전국 차원의 네트워크 연결성을 제고함으로써, 국민 생활의 편의성 증진과 도로자산 활용가치 증가 등을 도모할 필요가 있다.

도시 거주민의 삶의 질에 초점을 둔 정주환경 정비

■ 도시정책의 변화는 여러 가지 관점에서 설명할 수 있지만, 가장 큰 흐름은 뉴타운, 전면철거형 도시 재개발 등으로 대표되는 물리적 환경 중심의 재개발에서 도시 거주민에 초점을 두고 도시 및 생활 차원의 문제를 해결할 수 있는 정책으로의 전환이라고 할 수 있다. 이는 주민의 삶의 질에 대한 요구 증대와 도시의 양적인 성장한계를 극복하기 위한 방향을 모색하는 과정에서 나타난 흐름이기도 하다. 이와 같은 대표적 도시정책으로는 2000년대 초부터 본격화된 도시재생을 비롯하여, 2007년부터 추진된 거점확산형 주거환경개선 시범사업, 살고 싶은 도시 만들기 시범마을사업 등을 들 수 있다. 또한 최근에는 2012년「도시 및 주거환경정비법」개정을 통해 소규모 정비에 초점을 둔 주거환경관리사업과 가로주택정비사업이 추가로 시행되는 등 다양한 변화가 빠른 속도로 진행되고 있다.

■ 하지만 이상과 같은 대안적 도시정책의 추진 성과를 기존의 지표를 통해 평가하기란 쉽지 않을 뿐 아니라 바람직하지도 않은 일이라는 점을 인식할 필요가 있다. 이는 대안적 도시정책의 성과가 사람에 초점을 두고 있다는 점에서 단순히 사업의 수나 재정투입 규모로 평가될 수 있는 사항이 아니라, 도시 안에 거주하는 사람들의 인식 변화와 정주환경의 질적 수준 변화를 통해 파악될 수 있기 때문이다. 그러므로 새로운 도시정책의 성과를 평가할 수 있는 지표의 개발이 요구된다.

해외건설시장 진출의 적극적 지원

■ 한편 건설 부문을 살펴보면, 2007년 이후 국내건설수주액이 지속적으로 감소하고 있는 상황에서 정부의 해외건설진흥계획 수립 등을 통한 집중적인 제도적·외교적·재정적 지원으로 해외건설수주액은 2006년부터 급격히 증가하기 시작하여 2010년 700억 달러(2006년의 약 4.3배)에 달하는 성과를 달성했다. 그러나 국내건설수주액이 2010년에 전년보다 다소 증가했지만 2008년을 정점으로 상승세가 하락세로 전환되었고 2009년 이후 건설투자가 명목상 190조 원대는 유지했지만 물가상승률을 감안한 실질투자는 하락하고 있다. 게다가 전년 대비 건설투자액 증가율 또한 2008년 이후 감소세에 있다.

■ 이러한 제반 상황, 그리고 건설경제가 국민경제에 미치는 영향을 고려했을 때, 정책성과 평가에 앞서 건설경제 분야의 구체적인 상황을 모니터링하여 해당 부문 정책에 효과적으로 반영하게 할 수 있는 지표를 우선적으로 개발할 필요가 있다. 특히 건설경기, 수주액 변화는 건설 부문의 대표적인 지표임에는 분명하나, 정부정책뿐 아니라 외적 요인의 영향도 크다는 점을 감안할 필요가 있으며, 이러한 맥락에서 보다 합리적으로 정부의 건설정책 성과를 평가하기 위해서는 제도적 측면의 노력을 가늠할 수 있는 정성적인 지표 개발도 필요하다.

교통 부문 정책성과 평가

교통 인프라 구축 확대로 국민편의 증대

■ 우리나라는 소득증가에 따른 급격한 자동차 보유 대수 증가로 인하여 교통혼잡 등의 교통 문제에 직면했으며, 이에 정부는 보다 안전하고 원활한 교통 서비스 제공을 위하여 교통 여건을 개선하기 위한 투자를 지속해왔다. 도로 부문에 대한 투자뿐만 아니라 버스, 철도 등 대중교통 부문에 대한 인프라 구축을 통해 교통여건이 개선되고 있다. 지역 간 통행의 경우 2004년 KTX 개통 이후, 2010년 노선별·단계별 개통을 통해 전국이 반나절 생활권에 편입됨으로써 국민의 활동영역이 증대되고 있다.

교통안전 강화

■ 과거 우리나라는 자동차 보유 및 이용의 급격한 증가가 교통사고 발생의 주요 원인이 되어 OECD 국가 중 교통사고 사망률이 매우 높았다. 이명박 정부는 5년간 교통사고 사망자 50% 감축을 목표로 '교통사고 사상자 절반 줄이기 종합 시행계획'을 마련하여 추진해왔으며, 이러한 정책의 결과로 2008년(5,870명)부터 2011년(5,229명)까지 4년간 교통사고 사망자가 연평균 4.0%씩 감소하는 성과를 거두었다. 2010년과 2011년에는 전년 대비 5%대의 높은 감소폭을 보였다. 특히 어린이 교통사고의 경우 사망자 수가 2008년 161명에서 2011년 80명으로 절반 수준으로 감소했으며, 특히 2011년 어린이 교통사고 사망자는 전년 대비 36.5% 대폭 감소하는 성과를 보였다. 이는 전 세계적으로도 우수한 사례에 해당한다. 이는 부상 건수 및 발생 건수에서도 감소세를 나타내고 있다. 이러한 성과는 어린이보호구역 설치 및 관리 강화 등 어린이 교통안전정책의 효과에 의한 것으로, 정책 시행과 함께 통학 시 보호자 동행 및 초등학교의 교통안전 교육 등의 활동이 어린이 교통사고 감축에 기여했다.

■ 보행 중 교통사고는 사고발생 시 치명도가 높아 보차 분리, 보행동선 확보 등의 교통안전 대책이 필요하다. 2008~2011년 동안 보행 교통사고의 발생 건수와 부상자 수는 연평균 1.6%, 1.7% 각각 감소했으나, 사망자 수는 연평균 1.5% 증가하여 보행자의 안전 확보를 위한 정책이 보다 지속적으로 시행될 필요가 있음을 시사했다. 자전거 교통사고의 경우 2008년 이후 자전거 이용률이 크게 높아짐에 따라 발생 건수와 부상자 수는 소폭(3.6%) 증가했으나,

사망자 수는 감소(4.2%)했는데, 발생 건수당 사망자 수의 감소폭(7.7%)은 더 크게 분석되었다. 이는 도로 다이어트를 통한 자전거 전용도로 및 전용차로 건설로 자전거와 차량의 동선을 분리함으로써 사망사고의 원인을 최소화한 결과로 볼 수 있다.

교통환경 개선

■ 우리나라는 온실가스 배출량 감축목표를 설정하고, 교통 부문에서 발생하는 온실가스 감축 노력을 시행하고 있다. 이 같은 노력의 일환으로 친환경차량 보급계획을 시행 중이며, 2008년 하이브리드 차량이 보급됨에 따라 하이브리드 차량이 2008년 3,657대에서 2011년 38,482대로 비약적인 증가 추세를 보이고 있다. 이러한 친환경차량 보급은 현재 전체 자동차 보급 대수 대비 해당 비중은 낮으나, 보다 진보된 기술력이 적용되고 차량의 가격경쟁력을 확보하게 되면 더 급속히 진행될 것으로 전망된다.

■ 개인 소유 차량뿐만 아니라 대중교통 부문에서도 시내버스를 기존의 경유에서 LNG 및 CNG와 같은 청정연료로 변경하여 도시의 대기질이 크게 개선되고 있다. 주요 7개 특별광역시의 대기오염도 통계(2008~2010년)에 따르면, 산성비 및 도시 스모그의 주요 원인인 NO_2(이산화질소)는 서울, 부산, 광주 등에서 감소했고, 기관지 및 폐에 영향을 미치는 SO_2(아황산가스)와 폐 기능 및 면역력 저하를 일으키는 $PM10$(미세먼지)의 경우 7대 도시에서 모두 감소추세로 나타나 대기오염도가 개선되는 것으로 나타났다. 따라서 대도시 오염물질 감소를 위해 추진된 기존 경유시내버스에 대한 CNG버스 대체정책은 상대적으로 미세먼지 배출량을 크게 줄여 상당한 성과가 있었다고 평가할 수 있다.

■ 2008년 자전거 활성화정책의 일환으로 전국자전거도로계획이 수립됨에 따라 비동력 교통 수단의 대표인 자전거의 이용률이 매우 증가했다. 이러한 자전거 이용의 증가는 자전거도로 시설 확충으로 더 급격히 증가했는데, 2009년 11,387km에서 2011년 15,308km로 연평균 15.9%씩 증가했다. 특히 기존 도로 다이어트를 통한 자전거 전용차로의 건설이 같은 기간 동안 연평균 49.2%씩 증가하여 2배 이상 확충되었으며, 해당 노선수도 2배가량 증가했다. 전국자전거도로계획의 일환인 자전거 전용도로의 경우 연평균 28.4%의 증가율로 2011년

전국 자전거 도로 중 점유율이 15.4% 수준으로 크게 증가했다.

■ 자전거 전용도로의 보급은 자전거와 차량의 동선을 분리하여 자전거 통행권을 확보함으로써 자전거 이용률을 높이는 요인이 되며, 이는 자전거 수단분담률의 증가로 나타나고 있다. 또한 자전거 교통사고를 감축하는 등 주요 성과로 나타나고 있다.

국민교통편의 증진

■ 국민의 교통편의 증진을 위하여 기존의 운전면허제도를 간소화했다. 운전면허제도 간소화 이전까지 운전면허 취득자 수는 완만한 증가 추세였으나, 2011년 6월 10일 제3차 간소화 시행 이후 운전면허 취득자 수는 급격하게 증가했다. 1·2종 보통면허 취득자 수는 간소화 이후 1년간 1,342,778명이 취득하여 간소화 이전 3년 평균 818,226명 대비 64.1% 증가한 것으로 나타났다. 반면 운전면허 취득자 1만 명당 교통사고 발생 건수는 운전면허 간소화 이후에도 완만한 하향 추세를 유지하고 있는데, 운전면허 취득자 1만 명당 교통사고 발생 건수는 간소화 이후 1년간 41.4명으로 간소화 이전 3년 평균 59.8명 대비 30.7% 감소한 것으로 나타났다. 이는 운전면허 간소화로 인한 교통사고 위험도가 크게 증가하지 않았음을 반증한다. 또한 운전전문학원에서 법정 의무교육시간만 받은 도로주행시험 응시자 비율은 74.5%이며, 평균 수강료는 평균 74만 원에서 38만 8,000원으로 47.6% 감소했다. 법정 의무교육 외 추가교육 이수자는 전체 면허 소지자의 25.5%(도로주행 기준)로, 추가교육시간은 평균 3.5시간이며, 수강료는 약 13만 4,000원이 추가 소요되어 전체 취득자가 부담하는 평균 수강료는 약 42만 9,000원 수준으로 나타났다. 운전면허 간소화 시행으로 운전면허 취득까지 소요되는 시간뿐만 아니라 수강비용도 절감됨에 따라 운전자 개인의 차원뿐만 아니라 국가적 차원의 사회적 비용으로 환산하면 시행효과가 더 큰 것으로 나타났다.

■ 수도권 및 광역권을 중심으로 한 대중교통체계 개편을 통하여 보다 국민이 편리하게 이용할 수 있도록 대중교통 노선체계를 확충했고, 대중교통 환승체계를 도입함으로써 국민의 교통편의를 증진하는 계기를 마련했다. 우리나라는 IT 강국의 장점을 활용하여 교통카드 시스템을 도입함으로써 보다 편리한 대중교통 환승 여건을 조성하고 있다. 교통카드 시스템은 지

능형교통체계(ITS) 중 교통 지불시스템 중 하나로, 1995년 5월 건설교통부(현 국토해양부)의 '교통요금카드제 도입 추진방안'에 따라 1996년 7월 서울 시내버스에 처음 도입된 후 전국적으로 시행 중이다. 도입 초기에는 시내버스로 교통수단이 한정되고 일부 지역에서만 사용되어 이용률이 저조했으나, 점차 이용 가능한 교통수단이 늘어나고 교통카드 이용 시 환승 할인을 받을 수 있게 되면서, 교통카드 이용률 및 이용 가능 지역이 증가하고 있다.

■ 서울시의 수단별 교통카드 사용률을 살펴보면 2008년 대비 모두 지속적으로 증가하는 추이를 보이고 있으며, 시내버스와 택시의 사용률이 특히 급증하고 있음을 알 수 있다. 교통카드 이용률의 증가는 신교통카드 시스템이 정착된 이후로 교통카드 이용 시에만 대중교통 요금 할인을 받을 수 있고 지하철–버스 간 환승 할인이 본격화되면서 종이승차권이나 현금을 이용하는 시민이 크게 줄었으며, 수도권의 경우 경기도 및 인천지역까지 환승적용 대상지역이 확대되어 대중교통 이용자의 95% 이상이 선·후불 교통카드를 사용하는 것으로 조사되었다. 부산시의 수단별 교통카드 사용률도 2008년 대비 모두 지속적으로 증가하는 추세에 있으며, 수단별 환승 할인 등의 혜택을 통해 교통비 절감 등 편리성 때문에 이용률이 지속적으로 증가하고 있는 것으로 나타났다.

■ 교통카드 이용 증가는 대중교통 이용자의 교통비 할인 혜택 이외에도 요금정산에 소요되는 시간이 최소화됨에 따라 통행시간 단축으로 인한 대중교통 서비스 개선으로 국민 편의를 증진하게 되었다. 또한 대중교통 시스템 기술 개선뿐만 아니라 교통카드 기반의 운임수입 정산으로 교통예산 배분의 투명성 확보 등 국가적 교통정책 차원에서도 강점을 가지고 있다.

■ 교통카드 호환성을 확보하여 이용자의 편의를 증진하고 대중교통 이용을 활성화하기 위해 추진된 2008년 12월 '교통카드 전국호환계획(One Card All Pass)'은 2013년까지 전국 7개 특별광역시와 107개 시, 군의 교통카드를 지역과 관계없이 사용할 수 있도록 목표를 설정하여 현재 꾸준히 추진되고 있다.

■ 국가·지자체는 전국호환을 위한 제도 및 기술기반을 마련하고, 사업자에게 전국호환의무를 부과하며, 이를 위하여 자자체 등에 교통카드 호환칩 교체 및 정산시스템 구축비용의 일

부를 지원할 계획이다. 또한 사용 가능한 교통수단도 기존의 시내버스, 전철/지하철, 택시에서 시외버스, 철도 등 지역 간 대중교통수단으로까지 확대하려는 정책 방향을 설정하고 있다. 교통카드 전국호환계획이 시행되면, 전국 어디서나 어떤 교통수단이든 이용할 수 있다는 점에서 국민의 교통편의가 증진된다는 장점이 있으며, 국가적 차원에서도 중복투자 등을 최소화할 수 있다는 장점이 있다. 이러한 교통카드 시스템은 지능형교통체계(ITS)의 대표적인 사례로 국내외 교통부문에 신규사업으로 수출·적용되고 있다.

도시교통체계에 대한 투자 지속 필요

■ 대한민국은 온실가스 배출량을 2020년 BAU 대비 30% 감축을 선언했으며, 교통 부문에 대해서는 34.3% 감축하기로 목표를 설정했다. 이를 달성하기 위해서는 도로 위주의 교통체계에서 도보, 자전거 등 친환경적 교통체계 및 대중교통수단의 역할이 대폭 확대되어야 할 것이다. 특히 대중교통의 활성화를 위해 서울시를 비롯하여 전국 대도시에서 버스에 대한 준공영제를 실시하여 버스의 수송분담률이 상승하는 효과를 가져와 세계로부터 많은 관심의 대상이 되어 왔다. 따라서 이를 지속적으로 유지 및 발전시키기 위해 도시교통체계에 대한 투자가 계속 확대되어야 할 것이다. 또한 20년 감축 목표치를 달성하기 위해서는 그린카 보급이 필수적인데, 현재의 보급속도로는 목표 달성이 어렵기 때문에 보다 적극적인 그린카 보급을 위한 지원정책이 확대되어야 할 것이다.

■ 한편 미래 녹색성장을 위해서는 교통 분야에 대한 투자를 억제해야 한다는 주장이 많이 제기되고 있지만, 선진국의 사례를 보더라도 현재의 교통체계를 지속 가능한 교통체계로 전환하기 위해서는 많은 예산이 요구된다. 도로 중심의 교통체계에서 탈피하여 철도 및 친환경 교통수단으로의 교통체계로 변화하기 위해서는 그 기반을 닦기 위한 지속적인 투자가 필수 불가결하다. 예를 들어, 전기차의 원활한 보급을 위해서는 전기차를 위한 충전소가 곳곳에 설치·운영되어야 하고 도로에도 전기차를 위한 특별한 장치들이 필요하다. 따라서 녹색성장의 기틀을 마련하기 위해서도 지속적인 SOC 투자는 필요한 전제조건이다. 다만 이를 위한 재원에 대해서는 국가 차원의 논의가 선결되어야 하며 그에 따라 적정 재원이 매년 교통부문 SOC 건설 및 유지관리 운영에 투자되어야 할 것이다.

보건·복지 부문 정책성과 평가

복지수요 증대에 대비해 효율적인 복지시스템 구축

■ 2007~2012년 기간 중 복지예산규모는 꾸준히 증가하는 추세를 보였으며, 총 지출 대비 복지지출 비중 또한 2007년 이후 지속적으로 증가하고 있다. 복지예산규모는 2007년 61.4조 원에서 2012년 92.6조 원으로 증가했고, 총 지출 대비 복지지출은 2007년 25.9%에서 2012년 28.5%로 증가했다. 그 결과, 2012년 복지예산규모 및 복지지출 비중은 역대 최고 수준으로 나타났다. 이와 같은 복지예산규모 증가의 주요 원인은 국민연금급여 지출 본격화, 건강보험급여 지원 증가, 실업급여를 포함한 고용보험과 산재보험 확대 등에서 찾을 수 있다.

■ 향후 저출산·고령화가 가속화되고 경기침체로 인한 취약계층의 복지수요가 증가할 것으로 예상되면서, 복지지출 역시 급증할 것으로 예상된다. 따라서 복지재정의 지속 가능성을 감안한 효율적인 복지시스템을 구축하고 사회안전망을 더욱 촘촘히 설계할 필요가 있다.

건강보험제도 개선으로 중장기 지속성 확보

■ 의료비는 향후 복지재정을 위협하는 주요 요인 중의 하나다. 우리나라 국민의료비의 GDP에 대한 비율은 2000년 4.5%에서 2010년 7.1%까지 지속적으로 증가했음에도 불구하고 여전히 OECD 평균치 9.5%보다 낮은 수준이다. 그러나 2000~2010년간 우리나라 의료비 실질증가율은 9.0%로 OECD 평균 4.5%의 두 배에 달하는 것으로 나타났다. 이는 국민의료비의 증가속도가 일반경제(GDP)의 증가속도보다 빠르기 때문이다. 2000년대에 들어와서 GDP 증가속도는 둔화되기 시작했지만, 국민의료비는 빠른 인구고령화, 2000년에 시행된 의약분업제도와 이에 따른 수가인상, 2005년대 중반 이후 계속된 보장성 확대정책 등으로 지속적인 증가세를 보이고 있다.

■ 국민의료비 중에서도 특히 공공의료비가 빠르게 증가하고 있는데, 우리나라의 GDP 대비 공공의료비는 2000년에 2.2%에 불과했으나 2010년에 4.1%까지 높아졌다. OECD의 GDP 대비 공공지출 국민의료비가 2000년에 5.5%에서 2010년 6.8%까지 증가한 것과 비교해볼 때 우리나라 국민의료비 중 공공의료비의 증가속도가 매우 빠름을 알 수 있다. 그 결과 우리

나라 공공의료비 비중은 2000년 48.6%에서 2010년 58.2%까지 높아졌는데, 이는 건강보험 지출규모의 증가에 기인한다.

- 건강보험은 1987년 한방의료보험 도입을 시작으로 건강보험 급여를 확대해왔다. 2005년부터 보장성 확대 로드맵을 마련하여 중증질환자 및 저소득계층의 의료비 부담을 경감하는 보장성 강화계획을 두 차례에 걸쳐 추진해왔다. 1차 계획(2005~2008년, 총 3.5조 원)에서 암, 심장질환 등 중증질환 진료비가 경감되었고, 2차 계획(2009~2013년, 총 3.1조 원)에서 MRI, 초음파, 노인틀니, 본인부담 경감 등이 시행되었다. 향후에도 필수의료 및 중증질환 중심으로 보장성을 강화할 계획이다.

- 이와 같은 보장성 확대정책과 더불어 인구고령화, 소득증가 등에 따른 의료이용량 급증으로 인하여 건강보험 재정은 2009~2010년 당기적자를 기록하여 위기상황에 직면한 바 있다. 그러나 지출절감 및 수입확충 등의 재정안정대책 추진으로 2011년 말 당기수지 6,008억 원 흑자를 달성했다. 향후에도 지속적인 수입확충 및 지출 효율화를 통하여 적정 수지를 관리함으로써 당기수지 균형을 유지하고, 지불제도와 보험료부과체계, 약가제도 등 의료비에 영향을 미치는 제도를 개선함으로써 건강보험제도의 중장기 지속성을 확보할 필요가 있다.

연금의 재정안정성 강화

- 2011년 기준 65세 인구 중 공적 연금(국민연금, 공무원연금, 사학연금) 수급자는 180만 명으로 65세 이상 인구의 31.7%가 공적연금을 받고 있다. 연금 종류별 65세 이상 연금수급자 비율을 살펴보면, 국민연금이 28.3%(161만 명), 공무원연금이 3.0%(17만 명), 사학연금이 0.4%(2만 명)다. 건강보험과 함께 보건 분야의 주요 사회보험제도인 국민연금의 재정 현황을 살펴보면, 국민연금기금은 1988년부터 2011년까지 419조 3,275억 원을 조성하여 연금급여 등으로 70조 4,598억 원을 지출하고, 2011년 말 기준 시가기준 348조 8,677억 원을 보유하고 있다.

- 향후 예상되는 평균수명 연장을 반영할 경우 국민연금수급자 수가 큰 폭으로 증가하여 제도부양비가 급격하게 증가할 것으로 예상된다. 또한 연금수급기간이 늘어나 기존 가정에 비

해 연금수지적자 및 기금소진시점이 앞당겨질 것으로 전망된다. 따라서 국민연금 재정안정성 강화를 위한 조치들이 필요하다는 판단하에, 두 차례에 걸친 연금개혁을 통해 국민연금 급여 수준이 40%(2028년 기준)로 삭감된 바 있다. 향후에도 국민연금제도의 재정안정화를 위한 조치들이 지속적으로 강구될 필요가 있다. 이미 두 차례에 걸쳐 이루어진 급여 수준 삭감 방식은 어렵다고 하더라도, 평균수명 연장 추이에 연금수급기간을 연동시키는 자동안정화장치(built-in-stabilizer) 도입방안 강구, 중고령자의 고용 가능성 제고, 임금 피크제 도입 등이 고려될 수 있을 것이다.

국민 건강 수준의 향상

■ 우리나라 국민의 건강 수준은 비약적으로 증가하여 OECD 회원국 평균 수준보다 높은 것으로 나타났다. 1993년 이후 기대수명은 남녀 모두 꾸준히 증가하여, 2010년 남성의 기대수명(77.2년)은 1993년(68.8년) 대비 8.4년, 그리고 2010년 여성의 기대수명(84.1년)은 1993년(76.8년)에 비하여 7.3년 증가했다. 1993년 이후 남성은 연평균 0.5년씩, 여성은 0.4년 증가하여 같은 기간 OECD 연평균 증가분(남 0.3년, 여 0.2년)보다 더 빠른 속도를 보이고 있는 것으로 나타났다. 이를 OECD 회원국 평균과 비교하면, 우리나라 남성 기대수명(77.2년)은 OECD 회원국 평균(76.7년)보다 0.5년, 여성(84.1년)은 OECD 회원국 평균(82.3년)보다 1.8년 높은 것으로 나타났다. 순위로 보면 OECD 34개 회원국 중 우리나라 남성 기대수명은 21위(1위는 스위스 79.9년), 여성은 6위(1위는 일본 86.4년)에 해당된다.

■ 국민 건강 수준의 또 다른 주요 지표인 영아사망률(출생아 천 명당) 역시 보건의료기술 발달로 1993년 9.9%에서 2010년 3.2%로 꾸준하게 감소하고 있다. 임신부의 임신 중 관리 및 산욕기 관리, 신생아의 출생 및 출생 후 관리의 큰 발전이 신생아기의 사망률 감소에 기여했다. 한국의 영아사망률은 OECD 회원국 평균 수준인 4.3%보다 낮은 수준이다.

■ 항생제 사용량 증가는 항생제에 내성을 지닌 감염균의 증가로 이어지기 쉽고 이는 국민 건강에 심각한 위협이 될 수 있다. 우리나라의 항생제 및 주사제 처방률은 요양급여 적정성 평가를 시행한 이후 꾸준히 낮아지고 있다. 항생제 처방률은 2008년 27.8%에서 2011년

24.7%로 3.1%p 감소했고, 주사제 처방률 역시 2008년도 23.5%에서 2011년 20.4%로 3.1%p 감소했다. 향후에도 주사제 처방률을 평가하는 등 항생제 처방률 감소를 위해서 호흡기계질환 항생제 처방률, 수술의 예방적 항생제, 유소아 중이염 항생제 등으로 대상을 확대할 계획이며, 이러한 활동을 통하여 항생제 처방률을 지속적으로 낮출 수 있을 것으로 기대된다.

▪ 암으로 인한 국민의 의료비 및 사회경제적 비용 부담을 완화하고 암 발생률과 암 사망률을 줄이기 위해 국가 암 검진사업이 1999년부터 실시되어왔다. 처음에는 의료급여수급자를 대상으로 시작했으며, 2002년에는 건강보험료 기준 하위 20%, 2003년에는 하위 30%, 2005년에는 하위 50%까지로 대상자가 확대됨에 따라 수검자도 증가하고 있다. 국가 암 검진사업 수검률(수검자를 대상자로 나눈 비율(%))은 매년 높아지는 모습을 보이고 있다.

보건의료자원의 지속적 증가

▪ 우리나라의 보건의료자원은 2000년 이후 지속적으로 증가하고 있다. 국제적으로 비교 가능한 보건의료자원의 대표적인 척도는 인구 10만 명당 의료인 수와 인구 1천 명당 병상 수다. 먼저, 우리나라의 인구 10만 명당 의료인 수는 2000년 이후 지속적인 증가 추세를 나타내고 있다(2000년 578명→2005년 711명→2010년 947명). 여기서 의료인이란 의료법 제2조에 따른 보건복지부장관의 면허를 받은 의사·치과의사·한의사·조산 및 간호사를 말한다. 2010년 기준 활동의사 수는 2.4명으로 OECD 국가 중 미국과 비슷하며, 일본(2.2명)보다 높은 수준이다. 우리나라의 전체 병상 수 또한 2000년 이후 지속적인 증가 추세를 나타내고 있다(2000년 6.1개→2004년 7.4개→2011년 11.4개). 인구 1천 명당 병상 수도 8.8병상(2010년)으로 OECD 평균인 4.9병상보다 높은 수준으로 나타났다.

저소득·취약계층에 대한 사회안전망 확충

저소득층의 자활 지원을 통해 소득분배 개선

▪ 소득불평등을 나타내는 대표적인 지표인 지니계수(도시 2인 이상, 가처분소득 기준)는 1990년

대 초부터 계속 악화되었으나, 금융위기를 경험한 2009년(0.295)을 정점으로 조금씩 개선되는 모습을 보이고 있다(2011년 0.289). 5분위배율은 1993년의 3.7배에서 2009년 4.97배까지 높아졌다가 그 이후 2년 연속 4.82배를 유지하고 있다. 상대빈곤율은 1990년대 초 7% 중반에 머물렀으나 IMF 위기를 경험하면서 11.4%(1998년)까지 높아졌다. 그 이후에도 지속적으로 높아져서 2009년의 금융위기 당시 13.1%로 최고점을 기록했고, 그 이후 2년 동안 12% 중반에서 횡보하는 모습을 보이고 있다. 기초보장제도와 같은 사회안전망 확충 등으로 이전 소득이 증가한 것이 소득분배의 악화를 막아주는 주요 원인으로 작용하는 것으로 보이며, 앞으로도 소득분배 개선을 위해 양질의 일자리 창출 등을 통해 저소득층의 고용여건을 개선하고, 저소득·취약계층에 대한 사회안전망 확충 등을 지속해나갈 필요가 있다.

■ 국민기초생활보장제도는 가구의 소득인정액이 최저생계비 이하인 계층으로서 생계, 주거, 교육, 해산, 장제급여 등의 기초생활보장급여 수급자로 가구(세대)단위로 급여하는 제도를 말한다. 이 제도는 지난 40년간 시행되었던 시혜적 단순보호 차원의 생활보호제도로부터 저소득층에 대한 국가 책임을 강화하는 복지시책이며, 국가의 보호를 필요로 하는 절대빈곤층의 기초생활을 보장하되, 종합적 자립자활 서비스 제공으로 생산적 복지를 구현하기 위한 제도다. 매 3년마다 실시하는 최저생계비 계측조사로 최저생계비가 인상되는 해의 경우 예년에 비해 큰 폭으로 수급자가 증가하고 있으며, 2010년부터 각종 복지급여 서비스를 통합 지원하는 사회복지통합관리망을 통하여 업무가 이루어지고 있다. 현행 기초생활보장제도 시행 이후 최저생계비 이하 비수급빈곤층 축소를 위해 기초생활 부양기준 및 재산기준의 완화를 꾸준히 추진해왔으며, 앞으로도 비수급빈곤층의 점진적 축소를 위해 부정수급 단속 등 적정 급여를 강화함과 동시에 부양의무자 재산 및 소득기준 완화를 점진적이고 단계적으로 추진할 예정이다.

장애인·노인 등 취약계층 지원제도 확충

■ 장애인연금은 2010년 7월에 18세 이상 중증장애인을 대상으로 도입되었다. 이는 그간 1990년에 도입되어 운영되어오던 장애로 인한 추가비용 보전성격의 장애수당 중 중증장애수당을 확대 개편한 것인데, 제도도입 이전의 중증장애수당 수급자 수는 기초생활보장 수

급자 및 차상위계층 대상으로 208,000명이었다. 제도 도입 이후에는 지원범위를 차차 상위 수준(소득하위 56% 수준)까지 확대함에 따라 수급자 수가 308,000명으로 대폭 확대되었으며 (2011년 12월 말 기준), 급여액 또한 물가변동을 반영하여 인상 지급하고 있다.

■ 노인장기요양보험제도는 고령이나 노인성 질병 등 목욕이나 집안일 등 일상생활을 혼자서 수행하기 어려운 이들에게 신체활동·가사지원 등의 서비스를 제공하여 노후생활의 안정과 그 가족의 부담을 덜어주기 위하여 2008년 7월부터 도입된 사회보험제도다. 시행 초기에 비하여 대상자 수가 꾸준히 증가하여 2011년 12월 말 기준 전체 노인인구(5,642,000명) 대비 5.7%(324,000명) 정도가 장기요양 혜택을 받고 있으며, 고령화의 진전과 급여범위 확대로 향후 급격한 수요증가가 예상되고 있다.

농업 부문 정책성과 평가

돈 버는 농업인, 살맛 나는 농어촌 건설

■ 이명박 정부의 농정기조는 국민의 먹거리를 책임지는 성장산업으로서 농림수산식품산업을 육성한다는 비전하에 '돈 버는 농업인, 살맛 나는 농어촌' 건설을 목표로 하고 있다. 농정의 틀을 '돈 버는 농업인'과 '살맛 나는 농어촌'으로 구분하여, '돈 버는 농어업'에는 공격적인 '창'으로 경쟁력 강화정책을 도입하고, '살맛 나는 농어촌'에는 방어적인 '방패'로서 직접지불제, 지역사회 유지, 농어업의 공익적 기능 강화 등 시장실패의 보완으로 농어촌의 생활지원정책을 도입했다.

■ '돈 버는 농업'을 위해서는 농업생산 중심의 공급주도방식이 아니라 수요 측면인 농수산식품유통법인이 생산자를 이끌어가는 수요견인방식으로 정책을 전환했다. 이와 함께 전통적인 1차 산업 성격의 농어업 부문에 2·3차 산업을 접목했다. 부가가치 제고 및 수출 산업화를 지향하는 농어업의 2·3차 산업과 융복합화, 생산·유통조직화 실현 및 민간의 인력·자본 활용을 유도함으로써 농업인이 주인이 되도록 권한과 책임을 동시에 부여하는 전략을 추구했다. 주요 실천과제로는 '농식품유통 혁신' '핵심인력 양성' '식품산업 육성' '규제 완화' 등을 들 수 있다. 관련 기관의 조직화와 차별화를 통한 기업가정신으로 성장을 견인하고자 했다. '살맛 나는 농어촌'을 위해서는 농어가 소득과 경영안정, 균형발전 및 지역사회 유지, 농어업의 공익적 기능 강화 등 방어적 정책을 핵심전략으로 채택했다.

농협 개혁 및 농림어업 생산액 증가

■ 협동조합 본연의 기능인 경제사업을 활성화하고, 농협중앙회 사업구조 개편을 위한 '농협법' 개정을 완료했다(2011. 3). 현 농협중앙회를 1중앙회−2지주회사(경제·금융)체제로 전환했고, 농협경제지주회사가 농축산물 판매·유통·가공 등 경제사업을 전담하도록 함으로써 전문성과 책임성을 제고했다. 한편 사업구조 개편에 따른 부족자본금 및 세제지원방안을 마련하여 과도기적 전환비용 발생을 최소화했다(2011. 9).

■ FTA대책으로는, 피해 최소화 및 경쟁력 강화를 위한 지원을 확대했다. 당초 21.1조 원에서

22.1조 원으로 1조 원대의 지원규모를 상향 조정했다. 피해보전직불제 발동요건을 완화했고 (80→85%), 시설현대화 지원 확대(2.2조 원→4조 원), 농어업용 면세유 지원 확대 등 재정·세제 지원을 강화했다.

■ 2004년 이후 40조 원 수준에서 정체되었던 농림어업생산액이 2008년부터 큰 폭으로 증가했다. 2000년 37.1조 원, 2007년 41.6조 원, 2008년 46.0조 원, 2009년 49.9조 원, 2010년 50.9조 원으로 지난 2000~2010년 10년 동안 연평균 3.2% 성장, 2007~2010년의 3년 동안은 연평균 6.7% 성장하여 전 정부에 비해 크게 증가했다. 이는 음식점 원산지표시제도 등 소비자 신뢰 구축을 위한 정책적 노력이 농수산물 생산 증가 및 판매가격 상승으로 이어진 결과로 해석된다.

식품산업의 성장 및 수출 확대

■ 규제 대상이던 식품산업을 고부가가치화·전략산업화하여 식품산업의 지속적인 성장 및 수출 확대가 견인되었다. 이는 식품산업진흥 기본계획 수립(2011. 9) 및 김치·전통주·장류 등 전통식품의 세계화를 통한 수요 창출에 힘입은 바 크다. 세계적인 경제불황에도 불구하고, 2011년 농식품 수출액은 76억 달러로 전망(2011년 기준 65.6억 달러)되며, 최근 4년간 38억 달러 정도 증가했다(2007 38억 달러). 이는 2008년 이전에는 농식품 수출 10억 달러 증가에 20년 소요된 것에 비하면(1988년 32억 달러→2008년 45억 달러) 우리 농식품 수출 성장속도가 최근 급격하게 증가한 것을 알 수 있다. 이와 함께 한식의 본격적인 해외진출로 인지도 및 국가브랜드 가치가 제고되었다. 뉴욕 시민의 한식 선호도가 증가했으며(2009년 9% → 2011년 31%), 미슐랭가이드가 인증한 스타급 한식당이 4곳에 달하고 있다.

■ R&D투자 효율화, 종자·생명산업 등 농식품 분야 성장동력 확충 및 기후변화 대응방안을 마련했다. R&D 공동기획단 운영으로 중복투자 사전차단 및 종자·종묘 개발을 위한 'Golden seed project'를 추진함으로써 2012~2021년의 9년간 4,911억 원 규모의 투자계획을 설정했다. 이와 함께 '기후변화 대응 세부추진계획' 및 '농식품 분야 온실가스 감축목표' 수립 등 정책적 대응노력을 강화했다.

식품안전과 수급안정 대책 강화

- 소비자의 알 권리, 선택권 강화를 위한 제도를 개선했다. 음식점 원산지 표시제도 및 이력제를 확대 실시했고, 인증제 통폐합 등 인증체계 정비를 통한 행정의 효율성을 달성했다.

- 유통구조 개선, 쌀 가공산업 활성화 등 수급안정 대응을 강화했다. 농협 계약재배 및 사이버거래소 직거래를 확대했고, 쌀 가공산업에 대기업 참여로 가공제품 개발 및 수요를 확대했다. '국가곡물조달시스템'을 구축하기 위해 미국 현지에 곡물회사를 설립했고, 러시아와의 협력을 강화했다.

농어가 경영안정 및 활력 증진 대책 추진

- 농어업재해보험 확대, 농지연금제도 신규 도입 등 농어가 경영안정 및 복지지원을 강화했다. 재해보험 대상품목을 가축, 양식수산물, 농어업용 시설물까지 늘리고, 대상재해도 자연재해에서 병충해, 화재 등으로 확대했다. 또한 농기계 구입비용을 절감하고 중고 농기계 매입 등으로 농가 부채를 경감했다. 고령 농업인에게는 농지를 담보로 제공하고 매월 일정액 연금을 지급함으로써 노후 농어업인에게 최소한의 소득을 보장했다.

- 정주여건 개선, 의료·교육 등 공공 서비스 지원을 확대하여 농어촌주민 삶의 질 향상 및 인력 유입을 촉진했다. 농어촌 공공 서비스 기준, 영향평가제도 등 선진제도 도입 및 제1회 '귀농·귀촌 박람회' 개최 등 도시민 유입을 위한 정보를 제공했다. 그 결과 귀농가구 수는 꾸준하게 증가했고, 최근 들어 증가폭이 가파르게 상승하고 있다(2007년 2,384호→2008년 2,218호→2009년 4,080호→2010년 4,067호). 한편 농어촌 활력 증진을 위해 범국민적으로 '우리 농어촌 운동'을 추진했다.

대내외적으로 농업 경쟁력 확보 시급

농업시설·유통체계 등에서 경쟁력 미확보

■ 한·미, 한·EU FTA 등 시장개방 확대에 대처하기 위한 시설 분야 신규투자는 미흡한 것으로 평가된다. '선(先) 대책, 후(後) 비준' 원칙에 따라 국내보완대책을 마련·시행 중이지만, 시설 노후화 등으로 자생적 경쟁력 확보에 한계가 있다.

■ 협동조합 중심으로 구축된 농수산물 유통체계가 미흡한 것으로 판단된다. 농산물 수급안정대책(2011. 1) 추진에도 불구, 배추나 고추 등 일부 품목의 수급불안이 반복되어 나타났다. 농수산물 수급 및 물가안정을 위해 필요한 생산자단체의 조직화, 계통출하, 수급조절시스템이 취약했고, 유통구조 개선대책 추진 초기 단계로 성과를 가시화하기에는 내·외부요인(상품특성, 기후 등) 및 판매사업에서 농협의 역할이 부족하기 때문으로 풀이된다.

■ 사상 최악의 구제역, AI 등 가축질병 발생으로 경제적·사회적 비용 낭비가 초래되었다. 열악한 축사환경 등으로 가축질병 발생에 구조적으로 취약했고, 초동대응 및 백신접종 등 상황별 대응시나리오(SOP)가 미흡했기 때문이다.

농어가 소득과 생활여건 개선은 미흡

■ 농어가 소득정체 및 경영비 부담이 가중되었다. 평균 농어가 소득은 3,000만 원 수준에서 정체되어 있으며, 2007년 농가가구 소득은 도시근로자가구 소득의 72.9%, 어가 소득은 69.9%, 2010년도에는 66.8%, 74.2%에 불과함으로써 도시근로자가구의 2/3 수준에 불과한 것으로 나타났다. 이는 사료, 농약가격 등 농어가 구입가격지수는 상승하는 반면, 농어가 판매지수는 하락하여 농어가 교역조건은 악화되었기 때문이다.

■ 식품산업의 영세성, 식품산업과 농어업 간 연계 부족으로 농어업의 부가가치 제고에 한계가 있다. 대부분의 식품제조·외식업체가 영세·자영업자(5인 미만 업체 84.5%) 중심으로 운영됨

으로써 규모의 경제 및 장기발전계획 수립 등이 제약되고 있다. 국산 음식재료에 대한 소비자 선호도는 높지만, 안정적인 원물공급체계 미흡, 낮은 가격경쟁력 등은 보완해야 할 과제로 대두되고 있다.

■ 농어업인 '삶의 질 개선대책' 추진으로 복지여건 개선 등 일부 성과도 있지만, 생활여건은 여전히 미흡한 것으로 나타났다. 의료·교육 등 기초생활 서비스에 대한 도시-농어촌 간 격차는 좁혀지지 않고 있으며, 농어촌의 활력도 저하된 것으로 나타났다. 삶의 질 만족도 조사에서 2008년 농업인/도시민의 만족도의 상대적 비율이 13.1%/19.3%에서 2010년에는 12.6%/26.9%로 농업인의 삶의 질 만족도가 상대적으로 하락한 것으로 나타났다. 이는 농어촌 삶의 질 개선을 위한 범부처적 관심과 지원 노력이 부족했기 때문으로 풀이된다.

어업구조의 선진화로 고부가가치 산업화

금액 기준 어업 생산량과 수출입 증가 추세

■ 총 어업 생산은 생산량 기준 2007년 3,275,000M/T에서 2008년 3,361,000M/T로 증가했다가 연속 2년간 감소했으며, 2011년 3,256,000M/T로 2007년 수준을 회복 중이다. 부분별로는, 원양어업은 꾸준히 줄어들고 있으나 천해양식, 원양어업은 생산 답보 상태이다. 이와 같은 생산량의 기복에도 불구하고 금액을 기준으로 한 일반어업 생산은 5년간 증가 추세를 보이고 있다. 이는 수산물의 가격이 꾸준히 상승하고 또한 어업 구조가 부가가치 어종 위주로 바뀌고 있음을 시사한다.

■ 2007년부터 2011년까지 수산물의 수출, 수입은 모두 증가 추세를 보이고 있다. 2011년 기준 수입이 41.9억 달러, 수출이 23억 달러로 약 19억 달러의 수입 초과를 기록하여 2007년 18.3억 달러 입초와 비슷한 차이를 지속적으로 유지하고 있다. 수산물 계통판매량은 물량 기준 2006년 120만 톤 수준에서 약 30%가 증가한 2010년 153만 톤을 상회했다. 이는 전체 생산량이 정체한 상태에서 계통판매량이 증가한 것으로 수산물 유통의 건전성이 높아지고 있음을 의미한다. 가장 높은 비중을 차지하는 것은 어류로서 2006~2010년간 물량 면에서 모두 50%를 상회하고, 갑각류 등이 뒤를 잇고 있다.

어가 소득의 증가와 더불어 부채도 매년 증가

■ 어가 소득은 2006년 처음 3,000만 원을 돌파하여 2007년에 3,066만 원을 기록했으며 이후 지속적으로 증가, 2011년 3,862만 원을 기록했다. 어가 소득은 2008년 처음으로 농가 소득을 추월했는데, 이는 2006~2008년 3년간 농가 소득이 연속적으로 감소했기 때문으로 판단된다. 반면, 2000년대 중반 이후 어가 소득과 도시 가계소득의 격차는 점차 확대되는 추세로 어가 소득이 도시민의 70% 전후 수준이다.

■ 어가 부채는 2006~2008년 3년간 감소 추세를 보였으나 이후 다시 매년 2.4%씩 증가하여,

2011년 가구당 평균 3,786만 원(2007년 3,440만 원)을 기록, 이에 대한 대책이 시급하다.

- 2007년부터 2011년까지 어가 호수는 73,934가구(2007)에서 63,251가구(2011)로, 어가 인구는 20만 명(2007)에서 17만 명(2010)으로 지속적으로 감소해왔고 노령화도 가속화되고 있다.

환적물량 증가에 비해 해운 수익성은 악화

- 국내에서는 대외 교역량이 증가하고 특히 우리의 가장 큰 교역 상대인 중국, 아세안 지역의 경제 발전이 가속화됨에 따라 컨테이너 처리 물량도 많이 늘어나고 있다. 특히 중국 경제 발전으로 우리나라를 이용하는 환적 물량도 증가 추세다. 이는 중국이 경제 발전보다 항만 개발이 늦어 한국 이용 환적 물량이 증가했고, 한국은 과거 동북아 물류 허브를 지향하여 충분한 항만여건을 조성한 결과로 볼 수 있다.

- 우리나라의 해상 수출입 물동량은 지난 5년간 4.5%씩 증가해왔다. 이는 우리의 경제성장과 거의 유사하게 변화되어 온 것으로 평가된다. 반면 연안화물 수송량은 동 기간 약 1.46% 증가에 그쳐 정체되어 있다. 연안 해송의 이용률 저조로 연안을 활성화하여 육상의 도로 분담을 줄이고 이산화탄소 배출량을 줄이자는 계획의 달성에는 다소 어려움이 있어 보인다. 2010년 말 기준 국내 10대 선사가 선박보유량의 73%를 차지하고 주로 정기선 운항에 참여하고, 중소 선사는 자본과 비용이 많이 드는 정기선사 대신 벌크선 등 부정기선을 많이 운항하고 있다.

- 2008년 이후 해운 시황 급락으로 악화된 수익성은 최근의 물동량 개선, 선사들의 지속적인 비용절감 노력 등으로 소폭 반등을 보이고 있으나 회복 속도는 과거 대비 아직 부진한 상황이다. 2010년 말 기준 국내 해운선사의 매출액 영업이익률은 5%를 밑돌아 낮은 수준을 보이고 있다. 최근 연료유 가격도 크게 상승하고 원가를 압박하는 요인으로 작용하여 선가는 하락하는 추세다. 또한 전 세계 선박보유량이 늘어 운임지수 하락을 부채질하고 특히 전 세계 경기후퇴로 물동량 감소로 이어져 과잉 선복을 발생시켜 지속적인 구조조정이 필요한 상황이다.

연안의 체계적·지속적 관리 통해 건강한 해양 조성

■ 과거의 판단기준을 적용하여 해양수질 현황을 살펴보면, COD 기준으로 동해는 청정한 편이나 서해안은 다소 떨어지는 것으로 나타나고 있다. 특히 2009년까지 해양수질이 다소 개선되다가 최근 다시 조금씩 악화되는 것으로 나타나 더 이상의 악화를 막기 위한 방안이 요구된다. 해양에 영향을 미치는 전체 해양오염의 80% 정도를 차지하는 육상기인 오염원의 경우 점오염원은 84% 이상의 하수 및 공장 오폐수 처리시설 가동으로 관리 및 통제가 원활하게 이루어지고 있으나 비점오염원은 아직도 관리되지 못하고 있어(하수도보급률: 2004년 68.5% → 2010년 84.0%) 향후 비점오염원 관리 위주로 전환이 필요하다.

■ 육상폐기물의 해양 덤핑은 크게 줄어들고 있고 해상에 해양생태계관리구역, 습지보호구역, 환경보전해역, 수산자원보호구역 등 연안·해양보호구역(Marine Protected Area: MPA)은 525개소, 약 1만㎢(2010년 말, 국토의 10%)를 지정하여 해양 생태계와 경관, 수질환경을 개선하고 있다.

■ 적조는 육상에서 흘러온 질소(N), 인(P) 등 영양염류가 바다로 흘러들어 이를 먹이로 삼는 박테리아의 이상 번식과 사망으로 바다가 붉게 변하여 일어나는 현상이다. 우리나라에서는 주로 인구가 밀집한 내 만에서 매년 발생하여 양식장, 항로 등 주변을 오염시킨다. 2008년까지 증가 추세를 보이다가 최근에는 감소되는 추세. 특히 마산만 등과 같이 폐쇄되어 지속적으로 발생하는 곳은 육상배출 오염원의 총량관리제를 통하여 전체 오염원이 통제·관리될 수 있는 시스템의 도입이 이루어져 성과를 보고 있어, 이를 울산만, 부산 연안 등 다른 만 지역이나 오염 의심 지역으로 확대하고 있다.

■ 제1차 연안관리계획을 시행하고, 새로운 제2차 연안관리계획을 추진하여 지역에서 연안 육역 및 해역 공간관리가 본격적으로 이루어졌고, 제2차 간척매립기본계획도 수립·시행되어 과도한 매립을 규제하는 등 해양공간의 체계적인 관리가 이루어지고 있다.

■ 해양오염 사고는 2000년대 접어들면서 해양환경 보전의식의 향상, 사고예방 활동의 강화 등

으로 감소 추세를 보였으나 2007년 이후 등락을 반복하고 있다. 사고 원인별로는 취급 부주의, 해난사고, 파손 등의 순서로 나타나 이를 막기 위한 철저한 안전교육, 상시관리 등이 요구된다. 좌초, 충돌, 화재, 전복, 침수 등 대형 인명사고와 해양오염을 유발하는 전형적인 해양사고 중 조난사고가 연평균 451척으로서 전체 사고의 46.4%를 차지한다. 이 중 선종별로는 어선이 전체의 해양사고의 70% 안팎으로 2007년 7월 1일 '해양긴급번호 122' 및 첨단 상황관제시스템 등의 시행 및 운영으로 선박구조율과 인명구조율은 향상되었다. 해양사고의 주요 원인이 운항 부주의와 정비 불량이므로 향후 철저한 정비와 정신무장교육이 필요하다.

에너지 부문 정책성과 평가

우리나라 에너지 수입의존도는 97%

에너지소비 증가율 둔화

■ 우리나라의 에너지소비 추이는 경제성장 및 경제구조의 변화와 밀접한 관계가 있다. 외환위기 이후 경제가 저성장기조를 보이고 에너지 저소비형 산업구조로 전환됨에 따라 에너지소비 증가세도 크게 둔화되는 모습을 보여왔다. 에너지소비 증가율의 둔화와 동시에 나타난 특징은 에너지소비 증가율이 경제성장률보다 낮은 추세가 지속되었다는 점이다. 에너지소비가 2000년대 들어 과거와 달리 낮은 증가세를 유지하는 가운데 2008년 미국의 금융위기로 촉발된 세계적 경기침체의 영향으로 국내경제가 급격히 위축되자, 2009년과 2010년에는 경제성장률이 에너지소비 증가율보다 더욱 낮아지는 모습을 보였다.

■ 이에 따라 2000년대 들어 2008년까지 총 에너지수요의 GDP탄성치(에너지소비증가율/경제성장률)가 1 미만의 수준을 유지했으나 2009년과 2010년에는 1을 초과했다. 그리고 2000년대 들어 지속적으로 하락하던 에너지원 단위가 상승하는 등 에너지소비와 관련된 지표들이 기존 추세와는 다른 결과를 보여주었다. 이는 중·장기적인 에너지효율 개선 추세 속에서 에너지 다소비산업의 생산활동 및 전력수요 증가로 일시적으로 발생한 것으로, 2011년에는 에너지원 단위가 개선 추세로 돌아섰다.

■ 2000년대 중반 이후 국제 원유가가 급등하면서 원유가는 국내 에너지시장 및 경제성장에 핵심 변수로 등장했다. 2008년 말 금융위기 여파로 배럴당 30달러대까지 급락했던 두바이 원유가격은, 경기부양에 따른 석유수요 증가와 중동지역의 지정학적 공급불안으로 2011년 2월에 배럴당 100달러대로 상승했으며 유로지역 경제위기의 영향으로 인한 세계경제 성장세 위축에도 배럴당 100달러 이상을 유지하고 있다. 이렇게 2000년대의 국제유가 급등과 고유가의 지속으로 연료용 석유는 천연가스 등 타 에너지로 대체됨에 따라 2002년 이후 감소 추세에 있다.

에너지원 다변화

■ 에너지원별로는 1960년대에는 석탄과 신탄이 주요 에너지였으나, 1970년대 들어서는 중화학공업 육성 등으로 석유 비중이 급격히 상승하면서 석유가 주요 에너지로 등장했다. 1980년대 이후에도 석유는 주 에너지원으로서의 위치를 견고하게 유지했으나, 1990년대 후반에 들어서면서 사용이 편리한 도시가스 및 전기의 소비가 크게 증가하면서 석유의 소비 비중은 축소되기 시작했다.

■ 우리나라의 석유의존도는 2002년에 50% 이하로, 2011년에는 38.7%까지 하락했다. 1980년대 후반에 도입된 LNG는 1990년대에 연평균 20.1%라는 빠른 소비 증가세를 기록하면서 2011년에는 소비 비중이 17.2%로 확대되었다. 전력수요 증가에 따라 발전용 유연탄 소비도 빠른 증가세를 지속했다. 2011년 유연탄은 총 에너지소비의 26.7%를 차지하여 석유에 이은 제2 에너지원의 위치를 유지하고 있다. 1960년대에 에너지소비의 40%를 담당했던 무연탄소비는 1988년을 기점으로 감소하기 시작하여 2011년에는 그 비중이 2.5%로 감소했다.

■ 에너지 수요의 지속적인 증가와 장기적인 에너지원별 소비구조 변화에 따라 에너지 자급율도 크게 낮아졌다. 우리나라의 에너지 해외의존도는 1980년 73.5%에서 1990년 87.9%로 상승했으며, 2000년 이후 97% 내외 수준을 유지하고 있다.

에너지 수요 및 기후변화 대응을 위한 다양한 에너지 정책 추진

에너지 수급 안정

■ 에너지 수입의존도가 97%에 이르는 우리나라는 지속적으로 증가하는 에너지 수요 및 기후변화 대응을 위하여 다양한 에너지정책 대안을 설계해왔다. 녹색성장기본법 및 시행령 제정을 통한 온실가스·에너지소비 목표관리제 도입(2009년), 연료비연동제(2011년), 신재생에너지 의무할당(RPS, 2012년), 탄소배출권 거래제도 도입 등이 우리나라 정책 변화를 대표하고 있다. 목표관리제는 기존의 '에너지목표관리제'를 '온실가스 및 에너지 목표관리제'로 확

대·전환하는 것을 의미한다. 연료비연동제는 원가를 제대로 반영하지 못하는 에너지가격을 현실화하기 위하여 시장기능을 강화하는 것을 의미한다. 한편, 저탄소 녹색성장의 인프라로서 스마트그리드, 전기자동차 보급, 그린홈 보급 등 신규 상업을 통해 새로운 성장동력을 창출하는 것이 우리나라 정책 방향을 제시한다.

■ 정부는 2007년 이후 에너지효율 증대를 위한 기반 구축에 재정 지원을 확대하는 한편, 에너지절약시설 설치사업에 대규모 재정융자를 시행하고 있다. 에너지이용 합리화 재정지원은 2007년 21억 원 규모에서 2010년 434억 원 규모로 대폭 증가했다. 또한 에너지절약시설 보급·확산을 위한 융자는 2006년 이후 6,294~5,118억 원 규모로 지속되고 있다. 이와 더불어 정부는 법·제도적인 측면에서도 노력하고 있다. 에너지절약정책의 일환으로 '고유가 대응 수요관리대책' 수립(2009. 6), 연비제 개선안(2009. 7), 목표관리제 및 청정에너지 확대방안(2009. 11), 온실가스 감축목표 설정(2009. 11) 등을 추진했다. 2020년까지 온실가스 배출전망치(BAU) 대비 30% 감축하는 '국가 온실가스 중기 감축목표'(2009. 11)를 설정하여 온실가스 감축 대응 기반을 마련한 것도 성과로서 예시될 수 있다. 이는 에너지절약과 신재생에너지 보급 기반 확충은 향후 온실가스 감축에 필요한 국가적인 역량 조성에 해당되기 때문이다.

■ 1997년 수립된 '제1차 국가에너지 기본계획'에서는 석유의존도 감축 목표를 2020년까지 42.1%로 하고 있으나, 2008년에 석유의존도가 41.6%를 기록함으로써 목표를 조기 달성했다. 목표를 조기 달성한 배경에는 정부의 에너지원 다원화 정책적 요인과 국제유가의 급등이라는 대외적 요인이 복합적으로 작용한 결과다. 2008년 수립된 '제1차 국가에너지 기본계획(2008~2030)'에서는 에너지 공급구조 개선을 통해 석유의존도를 2030년까지 33%로 축소하는 것을 목표로 한다. 석유의존도는 2008년 41.6%에서 2011년에 38.7%를 기록하여 40% 미만으로 하락했다. 최근의 석유의존도 하락 추세를 보면 제1차 국가에너지 기본계획(2008~2030)에서의 2030년도 목표가 달성될 가능성이 높다. 향후에도 석유의존도의 감축을 통한 경제의 부담 완화를 지속적으로 추진할 필요가 있다. 이를 위해 하이브리드, 전기차 등 고효율차량 개발·보급과 신재생에너지의 보급 및 이용 확대가 필요하다.

■ 정부는 국내 에너지공급 안정성 제고를 위하여 에너지공급 인프라 구축 부문에 지속적으

로 재정을 투입하고 있다. 에너지 인프라 구축은 석유공급 애로 발생에 대비하여 대응능력 강화를 위해 추진하고 있는 석유비축사업과 천연가스 공급시설 확충으로 대표된다. 석유비축사업 출자규모는 2008년 2,730억 원에서 2010년 2,252억 원 규모로 유지되고 있다. 비축사업은 고유가 및 석유공급 불안에 대비하여 비축규모를 확대하는 것을 목표로 하고 있다. 2010년 석유비축량은 91.7백만 배럴 규모다.

■ 한편, 도시가스 미공급 지역의 주 배관망 건설과 서민층 가스시설 개선사업 등에서 재정지원도 계속되어 왔으며, 이에 따라 도시가스 보급률은 2006년 70.1%에서 2010년에 75.9%로 증가했다. 석탄에너지의 안정수급과 관련하여 탄가안정과 탄광지역개발, 폐광대책사업 지원 등에도 재정 투자를 지속하고 있다. 국내 석탄산업은 채탄여건 악화로 생산원가가 석탄가격을 능가하는 수준에서 생산해야 하는 구조적인 문제를 가지고 있다. 이에 정부는 석탄수급 안정을 위하여 국내탄 생산에 재정지원을 지속해왔으며, 2006~2010년 기간 중 총 재정지원규모는 1조 6,420억 원에 달한다.

신재생에너지 보급 확산

■ 신재생에너지 공급 확대를 통해 에너지원을 다원화하고 기후변화협약 등 외부 환경에 적극적으로 대응하기 위해 기술개발 파급효과 및 보급 가능성이 큰 태양광, 풍력, 수소·연료전지 분야를 2001년 3대 중점사업으로 선정하여 추진해왔다. 2003년에 수립된 '제2차 신재생에너지 기술개발 및 이용·보급 기본계획'에 따라 신재생에너지 공급을 확대하기 위해 선택과 집중에 의한 전략적인 기술개발을 지속적으로 추진하고 있다.

■ 2008년 이후 정부는 신재생에너지 분야 재정투자를 대폭 확대하는 한편, 3대 중점 분야를 전략적으로 지원했다. 신재생에너지 보급 및 확대를 위한 에너지자원 특별회계 및 전력기반기금의 재정지원은 빠르게 증가했는데, 2007년 신재생에너지산업에 대한 재정지원은 약 4,000억 원 규모였으나 2008년 이후 약 2배 이상 큰 폭으로 증가했다. 신재생에너지 설비 국산화 및 기술자립을 위한 연구개발에 지속적인 재정지원을 유지하고 있으며, 그린에너지산업 분야 신성장동력 창출을 위한 기초기술 개발에도 집중 지원하고 있다. 제도적 측면에서

는 신재생에너지원의 자생력 강화를 위하여 발전사업자에게 총 발전량의 일정 비율을 신재생에너지로 공급하도록 의무화하는 신재생에너지 의무할당(RPS)제도를 2012년부터 기존의 발전차액지원제도를 대체하여 도입했다.

■ 또한 2008년에 '제3차 신재생에너지 기본계획(2009~2030)'을 수립하여 보급달성에 집중해야 할 분야와 연구 및 개발에 집중해야 할 분야를 구분하여 추진하는 한편, 신성장동력화를 위해 기술력 확보가 필요한 분야에 대한 전략적 기술개발을 확대할 계획이며, 특히 차세대 태양광, 해상풍력, 해양에너지 등 자연재생에너지의 보급확대 정책을 적극 개발·추진할 계획이다. 신재생에너지 보급 측면에서 살펴보면, 대규모 재정투자에도 신재생에너지의 1차 에너지공급 비중은 2010년 2.61%에 머무르고 있다. 신재생에너지 보급량은 꾸준히 증가하여 이명박 정부(2008~2010) 기간 중 연평균 8.2% 증가해왔으나, 전체 에너지소비 증가를 훨씬 능가할 정도로 공급규모가 증대되지 못하고 있음을 보여준다.

해외자원 개발

■ 정부는 국내외 자원개발 확대를 통해 에너지·자원의 안정공급 기반을 확충하고자 2008년 이후 해외자원 개발에 대한 투자를 급격히 증가시켰다. 에너지자원 특별회계에서 조달된 국내외 유전개발 투자재원은 2007년 3,550억 원에서 2010년 12,556억 원 규모로 증대되었다. 제도적인 측면에서는 생산광구에 대한 매장량 담보 융자(RBF)제가 도입되고, 공기업이 참여하는 2개의 자원개발펀드가 조성되었다. 투자세액 공제제도가 신설되고 기존 세제의 일몰기간 연장이 허용되었으며, 민간기업에 대한 융자지원도 2009년 73%에서 2010년 85%로 증가되었다. 자원개발 인프라 강화를 위하여 전국 10개 대학을 자원개발특성화 대학으로 지정(2009. 1)하여 자원개발 전문인력 양성이 추진되고 있다. 이와 같은 재정 및 정책적인 노력의 결과로 우리나라 자주개발율은 최근 수년에 걸쳐 큰 신장을 기록했다. 석유·가스 자주개발률은 2008년 5.7%에서 2009년 9.0%, 2010년 10.8%, 2011년 13.7%로 빠르게 상승했다. 또한 2007년에 18.5%에 머무르던 6대 전략광물 자주개발률은 2008년부터 공공 부문의 선도적인 투자 및 투자규모의 대형화 등에 따라 자주개발 투자규모가 급증하여 2011년 들어 사상 처음으로 100억 달러를 돌파, 자주개발률이 29.0%에 도달했다.

안정적 에너지 공급으로 지속성장을 뒷받침

■ 국가에너지 기본계획은 우리나라의 중장기 에너지정책 목표로서 '에너지안보(Energy Security) 제고, 에너지효율(Energy Efficiency) 개선 및 친환경(Environmental Protection)에너지 수급체계 구축' 등을 설정하고 있다. 에너지정책 추진방향은 에너지효율의 획기적 개선을 통해 에너지절약 선도국가를 지향하면서 에너지안보를 공고히 하기 위해 에너지 자립기반을 지속적으로 강화하는 것이다. 지속적인 성장을 뒷받침하는 에너지의 안정적인 공급은 필수적이다. 에너지의 97%를 해외에서 공급받는 해외의존형 국가로서 해외자원 확보 등 안정적인 에너지 공급은 국가발전의 핵심요소다. 이를 위해 안정적인 에너지공급시스템을 확립하고, 안전·복지 등 선진사회의 에너지수급시스템 구축을 적극적으로 추진할 필요가 있다. 또 에너지 수요 부문의 이용 효율성을 제고하여 고유가 등 외부충격에 대한 대응능력을 강화할 수 있다. 이와 더불어 시장기능에 의한 에너지산업 효율을 제고시켜 에너지산업을 차세대 성장동력산업으로 육성·발전시켜야 한다. 기후변화에 적극적으로 대응할 수 있도록 에너지정책을 재구성하고, 에너지 부문의 온실가스 감축 역량을 강화할 필요가 있다. 그리고 현 세대의 에너지수요와 함께 미래 세대의 수요를 동시에 고려하는 미래지향적 에너지정책을 추진해야 한다.

■ 녹색기술 및 청정에너지 연구개발 투자 확대를 통해 녹색에너지 강국으로 도약할 수 있도록 신재생에너지산업 육성정책을 지속적으로 추진해야 한다. 2030년 신재생에너지 공급비중 목표 11%를 달성을 위해 태양에너지, 풍력, 바이오에너지 등을 중심으로 보급을 확대할 필요가 있다. 또 RPS제도 등 시장메커니즘을 확립하여 신재생에너지 보급의 효율성 및 시장 자생력을 제고하고, 신재생에너지 사용 의무화, 10대 그린프로젝트 등 공공 부문의 선도적 역할을 강화하고 민간참여 확대를 추진해야 한다.

■ 에너지 이용기술 개발, 시설투자 등을 통한 효율 향상과 에너지절약으로 최대한의 에너지수요를 억제하여 에너지원 단위(총 에너지/GDP)를 개선해야 한다. 또한 설비·기기의 효율 향상, 에너지 사용 적정화 및 에너지수요 증가 최소화를 위한 제도·시스템을 확충할 필요가 있다.

■ 전력, 도시가스, 열에너지 등 규제적 에너지요금체계를 개선해야 한다. 에너지공기업의 강도 높은 경영 효율화를 통해 요금 인상요인을 최소화하는 한편 단계적으로 요금 수준을 현실화할 필요가 있다. 연료비연동제 시행은 시장기능 강화를 통한 에너지수급 조절기능을 향상시킬 수 있다.

■ 에너지안보, 경제성, 환경성 등을 고려하여 최적의 에너지믹스를 구성하고, 에너지 자립 기반 강화를 위한 에너지정책을 추진해야 한다. 화석에너지 의존도를 낮추고 신재생에너지 비중을 대폭 확대할 필요가 있으며, 격화되는 국제자원 확보 경쟁에 대응해 공격적인 자원개발 투자를 지속할 필요가 있다.

여성 부문 정책성과 평가

국가 전체 성평등 제고와 함께 부문별 편차에 대한 관리 필요

■ 유엔개발기구(UNDP)가 발표한 2011년 성불평등지수(GII)에 의하면 우리나라 성평등 수준이 146개국 중에서 11위인 것으로 나타났다. 이와 같은 수준은 2008년 23위보다 12단계 상승한 것으로 성불평등이 점차 개선되고 있는 것을 보여준다. 이러한 성불평등지수 중에서 우리나라는 생식건강을 나타내는 모성 사망률과 청소년 출산율이 각각 43위, 1위(2011년)인데 비해, 여성권한을 나타내는 국회의원 여성 비율이 96위(2010년), 노동참여를 나타내는 중등 이상 교육기관 취학률, 경제활동 참가율은 각각 26위, 116위(2010년)로 부문별 성평등 수준에 상당한 편차가 있다. 이에 따라 국가 전체 성평등 제고를 위한 정책 추진과 함께 성불평등이 심한 부분에 대한 정책관리가 필요하다.

■ 우리나라는 성불평등 수준을 개선하기 위하여 정책 과정에서 여성과 남성의 특성과 요구, 사회·경제적 차이를 분석하여 양성평등하게 정책개선안을 제시하고 실행하도록 하는 성별영향분석평가제도를 시행하고 있다. 성별영향분석평가 사업은 2005년 85개(53개 기관)에서 지속적으로 확대되어 2011년에는 2,954개(293개 기관)로 증가했다. 이와 함께 예산이 여성과 남성에게 미치는 효과를 예산 과정에서 고려하여 자원(또는 예산)이 성평등한 방식으로 사용될 수 있게 성인지예산제도를 도입, 시행해오고 있다. 2011년에는 성별영향분석평가법(2012년 3월 시행)이 제정되어 분석평가 대상이 제·개정 법령, 계획, 사업으로 확대됨으로써 앞으로 성별영향분석평가 기관 및 과제 수가 크게 증대될 것으로 예상된다. 향후 성별영향분석평가와 성인지예산제도의 활성화를 통한 성평등 제고를 위해서 관련 제도를 추진하는 인적·물적 인프라를 강화하는 것이 필요하다.

■ 정부는 2009년부터 성인지적 관점을 바탕으로 도시공간정책을 종합적으로 추진하여 지역의 전반적인 삶의 질을 향상시키고자 여성친화도시사업을 새롭게 추진했다. 여성가족부가 익산시를 2009년 여성친화도시 제1호로 지정한 이래 2012년 현재까지 30개 도시로 확대되었다. 여성가족부는 여성친화도시를 지속적으로 확대하고 지역 사정에 맞는 도시유형별 여성친화도시 모델을 개발하고, 여성친화도시가 지역의 삶의 질을 개선하는 도시브랜드로 정착할 수 있도록 관련 컨설팅, 교육 지원 등을 강화할 필요가 있다.

여성일자리정책의 내실화

여성 경제활동 참가율 제고를 위한 정책 추진

- 여성인력활용 현황을 나타내는 여성 경제활동 참가율은 2000년 이후 거의 1%p 내에서 변화가 있을 뿐 거의 정체 상태다. 국민의 정부 이후 참여정부, 이명박 정부를 거치며 여성의 경제활동 참가율을 높이기 위한 정책들이 추진되었음에도 불구하고 실질적인 지표상의 개선은 나타나지 않고 있다. 그러나 연령대별로 여성의 경제활동 참가율은 상당한 변화를 보이고 있어 각 세대별 여성경제활동의 양상은 많이 변화하고 있다.

- 집단별로 보면 대학진학률이 남녀 모두 높아지고 있어 25세 미만까지는 매우 낮은 경제활동 참가율을 보이고 있으나 25~29세 여성들의 경제활동 참가율은 2000년 55.9%에서 2011년 71.4%로 급격히 증가했다. 그러나 30~34세 출산·육아로 인한 경력단절 문제는 여전히 해결되고 있지 않다. 최근 가장 두드러지는 변화는 중장년층 여성의 노동시장 참여가 지속적으로 증가하고 있는 점으로, 베이비부머의 은퇴, 노후준비의 불안 등으로 이러한 추이는 상당 기간 지속될 것으로 전망된다. 향후 여성청년층과 베이비부머 세대 그리고 여성노인 일자리 정책이 필요하다.

- 이와 함께 정부는 육아·가사 등으로 경력이 단절된 여성을 대상으로 구직상담, 직업훈련, 인턴십 제공 등 종합적인 취업지원 서비스를 제공하기 위해 여성새로일하기센터(이하 '새일센터')를 지정·운영하고 있다. 지난 3년간 새일센터 확대를 통하여 286,864명에게 일자리를 제공하는 등 구직희망 여성의 욕구와 적성에 맞는 일자리를 연계해왔다. 새일센터 직업교육훈련 교육인원은 사업 첫해인 2009년 4,378명에서 2010년 9,256명으로 대폭 증가했으나 2011년에는 예산 감소에 따라 교육과정이 축소되면서 7,084명으로 감소했다. 향후 지역 노동시장 특성 및 노동력 수요, 경력단절 여성의 취업 및 교육훈련 수요에 따른 지속적인 교육훈련 과정 개발, 취업 서비스 강화 등이 필요하다.

일·가정 양립을 위한 실질적 지원 강화

▪ 우리나라의 낮은 여성인력 활용률, 출산 및 육아로 인한 경력단절, 장시간 근로 등으로 인한 삶의 질 저하를 해소하기 위해서 2000년 초반부터 일·가정 양립지원정책을 추진해오고 있다. 이를 위해 2008년 「가족친화 사회환경의 조성 촉진에 관한 법률」에 근거하여 가족친화 제도, 즉 탄력적 근무, 자녀양육 및 교육지원, 가족친화 문화조성 등을 적극적으로 도입한 기업 등에 대해 가족친화인증제를 운영하고 있다. 이 제도는 인증기업에 대해 가족친화 인증 컨설팅 제공, 권역별 정책설명회 개최, 인센티브 제공 등을 제공함으로써 적극적인 참여를 독려하고 있다. 가족친화 인증기업은 2008년에 14개 기관에 불과하던 것이 기업의 참여가 계속 증가하여 2011년까지 총 157개 기관으로 확산되었다. 향후 제도 활성화를 위해서 인증기업에 대한 인센티브를 강화하는 것이 필요하다.

▪ 정부는 기업대상으로 하는 가족친화인증제도 이외에 2007년 만 12세 이하 취업부모 자녀를 대상으로 집으로 찾아가는 돌봄 서비스 지원을 통해 시설보육의 사각지대를 보완하고 자녀양육 부담을 경감하는 아이돌봄 서비스제도를 도입했다. 2009년에는 일부 지역에서 전국 232개 지역으로 서비스를 확대 시행하고, 2010년에는 영아를 온종일 돌봐주는 '영아종일제'를 도입, 2011년은 2010년에 비해 2배의 재정투입으로 가정 내 자녀양육 지원을 강화했다. 서비스 이용 건수는 2007년 38개 지역, 9.7만 건 지원에서 2011년 전국 230개 지역 197만 건을 기록하여, 약 20배의 높은 증가율을 보이며 취업부모의 일·가정 양립을 지원했다. 일·가정 양립을 위해서는 여러 부처의 다양한 정책이 체계적으로 시행되어 정책 시너지 효과를 발휘할 수 있어야 한다. 이를 위해 일·가정 양립 정책의 조정 및 총괄 기능을 강화하고, 종합적인 정책을 수립하여 추진하는 것이 필요하다.

취약계층의 사회적응 지원책 마련

여성장애인의 사회참여 기회 마련

▪ 여성장애인 어울림센터는 여성장애인의 자립과 사회참여 확대를 위하여 장애여성의 생애

주기별 맞춤형 상담으로부터 역량 강화, 지역사회기관 연계(교육, 의료, 법률, 취업알선 등) 맞춤형 종합 서비스를 제공하는 장애여성 특화기관이다. 여성장애인 어울림센터는 여성가족부의 지원으로 2010년 지역별 20개의 센터가 처음으로 지정되었고 2011년 22개소가 지정 운영되고 있다. 여성장애인 어울림센터의 사업실적을 보면, 2010년 첫해 연인원 42,535명이 이용했으며, 다음 해인 2011년 연인원 52,169명이 이용하여 전년 대비 9,634명 증가했다. 사업내용별로 보면, 2010년 역량강화교육이 21,338명으로 가장 많고 상담 12,095명, 자조모임 4,174명, 지역사회연계(건) 2,832명, 사후관리 2,096명 순으로 높다. 하지만 2011년은 상담이 20,972명으로 가장 많고 자조모임과 지역사회연계(건) 센터에 참여하는 여성장애인의 수가 전년 대비 크게 증가한 반면, 역량강화교육과 사후관리는 전년에 비하여 참여인원이 감소했다.

■ 여성장애인은 대표적 취약계층으로, 2007년 820,800명에서 매년 증가하는 추이를 보여 2011년 1,052,781명으로 전체 등록 장애인의 41.8%를 차지하고 있다. 이로 인해 여성장애인의 사회참여는 점차 확대되고 있으며, 이에 대한 지원이 절실히 요구되고 있다.

북한이탈주민의 사회적응 지원

■ 북한이탈주민은 2000년 이후 급증하면서 또 다른 취약계층으로 자리 잡고 있다. 북한이탈주민은 2011년 말 23,095명으로, 이 중 여성이 69%를 차지하고 있다. 특히 북한이탈주민 중 여성비중은 2006년 이후 더욱 높아져 70% 이상을 유지하고 있다. 북한이탈주민의 주요 관심사는 결혼과 가족, 취업 등으로 나타나며, 남한 사회의 적응속도의 성별 차이로 인해 성역할 갈등을 경험하고 있다. 정부는 이러한 북한이탈주민의 사회적응을 지원하기 위해 양성평등과 여성인권보호 교육을 실시하고 있다. 이 교육사업은 2009년 북한이탈주민 정착지원사무소인 하나원을 통해 시작하여 2011년 여성 3,886명과 남성 1,193명에게 양성평등, 결혼·가족에서의 성역할, 성폭력·가정폭력 등을 교육하고 있다.

■ 최근 여성장애인 성폭력에 대한 사회적 관심이 증가되고 있지만 이보다 이들의 사회참여에 대한 욕구를 사회가 지원하는 정책이 더욱 중요하다. 또한 아직은 소수이지만 최근 증가하

고 있는 북한이탈주민, 특히 높은 비율을 차지하는 여성에 대한 사회적응 교육과 지원에 대한 정책이 확대될 필요가 있다.

저소득 한부모가족의 자녀 양육부담 경감 및 생활안정 지원

■ 이혼율 증가와 가족가치관의 변화 등으로 사회·경제적으로 취약한 한부모가족은 지속적으로 증가하고 있다. 한부모가족은 2007년 1,468,024가구(전체 가구의 8.9%)에서 2011년 1,638,537가구로 증가하여 전체 가구의 9.3%로 상승했다. 특히 한부모가족 중 경제적 어려움을 경험하고 있는 저소득 한부모가족은 더욱 급격히 증가하는 추세를 보이고 있다. 2011년도 최저생계비 130% 이하(4인 기준, 월소득인정액 187만 원 이하) 저소득 한부모가족은 188,969가구로 노무현 정부의 2007년도 147,947가구보다 41,022가구(27.7%p) 증가했다.

■ 현재 저소득 한부모가족은 국민기초생활보장법 및 국가보훈법과 한부모가족지원법의 지원 대상이다. 2011년 국민기초생활보장법 및 국가보훈법으로 지원받는 경우를 제외하고 한부모가족지원법에 의해 지원되는 저소득 한부모가족법 지원 대상은 115,323가구로 노무현 정부의 2007년 73,305가구보다는 42,077가구(57.4%p) 많아진 것이다. 이로 인해 정부는 저소득 한부모가족의 자녀양육부담 경감 및 생활안정을 위한 아동양육비 지원을 연차적으로 확대하고 있다. 아동양육비 지원은 2007년도까지 만 6세 미만 아동에게 매월 5만 원 지원했지만, 이명박 정부에서는 지원 대상이 2008년 만 8세 미만, 2009년 만 10세 미만, 2010년 만 12세 미만의 아동으로 확대되었다.

■ 이혼가구 증가 등으로 가족해체가 가속화됨에 따라 한부모가족, 조손가족 등 취약가족은 향후 지속적으로 증가할 것으로 전망된다. 더욱이 맞벌이가족 증가 등으로 취약계층의 아동 돌봄과 더불어 자녀 돌봄 수요는 더욱 증가할 것으로 보인다. 이에 저소득 한부모가족의 생활안정과 자립지원을 더욱 강화하고 다양한 형태의 가족 증가를 대비한 가족정책이 필요하다.

다문화사회 진전에 대응할 수 있는 프로그램 마련

■ 1990년대 중반부터 증가하기 시작한 국제결혼은 2000년대 이후 급증하여, 외국인과의 혼인은 2011년 전체 혼인의 9.0%를 차지한다. 더불어 이혼율도 전체의 10.1%로 점차 상승하는 추이를 보여 사회적 문제로 대두되고 있다. 외국인세대 수는 2009년 186,271세대에서 2011년 221,872세대로 크게 증가하고 있다.

■ 이에 여성가족부는 2006년 21개 다문화가족지원센터를 설치하여 다문화가족 및 결혼이민자에게 지역사회 정착에 필요한 서비스를 제공하고 있다. 다문화가족지원센터는 2011년 기준 200개 지역에 설치되어 있고 이용자규모는 2006년 2,733명에서 2011년 52,728명으로 크게 증가했다. 이용자규모로 볼 때 노무현 정부는 평균 5,000명 정도였으나, 이명박 정부에서는 평균 35,000명으로 나타났다.

■ 우리나라는 현재 다문화사회로 진전이 가속화되고 있으나, 여전히 사회 전반에 다문화가족에 대한 수용성은 낮은 편으로 다문화가족이 지역사회에 정착하는 데 애로를 겪고 있다. 향후 다문화가족은 자녀세대 성장과 함께 이혼과 사별 문제 등으로 정책수요가 다양화될 것으로 전망된다. 이에 다문화 사회갈등 및 통합정책을 사전 준비하고 다문화가족지원센터의 증가와 이들의 욕구를 충족할 수 있는 프로그램 개발이 필요하다.

아동·청소년 대상 범죄에 대한 처벌의 실효성 제고

■ 「아동·청소년의 성보호에 관한 법률」이 시행된 2000년 7월부터 2010년까지 만 19세 미만 아동·청소년 대상 성범죄로 유죄판결이 확정된 사건 중 강간, 강제추행, 성매매 알선영업 및 강요범죄에 해당하는 범죄는 범죄자 기준으로 볼 때 10,245건, 피해자 기준으로 볼 때 13,038건이었다. 아동·청소년 대상 성범죄는 2001년에서 2004년까지는 증가 추세에 있었으나 이후 지속적으로 감소하다가 2009년부터는 다시 증가 추세를 보이고 있다.

■ 「청소년성보호에 관한 법률」을 제정·시행한 2000년 이후 아동·청소년 대상 성범죄자에 대

한 신상공개제도를 도입했으며, 아동·청소년 대상 강제추행 및 성매수범죄자 중 저위험군을 대상으로 하는 재범방지교육을 실시했다. 그뿐 아니라 성범죄자의 아동·청소년 관련 교육기관 등의 취업제한제도와 신상공개제도를 보완·개선한 '신상정보 등록·열람제도', 신상정보를 정보통신망을 이용하여 공개하도록 하는 공개명령제도 등을 도입하여 다양한 정책적 노력을 펼치고 있다. 특히 신상정보등록제도가 시행된 2008년 이후 아동·청소년 범죄자의 이종전과 비율이 2007년 53.26%에서 2010년 12.97% 감소하는 추세를 보이고 있고, 동종전과자의 비율도 2007년 17.62%에서 2010년 13.81%로 감소하는 추세를 보이고 있다.

■ 이러한 성과에도 불구하고, 아동·청소년 대상 범죄자에 대한 양형의 문제, 위치추적장치 부착제도의 실효성에 의문이 제기되고 있는 실정이며, 성범죄자에 대한 집중적인 감시관리와 함께, 범죄자의 특성, 범죄성향, 죄질 등을 고려한 맞춤형 교정 프로그램의 개발 및 치료 프로그램의 병행이 필요할 것으로 보인다. 아동·청소년 성범죄 추이를 정확히 추정할 수 있는 지표가 일관성 있게 관리되거나 자료의 접근이 시기별로 제한되는 문제점 때문에 체계적인 분석에 어려움이 있다. 즉 2001년 7월부터 시행된 「아동·청소년 대상 성보호에 관한 법」의 신상공개제도가 몇 번의 법률개정 과정을 거쳐 현재의 신상정보공개 및 등록제도로 변화되면서, 시기에 따라 신상정보공개 및 등록 대상이 된 범죄유형과 범죄자 대상이 달라졌다.

가정폭력방지 및 피해자 보호를 위한 제도의 체계적 구축

■ 「가정폭력방지 및 피해자 보호 등에 관한 법률」에 따라 여성가족부는 시·군·구 단위의 가정폭력 상담소, 보호시설 및 여성긴급전화(1336)를 운영하고 있고, 가정폭력·성폭력 관련 법률과 범죄피해자 보호기금 지원규정을 근거로 이들에 대해 무료 법률지원을 통해 폭력으로부터 여성과 아동·청소년의 기본적 인권을 보호하기 위한 정책적 노력을 기울이고 있다. 가정폭력 피해자 상담소를 통한 피해자 보호시설 연계 건수는 2008년 총 15,299건에서 2011년 23,498건으로 54% 증가했다. 가정폭력·성폭력 무료법률지원은 2003년에 처음 도입하여 2003년 당시 2,369건을 지원했고 매년 지원 건수가 증가하여 2011년에 4,447건으로 확대되어 도입 당시와 비교하여 87.7% 증가했다.

■「가정폭력범죄의 처벌 등에 관한 특례법 일부 개정법률안(위원회대안)」이 국회에 통과하여 2011년 10월 26일부터 시행되고 있으며, 이에 따라 행위자에 대한 퇴거 등 격리, 100m 이내의 접근금지(전기통신에 의한 접근 포함), 친권행사의 제한, 보호명령기간을 6개월(2년 범위 내에서 연장 가능)로 지정하는 것 등을 골자로 하는 피해자보호명령제도가 도입되었고, 「가정폭력방지 및 피해자보호 등에 관한 법률 일부 개정법률안」이 2012년 5월 2일부터 시행됨으로써 가정폭력범죄의 신고에 따라 현장에 출동한 사법경찰관리는 피해자를 보호하기 위하여 신고된 현장에 출입하여 조사할 수 있는 권한이 부여되었다.

■ 가정폭력 현장에 공권력의 개입 가능성을 높이기 위한 제도들이 크게 개선되고 있으나, 피해자 보호시설의 확충, 시설 종사자의 전문성 제고, 상담원 양성 프로그램 보급 등이 좀 더 체계적으로 구축될 필요가 있고, 이를 위한 지원시설의 성과관리체계가 보완될 필요가 있다. 아울러 장애인, 외국인 등 취약계층 피해자에 대한 보호 강화나 가정폭력 피해자에 대한 의료비 지원예산 및 의료비 지원의 현실화 노력이 따라야 할 것으로 평가된다.

영유아 중심, 국가책임제, 신뢰회복 등이 보육정책의 3대 방향

■ 2008년에 출범한 이명박 정부의 보육정책은 아이사랑플랜(2009~2012)이라는 정책 명으로 추진되어왔다. 아이사랑플랜은 아이와 부모가 행복한 세상이라는 비전하에 영유아 중심, 국가책임제, 신뢰회복을 3대 추진방향으로 정하고 6대 추진과제를 구성했다. 6대 과제는 부모의 비용부담 완화, 수요자 맞춤 지원, 어린이집 질 제고 및 균형 배치, 보육인력 전문성 제고, 전달체계 효율화, 보육사업 지원체계 구축이다.

부모 부담 완화

■ 보육료 지원을 지속적으로 확대하여 부모의 비용부담을 완화했다. 2010년 다자녀 보육료 지원 확대, 취업모 가구 소득인정액 산정 시 감면제도를 실시하고, 2011년부터 다문화가족 자녀 전액지원을 결정했다. 2009년부터는 어린이집 미이용 아동에게 양육수당을 도입하여 지원의 사각지대를 줄이고 수요자 중심의 정책으로 지원방식의 다양성을 확보했다. 2012년에 만 5세 누리과정을 도입하여 모든 아동에게 보육료를 지원하고 2013년부터는 3, 4세로 확대한다는 방침을 정했다. 누리과정은 어린이집과 유치원의 표준보육과정과 유치원교육과정을 통합한 공통과정으로 모든 유아에게 적용하며, 지원은 모두 교육재정교부금으로 부담하고 지원단가도 점차 늘려간다는 방침이다. 또한 2012년에는 0~2세아 무상보육을 실시했다.

■ 이러한 지원의 확대에 힘입어 어린이집도 2008년 이후 3년간 6,300여 개 이상 증가하고, 어린이집을 이용하는 아동 수도 같은 기간 동안 21만 명이 늘어났다. 2011년 기준으로 전체 아동 대비 어린이집 이용 아동 비율은 영아 54.1%, 유아 42.0%로 전체 평균 48.0%다. 보육 예산도 국고 약 3조 원, 지방비 포함 6조 1,300여억 원에 이른다. 어린이집 5세 누리과정 예산은 5,996억 원이 지방교육재정교부금으로 별도로 지원된다.

수요자 맞춤 지원

- 다문화가족, 장애아동, 취업모, 전업주부 등 부모의 요구에 따른 지원정책을 추진했다. 2010년 다문화가정 영유아 무상보육 도입 외에도 다문화가족아동 특별활동프로그램 지원, 보육교사 연수 시 다문화 이해 및 다문화가족 영유아 지도방법을 교육했다. 「장애아 차별금지 및 권리구제 등에 관한 법률」 적용에 대비하여 어린이집 이용 아동에 대한 편의제공을 강화한다는 취지로 국공립 등 인건비 지원시설에 2009년부터 개보수와 장비비를 지원했다. 2011년에 「장애아 복지지원법」에 의하여 장애아 진단·평가·배치 및 보육 지원체계 마련, 장애아 전담, 통합, 일반시설 분류체계의 전환 등 보육 지원시스템 마련은 제도적으로는 상당 부분 달성되었다.

- 취업모를 위한 정책으로 2010년에 보육사업안내에서 입소순위 2순위로 규정된 취업모 자녀를 1순위로 조정했고, 시간연장형 어린이집을 확대했다. 2010년부터는 시간연장 교사 인건비 지원사업 이외에 보육교사 근무수당 약 30만 원(월)을 지원하여 지원의 다양화를 추진하고, 시간연장 보육료는 시간당 2,700원으로 매월 60시간의 한도 내에서 소득수준별로 부모에게 차등 지원했다. 2011년 말 기준 시간연장 어린이집 수는 7,844개소이고 전체 어린이집의 21.0% 정도가 시간연장 서비스를 제공하고 있다. 총 시간연장보육 이용 아동 수는 39,313명으로 전체 보육아동의 약 3.64%다.

- 시설보육 이외에 아동 양육자가 야근·출장·병원치료, 관혼상제 등 긴급한 상황으로 아이를 돌볼 수 없을 경우 아이돌보미를 가정에 파견하는 사업도 확대했다. 이 사업은 「건강가정기본법」에 의해 2007년부터 실시되었는데, 2012년 2월에 「아이돌봄 지원법」을 제정하여 별도의 법체계를 갖추었다. 전국 가구 평균소득 100% 이하 가정에 대해 소득 수준에 따라 아이돌보미 서비스 이용요금을 차등 지원한다. 2011년에는 7,729명 아이돌보미를 양성하여 1,280,547명 아동에게 돌봄 서비스를 951,927건 제공했으며 이용자 만족도 조사결과 평균 87.5점으로 나타났다. 또한 2011년에 처음으로 육아종합지원센터(가칭) 설립 비용을 지원하여 정보와 상담 제공, 부모와 아동이 함께하는 놀이공간 제공, 시간제 보육을 제공하기 위한 사업을 지원했다.

보육 서비스의 질 제고

■ 보육 서비스의 질을 제고하기 위하여 어린이집 안전을 개선하고 프로그램을 개발 보급했으며, 특별활동기준을 마련하고, 평가인증을 활성화했다. 보육의 질적 수준 관리방안으로 가장 대표적인 제도인 평가인증은 지난 5년 동안 많은 성과를 올렸다. 특히 2010년부터는 평가인증 제2차 시행주기로 들어가게 됨에 따라 평가인증을 위한 운영체계를 개선하고, 지표를 조정했다. 무엇보다 필수항목을 두어 법적 기준의 준수를 강조했다. 2012년 4월 기준 평가인증을 받은 어린이집은 전체의 80%이며 유지하는 어린이집 비율은 64%다. 평가인증 결과는 부분적으로 지원과 연계되었고, 공공형 어린이집 선정기준으로 활용되었다.

■ 또한 표준보육과정을 활성화하고 특별활동 관리지침을 정했다. 2010년에는 2006년에 마련된 표준보육과정의 활용도를 제고하고자 평가인증지표 중 보육과정 관련 세부기준을 상향 조정하고, 표준보육과정 활용에 대한 상담, 교사 및 원장 교육 등을 실시했다. 2012년에는 사회적 환경 변화와 2011년 5세 누리과정의 도입을 반영하여 2012년 2월에 0∼4세 표준보육과정을 개정하고 이를 고시했으며 개정안에 의거하여 프로그램을 개발, 보급했다. 2011년 3월 14일자 보건복지부는 어린이집에서 표준보육과정 외에 광범위하게 운영되던 특별활동 프로그램에 대한 적정 관리방안으로 영유아의 특별활동 참여에 대한 선택권 보장, 오전 일과시간 동안에는 특별활동 프로그램 금지, 24개월 미만의 영아 특별활동 운영 금지를 제시하여 과도한 특별활동이 적정 수준으로 이루어지도록 했다. 또한 아동 안전을 위하여 어린이집 영양·건강·안전 관련 각종 지침서를 개발하여 보급하고 프로그램과의 연계 및 교육을 강화했으며, 열악한 어린이집에 환경개선비를 지원했다.

어린이집 균형배치

■ 어린이집 균형배치사업으로 국공립, 직장, 공공형 어린이집의 확대 설치를 추진했다. 국공립 어린이집은 취약지역을 중심으로 2009년에는 91개소, 2010년 117개소, 2011년 45개소가 추가되었다. 한편 어린이집이 설치되지 않은 농어촌 지역에 소규모 어린이집 설치사업을 실시했다. 2009년에는 농어촌 소규모 어린이집 9개소, 이동식 놀이버스 1개소, 부모협동놀

이방 1개소, 2010년에는 농어촌 소규모 어린이집 14개소, 이동식 놀이버스 6개소, 부모협동 놀이방 1개소가 운영되고 있다. 2011년 말 기준, 농어촌 소규모 어린이집 24개소, 이동식 놀 이버스 10개소, 부모협동놀이방 1개소가 운영되고 있다.

- 지난 5년간 직장보육 활성화를 위한 제도적 조치를 꾸준히 추진했다. 직장어린이집을 설치 하는 기업에 대한 세제지원기간을 연장하고 세율도 7%에서 10%로 확대했으며 설치비 융자 규모도 2010년에 7억 원으로 확대했고, 시설전환비 지원금도 늘렸다. 2011년에는 산업단지 에 해당 기관 및 산업단지 입주기업체·지원기관 근로자를 위한 어린이집 설치·운영을 제도 적으로 보장했고, 직장어린이집의 설치·위탁계약 및 보육수당의 지급에 관한 조항을 보강 했다. 또한 직장어린이집 의무사업장에 대한 정기실태조사 및 의무 이행 여부 집중 관리도 강화하여 2011년 12월 직장어린이집 설치의무 미이행 사업장 명단 공표를 법제화했다. 이 는 2012년 7월부터 효력을 가진다. 또한 2012년 7월 지침 개정으로 직장어린이집을 설치장 소를 사업장 내 또는 그에 준하는 인근 지역과 사원주택 등 근로자 밀집 주거지역으로 제한 하던 것을 삭제하고, 보육정원의 1/3 이상이 사업장의 근로자 자녀여야 한다는 내용도 삭제 했다. 2010년 12월 말 직장어린이집 설치의무 대상 사업장은 833개소이며, 직장어린이집 설 치사업장, 인근 어린이집 위탁 및 보육수당 지급 등 의무 이행 사업장은 578개소로 의무 이 행률은 69.4%이고 민간 기업은 59.1%다.

- 2011년 하반기에 국공립어린이집 대안으로 공공형 어린이집 제도가 도입되었다. 공공형 어 린이집을 우수한 민간보육시설이 안정적인 운영과 품질관리를 위한 운영비를 지원받으면서 국공립보육시설 수준의 공공인프라로 기능하는 새로운 유형으로 규정했다. 공공형 어린이 집은 2011년 10월 기준 총 678개로 1차는 2011년 6~7월 공공형 어린이집 신청을 받았고, 7월에 선정기관을 발표했다. 2차는 8월에 신청을 받아 8월에 발표하고 일부지자체는 10월에 발표했다. 3차는 경기도와 인천 지역만 포함되었다.

교사 전문성 및 처우 개선

- 보육교사의 전문성 강화 조치로 2011년에 양성 및 보수 교육과정 평가체계를 전면 개정했

다. 이는 2014년 3월 1일부터 전면 시행 예정이다. 반영된 개정안 주요 내용은 현 신규 어린이집장 40시간 직무교육을 원장자격 취득을 위한 사전필수 직무교육 80시간으로 변경하고, 가정어린이집 원장 자격기준을 현 보육교사 2급에서 1급으로 상향 조정했다. 그리고 보육교사 3급에서 2급 승급을 위한 보육업무경력 1년을 2년으로 조정했으며, 대학 보육교사자격 이수 현 12과목 35학점을 17과목 51학점으로 상향 조정했다. 또한, 보육교사 승급에 필요한 '보육업무경력'을 보육교사, 특수교사, 보육전문요원 등으로 근무한 경력으로 제한했다. 2010년에 보육실습 지도지침을 보급하고 보육정보센터장 및 전문교원 교육을 실시했으며 보육교사 1급 및 원장 등 실습지도교사 교육을 실시했다. 2012년 보육교사 현장실습교육을 할 수 있는 어린이집을 정원 15인 이상 시설로 강화하고 지도교사 1인당 실습생 수를 3명 이내로 하는 등 실습교육이 보다 내실 있게 운영되도록 했다.

■ 보육교사의 근무환경을 개선하기 위하여 실시한 사업은 대체교사와 교사수당제도다. 2009년에 대체교사제도를 도입하여 보육교사가 연가 사용 및 교육 참여 등 불가피한 사유로 인한 결원 시 보육 서비스의 공백을 해소하고자 했다. 보육교사가 주중 5일을 연가로 사용할 때, 보육정보센터에서 월급제로 채용된 대체교사를 시설에 파견한다. 대체교사는 2012년에도 526명 수준이다. 보육교사 처우 개선으로는 2009년부터 근무환경이 열악한 농어촌 지역 보육교사에게 월 11만 원의 특별근무수당을 지급하고 있으며 2011년에 보육교사 근무환경개선비로 월 5만 원을 확보했고, 2012년에 10만 원으로 증가했다. 이 외에 누리과정 담당 교사에게는 월 30만 원이 지급된다.

보육시설·보육환경의 질 제고

보육 지원 확대와 재정의 효율적 사용 간 조화가 과제

■ 어린이집의 확충으로 2011년 말 기준 39,000여 개 시설이 운영 중이고, 아동의 어린이집 이용률도 영아 54%, 유아 42%로 48% 수준으로 확대되었다. 그러나 국공립어린이집 확충 성과는 미미하다. 확대계획 자체를 축소 조정하여, 현재 연간 10개 미만 수준의 신규 확충 예산이 배정되고 있다. 보육재정의 규모가 확대되면 될수록 어린이집의 공공성 제고가 요구된

다는 점에서 공공어린이집의 지속적 확충은 중요한 과제가 된다. 국공립어린이집 대안으로 추진하는 공공형 어린이집이 국공립어린이집을 대신하기 위해서는 제도가 전면적으로 개선되어야 한다.

■ 보육료 지원이 확대되어 2008년에는 보육아동 중 약 68%의 아동이 보육료 지원을 받았으나 2012년에는 3, 4세아 소득 상위 30%를 제외하고는 모두가 전액지원 대상이다. 그러나 증가한 재정의 효율성 제고가 요구되고 있다. 특히 영아를 주로 보육하는 가정어린이집은 최근 수년간 급격하게 증가했고 특히 2012년에 무상보육으로 폭발적 수요 증가를 경험했다. 그 결과 가정여건과 무관하게 영아의 어린이집 이용이 크게 증가했으나 중앙 및 지방정부 예산의 효율적 사용 및 아동발달 측면에서 볼 때 우려되는 부분이 있다. 보육 서비스 대체양육수당과의 정책적 조화가 과제가 될 것이다.

■ 개인이 투자, 운영하는 어린이집의 부모 참여와 운영 투명성 제고, 정보의 공개 강화 등 재정지원의 효과성을 담보할 수 있는 제도적 장치의 마련과 설치기준 강화도 향후 주요 과제다. 또한 보육비용 지원이 취업모 자녀 등 부모들의 보육 요구의 차이에 대한 차등 없이 무차별적으로 지원되어 모의취업 등 수요자 요구에 부응하는 맞춤형 지원 측면은 부족하고, 12시간 보육으로 획일화된 정책이 필요 이상의 보육 서비스 이용으로 아동에게 절대 바람직하지 않은 결과를 낳을 수 있다는 지적이 있어서, 이용시간과 유형의 다양화나 부모−자녀 이용시설 확대를 포함하여 수요자 맞춤 서비스의 제공 강화가 주요 정책과제가 될 것이다.

보육 서비스의 질적 제고 및 전달체계의 효율화

■ 보육환경이나 서비스의 질적 제고도 많은 노력을 하여 일정 부분 성과를 거두었다. 그러나 아직 보육환경이 열악한 어린이집도 상당수로 시설설치나 안전 면에서도 기준을 충족시키지 못하는 시설들이 많다. 평가인증제도로 비교적 높은 성과를 거두었으나, 인증 유지율은 63% 정도에 머문다. 실효성 있는 정책이 되기 위해서는 재정지원과의 연계가 중요한 정책과제가 되지만 인증 유지율 60%대 상태로는 재정지원과의 연계가 자칫 부모와 아동에게 부정적 요인으로 작용할 가능성이 있으므로 적용하기 어렵다.

■ 주요 보육인력인 보육교사에 대한 배려는 그동안 보육정책의 의제에서 소외되다가 2009년에 들어서 비로소 수당이 부분적으로 도입되었다. 보육 서비스의 질을 높이기 위해서는 교사의 급여나 근로기준법 준수와 같은 전반적인 근로환경의 개선이 필요하다. 아울러 양성 및 보수교육체계의 정비 또한 중요한 전문성 제고를 위한 정책과제가 된다. 보육 서비스와 재정 전달 및 지원체계도 크게 변화되었다. 보육 서비스 이용권제도 도입과 더불어 보육통합정보시스템을 구축하여 시설 운영의 투명성을 강화하고 어린이집과 행정기관의 행정업무를 간소화했다. 그러나 정부의 보육비용 지원에 대한 부모 체감도나 선택권 보장은 어린이집 운영에의 부모 참여 확대와 더불어 주요한 보육정책의 과제가 될 전망이다.

공공 부문의 조직 및 인력관리의 개선

■ 전반적으로 공공 부문의 효율화를 통한 행정 서비스의 활성화를 달성하기 위한 긍정적 성과를 확인할 수 있음에도 불구하고, 효율화의 성과가 정권 후반부로 오면서 다소 약화되고 있으며, 지속적인 정책성과 달성을 위한 미시적인 정책개선 노력이 요구된다.

■ 이명박 정부의 5대 국정지표 가운데 '섬기는 정부'와 관련한 첫 번째 전략과제로 '알뜰하고 유능한 정부'의 구현이 제시되고 있다. 이러한 맥락에서 공공 부문의 조직 및 인력관리 개선에 대한 정부의 정책방향이 설정되었다. 2008년 2월 중앙부처 조직개편을 포함하여 특별지방행정기관의 정비, 정부기관 법인화 등 공공 부문 조직 및 인력 관리의 효율화를 위한 적극적 정책활동이 추진되었으며, 특히 정부위원회의 경우 방대한 위원회의 운영에 따른 행정의 책임성 저하 및 비효율 초래에 따른 문제점이 지적되어, 현 정부의 공공 부문 조직관리 개선의 핵심 영역으로 다루어지고 있다.

■ 정부는 2008년 5월 573개 위원회 가운데 305개 위원회를 정비하기 위한 '정부위원회 정비계획'을 확정했고, 그 결과 2009년 4월까지 143개의 정부위원회를 폐지하고 23개 위원회의 소속 직급을 조정하는 등 운영을 효율화했으며, 2009년에 441개, 2010년에는 431개로 그 규모가 축소되는 등 성과를 보였다. 그러나 2011년에 정부위원회의 규모가 499개로 증가했고, 2012년 현재 505개로 다시금 규모가 증가하는 추세를 보이고 있으며, 조사과정에서 장기간 활동이 없어 제외되었던 위원회가 포함된 결과를 고려하더라도, 전반적으로 정권 후반기에 들어 위원회의 신설 경향이 두드러진 상황에서 형식적으로 운영되는 위원회의 추가적인 정비 노력이 필요한 상황이다.

■ 공공 부문 인력관리와 관련해서도, 2008년 이전에 비해 정원 증가율 및 현원 증가율이 현격히 줄어들었고, 2008년에는 오히려 공무원 정원이 전년에 비해 축소하는 등 적극적인 인력감축 노력을 확인할 수 있어, 공공 부문 팽창을 억제하고자 하는 정책성과를 달성했다. 그러나 정원규모의 축소에 따라 2009년에는 8,000명 이상의 초과 현원이 발생하는 등 정원 대비 초과 현원 발생 문제가 심각해지고 있으며, 정년퇴직 등에 따른 자연 감소분을 고려하더

라도 지속적인 초과 현원 발생에 따른 인력배분 문제와 함께 신규인력 채용의 장애요인으로 작용한다는 점에서 이에 대한 대안 마련이 필요한 상황이다.

- 공직사회에서도 일과 삶의 균형이 강조되면서 여성인력의 활용 증대를 위한 인사정책의 중요성도 높아지고 있다. 전반적인 여성공무원의 비중은 크게 변화되지 않고 있으나, 지방공무원에 있어 여성공무원의 비중이 높아지고 있으며, 이는 여성공무원의 임용목표제 등에 따른 성과로 파악된다. 여성인력의 활용 증대를 위한 대체인력의 활용과 관련해, 육아휴직 및 출산휴가에 따른 대체인력의 활용 현황은 전반적으로 증대되고 있으며, 특히 출산휴가에 대한 대체인력 활용 비율은 상당히 높아진 수준이다. 그러나 육아휴직 및 출산휴가 이용자들에 비해 감축관리에 따른 대체인력 확보의 어려움이 확인되어 관련 개선방안이 요구된다.

전자정부 서비스 개선에 발맞춰 정보화 역기능에 따른 사회 문제도 해결

- UN 전자정부 발전지수에 따르면, 2002년 15위에 머물렀던 우리나라 전자정부의 발전 수준은 2010년 처음 1위를 기록했으며, 2012년에도 연속으로 1위를 차지하는 등 최고 수준으로 평가되고 있다. 또한 온라인 참여지수를 포함하여 전자정부를 활용한 서비스 제공 능력이 특히 탁월한 것으로 분석되고 있다. 특히 2010년 이후 전자정부 서비스 고도화를 위한 전자정부 전략으로서 스마트 전자정부(Smart Gov) 전략의 성공적인 추진에 따른 성과가 나타나고 있다.

- 전자정부를 통한 서비스 활용과 관련해 행정정보 공동이용을 통한 민원 구비서류의 감축 성과를 살펴볼 수 있다. 2008년 이후 행정정보 공동이용에 따른 구비서류 감축실적이 2배 이상 증가해 전자정부 고도화에 따른 효율적 서비스 개선 노력이 실질적인 성과로 전환되고 있음을 확인할 수 있다. 또한 온라인 민원 서비스 시스템을 활용한 민원서류 발급 건수가 2008년 이후 3배 이상 증가하는 등 전반적으로 전자정부 활용에 따른 행정 서비스의 효율적 제공에 대한 성과를 높이 평가할 수 있다.

- 그러나 한편으로 정보화의 역기능에 따른 사회적 문제가 확산되고 있으며, 인터넷 과다 사

용에 따른 인터넷 중독의 심각성이 가중되고 있다. 인터넷 중독에 대한 실태조사와 함께 정책적 개선 노력이 투입된 이후 전반적인 인터넷 중독률이 완화되는 추세를 확인할 수 있다. 그러나 집중치료가 필요한 고위험 사용자군의 증가와 함께 만 10세 미만의 유아 및 아동에 대한 인터넷 중독률이 높아지고 있어, 전반적인 인터넷 중독률의 완화 노력과 함께 특별한 정책방안이 요구된다.

사회적 재난안전관리의 확대와 질적 향상 노력

■ 정부의 주요 국정과제로서 '사회적 위험으로부터 안전한 사회'의 실현을 위한 각종 정책들이 추진되었으며, 통합적 안전관리체계 마련을 위한 정책방안이 추진되었다. 자연재해재난에 대한 안전관리와 관련해 매년 호우, 태풍, 대설 등 자연재난에 따른 많은 피해를 확인할 수 있다. 특히 최근 들어 강력 태풍이나 국지성 집중호우 등으로 인한 대규모 피해가 빈발하고 있다. 자연재난에 대한 피해복구규모는 2008년 이후 전반적으로 확대되어, 재산피해규모의 확대와 함께 사회적인 피해복구 노력이 확대되고 있다. 특히 2008년 이후 자력복구에 대한 비중이 높아졌던 것에 비해 피해복구규모가 늘어나면서 자력복구의 한계에 따른 지원복구의 비중이 증대되고 있다.

■ 사회적 재난안전관리와 관련해, 사회적 약자층에 대한 특별한 보호 및 안전관리의 필요성이 확대되고 있다. 어린이 교통사고 발생규모의 경우 2008년 이후 건수는 지속적으로 감소하고 사망자 수 및 부상자 수도 축소되고 있음을 확인할 수 있다. 이는 정부의 '교통사고 사상자 절반 줄이기 종합 시행계획'에 따른 성과로 파악된다. 그러나 한편으로 어린이 보호구역(school zone) 내에서의 교통사고 및 사상자 발생 추이는 오히려 증가하고 있어 어린이 보호구역의 확대에 따른 영향을 고려하더라도 사회적 약자에 대한 인적 재난관리를 위한 특별한 정책적 노력의 필요성이 제기된다.

지방정부로의 권한 이양과 함께 지방정부의 역량 강화도 요구

■ 정부의 국정과제로 '창조적 광역발전과 실질적 지방분권'을 제시하고 있으며, 특히 최근에는

지방정부의 부채규모 확대와 함께 지방정부의 재정건전성에 대한 정책적 논의가 강조되고 있다. 실질적 지방분권을 위해 중앙과 지방정부 간 관계의 재정립이 요구되며, 행정권한의 이양과 함께 재정적 지원, 그리고 인적 자원의 교류 등이 동시에 진행되어야 할 것으로 판단된다. 2008년 이후 특별지방행정기관의 정비 등과 함께 행정권한에 대한 지방이양이 적극적으로 추진되고 있으며, 지방교부금의 확대를 통한 재정적 지원성과도 어느 정도 확인되고 있다.

■ 그러나 인사교류 측면에서 전반적인 규모가 그리 크지 않으며, 향후 지속적인 행정권한 및 그에 따른 재정지원의 이양과 함께 중앙정부와 지방정부 간 인사교류의 적극적 확대를 통해 정부 간 관계의 개선활동이 필요한 것으로 판단된다. 특히 지방자치단체의 재정건전성 측면에서 살펴보면, 지방채무의 급격한 증대와 함께 지자체의 재정자립도가 50% 수준으로 축소되고 있어, 지방정부에 대한 권한 이양 및 재정 지원에도 불구하고 이양된 행정권한을 효과적으로 수행할 수 있는 지방정부의 역량강화방안이 요구된다.

형사 부문 정책성과 평가

범죄유발요인 제거를 통해 안전한 사회 구축

전체 범죄발생 건수 감소에 비해 강력범죄와 사회적 약자층 대상 범죄는 증가

- 한국형사정책연구원과 경찰청이 공동발간한 「2011 범죄통계」에 따르면 우리나라의 전체 범죄발생 건수는 2008년 2,062,777건으로 정점을 찍은 후 2011년 1,752,598건으로 최근 4년간 계속 감소하는 양상을 띠고 있다. 그러나 그 감소는 특별경제범죄, 보건범죄, 환경범죄, 교통범죄 등 특별법범의 감소에 의한 것이며, 형법범은 계속 증가하고 있다.

- 살인, 강도, 강간(강제추행 포함), 방화 등 강력범죄는 2008년 22,926건에서 2011년 26,699건으로 16.5% 증가했다. 특히 강간의 경우 2008년 15,017건에서 2011년 19,498건으로 29.8% 증가했으며, 아동·청소년 대상 강간범죄는 지난 4년간 무려 70.7% 증가했다(2008년 1,203건에서 2011년 2,054건). 2008년 4월 이명철 사건, 12월 조두순 사건(일명 나영이 사건), 2010년 2월 김길태 사건, 6월 김수철 사건, 2011년 영화 〈도가니〉에 의한 사회적 파장과 최근 발생한 전남 나주 고종석 사건에 이르기까지 지난 몇 년간 우리 사회는 매우 심각한 아동·청소년 대상 성폭력범죄를 경험하고 있다.

- 절도, 폭력, 지능범죄는 2008년 223,204건, 305,417건, 260,052건이었던 것이 2011년에는 281,362건, 311,945건, 279,802건으로 각각 26.1%, 2.1%, 7.6% 증가했다. 증가속도 이상으로 우려스러운 점은 절도, 사기범죄와 같은 재산범죄의 피해자 계층이 20세 이하와 60세 이상의 사회적 약자층으로 확대되고 있다는 점이다.

- 지난 몇 년간 학교폭력 문제가 사회적 문제를 넘어 정책 문제로 확대되었다. 경찰청에 의하면 학교폭력 가해자 검거인원은 2008년 25,301명, 2009년 24,825명, 2010년 25,175명, 2011년 21,957명 등으로 집계되고 있다. 청소년범죄의 특성상 형사사법 당국에 보고되지 않고 학교 내부에서 은폐·종결되는 경우가 많고, 최근 계속 발생하고 있는 자살사건을 고려한다면 학교폭력 문제의 심각성은 매우 높다고 평가된다. 특히 총리실과 교과부의 조사결과 발표에 따르면 피해학생 중 53.6%가 초등학교 때 최초로 학교폭력 피해를 경험하고 있으며,

'일진' 등에 의한 학교폭력의 집단화 경향이 나타나고 있는 것으로 평가되고 있다.

■ 수원 오원춘 사건을 계기로 외국인범죄에 대한 우려감이 증폭되었다. 경찰청 통계에 따르면 외국인범죄자는 2007년 14,524명이었으나, 2008년 20,623명, 2011년 26,915명으로 최근 4년간 30.5% 증가했다. 죄종별로는 2011년 기준으로 폭력범 29.1%, 지능범(불법 입출국 관련 문서 위변조, 보이스 피싱 등) 13.2%로 가장 많았다. 비록 외국인 수 대비 범죄발생률이 내국인의 비율보다 낮다고는 하나, 강간사건이 2008년 178명에서 2011년 308명으로 73.0% 증가하는 등 문제의 심각성은 높아지고 있는 것으로 평가된다.

부정부패 척결로 사회 전반의 투명성 제고

■ 최근 5년간 부정부패를 척결하여 사회 전반의 투명성을 제고하기 위해 권력형 비리, 지역토착 비리, 교육 비리 등 3대 중점 척결 대상 비리를 선정하여 전국 단위의 단속 활동이 전개되었다. 대검찰청 중앙수사부 통계자료에 의하면 2008년 이후 2012년 6월까지 3대 비리 집중 단속을 통해 5,622명을 기소했고, 그중 1,665명을 구속 기소했다. 대통령 친형의 금품수수 사건, 외교부장관 딸 특채사건, 광주지법 향판사건, 그랜저검사·스폰서검사 사건, 자치단체 복지담당 공무원의 횡령사건, 풍속업소 단속경찰관의 뇌물수수사건 등 지위 고하를 막론하고 다양한 유형의 부패범죄가 발생했다.

성폭력 관련 처벌의 강화와 법원의 양형 합리화 노력

■ 2008년 이후 주요 형사정책 동향으로 성폭력 관련 처벌의 강화, 법원의 양형 합리화 노력, 형사사법정보시스템의 도입, 국민참여재판제의 시행, 검·경 수사권 갈등의 조정, 전관예우 예방을 위한 노력, 범죄피해자 보호·지원의 강화 등이 지적될 수 있다. 2008년 이후 최근까지 성폭력범죄의 처벌과 피해자구제 및 보호 법령들은 많은 변화를 보였다. 이 기간 동안의 가장 두드러진 특징이라고 말할 수 있는 것은 사회적 공분을 사는 사건들이 빈발함에 따라 이를 계기로 ① 아동 및 청소년 대상 및 ② 장애인 대상 성폭력범죄에 대하여 처벌을 강화했다는 점, ③ 형법 및 형사소송법상의 기본원칙에 대한 중대한 예외를 인정했다는 점(특히 책

임능력과 공소시효), ④ 성폭력범죄 피해자구제 및 보호를 위한 장치들이 정비되었다는 점이다. 2009년과 2010년 관련 법률의 제·개정을 통해 13세 미만의 미성년자에 대한 성폭력범죄 처벌이 강화되고 음주 또는 약물로 인한 심신장애 상태에서의 강간·강제추행에 대하여 형법상 책임감경규정의 적용을 제한하도록 했다. 또한 '도가니 사건'을 계기로 2011년 11월 법 개정을 통해 장애가 있는 여자에 대한 강간죄의 처벌을 강화하고 13세 미만의 여자 및 장애가 있는 여자에 대하여 강간 또는 준강간의 죄를 범한 경우 공소시효규정의 적용을 배제하도록 했다.

■ 법원 간의 불합리한 양형편차를 줄이고, 예측 가능하고 투명한 양형을 도모하기 위해 2008년 양형기준안이 처음 마련되어, 2009년 처음으로 시행되었다. 2009년 살인 등 7대 범죄로 출발한 양형기준은 2011년 약취·유인죄 등 8개 범죄, 2012년 현재 증권·금융범죄 등 5개 범죄의 양형기준을 시행하고 있으며 향후 조세, 방화, 공갈 범죄에 대한 양형기준 설정을 준비하고 있다. 이로써 구공판사건의 90% 이상에 대해 양형기준이 마련되었다. 현재 양형기준에 합치하는 법원의 형 선고율은 약 93% 이상 되어 국민의 입장에서 예측 가능하고 보다 설득력 있는 객관적인 양형이 이루어지고 있는 것으로 평가된다.

형사사법정보시스템의 도입 및 국민참여재판 시행

■ 형사사법정보시스템이 2010년 7월 전국 법원과 검찰, 경찰에서 세계 최초로 시행되었다. 시스템이 본격 가동됨에 따라 전체 사건의 20%를 차지하는 음주·무면허 약식사건의 경우 '경찰단속 및 입건 → 검찰의 약식명령 청구 → 법원의 약식명령 → 벌금 등의 집행'까지의 전 과정이 전산화되어 온라인상에서 진행되고 있다. 사건 당사자들은 형사사법정보시스템을 통해 수사에서 재판결과에 이르기까지 모든 정보를 인터넷 형사사법포털(www.kics.go.kr)을 통해 전국 어디서나 24시간 실시간으로 확인할 수 있다. 이에 따라 사건 당사자들의 편의는 물론 사건처리기간도 120일에서 15일 정도로 대폭 단축됐다. 또 선고결과의 우편발송비용 등 수백억 원의 정부예산도 절감할 수 있게 됐다(《법률신문》, 2010년 법조계 10대 뉴스).

■ 2008년 2월 국민참여재판이 최초로 시행된 이래 2013년부터 본격적인 시행을 앞두고 있다.

2008년 시행 초기 64건에 불과했던 국민참여재판은 2009년 95건, 2010년 162건, 2011년 253건으로 급증했다. 한국형사정책연구원이 발간한 「국민참여재판제도의 평가와 정책화 방안」에 따르면 국민참여재판제도가 재판의 공정성 향상, 재판결과의 신뢰성 향상, 피고인 인권보장, 국민의 법지식 향상과 준법정신 함양 등에 대해 기여했다는 의견이 80%를 넘어선 것으로 조사되었다. 그럼에도 불구하고 일반 국민의 제도에 대한 낮은 인지도, 소극적인 배심원 참여도, 제도의 성공 가능성에 대한 회의적 태도가 나타남에 따라 관련 대책 마련이 필요한 것으로 나타났다. 정부는 2016년 국민참여재판건수를 올해의 6배까지 늘려나간다는 계획을 최근 발표했다.

검·경 수사권 갈등의 조정과 전관예우 예방을 위한 노력

■ 검찰과 경찰 간의 수사권 조정 문제는 역대 정권에서 계속 이슈화되었음에도 그 해결이 이루어지지 못했다. 현 정부에서도 오랜 논의에도 불구하고 합의안이 도출되지 않자 2011년 11월 국무조정실이 강제조정안을 발표했다. 형사소송법 개정과 대통령령에 따라 경찰은 검사의 수사지휘의 적법성 또는 정당성에 이견이 있을 경우 해당 검사에게 의견을 밝히고 재지휘를 건의할 수 있게 되었다.

■ 2011년 5월 이른바 '전관예우금지법'으로 불리는 개정변호사법은 법관과 검사, 장기 군법무관, 그 밖의 공무원직에 재직한 변호사들에 대해 퇴직 1년 전부터 퇴직한 때까지 근무한 법원과 검찰청, 군사법원, 금융위원회, 공정거래위원회, 경찰관서 등 대응하는 기관의 사건을 퇴임일로부터 1년간 수임할 수 없도록 했다. 퇴임 후 로펌에 취업한 경우에도 수임 제한사건의 담당 변호사는 물론이고 공동수임이나 간접수임도 금지했다.

범죄피해자 보호·지원 강화

■ 범죄피해자를 보호·지원하기 위한 제도개선이 이루어졌다. 2010년 8월 시행된 범죄피해자 보호법에 따라 범죄피해자는 '가해자의 불명 또는 무자력' 여부에 관계없이 범죄피해구조금을 받을 수 있게 되었다. 고정 금액으로 지급되던 구조금 액수도 범죄피해자의 월급액 또는

실 수입액에 따라 지급될 수 있게 되었다. 범죄자가 납부한 벌금의 4%와 가해자로부터 받은 구상금을 범죄피해자 지원기금으로 사용할 수 있도록 규정한 범죄피해자보호기금법과 시행령이 마련되어 2011년의 경우 623억 원을 범죄피해자구조금 지급, 보호시설의 설치·운영 등에 쓸 수 있었다. 2013년에는 범죄피해자보호기금이 730억 원으로 확충되며, 재원 확보를 위해 벌금수납액 비율을 종전의 4%에서 5%로 상향한다.

형사사법제도의 선진화·민주화·구조화에는 성공

■ 우리 사회는 지난 5년간 많은 형사사법제도를 선진화·민주화·구조화시키는 데 어느 정도 성공했지만, 제도를 정교히 운영하고 다양한 범죄유발요인을 통제하는 데는 큰 어려움을 겪고 있는 것으로 보인다. 예로 성폭력범죄자를 검거하고 강력히 처벌하는 법제와 제도는 마련했지만 이들의 범죄유발요인을 제거·통제할 만큼의 제도적 안착은 아직 이루어지지 않고 있다. 또한 형사사법정보시스템이 이미 가동되고 있지만 정작 경찰–검찰–법원–교정기관 간 필요한 정보의 공유와 유기적 협조체제의 구축은 아직 더 많은 시간과 노력을 요하는 것으로 판단된다.

범죄유발요인의 제거가 근본적 해결책

■ 사실 범죄를 유발시킬 수 있는 요인은 너무나 다양하고 복잡하다. 그리고 범죄가 사회악인 것은 분명하지만 이를 완전히 없앨 수 있는 것도 아니다. 그러나 최소한 강력범죄가 매년 증가하고 있는 현재의 추세는 정책적 노력을 통해 그 예봉을 꺾어놓아야 한다. 범죄통제 및 예방정책은 크게 범죄자에 대한 정책, 범죄환경에 대한 정책, 그리고 (잠재적) 피해자에 대한 정책으로 구분 지을 수 있다.

■ 첫째, 범죄자에 대한 정책으로 가장 기본적인 목표는 처벌의 엄격성보다 처벌의 확실성을 증대시키는 것이다. 범죄를 저지르면 반드시 처벌된다는 인식이 범죄자는 물론 사회 내에 자리 잡아야 한다. 이런 의미에서 경찰이 시행하고 있는 '주폭' 수사는 좋은 사례로 보인다. 개별 사건으로는 경미한 주취난동범에 불과했지만 기획수사를 통해 이들을 기소하고 처벌한

것은 의미 있는 접근으로 평가된다. 한편, 처벌의 확실성과 함께 검거된 범죄자가 계속적인 '경력범죄자'가 되지 않도록 경로를 차단하는 정책적 노력이 필요하다. 이런 맥락에서 보호감호제의 재도입이 고려될 필요가 있다. 또한 범죄자를 사회와 격리하는 것 이상의 역할을 하지 못하고 있는 현재의 교정·보호정책에 대해서도 정책적 관심이 더 커져야 한다.

- 둘째, 범죄유발환경에 대한 대책으로, 여기에는 물리적 환경과 사회적 환경을 개선하는 정책이 필요하다. 물리적 환경개선의 첫걸음은 쓰레기 문제와 주차 문제 등으로 야기되는 무질서를 제거하고, 사적 공간에 대한 침입 가능성을 최소화시키는 데서 시작된다. 사회적 환경 개선의 출발은 보호를 받아야 할 대상이 누군가에 의해 보호받는 환경과 제도를 만드는 것이다. 아동 등 사회적 약자에 대한 돌봄제도, 주민의 높은 신고의식 정착 등은 단순하지만 매우 중요한 범죄예방수단이다.

- 셋째, 범죄피해자에 대한 대책이 실효성을 갖도록 계속적 관심이 필요하다. 특히 이미 시행되고 있는 범죄피해자보호기금이 좀 더 내실화되어 제도적으로 안착할 수 있도록 정책적 관심이 계속 주어져야 한다. 범죄 문제가 사회운용을 위한 가장 최저 수준의 복지임을 기억해야 한다. 범죄란 생명은 물론 설사 생존하더라도 평생 씻을 수 없는 고통과 직결되기 때문이다.

- 마지막으로 우리 사회 내 '가족성 회복'을 위한 사회운동이 전개되길 바란다. 과거는 물론 현대적 형태의 범죄도 결국은 가족이라는 사회 내 최소 단위가 적절히 기능하지 못할 때 발생하기 때문이다.

교육 부문 정책성과 평가⑴

교육인프라의 지속적 확대·개선

교육의 선진화, 양질의 교육기회 제공

■ 정부는 양질의 교육을 제공하기 위하여 교육여건을 개선하기 위한 투자를 지속해왔다. 그 덕분에 학생 1인당 공교육비가 지속적으로 성장하고 있고, 취학의 기회가 지속적으로 높아지고 있다. 최근 저출산으로 인한 학생 수 감소로 교원 1인당 학생 수 및 학급당 학생 수가 감소하는 등 교육여건도 지속적으로 개선되고 있다. 2011년 OECD 교육지표에 의하면, 2008년 한국은 GDP 대비 공교육비가 7.6%로서 아이슬란드(7.9%) 다음으로 높은 나라에 속한다. OECD 평균 5.9%에 비하여 높은 수준이고, 미국, 일본, 독일 등 주요 국가에 비하여 높은 수준이다. 즉 우리나라가 학교교육에 많은 투자를 하고 있는 나라임을 의미하는 긍정적인 결과로 볼 수 있다.

■ 우리나라의 경우 5세부터 14세의 취학률은 95.7%로서 OECD 국가 가운데 중상의 수준에 위치하고 있다. 이는 대부분의 어린이와 청소년이 학교에 다니고 있다는 것을 말하고, 따라서 완전취학에 이르렀다고 판단할 수 있다. 15~19세의 취학률은 87.5%로 나타나 OECD 평균 82.1%보다 높은 비율을 유지하고 있다. 우리나라 학부모들의 교육에 대한 관심과 열정 덕분에 높은 취학률은 향후에도 유지될 것으로 판단된다. 1970년대 우리나라 초등학교의 학급당 학생 수는 60~80명으로 과밀학급이라는 말이 유행했다. 2009년 우리나라의 학급당 학생 수는 초등학교의 경우 평균 28.6명, 중학교는 평균 35.1명으로 대폭 감소되었다. 이전에 비해서 학급당 학생 수가 많이 감소했으나, OECD 평균(초등학교 20.7명, 중학교 23.7명)에 비하여 아직 높은 수치를 기록하고 있다.

■ 양질의 교육기회를 제공하기 위하여 좋은 교육여건을 마련하는 것은 필수다. 그동안 학급당 학생 수와 교사 1인당 학생 수가 많아 양질의 맞춤형 교육을 실시하기가 어려웠다. 따라서 적정한 교육여건을 확보하는 노력을 기울이는 것은 매우 중요하다. 학급당 학생 수와 교원 1인당 학생 수의 경우 여건이 지속적으로 좋아지고 있으나, 아직도 OECD 국가 평균에 비하여 미흡한 수준이다. 교육의 선진화, 양질의 교육기회 제공을 위하여 이 부분을 앞으로

도 지속적으로 개선해나갈 필요가 있다.

초·중등교육: 사교육비 절감 및 공교육 내실화

■ 지난 5년간 정부는 초·중등교육 분야에서 사교육비 절감 및 공교육 내실화를 정책 방향으로 설정하고 다양한 정책을 추진했다. 고교다양화, 사교육비 경감(EBS-수능 연계), 기초학력 향상 지원, 교원능력개발평가, 영어공교육 강화, 창의·인성교육, 교육과정 선진화, 수업평가 제도 개선(서술형 평가, 절대평가), 방과후학교 활성화, 학부모 학교참여 확대 정책 등을 추진했다. 교원의 질을 향상시키고자 교원능력개발평가를 실시하여 학부모들의 교육만족도를 제고했고, 수석교사제와 교장공모제를 도입하여 교단의 선진화를 도모하고 있다. 또 학생들의 건강과 안전을 지키기 위하여 배움터 지킴이를 배치하고, 학교폭력 예방 등의 노력을 기울였으며, 예술체육활동을 장려해 창의적 체험활동이 활발히 이루어지는 성과를 거두었다.

■ 국가가 모든 국민에게 균등한 교육기회를 제공하기 위해 노력한다고 하더라도, 가정적 배경 등 환경적인 요인으로 발생하는 교육적 격차를 해소하고, 교육경쟁 속에서 뒤처지는 교육적 약자들을 배려하고 돌보는 것은 정의로운 국가와 사회를 만드는 데 있어서 매우 중요하다. 이 때문에 복지 선진국은 말할 것도 없고, 미국 등 자유주의 국가들에서도 교육격차를 해소하고 교육복지를 확대하기 위하여 적극적 노력을 기울이고 있다. 지난 5년간 정부는 교육복지 분야에서 취약계층 및 유아교육 지원을 정책 방향으로 설정하고 저소득층 자녀 교육비 지원, 장애학생 및 소외계층을 위한 교육 지원, 학업중단 및 위기학생 지원(Wee 프로젝트), 초등 돌봄교실 운영, 유아 무상교육(5세 누리과정), 학교급식비 지원, 방과후학교 자유수강권 지원 등의 정책을 추진하여 취약계층에게 균등한 기회를 제공하는 성과를 거두었다.

■ 지난 5년간 정부는 직업교육 강화를 정책 방향으로 설정하고 특성화고 지원 강화, 마이스터고 제도 도입, 선취업 후진학(고졸자 취업 지원) 정책 등을 추진하여 국민들로부터 높은 호응과 지지를 얻었다. 특히 고졸자 취업 지원정책은 학력으로 인한 차별을 철폐하고 공정한 사회를 만드는 데 크게 기여한 것으로 평가받고 있다. 또한 계속 증가하던 대학진학률이 처음으로 줄어들고 대신 취업률이 증가하는 큰 성과를 낳았다.

■ 정부는 또한 사교육비 절감을 핵심 과제로 설정하고 사교육비를 줄이기 위하여 다양한 정책을 펼쳤다. EBS와 수능강의를 연계하여 사교육비를 줄인 것이 대표적인 사례다. 이를 통하여 지금까지 지속적으로 증가하던 사교육비가 현 정부에서 줄어들어 효과를 거두었다.

고등교육: 경쟁력 강화

■ 지난 5년간 정부는 고등교육 분야에서 경쟁력 강화를 정책 방향으로 설정하고 입시제도 개혁 정책(대학입학사정관정책), 국가장학금 지원체계 개편, 대학경쟁력지원사업(교육역량 강화사업, World Class University 사업 등), 대학구조조정정책(국립대 법인화, 사립대 구조조정) 등을 추진했다. 대학입학사정관제를 통하여 교과성적 중심이 아니라, 다양한 재능과 소질을 갖춘 인재를 발굴하여 선발하는 기회가 확대되고 있다. 앞으로 입학사정관제도가 정착되고 확산되면 공교육의 정상화 및 사교육비 절감에 크게 기여할 것으로 예측된다. 또한 사회적 배려 대상자를 선발하는 데에도 도움이 될 것으로 기대한다.

■ 우리나라 대학등록금은 미국에 이어 세계 2위 수준이다. 2008~2009학년도 기준 우리의 등록금 수준은 국공립대 5,315달러, 사립대 9,586달러로 일본, 호주를 상회하며 비교 가능한 OECD 국가 중 2위로 최상위권 수준이다. 고등교육이 보편화되면서 저소득계층이 높은 등록금으로 경제적 어려움을 겪고 있는 점을 고려하여 정부는 등록금을 낮추는 노력과 더불어 학자금을 대출해주고 장학금 지급을 확대하는 정책을 추진해왔다.

■ 21세기 지식기반사회로 전환하면서 미국, 독일, 핀란드 등 선진국들은 우수인재 육성을 국가 발전의 핵심 전략으로 설정하고 인재 개발을 위한 교육의 수월성을 추구하고 있다. 우수한 교육과 그것을 통한 인재 개발이 지속가능한 경쟁력을 확보하기 위한 해법이라고 보고 있는 것이다. 정부는 지난 5년간 인재대국을 목표로 고등교육의 경쟁력을 향상시키기 위하여 많은 노력을 기울였다. 그 결과 우리나라 고등교육의 경쟁력은 지속적으로 강화되고 있다. IMD 교육경쟁력 순위가 지속적으로 상승하고 있고, SCI 논문 국가순위 및 피인용 횟수 역시 지속적으로 상승하고 있다. 한국으로 유학오는 학생 수가 증가하면서 글로벌 경쟁력 역시 향상되고 있는 것으로 나타나고 있다.

교육을 통해 국민의 삶과 국가사회 발전에 기여

■ 대한민국은 교육을 통하여 경제 발전과 국가 발전을 이루었다. 짧은 기간 안에 양적으로 성장하고 국가경쟁력을 확보하는 데 기여했다. 그러나 우리나라가 지속적으로 성장하고 우리가 꿈꾸는 국가를 만들기 위해서는 질적으로 성숙한 사회를 만들어야 한다. 국민들의 삶의 질과 사회의 질과 행복 수준을 향상시키는 것이 과제로 등장하고 있다. '양적 성장사회'에서 '질적 성숙사회'로 발전하기 위해서는 교육의 노력이 중요하다. 그동안 한국 사회에서 교육이 국가경제 발전에 결정적으로 기여한 바와 같이 이제는 국민의 삶과 국가사회 발전에 기여할 필요가 있다. 앞으로 우리 교육이 나아가야 할 방향과 과제를 정리하면 다음과 같다.

교육기회 확충을 위한 투자와 교육복지의 확대

■ 교육인프라 측면에서 국민들이 교육받을 수 있는 기회가 지속적으로 확장되어 왔다고 평가할 수 있다. 초·중등교육과 대학교육을 받은 사람의 비율이 전 세계에서 가장 높은 나라가 되었다. 개인적인 측면에서는 삶의 기회가 확대되고, 국가사회적 측면에서는 우수한 인적자원을 확보하고 있다는 측면에서 긍정적으로 평가할 수 있다. 그러나 문제점과 개선과제도 드러나고 있다. 매년 5~7만 명의 학생들이 학교를 그만두고 있다. 이들은 직업교육도 제대로 받지 못하여 사회 하층민으로 전락할 가능성이 높다. 개인적 차원에서 삶의 기회를 상실하게 되고, 국가사회적으로 인적 자원의 손실이 크다. 특히 다문화가정 학생들과 북한이탈학생들의 중도탈락이 높은 점은 사회통합에 역행하고 통일사회를 준비하는 데 있어서 적신호가 되고 있다. 중도탈락 학생들이 재기할 수 있는 기회(second chance)를 갖도록 사회시스템을 정비하는 노력이 필요하다.

■ 국민들의 교육기회가 지속적으로 확대되고는 있지만, 학부모들의 부담과 희생을 전제로 하고 있다. 국가가 국민들의 교육기회를 확충하기 위한 투자는 OECD 국가에 비하여 미흡한 실정이다. 사부담 교육비에 의존한 교육기회 확충은 자연스럽게 교육의 격차 문제를 야기하고, 이는 다시 사회불평등을 가져와 결과적으로 교육기회의 균등한 배분을 저해하는 요인으로 작동한다. 따라서 향후 국가의 교육투자가 더욱 확대될 필요가 있다.

■ 교육복지에 대한 관심과 투자가 확대될 필요가 있다. 선진국에 비하여 사회안전망과 복지 수준이 취약하고, 그것이 교육에 영향을 미쳐 격차가 늘어나고 불평등이 심화될 우려가 크다고 평가할 수 있다. 인생의 출발점인 유아교육 기회를 평등하게 하는 노력이 그동안 미흡했으나, 최근 누리과정 도입으로 개선되고 있다. 다양한 교육복지 확대정책으로 인하여 학교교육 내에서의 격차는 크지 않으나 사적인 교육 영역에서의 격차가 갈수록 크게 벌어져, 소득불평등이 교육불평등으로 연결될 가능성이 높아지고 있다. 이를 선제적으로 제어하기 위한 수단인 사회안전망과 복지 수준은 OECD 국가에 비하여 전반적으로 취약한 실정이다. 따라서 향후 사회적–교육적 약자를 배려하며 격차를 줄이고, 교육복지를 확대하는 노력이 국가 정책과제로 설정될 필요가 있다.

교육경쟁력 제고

■ 저출산·고령화 시대를 맞이하여 인재의 양보다 질을 제고하는 것, 글로벌 시대를 맞이하여 글로벌 역량을 강화하는 것, 창의성 시대를 맞이하여 창의적인 인재를 육성하는 것이 국가 사회적 핵심 과제로 부상하고 있다. 미래 선진사회를 준비하며 지속가능한 국가사회 발전을 위해서는 참된 교육 성취(Authentic Achievement), 참된 교육경쟁력을 갖추도록 국가교육의 틀을 변화시키는 노력이 필요하다.

■ 교육의 경쟁력 측면에서 볼 때, 한국 초·중등 학생들의 지적인 성취는 세계 최고 수준이나 교육시스템과 대학교육의 경쟁력은 개선이 필요한 것으로 평가할 수 있다. 각종 국제학업성취도조사, 올림피아드 등 국제대회에서 한국 학생들의 성적은 최상위권으로 평가받고 있다. 그러나 한국 학생들의 공부에 대한 흥미와 열정과 태도는 OECD 국가 중 최하위권에 머물고 있다. 학업성적을 높이는 것만이 참된 교육적 성취이고, 참된 경쟁력인지에 대한 의문이 제기되고 있다.

■ 실제로 한국 대학교육의 경쟁력은 여전히 취약하고, 국제경쟁력도 미국, 영국, 호주 등 선진국에 비하여 취약한 것으로 평가받고 있다. 영국의 글로벌 대학평가기관 QS가 평가한 결과에 따르면, 2011년을 기준으로 세계 200위권의 대학 가운데 미국, 영국, 호주 등의 대학들의

경쟁력이 높은 것으로 나타났다. 한국의 경우 3개 대학이 200위권 안에 포함되었다. 고등교육 경쟁력 제고를 위하여 많은 노력을 기울이고 있으나 여전히 미흡한 수준이고, 향후에도 지속적인 경쟁력 제고 노력이 필요하다는 점을 보여주고 있다. 이를 위해서는 무엇보다 국가의 고등교육 투자가 강화될 필요가 있다. 2008년 GDP 대비 정부의 고등교육 투자비율을 비교하면, 한국은 0.6%로 핀란드 1.6%, 캐나다 1.5%, 미국 1.0%에 비해 낮으며 OECD 평균인 1.0%에 미달하고 있다. 고등교육경쟁력이 국가경쟁력인 점을 고려하면 향후 고등교육의 경쟁력을 높이기 위한 노력이 지속적으로 경주될 필요가 있다.

민주시민 역량과 공동체 역량 제고

- 최근 학교폭력이 사회문제로 부각되고 있다. 학생들의 공동체 역량이 인성에 문제가 많다는 점을 보여주고 있다. 실제로 우리나라 사회공동체와 교육공동체는 많은 문제점을 갖고 있는 것으로 나타났다. 교육공동체의 구성원인 교사, 학생, 학부모 모두가 행복하지 않으며, 교육공동체 내의 관계(교사-학생 관계, 학생-학생 관계, 교사-학부모 관계 등)가 신뢰롭고 행복한 관계와는 거리가 있다. 학생들의 민주시민 역량과 공동체 역량이 OECD 국가 가운데 최하위권이고, 성인들의 민주시민 역량과 사회성 수준도 OECD 국가 중 하위권이다. 사회적 신뢰, 개방성, 투명성, 관용성 등 사회의 질 수준도 선진국과 비교하여 매우 낮은 수준이다. 한국 교육이 인재 개발과 경제성장에는 기여했지만, 참된 교육적 성취와 사회 발전에는 제대로 기여하지 못하고 있다는 것을 데이터가 증명하고 있다.

- 한국 사회의 낮은 삶의 질, 사회의 질을 개선하는 것이 향후 국가사회의 중요 과제로 부상하고 있다. 이것은 한국이 미래 선진사회를 준비하는 차원에서도 반드시 해결해야 할 과제다. 이와 함께 교육의 역할이 더욱 중요해지고 있다. 이전과 같이 우수인재 양성, 수월성 교육에만 치중할 것이 아니라, 학생의 전인적 성장과 발달을 촉진하고 성숙한 사회성과 시민성을 계발하여 건강하고 행복한 사회공동체를 만들어가는 데 교육이 필요한 시점이 온 것이다.

기초학력 보장 및 수능 부담 완화

전수평가체제로의 전환 및 평가 결과 공개로 학교교육 책무성 강화

■ 국가수준 학업성취도 평가는 학력격차를 해소하고 기초학력을 향상시키기 위해 2008년부터 전수평가체제로 전환, 법적 근거(초·중등교육법 제9조 4항, 제10조)에 따라 평가대상 학년의 전체 학생을 대상으로 의무 시행해왔다. '교육 관련 기관의 정보공개에 관한 특례법 및 시행령'에 따라 평가 결과를 전면 공개하여 학교교육의 결과와 책무를 점검할 수 있게 되었다. 2010년부터 단위학교는 학교알리미를 통해 학교별·교과별 응시인원 수와 국가수준 학업성취도 평가 결과를 3등급(보통학력 이상, 기초학력, 기초학력 미달) 비율로 공시하도록 했다. 2011년부터 국가수준 학업성취도 평가 결과 향상도를 공시하게 되어 2011년에는 고2의 학교 향상도를 처음으로 공시하였고, 2012년부터는 중3, 고2의 학교 향상도를 공시할 예정이다.

기초학력 향상 지원체계 구축 및 강화

■ '뒤처지는 학생 없는 학교 만들기'를 위해 학업성취도 평가 결과에 근거하여 기초학력 보장을 위한 지원정책을 추진하고 있다. '기초학력 미달 학생 밀집학교' 집중 지원(2009. 2. 16)을 시작으로 '기초학력 미달 학생 지원방안'(2010. 3. 4), '기초학력 향상 지원방안'(2011. 7. 6)을 통해 기초학력 향상 및 보장정책을 추진해왔다. 2009년부터 국가수준 학업성취도 평가 결과에 따라 기초학력 미달 학생 밀집학교를 '학력향상 중점학교', 2011년부터는 '학력향상형 창의경영학교'로 선정하고, 해당 학교를 지원했다. 기초학력 미달 학생의 비율(초등학교 5%, 중학교 및 일반계고 20%, 전문계고 40% 이상)을 기준으로 2009년 총 1,440개교, 2010년 총 1,660개교, 2011년 총 1,520개교를 정책수혜학교로 지정하였다.

■ 기초학력 미달 학생 밀집학교를 재정적인 측면과 학교운영 측면에서 지원하였다. 기초학력 미달 학생을 해소하기 위한 집중교육지원비로 학교 규모에 따라 학교당 평균 5천만 원~1억 원을 3년간(2009~2011년) 연차별로 차등 지원했다. 또한 2009년 기초학력 미달 학생 밀집학

교를 자율학교로 지정하여 학사 운영, 교육과정 운영의 특례 인정, 학교장에게 소속교원 초빙권을 정원의 50%까지 확대했다. 교육청 단위의 학교경영컨설팅 팀을 구성·운영하여 학교의 운영계획수립 단계부터 자문·연수 및 안내 서비스를 제공하고 학력향상형 창의경영학교 운영에 관한 지속적인 모니터링을 실시하여 학교역량을 제고했다.

학력의 상향평준화 및 지역 간 학력격차 완화

- 학업성취도 평가의 전수시행 전환 이후, 객관적 데이터에 근거하여 기초학력 보장정책을 추진한 결과, 초·중·고 기초학력 미달 비율이 3년 연속 큰 폭으로 감소했다. 초·중·고등학교 학생들의 기초학력 미달 비율은 매년 감소하는 추세(평균적으로 절반 이상의 감소 성과)를 보이며, 특히 2011년 초등학교의 교과별 기초학력 미달 비율이 1% 이하 수준으로 감소 목표 (0.8%)를 조기에 달성했다.

- 초·중·고등학교 학생들의 기초학력 미달 비율은 지속적으로 감소하고, 보통학력 이상 비율은 지속적으로 증가하여 학력 수준이 높아지는 추세다. 전수평가 전환 이후, 최근 3년간 학교급별 학력 수준이 향상됨과 동시에 각 교과의 최상·최하위집단 간 학력 차이가 완화되고 있어 학력의 상향평준화 현상이 나타났다.

- 지역 간(대도시, 중소도시, 읍면 지역) 학력 수준의 차이는 최근 3년간 완화되고 있다. 지역 간 기초학력 미달 비율 차이와 보통학력 이상 비율 차이가 매년 감소하는 추세이며 학력 수준이 가장 낮은 읍면 지역 학생의 학력 수준 상승폭이 다른 지역에 비해 커서 지역 간 학력격차가 완화되는 추세다.

수능의 적정 난이도 유지를 통해 수험 부담 경감

- 수험생의 학습 부담을 경감하고 사교육에 대한 의존도를 낮춰 공교육의 내실화를 기하고자 2011학년도 수능부터 EBS 교재 및 방송내용과의 연계 출제율 70%(목표 연계율) 이상을 유지하도록 문항을 출제하고 있다. 2011학년도 수능 이후 수험생들의 수능−EBS 연계 체감도를

높이도록 EBS 교재 수 축소, 강의 개선 등으로 수능 준비 부담을 경감하고, 연계효과가 높은 유형의 문항 비중을 확대하여 지나치게 변형하지 않고 출제하고 있다.

■ 2012학년도 수능부터 난이도를 적정하게 조절하여 학생들의 수험 부담을 경감하는 동시에, 학생들의 시험 준비에 도움을 주고자 난이도를 일관되게 유지하도록 하였다. 2012학년도 수능 영역별 만점자 비율이 전체 평균 1.06%로 2011학년도 수능에 비해 만점자 비율을 높여 적정 난이도를 유지하였다.

기초학력 미달 학생·학교에 대해 맞춤형 전략 추진

■ 기초학력 미달 학생이 밀집된 학력향상형 창의경영학교(650교) 등 '연속 뒤처진 학교'에 대해 단발성이 아닌 지속적인 지원이 필요하다. 또한 '연속 뒤처진 학교'의 특성을 면밀하게 분석하여 해당 학교 밀착형 지원전략을 추진해야 한다. 학교뿐 아니라 학생의 특성을 고려한 차별적 학력향상전략을 적용할 필요가 있다. 이를테면 기초학력 미달 학생을 분류하여 유형별 부진 특성을 파악하고 특성별 지도프로그램을 다양화 및 특화해야 한다. 성취수준뿐만 아니라 향상도(고등학교 및 중학교)를 기초로 학교별 학력 향상을 위한 노력 정도를 점검하고, 향상도 높은 학교의 여건 및 지도 특성을 파악하여 이를 홍보하도록 한다. 또한 학교 간 '잘 가르치는 분위기'가 확산되도록 유도해야 한다.

■ 전수평가를 통해 파악된 기초학력 미달 학생의 학습 부진 원인을 철저히 규명하고 적합한 학습 처방이 가능하도록 정책을 지원해야 한다. 특히, ADHD(주의력결핍 과잉행동장애), 난독증, 우울 등 정서행동발달 및 학습장애 학생들에 대한 뇌 기반 정밀진단 등 전문적 진단을 통해 원인을 규명할 수 있는 진단체제 구축이 필요하다. 또한 진단 결과에 따른 맞춤형 교육 지원이 가능하도록 학교 및 학생 특성 밀착형 지원시스템을 구축해야 한다.

수능 부담 완화 정책의 지속적 추진

■ 수험생의 학습 부담을 경감하고 사교육 의존도를 낮춰 공교육을 내실화하기 위해 추진된 수

능–EBS 연계정책과 수능 적정 난이도 유지정책은 실시 2년 동안 학습부담 및 사교육 의존도 경감의 목적을 달성하고 있어 지속적으로 추진되어야 한다. 수능 부담 완화정책의 지속적인 효과를 유지하기 위해서는 해당 정책의 지속적인 추진 및 대입 관련 정책의 일관성을 유지해야 한다.

청소년 부문 정책성과 평가

한국청소년정책연구원

청소년 정책의 독자적인 영역 정립과 지속적 추진

■ 우리나라에서 '청소년' 부문이 '교육'과 구분되는 하나의 독자적인 정책 영역으로 자리 잡은 것은 1988년 체육부 청소년국의 출범 이후라고 할 수 있다. 이후 약 20여 년 동안 청소년정책은 여러 차례 소관부서의 변동을 겪으면서도 한국 청소년들의 건강한 성장을 돕기 위한 다양한 정책적 노력을 기울여왔다. 여기서는 2008년 이명박 정부 출범 이후 여성가족부를 중심으로 전개되어온 청소년정책의 주요 성과를 청소년활동, 청소년보호, 청소년복지 부문으로 나누어 평가해보기로 한다.

청소년 활동: 시설·프로그램 확충과 전문 지도인력 양성

■ 청소년활동은 학교의 교과학습 활동과 대비되는 다양한 형태의 문화·체험활동으로서 청소년(수련)시설, 활동지도자(청소년지도사), 활동 프로그램의 세 가지를 구성요건으로 한다. 청소년수련시설은 입지여건, 설비, 기능 등에 따라 청소년수련관, 청소년수련원, 청소년문화의 집, 청소년특화시설, 청소년야영장, 유스호스텔로 구분되는데, 2011년 기준 전국의 청소년수련시설은 738개소로서 5년 전인 2007년(668개소)과 비교하여 약 10.5% 증가했다. 시설유형별로는 2007~2011년 기간 동안 청소년수련관과 청소년문화의 집이 각각 23.1%, 8.6% 증가한 반면, 청소년수련원과 야영장의 수는 변함이 없는 것으로 나타났다. 이는 자연권에서 생활권으로, 대규모 단체활동에서 소규모 그룹활동 또는 개별활동으로 변화하고 있는 청소년들의 활동수요를 반영하고 있는 것으로 보인다. 청소년들의 과도한 학업부담, 여가시간 부족 등의 현실을 고려할 때 앞으로도 청소년들이 손쉽게 이용할 수 있는 생활권 시설에 집중적인 투자가 이루어져야 할 것이다.

■ 시설 확충과 더불어 청소년을 지도할 수 있는 전문인력의 양성도 중요한 과제다. 현재 청소년시설·단체에서 청소년지도를 담당하는 '청소년지도사'의 국가공인자격제도가 시행되고 있는데, 실무경력, 학력 등 자격요건에 따라 1, 2, 3급으로 구분되며 필기시험과 면접을 통해 선발된다. 1993년 제도 도입 이후 선발인원은 매년 1,000여 명 안팎에 머물다가 이명박 정부가 출범한 2008년 이후 2,000~3,000명 수준으로 급증했다. 2010년 기준으로 전국의

541

청소년지도사는 총 23,779명에 달하지만, 제한된 취업기회, 낮은 처우, 불안정한 신분 등으로 자격증을 소지하고도 다른 일을 하거나 무직 상태에 있는 인원이 적지 않은 실정이다. 청소년상담 전문인력인 청소년상담사의 국가공인자격제도도 2003년부터 시행되어 2010년 기준 연인원 4,070명이 양성되었는데, 역시 자격증 소지자의 취업 문제가 현안으로 대두되고 있다.

■ 다양화하고 있는 청소년들의 활동욕구 충족을 위해서는 질적으로 우수한 활동 프로그램의 개발이 중요한 과제라고 할 수 있다. 정부에서는 프로그램 공모사업 등을 통해 신규 프로그램의 개발을 지원하는 한편, 수련활동인증제 도입을 통해 프로그램의 질적 수준을 높이고 활동실적을 체계적으로 관리하는 사업을 진행하고 있다. 심사를 통해 인증받은 프로그램은 2007년까지 326건에 머물다가 2010년에는 1,286건에 달하여 이명박 정부 출범 이후 약 4배 이상 증가했다. 인증받은 수련활동의 참여실적은 진학이나 취업에 활용될 수 있도록 통합 관리되며 장관 명의의 참여인증서가 발급되고 있다.

■ 2008년 국제청소년성취포상제(The Duke of Edinburgh's Award) 참여는 인증제 도입과 더불어 청소년수련활동 발전의 전기가 될 것으로 예상된다. 이 제도는 세계 130여 개국에서 매년 80만 명의 청소년을 대상으로 시행되고 있는 청소년활동 종합관리체계로서 우리나라는 2008년 한국청소년활동진흥원이 독립운영기관의 자격을 취득하여 참여하게 되었다. 2010년 기준 전국 518개 기관에서 이 제도를 운영하고 있으며 연인원 6,660명의 청소년이 활동에 참여하여 이 중 855명이 포상(금/은/동장)을 받았다. 청소년활동인증제와 국제청소년성취포상제의 도입으로 우수 프로그램의 확산과 활동기록의 체계적 관리 및 공신력 있는 인증서 발급이 가능해짐으로써 청소년 수련활동에 대한 사회적 인식을 개선하고 활용도를 높이는 데 크게 기여할 것으로 예상된다.

청소년 보호: 유해매체·인터넷 중독·성폭력으로부터의 보호

■ 유해환경으로부터의 청소년 보호는 청소년정책의 초기단계부터 주요 현안과제로 부각되어 1997년 청소년보호법의 제정을 기점으로 유해매체, 업소, 약물 등으로부터 청소년을 보호

하기 위한 다양한 정책이 추진되어왔다. 청소년보호와 관련한 근년의 정책환경 변화로 가장 두드러지는 점은 컴퓨터, 휴대폰, 모바일 기기 등을 통한 성인용 음란/폭력물의 범람과 청소년 인터넷 중독의 확산을 들 수 있다.

■ 청소년의 성인용 매체 이용에 따른 폐해를 예방하기 위해 현재 청소년보호위원회 등 매체물 심의기구를 통해 간행물, 영상물, 게임, 방송 프로그램 등에 대한 사전 등급분류 및 사후심의가 이루어지고 있다. 그러나 심의기구가 매체유형별로 여성가족부, 문화체육관광부, 방송통신위원회로 나누어져 있어 심의기준과 내용의 일관성이 부족하고, 간혹 사회통념보다 엄격한 기준을 적용하여 사회적 논의가 야기되는 등의 문제점이 나타나고 있다.

■ 매체 심의활동과 더불어 여성가족부는 청소년들의 매체활용능력 제고를 위한 다양한 교재들을 개발하여 보급하는 한편, 청소년스스로지킴이(YP, youth-patrol) 활동사업을 전개하고 있다. YP 프로그램은 성인/규제 중심의 일방적 보호에서 벗어나 청소년들이 스스로 유해매체/환경에 대한 변별력을 기르는 자율적 활동이라는 특징을 갖고 있다. 2003년부터 교육과학기술부의 협조를 받아 YP 프로그램 참여학교(연구/활동학교)를 지정·운영하고 있는데, 2007~2010년 기간 동안 연구학교가 210개교에서 333개교로, 활동학교가 287개교에서 958개교로 크게 증가했고, 관련 교사 직무연수 인원이 627명에서 996명으로 58%가량 증가했다.

■ 최근 증가하고 있는 청소년 인터넷 중독에 대응하여 여성가족부는 한국청소년상담원을 중심으로 전국의 166개 청소년상담(지원)센터를 연결하여 인터넷 중독 예방·상담사업을 전개하고 있다. 또한 인터넷 중독인구의 정확한 실태 파악을 위해 2009년부터 매년 청소년 인터넷 이용습관 진단조사를 학령별 전수조사의 방식으로 실시하고 있는데, 2012년 조사에서는 3개 학령(초4, 중1, 고1) 학생 중 총 68,000여 명이 인터넷 중독 위험군으로 분류되었다. 이들 중독 위험군 청소년에 대해서는 전국 186개 청소년상담지원센터와 179개 치료협력병원을 통해 위험 수준별 상담·치료 지원 서비스를 제공하고 있다. 2011년에 상담받은 인원이 13만여 명, 치료받은 인원이 515명으로 2007년과 비교하여 각각 60%, 130%의 높은 증가율을 나타냈다. 고위험군 청소년에 대해서는 협력병원과 연계하여 공존질환검사를 실시하

고 치료비를 지원하는 등의 서비스를 병행하고 있다.

■ 청소년을 대상으로 한 성인들의 방임, 학대, 폭력 등 유해행동도 청소년보호정책의 주요 관심사의 하나다. 특히 최근 청소년의 성폭력 피해사례가 증가하면서 여성가족부는「아동·청소년의 성보호에 관한 법률」등 관련 법령의 정비작업과 더불어 청소년 대상 성범죄자 신상정보 공개를 확대하는 등 정책적 대응을 강화하고 있다. 이전에는 특정인(부모, 교육기관의 장 등)이 경찰서를 직접 방문해야만 정보를 열람할 수 있었는데, 2010년부터 인터넷을 통해 일반인의 열람이 가능해졌고 2011년에는 해당 지역 주민에게 우편으로 고지하는 제도가 도입되는 등 정보제공 대상과 방식이 점차 개선되고 있다.

청소년 복지: 취약계층·요보호·위기 청소년 지원

■ 사회의 급속한 변화과정에서 청소년을 둘러싼 사회환경도 큰 변화를 겪고 있다. 지속적인 경제발전을 통해 국민들의 전반적인 생활 수준은 향상되었지만, 부모의 실업, 이혼, 가출 등으로 어려움을 겪고 있는 청소년이 상존하고 있으며, 탈북 이주민, 다문화 가족의 증가 등으로 사회적 지원이 필요한 새로운 유형의 청소년층이 나타나고 있다.

■ 그동안 정부에서는 취약계층·요보호 청소년 지원을 위한 다양한 형태의 정책을 추진해왔는데, 특히 이명박 정부 출범 이후 2008년부터 특별지원청소년 제도를 도입하여 시행하고 있다. 이 제도는 사회적·경제적 지원이 필요하지만 다른 제도나 법에 의한 지원을 받지 못하는 청소년들에게 그들이 필요로 하는 다양한 유형(생활지원, 건강지원, 학업지원, 상담지원, 활동지원 등)의 서비스를 제공하는 것으로서, 2008년 시범사업을 시작으로 지원 대상과 인원을 점차 확대해왔다. 2011년에는 학업중단, 부모 방임·학대 청소년 등을 포함한 총 3,252명을 지원하여 서비스 인원이 2008년 대비 2배 이상 증가했다. 아직 제도 시행 초기 단계라서 지원인원은 많지 않지만 정책 사각지대에서 국가 지원을 받지 못하던 새로운 정책 대상을 발굴하고 이들의 욕구에 부응하는 개별화된 서비스를 제공한다는 점에서 기존의 복지지원체계와 차별화되는 제도로 평가할 수 있다.

■ CYS−Net(Community Youth Safety−Net; 지역사회 청소년 통합지원체계) 사업은 지역사회 내 청소년 관련 기관·단체가 유기적인 네트워크를 형성하여 위기상황에 놓인 청소년의 발견·구조·치료에 동참하는 제도로서, 과거 마을 단위의 전통적인 청소년 보호기능을 변화된 사회환경에 맞게 복원하려는 정책적 노력으로 평가된다. 2011년 기준 전국 186개소에 CYS−Net이 구축되어 2007년 대비 2배 이상 증가했고 이용(수혜) 청소년도 155%가량 증가한 것으로 나타났다. CYS−Net은 생활(경제) 지원, 교육/학업 지원 등 통상적인 서비스뿐만 아니라 의료 지원, 법률자문·권리구제 지원, 여가·문화활동 지원 등 대상의 욕구에 부합하는 특화된 서비스를 One−Stop 방식으로 제공하고 있는 점이 특징이다.

청소년정책의 총괄 조정 기능 강화 및 사회인식 제고

■ 청소년정책은 지난 20여 년간 예산, 인력 등 열악한 환경 속에서도 청소년의 건강한 성장을 위한 다양한 노력을 기울여왔다. 이명박 정부 출범 이후에는 여성가족부로 주무부처가 변경되어 여성, 가족정책과의 통합적 기능이 강화되면서 정책의 새로운 전기를 맞이하고 있다. 현 단계에서 청소년정책의 지속적 발전을 위해 당면한 과제를 정리하면 다음과 같다.

■ 먼저, 여러 부처에 분산되어 추진되고 있는 청소년정책의 총괄조정기능이 강화되어야 한다. 현재 청소년정책의 주무부처는 여성가족부(청소년정책실)지만, 여성가족부에서 청소년과 관련된 모든 업무를 다루는 것은 아니며 부처별로 소관업무와 관련된 청소년업무를 독립적으로 수행하고 있다. 자료에 따르면 2011년 기준 27개 중앙행정기관(부/처/청)이 모두 250여 개에 달하는 청소년 관련 업무를 추진하고 있는 것으로 나타났다. 이는 정부의 행정기구가 정책내용에 따라 편제된 반면, 청소년업무는 정책 대상을 기준으로 하고 있다는 점에서 불가피한 현상이기도 하다. 동일한 대상에 대한 정부의 정책이 여러 부처에 분산되어 있을 경우, 부처별 이해관계에 따라 경쟁적 중복투자가 이루어질 수도 있고 경우에 따라서는 중요한 업무를 서로 회피하는 정책의 사각지대가 나타날 우려도 있다.

■ 현재 청소년기본법상으로는 부처 간 업무조정을 위해 여성가족부장관을 위원장으로 하는 청소년정책 관계기관 협의회를 구성·운영하도록 되어 있으나 그 기능이 활성화되지 않은 상

태이며, 협의안건도 2건 이상 행정기관에 관련되거나 부처 간 협력이 필요한 청소년정책에 관한 사항으로 한정되어 있다. 청소년정책의 총괄조정기능 강화를 위해서는 관련 전문인력을 보강하여 협의기구를 주무부처(여성가족부)의 독립된 부서로 상설화하거나 법률로 회의를 정례화하는 등의 개선방안이 모색되어야 할 것이다. 아울러 단순한 부처 간 업무 협의 및 조정에 머물지 않고 부처마다 다른 청소년 연령기준을 체계적으로 조정하고 법 개정을 권고하는 등 그 권한과 기능을 강화할 필요가 있다.

■ 다음으로, 청소년정책의 독자적인 정체성을 확립하기 위한 노력이 필요하다. 1988년 청소년 업무 전담부서(체육부 청소년국) 출범 이후 20여 년 남짓한 기간 동안 청소년정책은 청소년기본법, 청소년보호법 등 기본법령의 제·개정, 청소년(육성)기본계획 등 중장기 계획의 수립·시행, 청소년수련시설 확충과 청소년지도사/상담사 양성 등 정책 인프라의 구축을 통해 국가정책의 주요한 일부분으로 자리잡아 가고 있다. 그러나 아직까지 청소년정책의 존재와 그 중요성에 대한 일반 국민들의 인식수준은 낮은 실정이다. 청소년과 관련한 사회적 이슈가 제기될 때마다 많은 사람들은 그것을 학교/제도교육의 문제로 인식하고 교육정책의 틀 내에서 문제가 해결되기를 기대한다. 예컨대 최근 빈발하는 학생 간 폭력사건은 '학원폭력'으로 인식되어 교육현장의 제도개선으로 대응할 뿐 보다 근본적인 '청소년폭력'의 문제로 접근하는 이가 드문 것이 현실이다. 문제의 근원적인 해결을 위해서는 청소년 보호를 위한 가정-학교-지역사회의 유기적인 사회안전망 구축 등이 필요한데, 이는 청소년정책의 핵심과제 중 하나로서 그동안 지속적으로 정책적 노력을 기울여온 부문이기도 한 것이다.

■ 지난 20여 년이 청소년정책의 체제를 구축하고 인프라를 정비하는 기간이었다고 한다면, 이제는 청소년정책의 의의와 중요성을 사회 일반에 널리 확산시켜야 할 시점이다. 청소년정책은 청소년들의 건강한 성장을 위해 교육을 통해 기대할 수 없는 많은 것들을 할 수 있고 또한 그 준비가 되어있음을 알려야 할 것이다.

탈북청소년 학업중단율의 지속적 감소

■ 최근 수년간 북한이탈주민이 증가함에 따라 탈북청소년 수도 매년 꾸준히 증가하고 있다. 북한이탈주민의 연도별 입국추세를 보면, 2,544명(2007)→2,809명(2008)→2,927명(2009)→2,376명(2010)→2,737명(2011)으로 지속적으로 증가해왔다. 초·중·고등학교에 재학하는 탈북청소년의 수도 687명(2007)→966명(2008)→1,143명(2009)→1,471명(2010)→1,681명(2011)→1,992명(2012)으로 증가하고 있다. 탈북청소년들은 통일부 북한이탈주민 정착지원사무소(하나원)에서 12주간의 입국초기 적응교육을 받고 대부분 정착지 학교로 전학 또는 편입학하고 있다.

■ 초·중·고등학교에 재학하는 탈북청소년의 평균 학업중단율은 2008년에는 10.8% 수준이었으나, 2009년 6.1%, 2010년 4.9%, 2011년 4.7%로 지속적으로 감소하여 최근 3년 사이에 절반 정도의 수준으로 떨어졌다. 물론 일반학생의 학업중단율(2011년 0.8%)에 비해 탈북청소년의 학업중단율은 여전히 높은 상황이지만 최근 3년간 탈북청소년의 학업중단율이 급격하게 감소한 것은 입국초기 적응교육 및 정규학교의 맞춤형교육 강화 등 탈북청소년에 대한 교육지원 강화의 성과라 할 수 있다.

■ 학업중단율의 지속적 감소는 2009년 7월, 교육과학기술부가 '탈북청소년 교육지원계획'을 발표하고 한국 입국 후 하나원 재원시기부터 지역사회에 안정적으로 정착할 때까지 단계적이고 체계적으로 교육지원을 한 결과로 파악된다. 탈북청소년 학업중단율의 감소는 정부의 정책기조 및 단계별 지원정책의 성과라고 볼 수 있다.

■ 교육과학기술부에서는 2009년 8월 '탈북청소년 교육지원계획'을 수립·시행한 이래, 보다 장기적인 비전하에 탈북청소년에 대한 교육지원을 체계화하기 위해 노력하고 있다. 2012년 3월에는 '탈북학생 교육발전방안'을 수립했는데, 이 계획은 현재까지의 정책성과를 바탕으로 "통일미래 인재육성"을 목표로 하여 초기교육을 내실화하고, 체계적·통합적 맞춤형교육을 실시하며, 탈북청소년들의 성장과 자립을 위한 진로·직업교육을 활성화하고, 탈북학생 친화적 교육 기반(Infra) 구축사업을 강화하는 데 초점을 두고 있다.

■ 중장기적인 탈북청소년 교육지원계획을 효과적으로 추진하고, 탈북청소년에 대한 보다 통합적이고 체계적인 교육지원을 실시하기 위해, 2009년 9월에 탈북청소년 교육지원을 위한 전문적, 상시적 지원기구로 한국교육개발원이 위탁 운영하는 탈북청소년 교육지원센터를 설립했다. 이후 현재까지 탈북청소년 교육지원센터는 탈북청소년 교육포털 구축·운영, 기초학력 진단도구 개발, 보충교재 개발·보급, 교사연수, 밀집학교 지원사업, 민간교육시설 컨설팅, 우수사례 발굴, 탈북청소년 이해교육 실시, 정부와 민간단체를 연계하는 탈북청소년 교육지원 네트워크 구축 등 탈북청소년에 대한 체계적, 종합적 교육지원을 제공하는 허브 역할을 수행해오고 있다.

■ 탈북청소년이 한국사회에 입국해서부터 정착하는 시점까지 적응 단계에 맞는 지원정책을 펼쳐왔다. 먼저 입국 단계에서 초기적응교육을 강화하기 위한 다양한 정책이 시행되었다. 2010년에는 하나원의 하나둘학교에 중등교사를 파견하여 2012년 현재 6명의 교사가 파견되어 있고, 2011년부터 하나원 재원 중인 초등 학령기 청소년을 대상으로 위탁교육을 실시하는 삼죽초등학교에 탈북학생 지원전담 코디네이터를 배치했다. 또한 탈북청소년 교육지원센터 주관으로 하나원 하나둘학교의 맞춤형 교육과정 및 교과서 개발 지원사업을 실시했다. 국어, 영어, 수학, 사회, 과학, 역사, 도덕과 교과서를 개발, 보급했고, 학력진단도구도 개발·보급하여 정확한 학력평가에 따른 보충교육이 이루어질 수 있도록 했다. 2012년에는 입국초기 탈북청소년의 학습보충에 활용할 수 있도록 총 14종의 표준교재를 개발했다. 탈북청소년의 정규학교 진입 전 학업 공백을 보충하고, 사회·문화 적응을 지원하기 위해 서울과 인천 지역에 2개교의 예비학교를 운영했다. 교재개발과 학력보충을 위한 초기교육 이외에도, 2010년에는 하나둘학교 학생이 정규 중고등학교로 보다 용이하게 편입학할 수 있도록 하나원 퇴소 전에 일괄적으로 경기도교육청의 학력심의를 거치는 것으로 제도를 개선했다.

■ 학교교육에서는 탈북청소년 개개인에 대한 개별 맞춤형 교육지원을 통해 학업중단율을 감소시켰다. 정규학교에 재학 중인 탈북청소년의 기초학력 향상을 위해서 초등학생은 담임교사 멘토링, 중고등학생은 담임 및 교과교사 협력 멘토링 형식으로 멘토링 지원을 실시했다. 멘토링 지원은 전국 18개 시도교육청 주관으로, 탈북청소년이 재학하는 703개교에서 실시했고, 2009년부터는 초·중·고교에 재학 중인 탈북청소년 중 희망자 전원을 대상으로 실시

하고 있다. 탈북청소년이 다수 재학하고 있는 학교와 지역에 탈북학생 전담 코디네이터를 파견하는 전담 코디네이터제도를 운영하고 있다. 2012년 현재 13개 학교와 2개 복지관에 총 17명의 코디네이터가 파견되었고, 이들을 중심으로 탈북학생 사례관리체제를 구축하고 있다. 또한 가정방문 및 학부모상담 등을 통해 가정-학교-지역 연계교육 지원을 실시하고 있다. 학생중심 맞춤형 교육은 진단, 개별화교육계획 수립, 맞춤형 교육, 연계·환류체제로 이어지는 과정을 통해 학생 개개인에 대한 교육이력을 관리하여, 전학, 진학, 진급 시에도 교육 연계가 이루어지도록 하는 데 방점을 두고 있다. 이밖에도 탈북청소년 다수가 재학하는 학교를 정책연구학교, 거점학교로 지정하여 상시적인 현장연구와 지원이 이루어지도록 하고 있다. 2012년 현재 정책연구학교 11개교, 거점학교 11개교가 운영되고 있다.

■ 학교 안과 밖에서 탈북청소년의 성장·자립을 위한 교육지원을 강화하는 정책을 실시하고 있다. 특히 탈북청소년들에 대한 진로교육과 직업교육을 활성화하기 위한 정책과 프로그램을 개발, 시행해왔다. 2010년부터 대학 진학을 위한 예비교육으로 예비대학프로그램을 실시하여 대학에 진학한 청소년들의 학업적응을 돕고 있다. 중등교육기관에서는 마이스터고, 특성화고 등으로의 진학을 확대하기 위한 진로교육도 강화하고 있다. 또한 탈북학생을 통일미래의 핵심인재로 육성하기 위해 2012년부터 핵심인재 발굴 육성 프로그램인 'HOPE program'을 실시하고 있다. 또한 정규학교에 취학하고 있지 않은 청소년들의 교육과 민간교육시설에서의 보충교육을 지원하는 정책을 시행해왔다. 2010년부터 대안교육시설, 방과후 프로그램, 그룹홈 등 탈북청소년을 대상으로 하는 민간교육시설의 교육 프로그램에 대한 재정지원과 민간교육시설 운영매뉴얼 및 교재 개발·보급하고 있다. 또한 2009년 11월에는 「대안학교 설립 운영에 관한 규정」 개정을 통해 대안학교 설립요건을 완화했고, 이에 따라 2010년 4월에는 탈북청소년을 대상으로 하는 학력인정 대안학교가 개교했다.

■ 탈북학생 친화적 교육기반을 구축하기 위한 정책을 실시했다. 특히 탈북청소년을 직접 대면하고 지도하는 학교교원의 교육역량을 제고하기 위해 교원연수의 체계화 및 연구회 지원을 통한 교원 지도역량 강화에 노력했다. 2010년부터 18개 시·도교육청별 탈북학생 재학학교 교사 및 관리자 연수를 진행하여, 탈북청소년에 대한 교사들의 이해도를 높이고 탈북청소년을 지도하는 데 필요한 구체적인 지식과 정보를 제공해왔다. 2012년부터는 교육대학에 탈

북학생 특별전형을 확대하여 탈북배경을 가진 교원양성 기반을 마련했다. 그뿐 아니라 전직 교사 출신 북한이탈주민의 재교육을 통하여 이들의 역량을 제고하고 탈북청소년 교육지원 인력으로 활용하기 위한 정책과 프로그램을 실시했다. 2010년부터 탈북청소년 교육지원센터에서 탈북교사 연수 프로그램을 마련하여 전직 교사 출신 북한이탈주민들에 대한 교육을 실시하고, 과정 이수자 중 선발하여 탈북청소년과 기초학습부진학생을 지도하도록 하고 있다. 또한 전반적인 국민들의 의식 개선을 통해 탈북청소년 친화적 교육 기반과 남북한 교육 통합의 기반을 조성하기 위하여 탈북청소년 교육지원센터 주관으로 남북한 상호이해 교육 자료를 제작하여 각급 학교와 단체에 보급했다.

탈북청소년의 학교적응 지원을 위해 제도 개선

■ 탈북청소년의 학교적응을 지원하기 위해서는 향후 몇 가지 구체적인 제도와 정책의 정비 및 중장기적인 계획의 수립과 실시가 필요하다. 탈북학생 편입학 진입장벽을 제거해야 한다. 연중 수시로 입국하는 탈북청소년의 특성상 편입학 일시를 학기 시작 시점에 맞출 수 없는 어려움이 있는데, 현재 수업일수의 1/3이 지난 시점에 정규학교에 편입학하려고 할 때 편입학이 거부되는 사례가 종종 발생하고 있다. 이는 수업일수 2/3 이상 출석 시 상급학년으로 진급할 수 있도록 하는 「초·중등교육법 시행령」 제45조에 따른 것이다. 하나원 퇴소 이후 계속 교육을 받을 수 있도록 법령개정 및 행정조치 등을 통해 이를 개선할 필요가 있다.

■ 탈북가정에 대한 전반적인 지원을 확대해야 한다. 2012년 4월 교육과학기술부의 조사에 의하면 탈북청소년의 학업중단 사유는 '가정사정'인 경우가 가장 많다. 가정의 보호를 받지 못하여 학교를 그만두고 기숙형 대안교육시설에 입소하거나, 가족이 한국에 적응하지 못하고 해외로 재이주하는 등, 가정상의 이유로 학업을 중단하는 사례가 속출하고 있다. 따라서 탈북청소년들의 학업중단율을 낮추기 위해서는 탈북가정에 대한 포괄적인 지원제도를 마련해야 할 것이다.

■ 최근 중국 등 제3국에서 장기체류하면서 자녀를 출생하고, 한국으로 입국 후 제3국에서 출생한 자녀를 동반해서 데리고 오거나, 부모가 먼저 입국한 후 자녀를 초청하는 경우가 증가

하고 있다. 이들 일명 '비보호' 청소년은 일반적인 탈북청소년들과는 구분되는 특성을 지니며, 학교적응에 더 큰 어려움을 겪고 있지만, 탈북청소년 지원정책 대상에서는 상대적으로 배제되어왔다. 이와 같이 크게 보아 탈북청소년의 범주에 속하면서도 지원에서 상대적으로 소외되어온 집단에 대한 별도의 정책적 고려가 필요하다.

■ 탈북청소년 지원에 있어 교육과학기술부, 통일부, 여성가족부 등 관련 부처 간 정책 협조와 정보 공유가 제대로 이루어지지 않고 있는 것이 큰 문제점 중의 하나라고 볼 수 있고, 정부와 민간단체와의 협조체계에 있어서도 개선되어야 할 점이 많다. 향후 보다 효율적인 지원을 위해서는 관련 부처 및 정부와 민관 간의 상시적 네트워크를 구축하고 원활한 협조체계를 구축하여야 한다.

■ 중장기적으로는, 중장기 계획을 수립하고, 지원제도를 간소화하며 일반 학생들에 대한 지원제도와 통합할 필요가 있다. 2009년 교육과학기술부가 '탈북청소년 교육지원계획'을 발표한 후 지금까지 3년간 18개 시도교육청, 탈북청소년 교육지원센터를 통해 전방위적인 교육지원을 수행했고, 그 결과 학업중단율 감소 등 괄목할 만한 성과를 보였다. 그러나 그 과정에서 지나치게 많은 지원사업으로 수혜자는 여러 프로그램에 중복되어 지원받는 폐해와 일반 국민과의 형평성 문제가 나타났다. 앞으로 탈북청소년들이 지속적으로 증가하는 상황에 대비하여, 지원제도를 핵심적인 제도를 중심으로 간소화하고 중장기적으로 지속할 수 있는 체제를 갖추어야 한다. 특히 지난 3년간 지원사업의 계획과 실행에 중심에 있었던 탈북청소년 교육지원센터의 경우 정부의 '특별교부금'으로 운영되는 사업이므로, 향후 장기적이고 지속적인 사업과 연구축적을 위해서는 안정적 재정확보가 필요하다. 또한 탈북청소년 지원 관련 모든 정책을 특수화, 세분화하기보다는 전반적인 청소년정책, 교육정책의 틀 내에서 이들에게 실질적인 지원이 돌아가도록 하는 방식을 연구하여 적용할 필요가 있다. 즉, 장기적으로는 탈북청소년 대상의 법이나 지원제도를 지나치게 세분하기보다는 일반화하고, 구체적인 프로그램 운영 시 대상별로 특성화해서 적용하는 체제로 개편하는 것이 바람직하다.

지식기반사회의 흐름에 맞춰 기술·지식 분야에 집중 투자

국가연구개발투자 지속적으로 확대

■ 한국은 국가 전체의 연구개발투자를 적극적으로 확대해왔다. 대체적으로 연간 성장률이 10%를 넘었다고 할 수 있다. 특히 노무현 정부가 적극적인 연구개발확대정책을 펼쳤으며 이어서 이명박 정부 역시 연구개발투자 확대 의지를 표명했다. 이명박 정부의 과학기술기본계획에서도 국가연구개발투자가 2012년에 GDP의 5%에 이르게 하겠다는 목표를 제시했다 (2008년도에 수립된 이명박 정부의 과학기술기본계획에서 제시).

■ 노무현 정부 시기에 국가연구개발투자는 정권 출범 직전 연도인 2002년 17.3조 원에서 새 정권이 탄생하는 2007년에 31.3조 원으로 국가연구개발투자가 증가하여 이를 연평균으로 환산하면 연간 약 12.6%의 증가율을 보였다고 할 수 있다. 이명박 정부 시기에는 통계집계가 가능한 연도인 2010년에 43.9조 원이 투자되어 연간 증가율로 환산하면 11.9%의 증가율(CAGR)을 보였다. 연구개발집약도(GDP 대비 연구개발투자)로 살펴보면, 노무현 정부 시기는 2002년도 2.40%에서 2007년 3.21%로서 5년간 0.81%p만큼 집약도가 증가했다. 이를 연평균으로 환산하면 0.16%p만큼 증가한 것이다. 이명박 정부는 2010년 3.74%의 집약도를 보여서 3년간 0.53%p만큼 증가했고 이를 연평균으로 환산하면 0.18%p만큼 증가했다. 이를 기반으로 2012년 연구개발집약도는 4.10%로 추정된다. 이는 이명박 정부가 목표로 했던 5.0%에는 이르지 못하지만 4.10% 역시 대단히 높은 수치다. 통계 확인이 가능한 가장 최근 시점에서 4.0%를 넘는 집약도를 보이는 국가는 이스라엘(2010년 4.25%)에 불과하며, 3.5%를 넘는 국가도 한국을 제외하면 핀란드(2010년 3.84%)와 스웨덴(2009년 3.62%)의 두 개 국가뿐이다. 그러므로 이명박 정부의 2012년 5%의 집약도 목표는 목표가 지나치게 낙관적이었다고 할 수 있었을 뿐이지, 이명박 정부 시기 연구개발투자가 소극적이었다고는 할 수 없다. 그 반대로 국가가 감당할 수 있는 범위에서 상당히 빠르게 성장했다고 할 수 있다.

■ 노무현 정부와 이명박 정부의 연구개발투자에 대한 의지는 국가연구개발투자에서 정부/지자체가 투자하는 연구개발투자의 증가에서 보다 직접적으로 확인되는데, 특히 이명박 정부

에서 그렇다. 노무현 정부 시기 정부재원 연구개발투자는 2002년 4.7조 원에서 2007년도 8.2조 원으로 증가하여 이를 연평균 증가율로 환산하면 11.5%의 증가율을 보인다. 이명박 정부 시기에는 2010년도에 12.7조 원의 정부재원 연구개발투자를 했고 이를 연평균 증가율로 환산하면 14.5%의 증가율이라고 할 수 있다. 다소간의 차이가 있지만 노무현 정부와 이명박 정부 모두 대단히 의욕적으로 연구개발투자를 증가시켜왔다고 할 수 있다.

연구개발인력도 지속적으로 확대

■ 연구개발투자와 더불어 총 연구개발인력도 지속적으로 확대되어 왔다. 2002년도 28만 명에서 2007년도 42.2만 명, 2010년에는 50만 명으로 빠른 속도로 증가해왔다. 2002년을 기점으로 2007년까지의 성장을 연평균으로 환산하면 8.5%, 2007년을 기점으로 2010년도까지의 성장을 연평균으로 환산하면 5.8%다. 양 기간의 연구개발투자가 비슷한 12% 수준이라고 할 수 있는 데 반해 연구개발인력의 증가율은 다소 차이가 나는데, 이에 대해서는 연구개발 자체의 질적 제고(1인당 연구비의 증가)의 측면과 더불어 연구개발투자에 비해 연구개발인력의 공급이 미진한 측면 두 가지로 해석이 가능하다. 현재로서는 양자의 해석이 모두 가능하다. 전자와 관련해서는 물가 수준을 반영했을 때도 국민 1인당 연구개발투자가 미국 등 선진국에 비해 적은 수준으로 1인당 연구개발투자의 확대 가능성과 필요성이 있다고 할 것이다. 또한 노무현 정부 시기에 의욕적인 연구개발투자의 확대는 인력의 증가와 결합될 수 있었지만, 인력의 증가가 상대적으로 쉽지 않음을 고려할 때 이명박 정부 시기에는 인력의 증가가 더 이상 확대되기 어려웠을 가능성이 있다.

중소기업, 창업벤처기업에 대한 연구개발 지원 확대

■ 정부와 공공기관(공기업 등)이 중소기업 또는 창업벤처기업에 대해 지원하는 금액 역시 꾸준히 확대되어 왔다(중소기업에 대한 지원을 장려하는 제도를 KOSBIR이라 함). 2002년도 약 6,400억 원에서 2007년도 약 1조 2,000억 원, 2011년도엔 1조 9,000억 원으로 증가했다. 2002년도에서 2007년도의 연평균 환산 증가율은 13.0%이고 2007년도에서 2011년도의 연평균 환산 증가율은 11.5%다. 이러한 증가율은 정부의 연구개발투자의 증가율과 유사하여

정부의 연구개발투자 증가에서 중소기업이 소외되지 않았음을 뜻한다.

과학기술의 질적 향상과 대·중소기업 간 역량차 극복이 과제

기초연구 수준 꾸준한 발전

■ 기초연구의 성과를 보여주는 SCI 논문 수에서 꾸준한 성장세를 보여 2010년에 한국인 저자가 참여한 SCI 논문은 약 40,000건에 이른다. 이는 세계에서 11위에 해당하는 수준이다. 2001년에 약 16,000건으로 15위를 했던 것에 비해 성장세가 두드러진다고 할 수 있다. 하지만 외형적 성장세에 비해서 내실의 발전 여지가 더 많다고 할 수 있다. 국가의 인구규모를 배제한 논문 수를 의미하는 인구 만 명당 발표논문 수는 2010년 8.19편으로 26위다. 2001년 3.37편 29위에 비해 상당한 발전을 보이고 있는데 논문 총 수에 비해서는 상대적으로 순위가 떨어져서 향후 더 많은 발전이 있어야 하고 현재의 발전 추세를 감안할 때 그러한 발전을 기대할 수 있다.

■ 논문 질의 대표적인 지표로 활용되는 논문 한 편당 피인용 수(논문 출판 후 5년 기간 기준)는 3.57(2006~2010년 피인용 기준)로 30위로서 논문 총 수에 비해 질을 뜻하는 피인용 수는 미진하다고 할 수 있다. 2001~2005년 기간 논문 한 편당 피인용 수 2.79편에 비해서 질적인 발전을 이룩했다고 할 수 있으나 각국별 지표가 전반적으로 발전하고 있어 순위 변동은 부족하다고 할 수 있다. 하지만 좀 더 과거인 1995~1995년 기준에서는 1.81로 60위에 불과했다는 점에서 피인용 수에서도 꾸준히 발전하고 있다고 할 수 있다.

특허는 양적 확대에서 질적 개선단계로 전환

■ PCT 특허출원(국제특허기구인 WIPO에의 출원)은 2002년 약 2,500건에서 2007년 약 7,000건으로 증가하여 연평균으로 환산하면 22.9%의 성장률을 보였다. 다시 2011년에는 약 10,000건을 넘어서서 연평균 성장률 10.3%를 기록했다. 후자의 시기 성장률도 상당히 고무적인 것이지만 전자에 비해 상대적으로 부족한 것은 특허출원의 전략성 측면에서 해석

해볼 수 있다. 최근 10여 년 동안 특허출원의 의지가 높았지만 최근 들어서 기업들은 특허 출원에 대해 전략성이 높은 것을 중심으로 출원하는 경향이 있다. 그러므로 특허출원 성장률의 상대적 둔화에 대해 특허의 양적인 확대의 단계를 넘어서서 질적인 단계에 들어가는 시기적 특성으로 해석해볼 수 있다.

기술수출과 창업·벤처 수에서 급속한 증가

■ 기술수출은 2002년 5억 4,000만 달러에서 2007년 22억 달러로 증가하여 연평균 28.3%의 높은 성장률을 보였으며, 다시 2009년에 35억 8,200만 달러로 증가하여 연평균 28.2%로 유사하게 높은 성장률을 보이고 있다. 기술수출은 한국이 보유한 기술의 국제경쟁력을 경제적 가치로 환산한 것으로 볼 수 있어 기술수출의 급속한 증가는 한국의 기술경쟁력의 증가로 볼 수 있다. 다만, 한국은 작은 경제규모이고 개방경제로서 수출과 수입의 비중이 대단히 크기 때문에 기술수출뿐만 아니라 기술수입 역시 증가하고 있다. 하지만 수입 대비 수출이 계속 증가하여 2002년 0.23에서 2007년 0.43, 2008년 0.45까지 커졌다. 다만, 2009년 0.42로 떨어졌는데 이는 2009년 수입액이 이례적으로 증가한 데 기인한다.

■ 중소기업과 창업벤처에 대한 격려와 지원 확대로 기술 중심 기업인 벤처기업의 수가 급속하게 증가했다. 2002년 약 8,800개에서 2007년 약 14,000개, 2011년 26,148개로 벤처기업의 수가 증가했고 이를 연평균으로 환산하면 앞의 기간에는 9.8%, 뒤의 기간에는 16.9%의 성장을 보였다. 벤처기업은 수의 증가뿐만 아니라 기업의 성장에서도 괄목할 성과를 보였다. 2005년도에는 매출 1,000억 원을 넘는 벤처 또는 벤처 출신 기업의 수가 68개에 불과했으나 2010년에는 315개로 급속하게 커졌고 1조 원의 매출이 넘는 기업도 3개나 되었다. 중소기업의 성장동력에 대한 우려의 목소리가 높지만, 이처럼 기존의 인식의 벽을 넘어서서 고무적인 성과를 거둔 기업들이 있다는 점에서 기업의 혁신이 꾸준히 이루어지고 있음을 알 수 있다.

국가경쟁력, 기술인프라, 과학인프라의 세계 순위가 전반적으로 상승

■ IMD(국제경영개발원)가 발표하는 국가경쟁력, 과학인프라, 기술인프라에서 한국의 순위는 꾸

준히 상승해왔다. 국가경쟁력은 다소 유동성이 있었지만 2002년과 2007년은 29위를 기록한 바 있으며 2010년에는 23위로 급속히 순위가 올라갔다. 특히 기술인프라와 과학인프라는 과학국가경쟁력 전반의 순위보다도 위에 있고 역시 상승세에 있다. 기술인프라는 2002년 17위에서 2007년 6위를 기록한 바 있으며 2008년과 2012년은 14위를 기록하고 있다. 과학인프라는 순위가 더 높아서 2002년 10위, 2007년 4위, 2009년에는 3위로 최고 순위를 기록한 바 있으며 2012년에는 5위로서 2008년 이후 5위 이상을 유지하고 있다.

■ 한국 사회는 후발국으로서 선진국을 추격하기 위해 산업을 발전시켰고 최근 들어서는 지식기반사회의 흐름에 맞춰서 기술 또는 지식의 수준을 높이기 위해 세계가 주목할 만한 투자를 해왔다. 이에 맞춰서 부문 간에 앞서거나 뒤서거나 하면서 성과가 창출되어왔다. 아직 전반적으로는 한국의 과학기술이 질적으로 세계의 정상급이라고 하기는 어렵고, 또한 대기업과 중소기업 간의 역량 차이가 크다는 점에서 가야 할 길이 멀다고 할 수 있다. 하지만 그 길을 상당히 빠른 속도로 가고 있는 것은 틀림없다. 지금까지 해왔던 노력을 계속한다면 향후 5~10년 후에는 질적인 측면에서도 한국의 과학기술 수준이 세계적인 수준에 도달할 가능성이 있고 그에 부응하여 국가경쟁력 전반 역시 그러하리라 기대된다.

선취업-후진학 정책으로 우수한 산업인력 양성

취업 중심 특성화고로의 개편

■ 과거 고교 단계 직업교육을 실시하는 학교는 전문계고(이전 실업계고)라는 명칭으로 불렸으며, 취업에 중점을 둔 성격이 강했다. 이는 1960년대 이후 정부의 지속적인 고성장정책과 함께 특성화고가 국가적인 차원에서 국가 사회의 유지 및 발전에 필요한 산업인력을 제공하는 역할을 해왔기 때문이다. 하지만 근래에 높은 교육열과 경제적 수준 향상, 고학력사회의 도래 및 지식·정보사회의 기술 요구 등 여러 사회경제적 환경 변화 때문에 전문계고 졸업자들의 대학 진학 비율이 높아졌다. 1990년 전문계고 졸업생 중 79.8%가 취업을 하고 7.8%만이 진학을 하던 것이 2000년에 들어 취업과 진학의 비율이 동일한 수준이 되었으며, 이후 역전되어 2009년에는 진학자가 73.5%이고, 취업자는 16.7%에 못 미치는 수준으로 내려가게 되었다.

■ 이에 따라 정부에서는 고교직업교육 선진화방안(2010. 5)에 따라 마이스터고와 특성화고를 취업명품학교로 키우고, 취업 중심의 고교직업교육을 강화하는 일련의 정책을 추진했으며, 이러한 노력으로 특성화고의 취업률은 2009년을 저점으로 이후 지속적으로 상승하여 2012년 현재 38.4%를 기록하고 있다. 특성화고 취업률이 다시 상승하는 추세는 졸업자에서 진학자 및 입대자를 제외한 순수 취업률에서도 동일하게 나타나는데, 2009년에 64.7%까지 낮아진 순수 취업률은 이후 지속적으로 상승하여 2012년에 77.8%를 보이고 있다. 이와 반대로 2009년에 73.5%까지 증가한 진학률은 이후 지속적으로 감소하여 2012년에는 50.0%로 나타났다.

■ 이러한 경향은 취업률 우수학교와 취업률 제고의 역량과 의지가 있는 학교를 집중적으로 지원하며, 취업뿐만 아니라 수업 개선, 취업예비교육과 취업 후 추수지도까지 지원해주었기 때문이다. 그뿐 아니라 시·도교육청별로 취업지원센터를 설치·운영, 학교의 부족한 취업역량을 보완하기 위한 전문인력(취업지원관, 산업체 우수강사 등)의 지원, 괜찮은 일자리 발굴과 매칭시스템 구축, 교원 연수 등을 위한 관계부처 협력, 그리고 이를 계기로 금융권, 대기업

을 중심으로 고졸 채용 분위기가 일어나, 공공 부문에서도 고졸 일자리가 확대된 것이 취업률 상승을 견인한 원인이라고 할 수 있다. 또한 특성화고·마이스터고 졸업생의 산업체 조기 정착을 위해 특성화고 졸업후 취업 시 대학 진학 시에 준하여 최대 4년까지 입영을 연기할 수 있도록 병역법 시행령을 개정하고, 2012년 폐지 예정이던 산업기능요원제도를 2015년까지 연기했으며, 특성화고·마이스터고와 산학연계업체를 지정업체로 우선 선정하고 두 학교의 졸업생을 우선 인원배정할 수 있도록 하는 등의 정책방안도 긍정적인 영향을 미친 것으로 파악된다.

■ 이러한 정책성과에 힘입어 학생·학부모의 인식 개선으로 특성화고 취업희망자도 늘어나고 있는 추세다. 정부에서는 2011년 10월부터 모니터링 차원에서 취업희망률을 파악·분석하고 있는데, 이에 따르면 2011년 10월부터 2011년 12월 말까지 43.0~48.9% 수준으로 상승하다가 취업을 비롯한 진로의사결정이 어느 정도 완료된 이후 소폭 감소하는 추세를 보이고 있다. 이들 취업희망자 가운데 취업에 성공한 비율도 조사기간(2011. 10~2012. 4) 동안 계속 상승하는 추이를 보이고 있으며, 2012년 4월 기준 89.7%를 기록했다. 이러한 취업희망자 대비 취업률은 전체 학생 대비 취업률과는 다른 양상을 보이는데, 특히 2012년 이후 전체 학생 대비 취업률이 다시 감소하는 추세와는 다른 양상을 보이는 것이다.

■ 이를 토대로 할 때, 고교직업교육을 이수한 후 '취업'을 유도하는 일련의 정책들은 나름의 양적인 성과를 보이고 있다. 그러나 이러한 성과는 단순한 취업률, 즉 취업의 내용이나 질을 고려하지 않는다는 점에서 한계가 있다. 최근 특성화고를 졸업한 취업자의 일자리가 불안정할 뿐만 아니라 충분한 보상을 제공하지 못한다는 지적이 있는데, 이러한 취업의 질적인 개선에 대한 성과분석은 이루어지지 못한 것이다. 따라서 지금까지 이루어진 양적인 성과를 토대로 질적인 개선이 이루어지도록 하기 위한 노력이 필요한 시점이다.

마이스터고를 취업명품학교로 육성

■ 이명박 정부의 마이스터고 정책은 '고교 다양화 300 프로젝트'의 일환으로 출범했다. 마이스터고는 기존 전문계고가 지니고 있는 부정적 이미지(stigma), 산업계와 학부모의 불신

(distrust), 졸업 후 불투명한 진로문제 및 무분별한 대학 진학 등의 문제를 해결하기 위한 대안으로 추진되었다. 즉, 산업계의 수요를 반영하여 소질과 적성 및 능력을 고려하여 해당 분야의 기술전문가로 성장할 수 있는 희망과 비전을 제시해줄 수 있는 교육제도로 마이스터고 육성정책이 추진된 것이다. 이 정책의 주요 내용은 ① 마이스터 성장경로(Career Path), ② 마이스터고 교육규제 개혁, ③ 국가적 지원 및 육성 등으로 요약할 수 있다.

■ 마이스터고는 「초·중등교육법 시행령」 제91조의 2에서 산업수요 맞춤형 고등학교로 정의하고 있다. 구체적으로는 '전문적인 직업교육의 발전을 위하여 산업계의 수요에 직접 연계된 맞춤형 교육과정 운영을 목적으로 하는 고등학교'로 제시되어 있다. 마이스터고의 일반적인 의미는 '유망 분야의 특화된 산업수요와 연계하여 안정적 취업을 통해 경력개발이 가능한 영마이스터(young meister)를 양성하는 특성화고'라고 정의할 수 있다. 이와 관련한 마이스터고 졸업생의 성장경로(Career Path)는 취업 후 계속교육을 통한 학위 취득을 목표로 하고 있다. 그래서 마이스터고의 주요 특징으로는 산업수요 맞춤형 교육과정을 기반으로 한 전문기술교육과 글로벌 인재로서의 외국어교육 강화, 산업체와 연계한 인터십, 해외연수 등을 들 수 있다.

■ 마이스터고 육성정책의 추진 경과를 분석한 결과는 다음과 같이 나타났다. 마이스터고 선정과 관련해서는 2008년 제1차 선정에서 9개교, 2009년 제2차 선정에서 12개교를 선정하여 2010년 3월에 총 21개 마이스터고가 개교식을 진행했다. 제1·2차 21개 마이스터고의 주요 분야를 살펴보면 기계, 전자, 조선, 자동차 등 주요 산업을 비롯하여 에너지, 반도체, 의료기기, 항공 등 지역의 인력수로가 높은 산업 분야를 중심으로 선정되었다. 2010년 제3차에 3개교가, 2011년 제4차에 4개교가 마이스터고로 추가 선정되었다. 제3·4차 선정학교의 주요 특징을 살펴보면, 해양, SMT 장비, 에너지 분야, 바이오산업, 자동차부품 제조, 항공·전자 등 다양화, 전문화되는 경향을 보여주었다. 2013년 3월에 개교 예정인 제5·6차 선정학교의 경우 로봇, 스마트발전산업, 원자력발전, 철강, 석유화학 등의 국가 기간산업 및 신성장산업 분야에 초점이 맞춰져 있으며, 이밖에도 농축산 분야의 마이스터고도 1개교 선정되어 최초의 농업 계열 마이스터고가 지정되었다. 2012년 현재 제7차 마이스터고 선정이 추진 중이며, 부처참여형 육성계획에 따른 Top Down 방식의 선정이 병행되고 있다.

■ 마이스터고로 선정된 학교는 산업계와 공동으로 컨설팅을 실시하여, 산업수요 맞춤형 인력을 양성할 수 있도록 학과를 확정·개편하고, NCS에 기초한 교육과정 및 졸업생 인증시스템을 개발하는 등 체계적인 개교 준비과정을 거쳤다. 특히, 마이스터고 교육과정은 학과개편 및 교육과정 계획의 적절성 분석, 국가직무능력표준(KSS) 또는 국가직업능력표준(NOS) 결과 검토, 관련 산업 분야 실태 및 인력수요 분석, 산업체 전문가 직무분석(job analysis)을 통해 개발했으며, 이를 바탕으로 편성·운영지침도 개발했다. 그리고 졸업생 인증시스템 개발은 마이스터고 졸업생의 능력을 인증하는 체계를 구축하는 것으로 이를 위해 인증제의 개념과 필요성, 인증시스템 사례분석 등을 통해 마이스터고 졸업생 인증시스템의 기본 모형을 설정했다. 또한, 교육과정의 내용요소를 바탕으로 산업체 전문가의 의견을 수렴하여 졸업생 인증 영역 및 요소를 도출하고, 각 영역 및 요소별 인증절차 및 방법을 개발했다.

■ 마이스터고는 개교 이후부터 교육과정과 연관된 산업체와 협약을 체결하고 산학연계교육, 교원의 산업체 연수, 학생의 산업체 현장체험 등 다양한 협력을 진행하여 기업이 원하는 우수한 인력을 육성하는 데 주력하고 있다. 그 결과 기업에서는 졸업생이 배출되기도 전에 학생들을 채용약정 형식으로 선점하고, 졸업 후 곧바로 채용하려는 양상으로 나타난다(2010년 3월에 첫 마이스터고가 개교했으며, 이 마이스터고 학생들은 2013년 2월에 졸업 예정임). 2013년 2월에 졸업하게 될 마이스터고 1기생의 2010년 4월 채용 약정률은 3,600명으로 정원의 30.5%(1,097명), 2011년 4월에는 55.6%(2,000명), 2012년 9월에는 136.6%(4,863명)로 지속 확대되어 취업명품학교로서의 순조로운 정착 단계에 진입했다고 볼 수 있다.

후진학체제 구축

■ 일과 학업의 병행을 위한 정부의 후진학 지원정책의 흐름은 '고등학교 직업교육 선진화방안(2010. 5)', '학업·취업병행 교육체제 구축 방안(2011. 1)', '공생발전을 위한 열린 고용사회 구현 방안(2011. 9)' 등을 통해 점차 확대, 구체화되어 왔으며, 최근의 '고졸시대 정착을 위한 선취업 후진학 및 열린고용 강화방안'에서 더욱 구체화된 형태로 제안되고 있다. 이처럼 '후진학체제 구축'은 고졸취업 및 열린 고용을 강조하는 최근의 고교직업교육정책에서 핵심적인 과제 가운데 하나라고 할 수 있다.

■ 후진학체제 구축을 위한 정책적인 과정은 다음과 같이 요약할 수 있다. 첫째, 특성화고·마이스터고를 졸업한 산업체 재직자를 대상으로 하는 특별전형제도를 도입·확대하고, 재직자의 특성에 맞는 교육과정 운영체계를 개선한다. 이러한 재직자 특별전형제도는 후진학에서 중추적인 역할을 담당하고 있는데, 기회 확충을 위하여 재직자 특별전형을 도입하는 대학의 범위를 확대함과 동시에, 재직자에 적합한 교육과정을 개발하도록 지원하고, 개별 대학에서 개설이 곤란한 분야에 대해서는 허브(Hub) 대학을 지정하여 특성화 학과를 설치·운영하도록 하는 방안도 포함하고 있다. 둘째, 재직근로자의 계속교육을 위해 운영되던 사내대학과 계약학과제도를 활성화하여 사내대학의 입학요건을 완화하고, 중소기업 고졸취업자의 계약학과 교육훈련비를 지원하며, 취업과 동시에 입학하는 취업조건부 사내대학 및 계약학과 과정을 신설한다. 이와 함께 학위 중심의 사내대학 모델과 비학위 중심의 기업대학 모델을 병행·운영하는 방안도 최근 제시되어 있다. 셋째, 고등교육기관에서의 고졸자 후진학기회를 확대하는 차원에서 산업단지 내 산업구조에 적합한 후진학 지원 시범대학의 선정 및 확대, 기술 분야 사이버대학의 신설, 방송대에 자격취득 비학위과정 및 기술실무형 학위과정 개설, 산학협력선도대학(LINC) 및 세계 수준의 전문대학(World Class College: WCC)을 후진학 선도대학으로 지정한다. 이와 함께 동종·유사업종 기업들이 공동으로 해당 분야 전문기술인력을 직접 양성할 수 있도록 동업자대학의 설립을 유도하는 방안도 마련했다. 넷째, 재직경력이나 재직 중 학습경험, 기능대회 수상경력, 직업훈련실적 등을 학점으로 인정하고 평생학습계좌제 활성화 등과 같은 평생학습체계를 고졸자 후진학 경로로 활성화하는 방안도 포함되어 있다. 다섯째, 고졸재직자의 후진학 참여 촉진, 관련 기업의 적극적인 참여 유도 등을 위하여 학습자를 대상으로 장학금 및 학자금을 지원하고, 참여기업에는 세제상의 혜택을 제공하며, 선취업–후진학 정보를 제공하는 포털을 운영하는 방안도 마련했다.

■ 이 가운데 후진학체제의 핵심과제 중 하나인 재직자 특별전형제도는, 제도를 도입한 첫해인 2010년에는 3개 대학에서 219명을 모집하는 데 불과했으나, 이후 급격하게 확대되어 2012년에는 23개 대학에서 1,027명을 모집했으며, 2013년에는 67개 대학(47개 대학교, 20개 전문대학)에서 4,471명을 모집할 계획인 것으로 나타나고 있다. 이러한 양적 확대와 함께, 재직자 특별전형을 통해 모집하는 학과의 유형도 공업계열로 확대하는 정책이 추진되고 있다. 이외에도 다양한 후진학 관련 제도의 확대를 통하여 후진학기회를 확충하는 양상이 나타

나고 있다.

노동시장에서의 안정적인 경력개발을 지원해야

■ 이명박 정부의 고교직업교육정책은 선취업-후진학으로 요약할 수 있으며, 구체적으로는 마이스터고 및 특성화고에서의 산학협력을 확충함으로써 산업체가 필요로 하는 우수한 고졸 인력을 양성하는 데 있다. 이와 관련한 1차적인 정책성과에 해당하는 특성화고졸 취업률은 최근 상승하는 양상을 보이고 있고, 아직 졸업생이 배출되지 않은 마이스터고의 경우에도 높은 채용약정율을 보이고 있으며, 이들의 계속교육을 지원하기 위한 후진학체제도 확충되는 등의 양적인 성과를 보이고 있다.

■ 하지만 이러한 1차적인 양적 성과들이 현 정부의 고교직업교육정책의 최종적인 성과라고 보기는 어렵다. 무엇보다 직업교육정책에 따라 양성된 고졸 인력이 산업현장에서 안정적으로 직업생활을 영위하고 있으며, 후진학 경로를 따라 능력개발을 이루고 있는지가 명확하지 않기 때문이다. 이러한 결과는 고교직업교육정책과 관련한 향후 과제가 무엇인지를 가늠할 수 있는 단서가 된다.

■ 향후 직업교육정책에서 중요하게 고려해야 하는 요소 가운데 하나는 직업교육을 이수한 고졸취업자들이 노동시장에서 안정적인 경력개발을 보이는지를 살피는 것이며, 이들의 경력개발에 장애가 될 수 있는 다양한 제도적인 차별이나 부적절한 관행을 개선하는 것이 필요하다. 이를 통해 특성화고·마이스터고를 통한 고교직업교육 경로가 청년층의 성공적인 진로개척에서 하나의 대안이 될 수 있어야 하는 것이다. 이를 위해서는 기존의 교육적인 정책에만 국한하는 것이 아니라, 노동정책에서의 적극적인 노력이 필요하다. 무엇보다 특성화고·마이스터고를 졸업한 고졸취업자들이 일과 학습을 병행할 수 있어야 하고, 자신의 능력에 따른 적절한 보상이 이루어져야 하기 때문이다.

■ 이러한 고교 졸업 이후의 경로 개발을 위한 정책적인 노력과 함께, 산학협력을 기반으로 하는 고교직업교육 개선의 노력도 지속될 필요가 있다. 고교직업교육의 내용이 산업현장의 요

구에 부응할 수 있도록 유연성을 갖춰야 하고, 학교 밖의 유능한 산업체 관계자들이 학교 안에서 학생들의 직업능력 제고에 기여할 수 있어야 하며, 교사의 전문성도 지속적으로 제고되어야 하는 것이다.

■ 이러한 제도적·정책적인 개선의 성과를 합리적으로 판단할 수 있는 성과관리 및 모니터링 체계를 구축하는 방안도 추진되어야 한다. 고교직업교육의 성과가 단기적으로 나타나기 어렵다는 점에서, 이러한 모니터링체계는 중·장기적인 관점에서 구축·운영되어야 한다. 이를 통해 단순한 취업률에 국한하지 않는, 취업의 질과 안정적인 경력 개발을 위한 정책 개발이 이루어져야 하는 것이다.

■ 정부의 직업교육정책에서 고교직업교육과 고등교육 사이의 연계체계가 약화되는 문제가 있다. 고졸취업자의 후진학을 위한 고등교육기관의 역할이 제시되고 있지만, 직업교육체계의 개선을 위하여 전문대학을 비롯한 고등교육기관이 어떠한 역할과 기능을 수행해야 하는지가 명확하지 않은 것이다.

문화·체육·관광 분야의 글로벌 경쟁력 제고

문화선진국 인프라 구축

■ 대한민국 역사박물관(2012년 예정), 국립현대미술관 서울관(2013년 예정), 한글박물관(2012년 예정), 국립 아시아문화전당(2014년 예정) 등 국가 대표 문화공간을 조성하여 문화선진국 인프라를 구축했다. 그리고 소외계층 문화향유기회 확대를 위한 문화복지 예산, 수혜자 수와 범위 및 이용 프로그램을 확대했다. 또한 국립박물관·미술관 무료관람 시행, 공공도서관 개관시간 연장 등 국민들의 문화향유 기회를 확대했다.

■ 예술창조역량 강화를 위하여 예술지원 4대 원칙(선택과 집중, 간접 지원, 사후 지원, 생활 속 예술)을 정립함으로써 지원효과를 높이고 현장성을 강화했다. 또한 고품격 문화예술기관을 효율적으로 육성하기 위하여 구(舊) 명동극장 복원, (재)국립극단 출범, 한국공연예술센터 신설, 국립현대무용단 신설, 국립어린이인형극단 신설 등을 추진했다. 우리 문화의 정체성을 확립하기 위해 한글박물관 조성, 세종학당 대폭 확대, 역사마을(양동·하회마을) 및 인류무형유산(가곡 등)과 세계문화유산 등록, 조선의궤 등 해외 소장 문화재 환수, 민족문화원형 발굴 DB 구축 등이 추진되었다. 또한 국가브랜드 가치 제고를 위해 '국가브랜드 위원회'를 설립했고, '유네스코 세계문화예술교육대회'를 "문화 G20"으로 개최했다.

콘텐츠산업 기반 조성

■ 콘텐츠산업 진흥체계 정비를 위하여 모태펀드 조성, 글로벌펀드 발족, 완성보증제, 장르별 가치평가 모델 DB 구축, 콘텐츠공제조합 설립 추진 등 재원 확충을 위한 정책을 추진했다. 또한 한국언론진흥재단 출범, 한국저작권위원회 설립, 한국출판문화산업진흥원 설립 등 콘텐츠산업 진흥체계를 정비했다. 콘텐츠 생태계 복원을 위하여 「저작권법」 개정, '저작권정책관' 신설 등 저작권 보호를 강화했다. 또한 콘텐츠분쟁조정위원회 설치, 차세대 콘텐츠 분야 대·중소기업 간 공동프로젝트 발굴·지원, 신문유통협의체 구성 등 콘텐츠 동반성장 및 공정거래 환경을 조성했다.

■ 콘텐츠산업 기반 조성을 위하여 한국콘텐츠아카데미 운영, 콘텐츠 분야 전문 채용박람회 개최 등 핵심 창작·기획 전문 인력을 양성했다. 차세대 융합형 콘텐츠산업 육성을 위해서 컴퓨터 그래픽 산업 육성, 가상현실콘텐츠 발굴 지원, 양방향 인터렉티브 융합콘텐츠 발굴, 가상세계산업 육성 등을 추진했다. 또한 문화기술(CT) 투자규모를 2007년 약 139억 원에서 2011년 776억 원으로 지속적으로 확대했다. 콘텐츠 기업의 해외시장진출을 지원하기 위하여 문화체육관광부 내 한류문화진흥단을 설치했으며, 글로벌 콘텐츠 제작을 위하여 글로벌 애니메이션 프로젝트 발굴지원사업, 온라인 글로벌서비스플랫폼(GSP) 운영사업 등을 추진했다. 또한 콘텐츠산업 정보포털을 통해서 콘텐츠 기업의 해외진출에 필요한 정보를 제공하는 등 전략적 해외진출을 지원했다.

생활체육 활성화

■ 생활체육 활성화를 위해 시·도별 생활체육교실 운영, 동호인 클럽 및 직장 체육활동 육성 등을 추진했다. 그리고 생활체육시설 확충 및 활용 제고를 위해 운동장 생활체육시설사업, 농어촌 복합체육시설 설치, 개방형 학교 다목적 체육관시설 확충 등을 추진했다. 또한 저소득층 스포츠활동 및 관람 바우처 확대, 소외계층 생활체육 프로그램 운영, 외국인 노동자 체육행사 지원 등 맞춤형 체육복지를 실시했다.

■ 학교체육 활성화를 위해 '초·중등학교 체육 활성화 방안'을 마련하고 초등학교 스포츠강사 지원, 학교 스포츠클럽 육성 등을 추진했다. 또한 '선진형 학교 운동부 운영시스템 구축계획'을 수립하고 학생선수 학습권 보장제 실시, 각종 대회 주말리그 전환 등을 시행했다. 장애인 체육 활성화를 위해 법적 기반을 마련하고, 관련 조직단체 설립 확산, 예산 증액, 생활체육사업 확대 등을 추진했다. 그 결과 장애인 생활체육 참가율은 2007년 5.4%에서 2011년 9.6%로 증대되었다.

■ 국제스포츠 차원에서는 2011년 대구 세계육상선수권대회를 성공적으로 개최했고, 2014년 인천 아시아경기대회, 2015년 광주 하계유니버시아드대회, 2018년 평창 동계올림픽대회 등을 유치했다. 특히 평창 동계올림픽대회 유치로 우리나라는 세계 5번째로 지구촌 4대 스포

츠 대회를 유치한 스포츠 선진국이 되었다. 국제대회 파견에서는 2008년 북경 하계올림픽 대회 7위, 2010년 밴쿠버 동계올림픽대회 5위, 2010년 광저우 아시아경기대회 2위, 2012년 런던 하계올림픽대회 5위 등 우수한 성적을 거두었다.

■ 스포츠산업의 경쟁력 강화를 위하여 '2009~2013 스포츠산업 중장기 계획'을 수립하고 "체육 강국에 걸맞은 스포츠산업 선진국 도약"을 비전으로 스포츠산업의 글로벌 경쟁력 강화, 대표적 융·복합 산업으로서 신성장동력화, 선순환구조 형성을 통한 지역경제 활성화 등 3대 목표를 설정했다. 마지막으로 스포츠시스템 공정성 제고 및 선진화를 위하여 '공정하고 투명한 스포츠 환경을 위한 종합대책'을 마련하고 불법 스포츠 도박사이트 근절을 통한 스포츠 경기공정성 회복, 단체운영 책임성 제고 및 감사 강화 등을 추진하고 있다.

관광산업의 선진화

■ 정부는 2008년을 관광산업 선진화 원년으로 선포하고 외국인 출입국 서비스와 비자제도 개선 등의 정책을 추진하고 국제적 행사 유치, '2010~2012 한국방문의 해' 추진 등 적극적인 노력을 한 결과 외래관광객 1,000만 명 시대를 달성했다. 관광산업을 신성장동력산업으로 육성하기 위해 세 차례 관광산업 경쟁력대책(2008. 3/2008. 12/2009. 11), 지역관광 활성화방안(2009. 7), 국내관광 활성화대책(2011. 6) 등 다양한 노력이 이어졌다. 이를 통해 관광산업에 대한 감세 및 규제 완화, 출입국 제도 개선, 고부가 관광산업 집중육성, 국민관광 및 지방관광 활성화를 위한 제도 개선 등이 이루어졌다. 주5일 근무제 및 수업제의 확대 실시 등에 대응하여 관광 여건을 조성하고, 여행바우처제도 확대를 통해 저소득층에게 관광향유기회를 제공했다. 그리고 외래관광객의 지역 분산을 위해 문화콘텐츠, 생태관광, 역사문화, 도시관광 등 지역특색을 고려한 모델을 개발했다.

■ 한국적 콘텐츠를 개발하고 고부가가치 관광산업을 육성했다. 우리나라가 가진 고유한 역사·문화자원, 생태자원, 차별화된 산업환경 등을 관광자원으로 활용한 한국 대표 테마 명품 문화관광 콘텐츠를 육성하고 관광재생 프로젝트를 추진했다. 또한 의료관광, MICE, 크루즈 등 타 산업과의 융합을 통해 부가가치를 창출하는 고부가가치 관광산업을 육성했다.

한류관광을 통해 글로벌 관광브랜드를 확립했다. 이명박 정부는 '대중문화산업 글로벌경쟁력 강화방안'(2011.6)을 마련하고 한국문화교류전당(가칭) 설립, 한류스타 거리 조성, 문화콘텐츠체험시설의 한류관광지 브랜드화 등을 추진했다. 한국관광공사는 한류관광 상품화, 한류와 연계한 한국관광 홍보, 국내 한류 관련 촬영지 팸투어 등을 추진했다. 그 결과 한류는 일본, 중국, 동남아 등 한류상품을 매개로 하는 관광객 유치 확대에 긍정적인 결과를 가져왔다.

문화·체육·관광 향유 통해 국민의 삶의 질 제고

건강한 문화예술 생태계 조성

- 우선, 문화 격차를 축소하고 문화복지정책 대상을 확대할 필요가 있다. 그간의 문화복지정책으로 격차가 점차 좁혀지고는 있으나 여전히 저소득층, 농어촌이나 도서 산간 거주자, 장애인, 다문화가정, 노인 등의 문화예술 향유 수준은 평균 수준에 비해 상당히 낮다. 소득별, 지역별, 교육수준별, 연령별로 나타나는 문화격차를 축소하기 위해 문화소외계층, 사회적 취약계층을 대상으로 기존 문화복지 프로그램의 지속적 확대가 필요하다. 또한 교육, 문화시설 운영, 정보제공, 문화도시 조성, 재능기부 등 다양한 정책수단을 적극적으로 활용함으로써 정책의 실효성을 제고해야 한다.

- 효과적 문화정책 전달·협력체계 구축이 필요하다. 중앙 및 지역 수준에서 다양한 사업들이 진행되고 있으나 사업 주체들 간의 이해 및 조정과 연계(네트워킹) 부족, 체계적인 전달체계 구축 미흡 및 문화매개인력 부족으로 사업의 효율성과 효과성이 저해되는 경우가 있다. 기존에 존재하는 전달·협력체계가 원활하게 작동되지 않는 원인을 파악하고, 다양한 인센티브와 제도 설계를 통해 협력과 조정을 이끌어내야 한다. 아울러 문화매개인력 양성과 제도화, 재능기부 및 나눔문화 확산을 통해 비영리·민간의 협력 확보도 함께 진행되어야 할 것이다.

- 장기적·체계적 정책설계 및 문화예술 생태계 조성이 필요하다. 창작·발표공간 조성, 지원사업을 통해 창작의욕을 고취시키고 경쟁력 있는 작품을 창작하게 하고, 이러한 작품들이 공

연·전시·유통될 수 있는 문화공간을 조성하면서 조성된 문화공간이 충분히 활용될 수 있도록 전문 인력과 프로그램, 콘텐츠를 확충하여야 한다. 창조·유통된 문화예술 콘텐츠와 프로그램 소비를 통해 문화예술의 편익을 향유하고 다른 문화예술 작품의 관객, 소비자가 되어 문화예술시장을 확장시켜야 한다. 문화예술 창조, 유통, 향유와 관련된 일련의 과정에서 각 주체에게 공정하게 이익이 분배되도록 제도를 정비하며, 지원사업의 시행에 있어 부정이나 도덕적 해이가 발생하지 않도록 관리·감독이 취해질 때 문화예술생태계가 건강하고 활력 있게 유지될 수 있을 것이다.

콘텐츠산업의 경쟁력 제고

■ 문화산업 분야에서는 우선 건전한 콘텐츠 생태계를 조성할 필요가 있다. 이를 위해 영세한 시장 참여자들의 시장참여와 관련한 갈등 및 분쟁을 해소하여야 한다. 수립된 정책이 현장에서 발현되기까지 일정 기간이 소요되는 점을 감안하여 정부는 콘텐츠시장의 자생력을 확보하고 건전한 생태계 구축을 위한 정책을 지속적으로 추진하여야 한다. 콘텐츠산업 투자 활성화를 유도하여야 한다. 많은 노력이 있었음에도 불구하고 다른 신성장동력산업에 비하여 국가 차원의 지원은 여전히 부족하다. 정부는 콘텐츠산업 분야에 대한 민관의 투자여건을 개선하고 콘텐츠 자금의 선순환 구조가 구축되도록 제도를 정비해야 할 것이다.

■ 글로벌 콘텐츠 경쟁력을 확보하여야 한다. 차세대 콘텐츠제작 핵심인력 양성에 주력하여 세계적 수준의 우수인재를 확보하고, 콘텐츠 창작 활성화를 위한 생산자 관점의 다양한 지원 프로그램을 확충하여 우수 콘텐츠의 지속적 관리체계를 발전시켜야 한다. 마지막으로, 해외시장진출을 확대하여야 한다. 정부는 외교통상부·지식경제부·한국콘텐츠진흥원·한국관광공사·영화진흥위원회 등 유관기관과 한류를 주도하는 민간 국내외 전문가로 구성된 통합 해외수출 지원기구의 개편을 도모하는 한편, 해외 진출과 관련된 각종 정보·상담·지원 프로그램, 플랫폼 등을 보다 체계적으로 지원하여 한류시장 확대 및 다양화를 유도하여야 할 것이다.

생활체육 인프라 지속적 확충

■ 우선 생활체육 참여기회를 지속적으로 확대하여야 한다. 현재 우리나라의 생활체육시설 보급률은 1인당 체육시설 소요면적 5.7㎡ 대비 54.7%인 3.12㎡ 정도로 선진국에 비해 여전히 부족하다. 따라서 생활체육시설의 규모와 질을 제고하고 생활체육 참여기회를 지속적으로 확대하여야 한다. 전근대적 체육계 관행을 타파하여야 한다. 체육계의 고질적 문제로 선수폭력, 학생선수 수업불참 등이 있다. 또한 프로스포츠 승부조작과 관련하여 근본적 예방대책을 수립하여 공정한 스포츠 경쟁환경을 조성할 필요가 있다. 체계적·장기적 시각에서 인재를 양성하여야 한다. 전문선수 및 국제스포츠 인재 양성은 보다 체계적·장기적 시각에서의 지원이 필요하다. 전문선수 육성에 있어서 일부 인기종목을 제외하고 여전히 선수 저변이 취약한 상황이다. 이를 개선하기 위해 국민 생활체육 참여율 증가 등 국민들의 스포츠에 대한 관심 증대와 효율적인 선수공급시스템이 뒷받침되어야 한다.

■ 스포츠산업의 시장 활성화 및 경쟁력 강화가 필요하다. 세계 스포츠시장규모는 지속적으로 증가하고 있으며, 스포츠산업을 구성하고 있는 스포츠시설업과 스포츠용품점, 스포츠 서비스업은 모두 국제시장 변화에 대한 적응, 해외진출 등을 통한 시장 확대가 필요하다. 따라서 스포츠활동을 중심으로 스포츠용품, 시설, 서비스가 연계된 스포츠산업 선순환구조를 확립하여 세계시장에 진출할 수 있는 여건을 조성하는 것이 시급하다. 글로벌 경쟁에서 경쟁우위를 점하기 위해 스포츠산업의 국제경쟁력 강화를 위한 노력이 시급히 요구되고 있다. 이를 위해 스포츠산업 기술 연구개발(R&D) 지원, 스포츠용품 품질 향상 유도, 글로벌 스포츠브랜드 육성, 스포츠산업 전문인력 양성 등이 필요하다.

관광수지의 개선

■ 관광 분야에서는 우선 관광수지 개선이 필요하다. 관광수지는 2008년 이후 개선되기 시작했시만 여전히 적사인 상황이다. 따라서 관광수시 개선을 위해 국민의 국외관광 수요를 국내로 전환하는 정책적 조치와 함께 고부가가치 관광산업 육성을 위한 중장기 계획을 수립하고 정부지원체계를 구축해야 한다. 글로벌 관광경쟁력 강화가 필요하다. 관광산업이 비약

적으로 발전했음에도 불구하고, 관광산업 경쟁력은 높지 않은 수준을 보이고 있다. 2011년 세계경제포럼(WEF)의 관광산업 경쟁력지수에 따르면, 전 세계 133개국 중 32위로, 2007년 42위보다는 성장했으나 2009년 31위에 비해 한 계단 하락했다. 치안, 환경, 편의시설 등 기본적인 관광 기반 구축에 지속적으로 투자하되 상대적 우위에 있는 분야는 적극적으로 관광자원화하여 차별화된 포지셔닝전략을 추진할 필요가 있다.

■ 국민관광 수요의 증대 및 다변화에 대응하여야 한다. 인구감소와 고령화시대를 맞이하지만 한국관광은 이러한 수요시장 변화에 능동적으로 대처하기 위한 관광 기반이 아직 미흡한 상황이다. 가속화되는 인구고령화에 따라 노인의 여가 및 관광행태에 대한 연구와 노인복지관광의 활성화를 위한 정책방안을 마련해야 한다. 또한 주5일 근무의 전면 확대와 여가중심문화 정착에 따라 국민들의 국내관광 수요는 점차 증가할 것으로 예상되어 이를 수용할 수 있는 관광 기반 마련과 함께 국민생활 관광시설 정비·확충 및 국민 내수관광을 촉진시킬 수 있는 방안 모색 등 종합적인 국민관광정책 수립이 요구된다.

색인

주관기관: 한국개발연구원

참여기관: 과학기술정책연구원, 국토연구원, 대외경제정책연구원, 산업연구원, 에너지경제연구원,
정보통신정책연구원, 통일연구원, 한국교육개발원, 한국교육과정평가원, 한국교통연구원,
한국노동연구원, 한국농촌경제연구원, 한국보건사회연구원, 한국여성정책연구원,
한국조세연구원, 한국직업능력개발원, 한국청소년정책연구원, 한국해양수산개발원,
한국행정연구원, 한국형사정책연구원, 한국환경정책·평가연구원, 육아정책연구소,
한국문화관광연구원

KI신서 4439

경제사회 지표 변화로 본 **대한민국**

1판 1쇄 인쇄 2012년 11월 5일
1판 1쇄 발행 2012년 11월 15일

엮은이 경제·인문사회연구회
펴낸이 김영곤 **펴낸곳** (주)북이십일 21세기북스
부사장 임병주
출판사업부문 총괄 본부장 주명석 **MC기획1실장** 김성수
BC기획팀장 심지혜 **디자인** 네오북
마케팅영업본부장 최창규 **마케팅** 김현섭 최혜령 강서영 김다영 **영업** 이경희 정병철
출판등록 2000년 5월 6일 제10-1965호
주소 (우 413-120) 경기도 파주시 회동길 201(문발동)
대표전화 031-955-2100 **팩스** 031-955-2151 **이메일** book21@book21.co.kr
홈페이지 www.book21.com
21세기북스 트위터 @21cbook **블로그** b.book21.com

ISBN 978-89-509-4396-7 03300
책값은 뒤표지에 있습니다.